新编21世纪思想政治教育专业系列教材
总主编　张耀灿

思想政治教育心理学

第三版

主　编　杨芷英
副主编　郎　琦　陈红敏

中国人民大学出版社
·北京·

内容简介

思想政治教育心理学是思想政治教育学科体系的分支学科，也是介于思想政治教育学和心理学之间的边缘学科，在思想政治教育学科领域占据重要地位。本书在《思想政治教育心理学（第二版）》的基础上进行了丰富和完善，在新时代中国特色社会主义建设的伟大实践以及中华民族伟大复兴的新征程、新阶段、新任务的时代背景下，回应了社会发展对思想政治教育心理学提出的时代课题，呈现了近年来思想政治教育心理学的理论研究和教学实践成果。本书以马克思主义理论、习近平新时代中国特色社会主义思想为指导，融入马克思主义中国化时代化的最新理论成果，依据思想政治教育学和心理学的相关理论，借鉴思想政治教育心理学的已有研究成果，从人的心理与思想的内在联系入手，探讨和研究了思想政治教育过程涉及的一系列心理问题，揭示了思想政治教育的心理规律。本书分为十二章，包括绪论、思想政治教育的心理基础、思想政治教育的心理机制、思想政治教育的心理功能、思想政治教育的心理学原则、思想政治教育的心理学方法、思想政治教育对象的心理分析、思想政治教育中的心理效应、思想政治教育的心理情境、思想政治教育的心理规律、思想政治教育者的心理品质，以及思想政治教育心理学的时代课题。本书比较系统地构建了思想政治教育心理学的内容体系，信息量大、时代感强，适合作为思想政治教育专业本科生、研究生教材。

作者简介

杨芷英　首都师范大学教授、博士生导师，首都师范大学心理素质教育工作指导专家，教育部学位与研究生教育发展中心专家，教育部思想政治教育专家，北京市哲学社会科学专家，中国心理学会首批认证的注册心理师。从事大学生心理咨询和心理健康教育30余年。主要研究方向为思想政治教育心理学、青少年心理学、大学生心理健康教育与心理咨询。发表科研成果60余项，主持国家社科基金课题及省部级、市级课题9项。获得省部级教学、科研奖励6项，省部级工作奖励7项，校级奖励3项。2018年获得北京市师德先锋称号，2020年被评为北京市优秀主讲教师，主讲的“思想政治教育心理学”课程被评为北京市优质本科课程。

总序

"新编21世纪思想政治教育专业系列教材"出版了，它是高等教育质量工程的产物。高等教育质量工程是新世纪高等教育发展的生命工程。我国要在新时代建设学习型社会，跻身创新型国家行列，在实现全面小康的基础上，进而基本实现社会主义现代化，并朝着中华民族伟大复兴的目标迈进，作为基础和支撑、作为培育各领域专门人才的摇篮的高等教育便一定要注重质量。高等教育注重质量，就要坚持以本科为本，如果没有本科教育的质量保障，便不可能为社会主义现代化事业提供合格的人才，也不可能为研究生教育提供优质的生源。目前，全国高校设思想政治教育本科专业的有200多所，由于该专业的重要性及特殊性，又由于它是文科专业中招生人数最多的专业之一，注重和提高思想政治教育专业建设质量便有着特殊的意义。

本系列教材的组织编写和出版发行，其背景和意义是多方面的。除了是响应教育部提出和推动的高等教育质量工程的实际行动外，还应当从以下几个方面来认识：一是2005年底，国务院学位委员会、教育部发文增设了马克思主义理论一级学科，思想政治教育学科调整为它的一个二级学科，从此，思想政治教育学科定位更加明确、更加科学。在此背景下，如何更好地坚持以马克思主义为指导，特别是加强习近平新时代中国特色社会主义思想的指导，以伟大建党精神和社会主义核心价值观引领教材建设，进一步搞好思想政治教育学科建设？二是中等学校政治课改革力度加大，全国的初中"道德与法治"课、高中"思想政治"课均在实施新的课程标准，中等职业学校也在实施新的德育课教学大纲，而为中等学校政治课培养、培训师资的高校思想政治教育专业的教改（包括教材改革）却相对滞后。如何改变这一状况，开展新一轮的课程改革、教材改革，以便更好地为中等学校政治课提供理论支撑、人才支撑？三是本系列教材各位主编所在的高校专业点是国家重点马克思主义学院和一流学科或省（市）重点学科，基本上都有马克思主义理论一级学科博士点和博士后科研流动站。有的高校思想政治教育专业是教育部、财政部批准的特色专业建设点。这些博士点、重点马克思主义学院、一流学科以及特色专业，如何在学科专业建设上发挥带头、示范作用？教材建设无疑是重要方面，它是体现质量和特色的必要条件与基础。质量和特色就是生命。

本书在编写中，加强从整体上学习、研究、把握马克思主义理论的科学体系，并运用其研究成果来指导思想政治教育学科建设；坚持以人为本，以学生的成人成才发展为本，为中国特色社会主义事业培育高素质的思想政治教育专门人才服务；从抓好思想政治教育专业主干课程的教材建设做起，逐步拓展、深化，努力探索马克思主义理论体系、思想政治教育理论体系转化为课程体系、教材体系的规律；探索研究性学习的教材特点，关注思想政治教育实践的时代课题，吸取思想政治教育学科理论发展的新成果，在教材内容、编写体例、呈现方式上改革创新；打通思想政治教育专业师范性与非师范性的界限，增强教材的专业适应性。

为了体现上述指导思想，本系列教材纳入编写出版计划、分批逐步推出的有：从整体上学习、研究马克思主义的课程教材，思想政治教育学科课程教材，相关学科课程教材，以及培养应用能力的课程教材等。

本系列教材是在2009年起陆续出版的“21世纪思想政治教育专业系列教材”的基础上，吸纳学科发展的最新成果，吸收更多具有长期教学经验、丰富研究成果的专家担纲，重新修订升级换版而成的新的系列教材。教材建设是一个与时俱进的长期的过程，相信“新编21世纪思想政治教育专业系列教材”的面世，一定能够为推进这一过程做出宝贵的贡献，为今后深化改革、发展完善思想政治教育专业教材体系积累经验。在本系列教材即将陆续推出、接受教学实践检验之时，写了上面一些话共勉之，是为序。

张耀灿

2021年12月

目录

第一章
绪　论

关键词

思想政治教育心理学　范畴　研究方法　学科发展

要点提示

1. 探讨思想政治教育心理学的研究对象、学科性质、学科定位、基本范畴、内容体系以及与相关学科的关系。

2. 揭示思想政治教育心理学的研究意义与研究方法。

3. 分析思想政治教育心理学的学科发展与未来走向。

随着思想政治教育学科的不断发展，其体系不断完善。思想政治教育心理学作为思想政治教育学科体系的重要组成部分，它的不断发展与完善既是思想政治教育学科体系建设的内在要求，也是思想政治教育心理学自身发展的迫切任务。而完善和发展思想政治教育心理学，首先要解决好思想政治教育心理学的研究对象、学科性质、学科特点、学科定位、基本范畴、内容体系、研究意义、研究方法等一系列理论问题，明确思想政治教育心理学的学科发展与未来走向。

一、思想政治教育心理学的研究对象

思想政治教育心理学作为专门研究思想政治教育活动中教育主客体的心理现象、心理过程和心理活动规律的学科，其研究对象与思想政治教育的诸要素密切相关。

（一）思想政治教育活动的构成要素

“思想政治教育是指一定的阶级、政党、社会群体用一定的思想观念、政治观点、道德规范，对其成员施加有目的、有计划、有组织的影响，使他们形成符合一定社会、一定阶级所需要的思想品德的社会实践活动”[①]。思想政治教育活动主要受四个因素的影响，即教育主体、教育客体、教育介体和教育环体。这四个因素间的相互关系如图 1－1 所示。

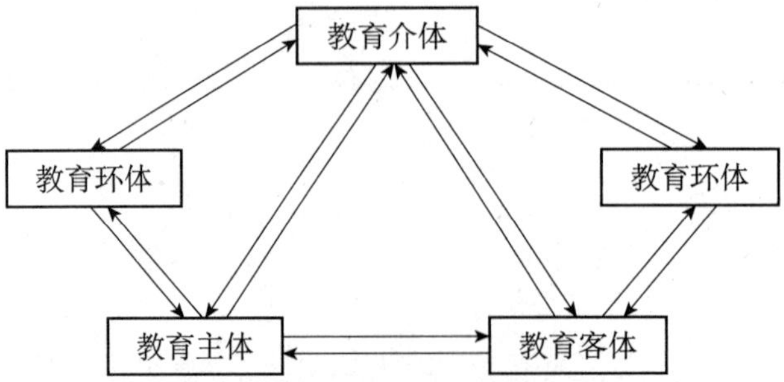

图 1－1 思想政治教育因素间的相互关系

其中，思想政治教育主体是实施思想政治教育活动的人，即思想政治教育的组织者、发动者、实施者。它与思想政治教育客体相对应，在思想政治教育过程中起主导作用，具体表现为主动性、创造性和超越性等基本属性。

思想政治教育客体是思想政治教育的接受者和受动者，在思想政治教育过程中具有受动性、受控性和可塑性。但在思想政治教育活动中，教育客体与一般客体不同，作为有感情、有意志的人，他们在接受教育时，不是完全被动的，具有主动性。当然这种主动性是接受教育和自我教育的主动性，而不是教育的主动性。因此，在思想政治教育的过程中，应坚持教育者的主导性与教育对象的主体性相统一。

思想政治教育介体是指思想政治教育主体与客体相互联系、相互作用的中介因素，在思想政治教育主体、客体、环体之间承担和履行着传播、反馈、调节思想政治信息的职能，主要包括思想政治教育内容、方式、载体、设施等。思想政治教育介体具有关联性、传导性和互动性的特点。从属性上看，思想政治教育介体可以分为物质介体和精神介体；从发挥作用的角度来看，思想政治教育介体可以分为直接介体和间接介体；从历史发展的角度来看，思想政治教育介体可以分为冲突介体和现代介体。

思想政治教育环体是指与思想政治教育有关的，对人的思想政治品德形成、发展产生影响的外部因素。一定的思想政治教育都是在一定的环境中进行的，没有一定的环境，就不可能进行思想政治教育活动。因此，环体决定着思想政治教育可能性向现实性转化的程度，并对主体的教育决策和实施、介体的选择和客体的思想行为变化起着重要作用。思想政治教育环体具有具体性、开放性、综合性和历史性的特点，即思想政治教育的环境是具体的，而不是抽象的；是开放的，而不是封闭的；是多种因素综合作用的结果，而不是单一的；是在一定的历史条件下进行且不断发展的，而不是一成不变的。思想政治教育环体可以分为大环境、小环境，硬环境、软环境，现实环境、虚拟环境，积极环境、消极环境。

在思想政治教育过程中，上述四个因素相互作用、相互影响，各自发挥不同的作用。

---

① 张耀灿．思想政治教育学科建设研究．北京：中国人民大学出版社，2017：213－214.

其中，思想政治教育主体具有主导作用，思想政治教育客体具有主动作用，思想政治教育介体具有纽带作用，思想政治教育环体具有条件作用。

（二）思想政治教育心理学的具体研究对象

在思想政治教育活动中，教育主客体产生大量的心理现象和心理活动，这些心理现象和心理活动的规律就成为思想政治教育心理学的研究对象。具体而言，思想政治教育心理学是研究思想政治教育和人的心理之间关系的一门学科，它把思想政治教育领域中的心理现象、心理活动和心理规律当作自己的研究对象，目的是根据人的心理特点和心理规律实施思想政治教育，提高思想政治教育的实效性。

1. 研究思想政治教育活动中教育主客体的心理因素及其影响

在思想政治教育活动中，涉及教育主客体的大量心理因素，如心理状态、心理活动、心理品质等，均会作用于思想政治教育过程，对思想政治教育活动产生重要影响。

其一，教育主客体的心理状态影响思想政治教育活动的开展及其效果。心理状态是指人在某一时刻的心理活动水平。比如一个人在一定时间里是积极还是消极、平和还是焦虑、紧张还是放松等。心理状态是人心理活动的背景，心理状态不同的人，其心理活动会表现出很大的差异性。心理状态往往通过影响人的心理活动和行为效率影响思想政治教育的效果。

其二，教育主客体的心理活动影响思想政治教育的过程及其效果。心理活动是大脑对客观世界反映的过程。人的心理活动体现在心理过程和个性心理两个方面。一切心理活动均有其发生、发展和完成的过程，这一过程称为心理过程，包括认知、情感和意志三个过程。从信息加工的观点看，认知过程是通过大脑的神经生理活动而进行的信息的储存、摄取、编码和提取等活动。感觉、知觉、记忆、想象、思维、注意等都属于人的认知活动。情感过程是在认知过程的基础上，人们对客观事物所采取的相应态度的过程，表现为情绪、情感、激情等。人的情感活动对认知活动产生重要影响。人在积极的情绪状态下，心理活动异常活跃，表现为思维敏捷、感知迅速、记忆准确、想象丰富，有助于思想政治教育者和教育对象发送和接收思想政治教育信息，提高思想政治教育的效果。意志过程是个体自觉地克服困难来完成预期的目的、任务的心理过程，表现为自制、坚韧、勇敢、果断等。在思想政治教育过程中，教育主客体的认知、情感、意志活动均影响其施教和受教过程。

人的一般的心理过程为人的共性，每个人均经历这个心理过程。但人的心理还表现出明显的差异性，即个性心理，指一个人区别于他人的、带有倾向性的、相对稳定的影响人的心理和行为模式的心理特征的总和。个性心理包括个性倾向性和个性心理特征两个方面。在思想政治教育活动中，人们不同的个性心理呈现出不同的心理特点和行为表现，个性心理的差异性决定了要针对不同的教育对象采用不同的教育方法，以提高思想政治教育的针对性和有效性。

其三，教育主客体的心理品质影响其对社会要求的思想观念、政治观点、道德规范的理解与接受。心理品质是一个人表现出来的稳定的、一贯的心理特征，它是多种心理要素的高度凝结，体现了个体人格的优劣、个性的健全及心理素质的高低。它包括个体在认知、情感和意志过程及个性品质中表现出来的记忆品质、思维品质、意志品质以及动机、态度、性格、能力等方面的特性。良好的心理品质是思想政治教育者施教和教育对象受教的基础，直接影响思想政治教育双方的积极性和主动性，以及其对思想政治教育内容的理解和接受。

2. 研究思想政治教育环体所营造的心理氛围对思想政治教育的影响

思想政治教育环体所营造的心理氛围对思想政治教育的过程及效果具有重要影响。思想政治教育是在一定环境中进行的，社会制度、民族、阶级、文化等社会大环境对思想政治教育具有重要影响，家庭、学校、社区、单位等社会小环境也会对思想政治教育产生不同的影响，甚至地理环境如季节、气候、生态环境等对思想政治教育也有不同程度的影响。环境对思想政治教育的影响有些是间接的，即环境影响人的心理，进而影响思想政治教育活动；有些是直接的，即通过营造良好的思想政治教育的心理氛围直接对思想政治教育活动施加影响。良好的心理氛围有助于激发教育对象的学习动力，培养积极情感，形成学习期待，营造和谐氛围，从而实现思想政治教育的目标。

3. 研究思想政治教育介体所涉及的心理现象

思想政治教育介体包括思想政治教育的内容、方法、载体、设施等，思想政治教育心理学要研究如何针对教育对象的心理需要和心理特点实施思想政治教育，以减少教育对象的心理阻抗和逆反心理，提高思想政治教育的有效性，包括如何编排思想政治教育内容、发送思想政治教育信息、运用思想政治教育方法、选择思想政治教育载体、创设思想政治教育氛围等。

4. 探索思想政治教育的心理规律

人的思想政治品德的形成和发展有其固有的心理规律，思想政治教育心理学要揭示思想政治教育的心理规律，促进思想政治教育的科学化发展。

首先，遵循教育对象思想政治品德的形成规律。教育对象思想政治品德的形成过程，就是其知、情、意、行的辩证发展过程。在思想政治教育过程中，教育者要晓之以理、动之以情、塑之以意、导之以行，注重教育过程的参与性、体验性、互动性，增强教育活动的感召力、吸引力、说服力，促进教育对象良好思想政治品德的形成。

其次，探究思想政治教育的心理机制。机制是指在一个复杂社会系统内的复杂因素之间相互作用的方式。思想政治教育是一项复杂的社会系统工程，不仅涉及社会生活的方方面面，而且涉及人的一系列心理因素和心理过程，这些心理因素在很大程度上决定着教育对象对思想政治教育的态度和接受效果。因此，思想政治教育心理学要研究思想政治教育的学习心理机制和接受心理机制。

最后，揭示思想政治教育的基本心理规律和具体心理规律。揭示思想政治教育的心理规律是思想政治教育心理学的重要任务，是对思想政治教育活动中教育主客体心理矛盾的破解。思想政治教育的心理规律包括基本心理规律和具体心理规律。

总之，揭示思想政治教育的心理规律是思想政治教育心理学研究的最终指向，有助于促进思想政治教育的科学化发展。

二、思想政治教育心理学的学科性质

学科性质是学科内在本质特征的规定性。任何一门学科都有自己独特的学科性质，这是一门学科不同于其他学科的关键，也是首先要搞清楚的学科基本问题。思想政治教育心理学的学科性质是由其研究对象所决定的。思想政治教育心理学研究在思想政治教育过程中出现的各种心理现象、心理活动及其规律，涉及了两个研究领域：思想政治教育学和心理学。因此，思想政治教育心理学的学科性质可以表述为：思想政治教育心理学是一门介于思想政治教育学和心理学之间的边缘学科，其学科性质具体体现在三个方面。

1. 交叉性

思想政治教育心理学是在思想政治教育学和心理学两个学科的基础上整合而成的新的学科，它既要遵循思想政治教育学的相关理论、原则，又要借鉴心理学的相关理论和方法，是一门交叉性学科。

2. 双重性

思想政治教育学和心理学是思想政治教育心理学的母体科学。思想政治教育学从属于社会科学，心理学从属于自然科学，因而思想政治教育心理学既具有社会科学的性质，又具有自然科学的性质，需要遵从社会科学和自然科学的研究原则，既要使研究符合社会发展的基本规律，又要把研究建立在科学、实证的基础上，实现其社会性和科学性的有机统一。

3. 整合性

思想政治教育心理学不是思想政治教育学和心理学的简单相加，而是两个学科的有机融合。因为思想政治教育心理学既不是研究思想政治教育本身，也不是研究一般心理现象，而是研究思想政治教育过程中的心理现象、心理活动及其规律。具体来说，思想政治教育心理学涉及思想政治教育中的主体心理、客体心理、环境心理，以及思想政治教育的心理基础、心理功能、心理机制、心理方法、心理规律等。最终目的是为思想政治教育提供心理依据和心理方法，指导思想政治教育实践，提高思想政治教育的效果。

综上所述，思想政治教育心理学在整个科学体系中，归属于思想政治教育学科，是思想政治教育学科体系中的一个分支学科。

三、思想政治教育心理学的学科定位

学科定位是指学科在自然科学、人文科学和社会科学等科学体系中的意义和位置，它确立了学科的知识体系、理论架构、研究规范和实践领域等。

思想政治教育心理学是思想政治教育学科体系中一门独立的学科，它既与思想政治教育学科体系中的其他学科有着密切的关系，又有自己特定的研究对象、研究内容、学科特点等。

（一）思想政治教育心理学的学科特点

思想政治教育心理学作为一门边缘学科，既有思想政治教育学的学科特点，也有心理学的学科特点。思想政治教育心理学的学科特点包括思想性、实践性、边缘性和综合性。

1. 思想性

思想政治教育心理学作为思想政治教育科学的组成部分，属于社会意识形态范畴。所以，它具有极强的思想性。它以马克思主义理论和习近平新时代中国特色社会主义思想为指导，直接为党的思想政治工作服务，为实现中华民族伟大复兴的中国梦服务，为党的路线、方针、政策服务。

2. 实践性

思想政治教育心理学是一门应用学科，具有极强的实践性。思想政治教育心理学不是一门纯理论性学科，它来源于思想政治教育实践，服务于思想政治教育实践，并接受思想政治教育实践的检验。思想政治教育心理学提供给思想政治教育者的是一种心理学视角、心理学观点和心理学方法，其出发点和落脚点都在于指导思想政治教育实践。

3. 边缘性

思想政治教育心理学是一门科学，有自身的理论基础和理论体系，它既要遵循思想政治教育学的基本理论和基本原则，又要遵循心理学的基本理论和基本方法，是一门介于思想政治教育学和心理学之间的边缘科学。

4. 综合性

思想政治教育心理学是一门综合性极强的学科，在心理学范围内，它吸收普通心理学、发展心理学、个性心理学、教育心理学、社会心理学、咨询心理学等诸多心理学科的理论知识；在心理学范围之外，它吸收马克思主义哲学、教育学、伦理学、管理学、行为科学等诸多学科的理论知识；在更大的范围里，它综合运用社会科学、自然科学的理论和方法，研究解决人们在思想政治教育过程中的心理行为规律和心理问题。

可见，思想政治教育心理学是一门思想性、实践性、边缘性、综合性都很强的新兴学科。

（二）思想政治教育心理学的内容体系

思想政治教育心理学有自身独特的研究对象、研究领域和研究内容。思想政治教育心理学着重研究在思想政治教育过程中涉及的心理现象、心理过程和心理规律。这就决定了既不能用心理学的框架来统领思想政治教育心理学，也不能采取拼接的方式将思想政治教育学与心理学做简单相加，而应以思想政治教育学为纲、以思想政治教育与心理的结合点为目，来构建思想政治教育心理学的内容体系。也就是说，要围绕思想政治教育活动涉及的教育主体、教育客体、教育介体、教育环体等要素来构建思想政治教育心理学的内容体系。具体来说，思想政治教育心理学的内容体系包括以下七个部分：

第一部分：绪论。解决思想政治教育心理学的研究对象、研究内容、学科性质、学科特点、学科定位、基本范畴、研究意义以及研究方法等基本理论问题。

第二部分：思想政治教育的心理基础。从思想政治教育的目的、任务出发，研究人的思想与心理的内在关系，探讨人们思想意识形成与发展的心理过程；研究在思想政治教育过程中人的认识、情感、意志和行为几方面的活动规律。

第三部分：对思想政治教育活动的心理分析。研究思想政治教育活动本身涉及的心理现象和心理规律，具体包括思想政治教育的心理机制、心理功能、心理效应、心理规律，以及思想政治教育的心理学原则与方法等。

第四部分：对思想政治教育对象的心理分析。研究教育对象的心理差异、个性心理和群体心理，探讨不同教育对象对思想政治教育的接受程度、接受效果，解决因材施教问题，以提高思想政治教育的针对性和实效性。

第五部分：对思想政治教育环境的心理分析。研究思想政治教育心理情境创设的意义、原则及方法，以充分运用情境因素，创设良好的心理氛围，促进思想政治教育目标的实现。

第六部分：思想政治教育者的心理品质。探讨思想政治教育者的智力水平及非智力因素对教育对象及教育效果的作用与影响，分析社会发展对思想政治教育者心理品质提出的新要求，提出思想政治教育者心理品质培养与提升的具体途径。

第七部分：分析社会发展对思想政治教育心理学提出的时代课题，包括奠定新时代社会主义和谐社会的心理基础、促进以人为本的思想政治教育有效开展、强化思想政治教育中的心理疏导、培育理性平和的社会心态、促进社会和谐，以及借鉴积极心理学理论、培育教育对象积极心理品质等。

（三）思想政治教育心理学与相关学科的关系

思想政治教育心理学是一门综合学科，它吸取了邻近学科的相关理论与方法，与许多学科具有密切的关系。

1. 思想政治教育心理学与思想政治教育学的关系

思想政治教育学是思想政治教育心理学的母体科学，思想政治教育心理学是思想政治教育学的分支科学。思想政治教育心理学的研究对象决定了它与思想政治教育学有着必然的、密切的关系。思想政治教育心理学要有效地为思想政治教育服务，就必须遵循思想政治教育学的目标、原则和内容。可以说，思想政治教育学的研究体系和研究内容为思想政治教育心理学的研究提供依据，规定着思想政治教育心理学的研究方向和研究目的。离开思想政治教育的目标和原则，脱离思想政治教育的实践，就心理研究心理，思想政治教育心理学就会偏离正确轨道。

2. 思想政治教育心理学与心理学的关系

心理学是思想政治教育心理学的重要理论依据，它与思想政治教育心理学有着必然的、密切的联系。

心理学是一门研究人的一般心理现象、心理产生及其活动规律的科学。它是一个庞大的学科群。有研究心理的一般形式和规律的普通心理学；有研究种系和个体心理发生、发展的基本理论和发展规律的发展心理学；有以人的个性心理特征和个性倾向性为研究对象的个性心理学；有研究个人和群体在与社会环境的相互作用中，其心理活动发生发展及变化规律的社会心理学；还有把心理学知识应用于人类生产、生活各个领域的应用心理学，如教育心理学、医疗心理学、运动心理学、管理心理学等。思想政治教育心理学与心理学科中的不少分支学科都有关系，它们的研究成果对思想政治教育心理学都有借鉴意义，如普通心理学、社会心理学、教育心理学、德育心理学、政治心理学、管理心理学、咨询心理学等。

由此可见，心理学与思想政治教育心理学是一般与个别、普遍与特殊的关系。人们在思想政治教育过程中发生和发展的特殊心理，不可能超越人的一般心理产生及发展的规律。从这个意义上说，思想政治教育心理学也是心理学的分支学科。

3. 思想政治教育心理学与教育心理学的关系

教育心理学是心理学的分支学科，是研究在教育教学情境中教与学的基本心理规律的科学，它主要研究教育教学情境中师生教与学相互作用的心理过程、教与学过程中的心理现象。教育心理学的重点是把心理学的理论或研究所得应用在教育上。教育心理学中研究的学生在学习和接受教育过程中优良心理品质、心理结构的产生、发展的规律，与思想政治教育心理学的研究内容是重合的。教育心理学关于学习心理理论流派的研究，如刺激-反应学习理论、认知学习理论、人本主义学习理论对思想政治教育心理学研究具有较大的参考价值，有助于进一步拓展思想政治教育心理学的研究思路。

4. 思想政治教育心理学与管理心理学的关系

管理心理学是研究管理活动中领导和群体、群体和个体、个体和个体等各种人际交往中的心理现象和心理规律的科学。管理心理学认为，若不考虑人的因素，不满足人的心理需求，就不可能取得生产的高效率。人们的心理状态和工作场所的心理氛围，对生产效率有着非常密切的关系。在管理过程中，既要促使人的个性得到充分的发展，又要促使人的个性按照社会需要的方向得到合理发展。为达此目标，就要致力于激发每个人的创造性行为，如目标激发、支持激发、关怀激发、数据激发、集体荣誉激发、领导行为激发等。思想政治教育心理学和管理心理学在做人的思想工作、调动人的积极性方面有着目标上的一致性。因此，管理心理学的一些研究成果可以被思想政治教育心理学加以借鉴。

5. 思想政治教育心理学与政治心理学的关系

政治心理学主要运用普通心理学、社会心理学的概念来考察人们的政治行为，研究人们在政治活动过程中的心理发展规律。政治心理学的研究内容很广泛，凡同政治有关的事件、运动、行为、组织、个体、群体等都是其研究内容，而个性、政治社会化、政治过程、政治态度、政治信念等又是这些研究内容的核心。研究政治心理学，可以认识、把握人们的政治心理趋向，从而为制定政策提供依据。思想政治教育心理学研究在思想政治教育过程中出现的一系列心理现象和心理规律，需要认识和把握教育对象的政治心理及其发展趋向，从而提高思想政治教育的预见性、针对性。因此，思想政治教育心理学与政治心理学有着内在的相通性。

6. 思想政治教育心理学与社会心理学的关系

社会心理学是从社会与个体相互作用的观点出发，研究在特定社会生活条件下个体心理活动发生发展及变化规律的学科。社会心理学主要研究社会对于个人心理的影响和个人心理对于社会的影响。思想政治教育心理学研究的是人们在思想政治教育过程中发生发展的心理现象，而人们在思想政治教育过程中发生发展的心理现象也总是与社会相互作用、相互联系。因此，社会心理学研究的相关内容，如社会化、社会态度、自我意识、人际关系、团体心理等，可以拓展思想政治教育心理学的研究视野，为研究处在社会生活中的教育对象带来很多启示。可见，社会心理学的研究成果可以为思想政治教育心理学研究提供重要借鉴。

四、思想政治教育心理学的基本范畴

范畴是反映客观事物本质属性和普遍联系的基本概念，是对客观事物本质的概括。物质、运动、意识、质和量、原因和结果、可能性和现实性、自由和必然性等，都是范畴的例子。在哲学中，范畴概念被用于对所有存在物进行最广义的分类，如时间、空间、数量、质量、关系等都是范畴。范畴是人们在实践基础上概括出来的科学成果，是人类认识发展的历史产物。列宁指出："范畴是……认识世界的过程中的梯级，是帮助我们认识和掌握自然现象之网的网上纽结。"[①] 范畴既是以往认识成果的小结，又是进一步深化认识的阶梯。由此可见，范畴是人们在实践基础上概括出来的科学成果，是人类思维成果高级形态中具有高度概括性、结构稳定，且反映客观事物本质属性和普遍联系的基本概念，是人类认识发展的历史产物。

（一）思想政治教育学的范畴

思想政治教育学的范畴在思想政治教育学科体系中占据中心地位。因为思想政治教育学的学科知识体系不外乎是思想政治教育学范畴内涵的阐释和外延的展现，它构成一个对思想政治教育本质和规律的认识之网，是区别于其他学科的根据。因此，思想政治教育学的范畴属于思想政治教育学的基本理论问题。

目前，学界对思想政治教育学的范畴有不同的观点和解读。有学者指出，"思想政治教育学范畴是反映和概括思想政治教育学研究领域中最普遍的本质联系的思维形式，是思想政治教育学科理论体系中最基本的概念，是人们在思想政治教育实践的基础上形成的带有规律性的认识成果，也是认识和把握思想政治教育理论和实践的手段和工具"[②]；

① 列宁．列宁专题文集：论辩证唯物主义和历史唯物主义．北京：人民出版社，2009：132.
② 徐志远．论思想政治教育学范畴的特征与功能．江汉论坛，2006（2）.

还有学者认为，“思想政治教育学的基本范畴是反映和概括思想政治教育学领域中各种现象之间最本质、最重要、最稳定、最普遍的特性和关系的基本概念”①。陈万柏、张耀灿在《思想政治教育学原理》中也提出，范畴是人的思维对客观事物的普遍本质的概括和反映，基本范畴是对思想政治教育规律的具体反映，也是范畴中最本质、最稳定、最普遍的那部分。从这个意义来讲，一系列不同的范畴构成了思想政治教育学的基本单元和骨架。

在现有研究成果中，对思想政治教育学的范畴的研究主要分为两大类：一类未区分层次，只是探讨有哪些基本范畴；另一类则认为应区分层次，分为基本范畴、重要范畴和具体范畴，或者核心范畴、基本范畴和一般范畴。有学者认为：“思想政治教育学以人的思想和行为为研究对象，并沿着思想和行为而展开，所以这个特殊的矛盾就成为研究思想政治教育的切入点和学科体系建构的逻辑起点，并以此为基础，引申出一系列的基本范畴：思想和行为——思想政治教育学最基本的范畴，是揭示思想政治教育学研究对象和基本任务的一对范畴，也是揭示思想政治教育学基本矛盾和基本规律的一对范畴；服从与服务——反映思想政治教育在党的事业中地位与作用的一对基本范畴；继承和创新——反映思想政治教育历史与现实的一对基本范畴；主体与客体——反映思想政治教育对象的一对范畴；灌输与转化——揭示思想政治教育途径、过程、内容与方法的一对特殊范畴；取向与导向——揭示思想政治教育目标的一对范畴；疏导和堵塞——揭示思想政治教育方针、原则的一对范畴；环境与系统——说明思想政治教育是一项塑造人们灵魂的系统工程的一对范畴。”② 还有的学者把思想政治教育学范畴划分为核心范畴、基本范畴和一般范畴三个方面。“核心范畴是处于支配地位的思想政治教育学范畴，也是思想政治教育学中最为基础的概念，即思想政治教育。基本范畴是用于揭示思想政治教育活动最重要、最本质、最普遍的关系，是整体上反映思想政治教育活动的各个环节”③，主要包括“思想政治教育者和思想政治教育对象、思想政治教育目标和思想政治教育内容、思想政治教育原则和思想政治教育方法、思想政治教育环境和思想政治教育载体”④。一般范畴是研究思想政治教育学基本范畴的范畴，数量较多。个人与社会、思想与行动、内化与外化、教育与管理、理想与现实等都是思想政治教育学重要的一般范畴⑤。这种阶梯式划分方法，不仅全面吸收了以往思想政治教育范畴的研究成果，还为思想政治教育学的范畴，特别是基本范畴的深入研究提供了更为理性、有序的平台。

（二）思想政治教育心理学的范畴

思想政治教育心理学的范畴包括基本范畴和一般范畴。思想政治教育心理学的范畴是反映和概括思想政治教育心理学研究领域中最普遍的本质联系的思维形式，是思想政

① 徐志远，彭玉海．言教与身教应是思想政治教育学的基本范畴．思想政治工作，2003（4）．
② 汪应峰．思想政治教育学基本范畴初探．合肥工业大学学报，1997（2）．
③ 王振，曾珍．思想政治教育学基本范畴研究综述．科教文汇（中旬刊），2010（6）．
④ 常永军．思想政治教育学科基本范畴之我见．思想政治教育研究，2008（4）．
⑤ 同③．

治教育心理学学科理论体系中最基本的概念，是人们在思想政治教育实践的基础上形成的带有规律性的认识成果，也是认识和把握思想政治教育心理学理论与实践的手段和工具。思想政治教育心理学的基本范畴是反映和概括思想政治教育心理学领域中各种现象之间最本质、最重要、最稳定、最普遍的特性和关系的基本概念。思想政治教育心理学的基本范畴包括两对：心理与思想、心理与行为。它们揭示了思想政治教育心理学的研究对象和基本任务，即探讨人们思想意识形成与发展的心理基础与心理过程，研究在思想政治教育过程中人们的认识、情感、意志、行为等方面的心理活动及其规律，揭示人的心理活动与思想意识和行为之间相互联系、相互作用、相互影响的关系。由此派生的人的思想素质与心理素质、思想品质与心理品质、思想和谐与心理和谐、思想教育与心理教育、思想疏导与心理疏导之间的关系是思想政治教育心理学的一般范畴。

探研思想政治教育心理学的范畴问题，既是建构精确化、规范化、科学化的思想政治教育心理学体系的一项奠基性工作，也是思想政治教育学科的一项基础性任务。

五、思想政治教育心理学的研究意义与研究方法

思想政治教育心理学的建立，不仅是思想政治教育学科建设的需要，而且是思想政治教育实践的需要。思想政治教育心理学的任务是为思想政治教育提供心理依据、心理原则和心理方法，其目的在于提高思想政治教育的科学性、规律性、针对性和有效性，促进思想政治教育学科体系的建设和完善。揭示思想政治教育心理学的研究意义，探讨其研究方法是思想政治教育心理学的基础性课题。

（一）思想政治教育心理学的研究意义

如前所述，思想政治教育心理学是一门理论性与实践性兼具的学科，学习和研究这门课程不仅具有理论意义，更具有实践意义。

1. 思想政治教育心理学研究的理论意义

研究思想政治教育心理学有助于促进思想政治教育学科的理论研究和学科建设，提高思想政治教育的科学性。

首先，有助于探讨思想政治教育的心理规律。思想政治教育是一项系统工程，其间的矛盾错综复杂。比如，教育者与教育对象之间的矛盾，社会要求的思想政治规范与教育者、教育对象、教育环境的矛盾，教育者、教育对象与教育环境之间的矛盾，等等。这一系列矛盾在深层次上体现在人的认识、情感、意志、态度等心理因素之中，在表层上表现为人们某种心理上的不平衡。思想政治教育要解决这些矛盾，就要遵循人的心理活动和思想意识形成发展的规律性。事实上，人的思想和心理是密不可分的。正如马克思所讲，“外部世界对人的影响表现在人的头脑中，反映在人的头脑中，成为感觉、思

想、动机、意志”[①]。在马克思看来，人的行为是受人的思想和心理共同支配的，人们行动的一切动力，都一定要通过他们的头脑，转变为他们的愿望和动机，才能使他们行动起来。以往我们忽视了人的心理的作用，忽视了人们的心理素质对思想政治品德的影响，使得思想政治教育简单、生硬，难以使教育对象产生心理共鸣，甚至反而使其产生逆反心理，大大降低了思想政治教育的效果。

思想政治教育心理学探讨思想政治教育过程中人的心理活动规律，这不仅为思想政治教育提供了一种新的视角，更重要的是可以揭示思想政治教育的深层规律，即揭示人的思想政治品德形成与发展的心理规律，从而为思想政治教育提供更深层次的理论指导。

其次，有助于为思想政治教育提供新的视角。诚然，思想政治教育的本质是坚持主流意识形态的主导和灌输，讲道理是思想政治教育的主要形式。但仍要注重方式方法，力争把道理讲深、讲透、讲活。这就要求思想政治教育者了解教育对象的心理需要和接受特点，用心、用情施教，做到情理相融，引起教育对象的思想共鸣。思想政治教育心理学从心理视角切入，有助于思想政治教育者运用心理方法，把握心理规律，打开教育对象的心扉，引领教育对象的精神世界。

最后，有助于丰富思想政治教育的理论成果。长期以来，我党在思想政治教育过程中形成了一整套思想政治教育的理论、原则和方法，使思想政治教育理论日臻完善，有效地指导思想政治教育实践。进入新发展阶段，我国发展面临新的战略机遇、新的战略任务、新的战略阶段、新的战略要求、新的战略环境，需要应对的风险和挑战、需要解决的矛盾和问题比以往更加错综复杂。在这种形势下，人们的心理问题、思想困惑、精神危机日益凸显。思想政治教育要想永葆生命力，为深化改革开放和实现中华民族伟大复兴保驾护航，就必须与时俱进，不断发现新趋势、研究新问题、探索新方法、形成新思路。因此，思想政治教育心理学有助于解决新形势下思想政治教育面临的新矛盾和新挑战，进一步揭示思想政治教育的心理规律，使思想政治教育更加符合人的心理特点和思想发展规律，从而丰富、发展思想政治教育的理论研究。

2. 思想政治教育心理学研究的实践意义

思想政治教育心理学的诞生源于实践的需要，其研究的目的也在于指导思想政治教育实践。因此，思想政治教育心理学研究具有重要的实践意义。

首先，研究思想政治教育心理学有助于提高思想政治教育的有效性。思想政治教育只有符合人的心理特点才会富有成效。毛泽东、邓小平等老一辈无产阶级革命家注重依据群众的心理特点开展思想政治教育。他们把群众的需要、愿望作为开展思想政治教育及各项工作的出发点和落脚点，用人民高兴不高兴、满意不满意作为开展思想政治教育和一切工作的根本依据。习近平总书记强调，新闻舆论工作要有很强的笔力，要少一些结论和概念，多一些事实和分析；少一些空泛说教，多一些真情实感；少一些抽象道理，多一些鲜活事例。事实证明，思想政治教育只有满足人们的心理需要，与人的心理活动规律相一致，才能取得成效。思想政治教育心理学只有根据人的心理特点，将心理学的原则和方法运用于思想政治教育过程中，强调根据教育对象的心理特点和个性特征开展

① 马克思，恩格斯．马克思恩格斯选集：第4卷．3版．北京：人民出版社，2012：238.

思想政治教育，才能更好地把握教育对象的思想动态，预测和控制教育对象的社会行为，提高思想政治教育的预见性和主动性，从而提高思想政治教育的效果。

其次，研究思想政治教育心理学有助于促进思想政治教育学科建设。思想政治教育学作为一门独立学科至今已有近40年了。在此期间，思想政治教育学科得到了长足的发展，不仅培养了许多本科生，还有硕士生和博士生，并出版了大量的教材和专著。但是，任何一门学科的发展和成熟都需要经过长期的发展，需要几代人的努力。因此，可以说，思想政治教育学的学科体系还处在不断发展、完善之中。

心理学是目前最活跃的学科之一，已渗透到各门学科和社会生活的各个领域。思想政治教育学作为与心理学联系最为密切的学科之一，引进心理学原理和心理学知识，不仅是必需的，而且是必然的。

思想政治教育心理学是思想政治教育学科体系中重要的组成部分，研究和完善思想政治教育心理学是思想政治教育学科建设的必然要求和迫切任务，必将极大地促进思想政治教育学的学科建设。同时，思想政治教育心理学拓展了心理学的研究范围，把心理学引入一个新领域，思想政治教育心理学的研究成果可以充实心理学的学科体系，促进心理学的发展。

最后，研究思想政治教育心理学有助于化解社会矛盾、促进社会和谐。当前，世界百年未有之大变局正在加速演进，新冠疫情的全球流行以及霸权主义、贸易保护主义、逆全球化思潮、俄乌冲突、全球通胀等因素同步交织、相互激荡，增加了国际局势的不确定性、不稳定性和不可预见性。同时，我国正处在全面建设社会主义现代化国家、向第二个百年奋斗目标进军的新发展阶段，面临着新的战略机遇、战略任务、战略要求和战略环境，需要应对的风险和挑战更为严峻，需要解决的矛盾和问题更加错综复杂。在这种国内外环境下，社会矛盾日益凸显，人们的心理困扰不断增加，表现为社会竞争加剧导致压力感明显，生活节奏加快带来紧张感加剧，文化观念碰撞造成精神困惑，理想信念动摇使得人生观扭曲，社会分配不公引起心理失衡。以上社会现实对思想政治教育提出了新的挑战和新的课题，要求新时代的思想政治教育突破视域局限，不仅要关注人的政治思想，还要关注人的精神世界和心理需求，使思想政治教育在化解矛盾、转变心态、调节情绪、培育情感、激发动力、锤炼意志、塑造人格、促进和谐等方面发挥更大的作用。

（二）思想政治教育心理学的研究原则和研究方法

思想政治教育心理学作为思想政治教育学和心理学的分支科学，其研究原则和研究方法既要遵循思想政治教育学的研究原则和研究方法，又要借鉴心理学的研究原则和研究方法。

1. 思想政治教育心理学的研究原则

根据思想政治教育学的研究原则，借鉴心理学的研究原则，思想政治教育心理学在研究过程中应遵循以下几个原则：

第一，思想性原则。思想政治教育具有很强的政治性和思想性。思想政治教育心理学作为思想政治教育学科的重要组成部分，直接为党的思想政治教育服务。思想政治教育心理学研究不能脱离思想政治教育的目标、内容和原则，不能脱离思想政治教育的实践。因此，思想政治教育心理学必须始终突出思想性原则。

第二，实践性原则。思想政治教育心理学是一门应用科学，具有极强的实践性。它源于思想政治教育实践，服务于思想政治教育实践，接受思想政治教育实践的检验。思想政治教育心理学只有不断研究解决实践中出现的新情况、新问题，才能在实践中不断丰富和发展自己的理论体系。

第三，客观性原则。人的心理和思想是客观物质世界在人脑中的主观反映，其反映形式虽然是主观的，但反映的内容则是客观的，来源于客观物质世界，并受客观物质世界的决定和制约。因此，我们研究人的思想，研究人们在思想政治教育过程中所产生的各种心理现象和心理规律，就不能采取主观臆断和主观推测的方法，而必须从客观物质世界中、从主观与客观的联结中、从客观事实中来考察人们的心理活动和思想活动，揭示人的思想的产生、发展和变化的一般规律。换言之，思想政治教育心理学的研究必须遵循客观性原则。

第四，联系性原则。人生活在环境之中，人的心理现象和思想活动受环境的影响和制约。环境对人的心理和思想的影响不是单因素的，而是多因素的。社会小环境、社会大环境、自然环境中的诸多因素可以同时作用于一个人，人的某一种心理活动、思想变化可能是多种环境因素共同影响的结果。同样一种刺激，由于时间不同、环境不同，主体的心理状态、思想状况不同，会产生不同的反应。就一个人而言，任何一种心理现象都不是孤立的，而是多种心理现象互相联系、互相影响、互相制约的结果；任何一种思想活动也不是孤立的，而是多种思想活动错综复杂地交织在一起。同时，人的心理现象和思想活动也不是毫不相干的，而是密切相关、互为前提的。所以，在研究思想政治教育心理学的过程中，必须坚持全面的观点、联系的观点，坚持联系性原则。

第五，发展性原则。人的心理和思想的器官是大脑，而大脑是历史发展的产物。大脑是不断发展的，大脑所反映的客观物质世界也在不断地发展。同时，人的心理和思想也是一个连续的发展过程。因此，我们从事思想政治教育心理学的研究，必须坚持发展性原则，在个人发展和社会发展的结合点上，揭示人们思想发展变化的规律。

2. 思想政治教育心理学的研究方法

思想政治教育心理学在广泛吸收、借鉴思想政治教育学和心理学的研究方法的基础上，形成以下几个研究方法：

（1）观察法。

观察法是思想政治教育心理学最基本的研究方法。早在 19 世纪中叶，达尔文就曾运用此法研究动物和人类的心理现象。所谓观察法，是指思想政治教育者在自然条件下，通过对教育对象在学习、工作以及日常生活中的言论、行为等外部表现进行有计划的观察、了解和分析，从中发现心理和思想活动规律的方法。人在接受某种外界信息的刺激后，总会出现一系列心理反应和思想活动，而这些内在变化总会在行为上表现出来，或者伴随着某种生理变化。研究者凭借这一规律，可以从人的行为表现和生理变化中，分析、判断人的心理变化和思想活动。因此，研究人的心理和思想，需要从可以观察到的外在现象出发，从人们的实践活动出发。

根据不同的分类标准，观察法可以分为以下两种具体方法：

第一，根据观察者的参与程度不同，可以分为参与观察和非参与观察。参与观察是指研究者直接参与所要研究的活动，在参与活动中进行直接观察。非参与观察一般不要求研究者具体介入被研究者的日常生活，而是要求其以局外人的视角进行观察。

第二，根据观察过程有无明确规定分为结构观察和非结构观察。结构观察是指事前有明确的观察目的和确定的观察内容的观察活动。非结构观察是指事先没有确定具体的观察内容，带有随意性的观察活动。

观察法简便易行，所获得的材料比较真实。但是，由于它是在自然条件下进行的，所以需要的时间较长，难以全面和重复观察，所得的结果难以进行精确的统计分析。为了克服观察法的不足，思想政治教育者在使用此法时，可以借助录音、录像等现代技术手段，进行多角度观察和多因素分析，以使观察的结果更为全面、准确。

（2）实验法。

所谓实验法，是指在控制条件的情况下，对人的心理活动和思想行为进行研究的方法，包括实验室实验法和自然实验法。思想政治教育心理学多采用后者。自然实验法是指在日常工作、学习、生活情境中，有目的地控制或创设条件来研究人的心理活动规律的方法。这种方法由于使实验处于真实的环境中，因而自然可信。同时，可以对事件的因果关系研究得更加透彻。比如：著名的霍桑实验就是用自然实验法揭示了工作效率与心理的关系，得出“人是社会的人”和“工作效率取决于士气”的结论，开创了管理的新时代，标志着行为科学的诞生。

（3）心理测量法。

心理测量法是指以预先制造的测验量表为测量工具，通过标准化的测量程序，对个人或团体的某种心理品质、思想道德品质做出测量和鉴别的方法。心理测量按其目的不同可分为智力测量、人格测量、才能测量、成就测量等。心理测量源于个体之间的心理差异，其功能主要在于通过测量了解人的智力水平、能力特点、兴趣爱好、气质、性格等，为人才选拔、使用、心理咨询与治疗、职业选择、因材施教等提供心理依据。心理测量法不仅有助于思想政治教育实践的开展，而且是进行思想政治教育理论研究的重要辅助手段和方法。由于用此法获得的资料比较可靠、全面，便于系统、科学地进行统计分析，因此，在思想政治教育中被广泛应用。在使用心理测量法时，必须严格坚持科学性。

（4）调查法。

调查法是根据事先拟定的调查提纲或问卷，直接访问被试人员或有关人员，将访问结果进行统计处理、总结归纳和心理分析的方法。调查法分为问卷调查法和访谈调查法两种。

问卷调查法是指根据一定的研究目的，事先将要研究的问题设计成统一问卷来收集研究对象的心理特征和行为态度的研究方法。问卷分为开放式问卷和封闭式问卷两种形式。开放式问卷也称自由式问卷，在问卷中只提问题，不设选项，不列答案，要求被试写出自己的观点。封闭式问卷也叫选择式问卷，由被试在预先给定的答案中选择。问卷调查法在使用过程中应把握好每一个环节，注意问卷设计的科学性、抽取样本的代表性和统计结果的准确性。

访谈调查法是指通过与调查对象交谈，收集其心理数据的研究方法。访谈分为结构访谈、半结构访谈和非结构访谈。结构访谈是一种有指导性的、正式的、事先决定了问题项目和反应可能性的访谈形式，每个访谈对象回答相同的问题，对于他们不同的反应可以按照一定的标准加以比较。半结构访谈是指访谈对象自由地回答有结构的问题，或访谈对象按有结构方式回答无结构问题的访谈形式。非结构访谈是一种非指导性的、非正式的灵活提问和自由作答的访谈形式。访谈调查法要做好准备工作，预先拟定访谈计划和提纲。

调查法简便易行，可以在较短的时间内获得大量的第一手资料，且可以重复使用，因此是思想政治教育心理学经常采用的研究方法。

（5）经验总结法。

经验总结法是通过对实践活动中的具体情况进行归纳与分析，使之系统化、理论化，上升为经验的一种方法。总结推广先进经验是人类历史上长期运用的行之有效的管理方法之一。

所谓经验，是指在实践活动中取得的知识或技能。由于这种知识或技能往往是凭借个人或团体的特定条件与机遇而获得的，带有偶然性和特殊性，因此，经验并不一定是科学的。它需要理论研究者和实践者做一番总结、验证、提炼加工工作。总结经验一般在实践中取得良好效果后进行。在总结经验时，一定要树立正确的指导思想，对典型案例要用马克思主义的立场和观点进行分析判断，分清正确与错误、现象与本质、必然与偶然。经验一定要观点鲜明、正确，既有先进性、科学性，又有代表性和普遍意义。

（6）个案研究法。

个案研究法是社会学、教育学和行为科学研究中常用的一种重要方法。个案研究法是指对某一个体、某一群体或某一组织在较长时间里连续进行调查，从而研究其行为发展变化的全过程，找出规律性的东西的方法，这种研究方法也称为案例研究法。它包括对一个或几个个案材料的收集、记录，并写出个案报告。尽管个案研究法以某个或某几个个体为研究对象，但这并不排除将研究结果推广到一般情况，也不排除在个案之间做比较后在实际中加以应用。

个案研究如同解剖麻雀，通过对某一个体深入研究考察，可能会得到重大发现，影响总体发展。瑞士教育家皮亚杰从对自己孩子观察、访谈、实验的个案研究中受到启发，从而创立了儿童认知发展理论，该理论对儿童总体发展具有普遍意义。

在运用个案研究法时，要注意精选案例，使案例具有典型性和代表性。同时，要引导教育对象进行案例延伸，即将研究的个案运用在现实生活中，对现实生活进行有效的分析和指导，体现学以致用的原则。

（7）文献研究法。

文献研究法是指通过搜集、鉴别、整理文献，形成对研究问题的基本了解、正确认识和科学把握的研究方法。文献研究法一般包括五个基本环节，分别是：提出问题或假设、研究设计、搜集文献、整理文献和进行文献综述。文献研究法超越了时间、空间的限制，是对前人和他人劳动成果的研究，是获取知识的捷径。通过对古今中外文献进行搜集、梳理、研读，可以了解研究现状，开阔研究视野，确定研究视角，奠定研究基础，提高研究效率，这些优点是其他调查方法不可比拟的。此外，文献研究法是一种方便、自由、安全的调查方法。文献研究受外界制约较少，可以随时随地对获得的文献进行研究。特别是在信息社会，互联网快速发展，人们运用网络查阅文献更加快速、便捷、高效，因而这是一种最常用的研究方法。

六、思想政治教育心理学的学科发展与未来走向

思想政治教育心理学作为新兴的交叉学科，自诞生以来得到了快速的发展，主要表现在学科体系日趋完备，学科基础不断夯实，研究领域不断拓展，研究成果日益增多，教材建设不断推进，应用功效显著提升。思想政治教育心理学取得的发展成就，拓宽了思想政治教育学的研究领域和发展空间，深化和推动了思想政治教育学科的发展。然而，思想政治教育心理学作为一门年轻的边缘学科，尚有许多不成熟和存在争议的地方，还面临着许多研究难题和发展瓶颈。因此，了解思想政治教育心理学的研究现状，梳理思想政治教育心理学面临的主要问题，揭示思想政治教育心理学的发展趋势，既是思想政治教育心理学发展的迫切需要，也是思想政治教育学科建设的必然要求。

（一）思想政治教育心理学的学科发展历程

1984 年 4 月教育部出台文件，决定在全国 12 所高校设立思想政治教育专业，1991 年国家教委思政司组织编写本科专业教材，其中就有《思想政治教育心理学》。1993 年，国家教委出台了《关于高等学校思想政治教育专业办学的意见》，将思想政治教育心理学列入思想政治教育专业课程设置的基础课程中。1996 年国家教委思政司组织编写的本科专业教材《思想政治教育心理学》（童彭庆主编）出版。2005 年，国务院学位委员会、教育部发布的《关于调整增设马克思主义理论一级学科及所属二级学科的通知》（学位[2005] 64 号），附设了“马克思主义理论一级学科及所属二级学科简介”，在思想政治教育专业的课程设置上，专门规定了思想政治教育心理学的课程设置。思想政治教育心理学作为思想政治教育专业的分支学科，在思想政治教育专业建设中居于重要地位，获得了较大的发展。其发展历程可以分为三个阶段：

（1）学科理论内容吸收借鉴时期（1984—1995 年）。

此阶段，将心理学引入思想政治工作领域，探讨了思想政治教育心理学的学科性质和研究的基本问题，分析了思想政治工作中面临的心理问题。

（2）学科理论体系构建期（1996—2005 年）。

1996 年国家教委思政司组编的《思想政治教育心理学》出版，思想政治教育心理学进入理论体系构建期。这一时期初步探讨了学科特点、研究内容、学科体系等内容，学科的主体意识得以提升。

（3）学科研究领域细化深化期（2005 年至今）。

2005 年国务院学位委员会颁发《关于调整增设马克思主义理论一级学科及所属二级学科的通知》，明确规定思想政治教育心理学是思想政治教育学科课程的重要组成部分。思想政治教育心理学进入了新的发展阶段。

（二）思想政治教育心理学学科发展取得的成果

1. 学科体系日趋完备

思想政治教育心理学归属于思想政治教育学科，是思想政治教育学科体系中的一门分支学科，“没有思想政治教育学科就没有思想政治教育心理学”①，这在学科建设中已形成共识。经过近 40 年的发展，虽然对于思想政治教育心理学的内容体系目前仍处在探索之中，学者们尚有不同的学术观点，但思想政治教育心理学已从最初的对心理学理论与方法的“移植”，发展到从思想政治教育学本体论的角度构建学科体系，紧紧围绕思想政治教育诸要素，如教育主体、教育客体、教育介体、教育环体，研究思想政治教育过程中出现的心理现象、心理特点，探索思想政治教育的心理规律，使学科体系日趋完备。

2. 学科基础不断夯实

思想政治教育心理学作为一门交叉学科，必然涉及思想政治教育学和心理学这两个学科领域。思想政治教育学具有综合性的特点，综合了哲学、政治学、管理学、社会学、教育学等多门学科的研究成果。同时，心理学及其分支学科也构成了思想政治教育心理学的学科基础。因此，思想政治教育心理学这门边缘学科便具有了庞杂性的特点，面临着理论整合的繁重任务。历经近 40 年的发展，思想政治教育心理学以马克思主义理论为指导，广泛吸取思想政治教育学的理论与方法，借鉴心理学等相关学科的研究成果，不断充实、发展自身理论，学科基础不断建构，日臻完善。在对思想政治教育心理学的基本理论问题的研究中，学者们对研究对象、学科性质、基本范畴、内容体系、学科特点、研究方法等问题进行了广泛而深入的探讨，大部分问题已基本形成了共识，仅存在表述方面的相异，没有原则上的分歧。也就是说，在思想政治教育心理学学科基础的建构过程中，基本理论问题不断夯实，趋于同一，这是一门学科逐渐走向成熟的重要标志。

3. 研究领域不断拓展

思想政治教育心理学在研究过程中呈现的一个鲜明特点是研究领域不断拓展。自《中共中央国务院关于进一步加强和改进大学生思想政治教育的意见》（中发［2004］16 号）强调“开展深入细致的思想政治工作和心理健康教育”以来，特别是党的十七大提出“加强和改进思想政治工作，注重人文关怀和心理疏导”以后，将心理咨询和心理健康教育引入思想政治教育，借鉴心理学和心理咨询的相关理论与方法来拓展思想政治教育心理学研究的趋势比较明显。值得一提的是，在研究过程中，学者们并非照搬心理学、咨询心理学的相关理论与方法，而是注重在思想政治教育语境中展开理论构建。思想政治教育活动是中国本土化的实践活动，因此，思想政治教育中的“心理疏导”既不同于

---

① 王仕民．思想政治教育心理学概论．广州：中山大学出版社，2015：17.

西方心理咨询中的心理疏导疗法，也不是简单的情绪宣泄，而是强调遵循人的心理活动规律，运用心理学理论与技巧，营造平等、积极关注和“无条件接纳”等沟通氛围，通过理解、共情、分析、解释、支持、建议等形式，疏通教育对象的心理和思想，改变其认知、情感、态度和行为，提高其社会适应能力。“疏导”不同于教导，也不同于指导。教导往往耳提面命，缺乏亲和力；指导常常居高临下，使教育对象产生距离感，不能真正解决教育对象的内心疑虑。而“心理疏导”不仅充分尊重教育对象，而且贴近教育对象的心理需要和思想实际，充分尊重他们的个性特点和心理诉求，重在解决他们的内心困扰，在这个基础上，施之以正面的教育和引导，往往可以收到事半功倍之效，真正实现思想政治教育成效和价值的最大化。目前，这种将思想政治教育与心理健康教育相结合的研究视角方兴未艾，极大地开阔了思想政治教育心理学的研究视野。与此同时，德育心理学、发展心理学、积极心理学、思想政治教育学科教学心理学等研究成果由于与思想政治教育心理学的关联度越来越高，虽然学科界限尚难界定，但也为思想政治教育心理学研究领域的拓展带来了契机。

4. 应用功效显著提升

思想政治教育心理学是在思想政治教育实践需要的基础上诞生的具有较强应用性的学科。但由于其发展时间较短，以往研究偏重理论方面的构建，对于操作性、指导性的研究重视不够，这使得思想政治教育心理学的应用功效在很长一段时间内未能发挥出应有的作用。经过近些年的发展，特别是随着人本理念下的思想政治教育的开展，理性平和社会心态的培育，和谐身心、和谐社会的构建，心理疏导的提出以及思想政治教育心理学与心理健康教育和心理咨询的融合，思想政治教育心理学的研究领域不断拓展，应用功效日益凸显，促进了思想政治教育心理学的应用研究与实践发展。此外，在当今大数据时代，网络思想政治教育成为思想政治教育研究领域的热门话题。在研究网络环境下个体政治心理发展、网络群体心理与行为、网络心理健康等问题上，思想政治教育心理学发挥了重要的指导性作用，以胡凯所著的《网络思想政治教育心理研究》（2016）为代表，凸显了思想政治教育心理学的应用功效。同时，在新冠疫情防控中，对于民众的心理疏导和社会心态的调节也成为思想政治教育心理学面临的现实课题。

5. 教材建设成果颇丰

早在1991年，国家教委思政司组织编写思想政治教育本科专业教材，思想政治教育心理学就被列入该专业本科教学第一批教材，之后在该专业的历次教材编写计划中，思想政治教育心理学均占有一席之地。1996年，国家教委思政司组编的思想政治教育专业教材《思想政治教育心理学》（童彭庆主编）出版，这是思想政治教育心理学的第一部规划教材，在思想政治教育心理学发展史上具有重要意义。令人遗憾的是，2001年国家教委思政司第二次组织编写思想政治教育专业规划教材时，《思想政治教育心理学》没有列入其中。不过，伴随着思想政治教育心理学这一学科的发展，思想政治教育心理学的教材和专著不断涌现，如郭崇岳所著的《思想政治教育心理学》（1993）、陈大柔等所著的《思想政治教育心理学》（1995）、杨芷英等所著的《思想政治教育心理学》（1999）、姜相志主编的《思想政治教育心理学》（2000）、张云所著的《思想政治教育心理学》（2001）、胡凯等主编的《思想政治教育心理学》（2005）、胡凯所著的《现代思想政治教育心理研究》（2009）、张绪元等编的《思想政治教育心理学》（2009）、杨玉宇等主编的《思想政治教育心理学新论》（2017）、王仕民主编的《思想政治教育心理学概论》（2015）等。特别值得一提的是，2014 年 5 月，中国人民大学出版社“21 世纪思想政治教育专业系列教材”之一的《思想政治教育心理学》（杨芷英主编）出版，2019 年 2 月该书第二版出版。这些不同版本的思想政治教育心理学教材和专著，极大地丰富了思想政治教育心理学的教材建设，其中有些教材还获得了政府优秀研究成果奖和入围《思想理论教育》编辑部“30 年思想政治教育学科标志性研究成果”，这说明思想政治教育心理学的教材建设成果颇丰，促进了思想政治教育心理学的学科发展。在未来思想政治教育心理学的发展过程中，仍要把教材建设放在重要位置，通过编写规划教材和教学大纲、制作思想政治教育心理学多媒体课件、开展师资培训、进行课程研讨等方式不断推动思想政治教育心理学的课程建设。

（三）思想政治教育心理学的未来走向

社会的快速发展和思想政治教育学科的深入发展，对思想政治教育心理学提出了新的研究领域和研究课题。思想政治教育心理学的未来发展将呈现出如下趋势。

1. 研究立场上强化马克思主义导向

马克思主义是科学的理论体系，它揭示了自然界、人类社会和人类思维的本质与规律，是我们立党立国之魂，是认识世界、改造世界的强大思想武器。习近平总书记在党的二十大报告中指出：“实践告诉我们，中国共产党为什么能，中国特色社会主义为什么好，归根到底是马克思主义行，是中国化时代化的马克思主义行。”[①] 100 多年来，马克思主义深刻改变了中国，中国也极大丰富了马克思主义。思想政治教育是马克思主义理论一级学科下的二级学科，思想政治教育学作为思想政治教育心理学的母体科学，其学科属性决定了思想政治教育心理学在研究立场上要坚持马克思主义的理论导向，不能偏离马克思主义的指导思想，将思想政治教育心理学等同于心理学，进行抽象的、脱离现实的空洞研究。这样，就将脱离思想政治教育学的正确轨道。

2. 指导思想上强调以人为本

党的十七大报告指出，要加强和改进思想政治工作，注重人文关怀和心理疏导，用正确方式处理人际关系。党的十八大报告中又重申了这一理念。2016 年习近平在全国高校思想政治工作会议上除再次言及“加强人文关怀和心理疏导”外，又进一步强调思想政治工作从根本上说是做人的工作，必须围绕学生、关照学生、服务学生。“人文关怀和心理疏导”及“做人的工作”充分体现了人本理念。党的十九大报告明确指出，坚持以人民为中心，必须坚持人民主体地位，把人民对美好生活的向往作为奋斗目标。在党的二十大报告中，习近平总书记再次指出：“必须坚持人民至上。人民性是马克思主义的本

---

① 习近平．高举中国特色社会主义伟大旗帜 为全面建设社会主义现代化国家而团结奋斗：在中国共产党第二十次全国代表大会上的报告．北京：人民出版社，2022：16.

质属性，党的理论是来自人民、为了人民、造福人民的理论，人民的创造性实践是理论创新的不竭源泉。一切脱离人民的理论都是苍白无力的，一切不为人民造福的理论都是没有生命力的。”强调坚持和发展马克思主义，就要“站稳人民立场、把握人民愿望、尊重人民创造、集中人民智慧，形成为人民所喜爱、所认同、所拥有的理论，使之成为指导人民认识世界和改造世界的强大思想武器”①。可见，思想政治教育作为以人为对象的社会实践活动，以促进人的全面发展为目标，因此，思想政治教育必须坚持人本理念和原则，以人民为中心。人民有信仰，国家有力量，民族有希望。以人民为中心的思想政治教育要求思想政治教育心理学着力研究人文关怀和心理疏导的理论、途径、方法等问题，加强对人的主体性研究，尊重人的个性差异，激发人的巨大潜能，以使人的主动性、积极性和创造性得到充分发挥，自我价值得到全面实现，进而提高人民的思想觉悟、文明素养，提高全社会的文明程度。

3. 理论构建上倡导融会贯通

思想政治教育心理学作为一门交叉学科，其理论构建应强调融会贯通，即要避免思想政治教育学与心理学的拼接现象，避免生搬硬套心理学的理论与方法，要将二者有机整合成新的研究视角和理论体系。从目前思想政治教育心理学的学科归属而言，要注重从思想政治教育学本体论的角度，用思想政治教育学科的语境构建思想政治教育心理学的内容体系和理论框架，加强对思想政治教育的心理机制、心理功能、心理规律、心理效应等问题的探讨，凝练思想政治教育心理学自身的理论品性，研究思想政治教育实践提出的心理课题，回应社会发展对思想政治教育提出的现实挑战，以使思想政治教育心理学满足思想政治教育学科发展的需要和社会发展的需要。

4. 研究内容上加强应用研究

思想政治教育心理学的诞生源于实践的需要，思想政治教育心理学的发展也需要立足于实践。为此，应加强对思想政治教育心理学的应用研究，使思想政治教育心理学更好地为实践服务，为社会发展服务。比如，构建社会主义和谐社会为思想政治教育心理学提出了重大的现实课题，思想政治教育心理学如何在促进人的身心和谐、人际和谐、社会和谐方面深入研究，用以指导社会主义和谐社会建设是未来应加强研究的。此外，21 世纪出现的新的理论流派——积极心理学，倡导培养人的优秀品质和美好心灵，其基本理念和研究领域与思想政治教育心理学具有更多的共通性和一致性，也是未来思想政治教育心理学研究需要借鉴和加强研究的。

在未来的发展路径上，思想政治教育心理学还将对“中国梦”的民族心理基础等进行系统研究，并将其应用于思想政治教育的实践过程中，作用于“两个一百年”奋斗目标的实现过程中，从而凝聚起实现中华民族伟大复兴的中国力量。总之，在实现中华民族伟大复兴中国梦的过程中，如何凝聚人心、聚集力量、挖掘潜能，最大限度地实现人的价值，是思想政治教育心理学未来面临的重大现实课题，思想政治教育心理学在未来的研究中要以此为己任，为促进社会和谐和个体发展贡献力量。

---

① 习近平．高举中国特色社会主义伟大旗帜 为全面建设社会主义现代化国家而团结奋斗：在中国共产党第二十次全国代表大会上的报告．北京：人民出版社，2022：19.

5. 研究方法上重视定量研究

定量研究是指搜集用数量表示的资料或信息，并对数据进行量化处理、检验和分析，从而获得有意义的结论的研究过程。从定性研究到定量研究，是学科科学化、精细化发展的重要标志。

思想政治教育心理学的研究对象是思想政治教育过程中的心理现象、心理活动，这些心理现象、心理活动在多大程度上影响到思想政治教育的效果，人的心理活动在多大程度上影响到人的思想品德，人的心理健康水平在多大程度上影响到人的行为，思想政治教育在多大程度上影响到人们的心理、思想和行为，心理规律、心理方法、心理技术运用于思想政治教育能够发挥多大的作用以及取得多大的效果……这些都需要进行量化，要找出这些因素间的量的变化规律，对这些因素的量的属性做出回答。因此，思想政治教育心理学要加强量化研究，探究思想政治教育背后的心理动因，寻找各种心理因素间相互影响、相互制约的规律，为思想政治教育学科的科学化发展奠定基础。

6. 研究手段上注重交叉研究

思想政治教育心理学是综合运用多门学科的研究成果而产生的边缘学科，其发展既是继承与创新的统一，又是日益突破和超越学科自身边界的束缚，不断吸收和运用心理学、社会心理学、教育心理学、咨询心理学以及思想政治教育学、管理学、行为科学等学科的最新成果，促进理论不断创新的过程。因而，注重与其他学科的合作，开展交叉研究，不断吸取相关学科的最新成果，是思想政治教育心理学的发展趋势之一。交叉研究包括学科交叉、方法交叉、手段交叉、技术交叉等。

学科交叉。进入 21 世纪，学科交叉与融合的时代已经到来，为此，必须打破学科界限，营造多学科交叉的平台，使不同学科相互启发，从而找到学科发展的新思路。思想政治教育心理学本身就是一个交叉学科。我们说要注重交叉研究，是说要在加强思想政治教育学与心理学的交叉研究的基础上，在更大的范围进行学科交叉研究，如教育科学、行为科学、管理科学、系统科学、信息科学、人学、伦理学、美学、传播学等，尽可能利用不同学科的相关理论、知识、方法为思想政治教育心理学服务。

方法交叉。在思想政治教育心理学的交叉研究中，既要保持“量化”的提高，又要保持“质性”的提升，即在注重定量研究的同时，要重视定性研究。在实际研究中，定量研究与定性研究常配合使用。在进行定量研究之前，须借助定性研究确定研究现象的性质；在进行定量研究过程中，又要借助定性研究确定现象发生质变的数量界限和引起质变的原因。因此，定性研究与定量研究相结合的研究方法更加科学，所得结论更加准确，是未来思想政治教育心理学研究方法的发展趋势。

手段交叉。手段交叉是指在研究中使用多种不同的工具和手段，包括使用不同的实验设备、数据采集方法、数据分析技术等等。通过使用多种手段，研究者可以提高研究的可靠性和全面性。未来思想政治教育心理学在研究手段上可以运用多种不同的工具和手段，例如，可以运用问卷调查法、访谈法，并结合眼动仪和脑电图仪来研究教育对象对特定认知对象的视觉和认知过程，了解其态度、观念形成背后的生理、心理以及社会动因。

技术交叉。随着科学技术的不断进步，新的技术手段和工具不断涌现，思想政治教育心理学可以将不同的技术应用于研究中，利用这些技术来探索新的研究领域。例如，使用人工智能和大数据来分析教育对象在思想政治教育过程中某种心理现象出现的概率、特点、表现形式等，揭示其心理规律，以提高思想政治教育的预见性和规律性。

阅读书目

1.《思想政治教育学原理》编写组．思想政治教育学原理．2版．北京：高等教育出版社，2018.

2. 侯勇．思想政治教育学理论前沿问题研究．北京：中国社会科学出版社，2018.

3. 张耀灿．思想政治教育学科建设研究．北京：中国人民大学出版社，2017.

4. 孙其昂．思想政治教育学前沿研究．北京：人民出版社，2013.

5. 张耀灿．现代思想政治教育学．北京：人民出版社，2006.

6. 张耀灿，等．思想政治教育学前沿．北京：人民出版社，2006.

7. 杨芷英，等．思想政治教育心理学．北京：首都师范大学出版社，1999.

思考题

1. 如何理解思想政治教育心理学的学科定位？
2. 思想政治教育心理学的基本范畴和内容体系是什么？
3. 思想政治教育心理学有哪些研究原则与方法？
4. 如何把握思想政治教育心理学的发展趋势？

第二章

思想政治教育的心理基础

关键词

心理　思想　意识　心理基础　心理发展

要点提示

1. 揭示思想与心理和意识的内在联系，这是思想政治教育心理学形成的逻辑前提。

2. 阐述心理发展的过程，论证心理发展是接受思想政治教育的心理基础。

3. 分析思想政治品德形成的心理过程，为思想政治教育遵循人的心理规律提供理论支撑。

思想政治教育着重解决人们的思想意识问题，而人们的思想意识与心理相互影响、密不可分。心理是思想意识形成的基础，思想意识是心理的高级形式。思想意识的形成和发展受心理的影响和制约，而心理活动的方向和内容又受思想意识的支配。可见，思想政治教育与人的心理活动、心理发展密切相关。人们的思想意识与心理之间这种相互渗透、相互转化、相互影响、相互制约的事实和规律是思想政治教育心理学构建的逻辑前提和理论依据。了解思想政治教育的心理基础对于揭示思想政治教育与人的心理活动的内在联系和规律，使思想政治教育更加符合人的身心发展规律以及人的思想政治品德的形成和发展规律具有重要的指导意义。

一、思想与心理的内在关系

心理和思想都是人的精神现象，它们都以人脑为器官，都是人脑的机能，都以客观现实为源泉和内容，都以实践活动为场所。心理是思想的基础，思想是心理的高级形式，是在心理的基础上发展起来的。良好的心理品质是人们接受思想政治教育，形成良好的思想政治品德的前提和基础。

（一）心理的概念及构成

个体无时无刻不在进行着心理活动，即使在梦境中人的潜意识也在进行着心理活动。比如，我们对世界的感知，对问题的思考，对事物的好恶以及对目标的坚持等等，都属于人的心理范畴。具体而言，心理是感觉、知觉、记忆、思维、情感、意志、性格、能力等心理现象的总称。自然科学的发展阐明了心理现象是神经系统和脑长期演化的产物。可以说，心理是脑的机能，是脑对客观物质世界的主观反映。人类高度发展的神经系统和大脑，派生了人类高度发达的认识能力和智慧，孕育了丰富的情绪情感和精神世界。

人的心理现象极为复杂，带有很强的主观性和个体性。但总的来讲可以将人的心理分为心理过程和个性心理两个方面，如图 2－1 所示。

- 人的心理
  - 心理过程
    - 认知过程：感觉、知觉、记忆、思维、想象等
    - 情感过程：情绪、情感、心境等
    - 意志过程：自觉、坚韧、果断等
  - 个性心理
    - 个性倾向性：需要、动机、兴趣、信念、理想等
    - 个性心理特征：能力、气质、性格

图 2－1　人的心理构成

心理过程是指心理活动发生、发展的过程，也就是人脑对客观现实的反映过程。人们的心理活动，总是通过各种感官认识外部世界事物，通过头脑的思维活动分析事物的因果关系，并伴随着喜、怒、哀、惧等情感体验，产生出信念、恒心、坚持等意志活动。这一系列心理活动的过程就是心理过程。人的心理过程为人的共性，每个人均经历过这个心理过程。心理过程包括认知过程、情感过程、意志过程，它们互相依赖、互相影响，共同作用于同一心理过程的不同方面。认知过程是指人们在认识客观事物过程中表现出来的感觉、知觉、记忆、思维、想象等心理现象。情感过程是指人们在认识和改造客观世界的过程中，根据一定的主观体验，在采取一定的态度时所表现出来的情绪、情感、心境等心理现象。意志过程是指人们在实践活动中，所表现出来的想方设法战胜困难，以达到自己的预定目标的心理现象。行为过程是人的心理活动和心理现象的外化（外部表现），人的心理活动和心理感受总要通过一定的行为表现出来。比如，喜形于色、眉开眼笑、愁眉不展、手舞足蹈、怒发冲冠等，都是人心理活动的外化。

在现实生活中，人们总是通过认知过程获得关于外部世界的各种知识和经验，认识客观事物的本质和规律；通过情感过程对某一事物表现出喜欢或厌恶、愉快或忧伤、积极或消沉的情绪与感受；通过意志过程对自己的行为进行能动的调节，或发起和坚持某种行为，或制止和改变某种行为。认知过程、情感过程、意志过程、行为过程并不是彼此孤立的心理过程，而是互相依赖、互相作用的同一心理过程的不同方面。其中，认知过程是最基本的心理过程，情感过程和意志过程都是在认知过程的基础上产生的。同时，人的情感和意志对认知又有重要影响，认知过程离不开情感过程和意志过程。而人的上述心理过程最终又要外化为行为过程。心理学的基本任务就是研究以上几个过程所特有的发生、发展规律以及它们之间相互制约、相互渗透、相互推动的规律。

人的心理还表现出明显的差异性，即个性心理，指一个人在生活实践中经常表现出来的、比较稳定的、带有一定倾向性的个体心理特征的总和。人的个性心理是个体在心理活动过程中体现出来的特点，为人的个性，每个人各不相同。个性心理是在完成一般心理过程后发展起来的，没有一般的心理过程的发生发展，就不可能有个性心理的发生发展。个性心理包括个性倾向性和个性心理特征两个方面。个性倾向性是指一个人的心理倾向和思想倾向，它对人的心理特征起动力和支撑作用，包括需要、动机、理想、信念、兴趣等；个性心理特征指个人经常表现出来的、稳定的心理特征，包括能力、性格和气质。个性心理的两个方面也是相互制约、相互促进的。个性是在一个人的心理素质基础上，在一定的社会历史条件下，通过社会实践活动形成和发展起来的，个性所表现的是个人的独特风格。

个体心理的形成和发展为其接受思想政治教育奠定了心理基础。

（二）思想、意识的内涵及与心理的关系

人的心理与动物心理的本质不同在于人的心理可以上升为意识，再在意识的基础之上，经过理性思维上升为思想。而动物和婴儿有心理，但却谈不上意识和思想。因此，思想与意识、心理密不可分。

1. 意识的内涵及与心理的关系

意识是在心理的基础上形成的，是个体心理发展到一定阶段的产物。意识有广义和狭义之分。广义的意识是指人所特有的一种对客观物质世界的高级反映形式，是人的高级心理。意识是人借助于词汇而巩固头脑中的知识和经验体系，是人的主观世界。狭义的意识指人们对外界和自身的觉察与关注程度。现代心理学中对意识的论述主要是指狭义的意识概念。而思想政治教育心理学研究的意识为广义的意识。

意识具有概括性、目的性、主观能动性和社会制约性的特点。

概括性是指能够把事物共同的、本质的特征及规律抽取出来。概括性是对事物发展特征和规律的总结，是建立在高级思维的基础之上的。人的意识的概括性不仅反映在对自然现象的概括上，如水可以灭火；而且反映在对社会发展进程和社会规律的发现和概括上，如马克思主义揭示了共产主义必然取代资本主义的社会发展规律。

目的性是指事物没有出现前，就对事物可能出现的结果有所预见，并按预见行动。目的性是概括性的必然结果。动物的行为只是根据它当时的生理状态和外界环境的影响而进行，没有预见性。恩格斯曾经以希腊的一种野山羊为例说明动物的行为缺乏目的性，它无法预见吃光树的幼芽的后果，只好终年奔波。而人则不然，不会图一时之饱而把种子吃光。

主观能动性是指人能够根据目的和对事物客观规律的认识，规划自己的行动，并在实现目的的过程中，调节自己的行动，坚持预定的方向，克服各种困难，使客观事物服务于自己。动物没有主观能动性，它们的行为完全是被动的，是受本身的生理状态和客观环境支配的。

社会制约性是指人们心理反映的内容和形式要受社会环境的制约，要随不同社会、

不同时代、不同社会关系、不同社会地位的变化而变化。因为人总是生活在一定的社会关系之中，总是要根据自己的社会地位所要求的方式来行为，他的思想、情感、行为都要服从于具体的社会条件。

在意识形成过程中，劳动和语言起到了决定作用。

首先，劳动使类人猿变成了人，劳动也使人的心理上升为意识。从进化论的角度来说，如果一种动物要维持它的生命，那么就会产生满足这种需要的器官。人类社会产生之后，人需要劳动才能生存。而要劳动就必须在心理上发生为劳动所需要的变化，也就是必须把劳动赖以进行的心理活动作为劳动的手段。这首先就要求人能概括地反映一些情况，概括地反映出工具和材料之间的关系，即知道某类东西必然能够引起另一类东西的变化。如果没有这样的概括，就无法劳动。比如，如果人们费很多时间、花很大力气磨出一把石斧，却只知道用它去切一片特定的肉，而不知道它可以切“一切比它软的东西”，那么这样制造工具就没有意义了。因此，制造工具就要求制造者对工具和受工具施用的东西都有概括的认识。正是因为按需要创造了满足需要的器官这一原理，于是为满足人类所特有的劳动这一需要，就产生了人的心理所特有的概括性。

劳动在开始的时候，就需要想到以后的结果，这就要求从事劳动的人具有预见性、目的性。否则，劳动就无法进行。例如：种树要挖坑，在挖之前需要知道坑的深度和大小，否则会挖个没完，或者栽下的树不能成活。干别的事情也是如此。马克思曾用蜜蜂和建筑师做比较，认为即使是最高明的蜜蜂也比不过最蹩脚的建筑师。区别就是在建造房子之前，建筑师已经把房子在头脑中建成了。可见，劳动使人的意识有了产生的必要。

劳动也使人的意识有了产生的可能。因为类人猿在劳动中形成了手足的分工，把支持体重的任务交给了后肢，这样前肢越来越灵巧，就越来越有了手的作用，可以接受到没有手的动物所接受不到的刺激，比如通过手的触摸、推拉、提压等动作，可以获得不能由别的感觉通道输入的信息，如滑涩、软硬、轻重等。更重要的是通过手的动作可以探查客观事物的许多隐蔽情况，从而获得关于客观事物的更多信息，加深对客观事物的认识。

手可以引起客观事物的变化，从而有机会发现一种事物与另外一种事物之间的必然联系。比如不用手摩擦，就发现不了摩擦生热；不用手推，就发现不了能滚动的东西比平板拖拉的东西阻力小。总之，有了手，人就可以通过手的动作而发现别的动物所不能发现的现象以及若干现象之间的关系，从而使人的心理有了动物心理所没有的那些特点，达到意识的水平。正是在这个意义上，我们才说劳动使人的意识有了发生的可能。于是，意识就随着劳动的产生而产生，随着劳动的发展而发展。

其次，语言与意识密不可分。人之所以有意识这样高水平的心理活动，一方面是因为人有劳动，另一方面是因为人有动物所没有的语言。没有语言就没有意识，语言的表达明确到什么程度，就表明意识明确到了什么程度。所以，马克思在《德意志意识形态》中曾经说过：“语言是思想的直接现实。”① 自有语言之日起才有了意识，从有意识之日起才有了语言。语言可以使意识更加清晰化、条理化、外显化，促进了意识的发展。正如

---

① 马克思，恩格斯．马克思恩格斯全集：第3卷．北京：人民出版社，1960：525.

斯大林所说："完全没有语言的材料和完全没有语言的'自然物质'的赤裸裸的思想，是不存在的。"[①] 可见，语言是意识的载体。语言的发展刺激了人脑的发展，也刺激了意识的形成和发展。

心理和意识的关系表现为心理是意识产生的基础，是人和动物所共有的。意识是个体心理发展到一定阶段的产物，是人所特有的高级心理。意识和无意识是心理活动的两种不同形式。无意识是指人在正常情况下觉察不到，也不能自觉调节和控制的心理现象。人在梦中产生的心理现象，完全是在无意识状态下出现的。酒后失态、失言，精神病患者出现的幻觉等也都属于无意识现象。意识和无意识既有区别，又有联系。在人的心理活动中，一般来说无意识和意识同时存在，无意识属低层次心理现象，意识属高层次心理现象。二者互相补充，也可以互相转化。在现实生活中人的某些动作、某些行为方式，开始时受意识调节、支配，但这些动作和行为方式一旦成为习惯以后，便可转化为无意识过程。反之，无意识活动也可以转化为意识活动。但是，我们这里所研究的是人的意识。

心理和意识的区别在于：其一，主体不同。动物和婴儿有心理而没有意识，意识是个体心理发展到一定阶段才出现的，是心理的高级形式。其二，涉及的范围不同。心理活动包括意识活动和无意识活动两大部分，意识是被感觉到的高级的心理活动。

2. 思想的内涵及与心理的关系

思想是行为的先导和动力。法国 17 世纪著名的思想家、数学家、物理学家帕斯卡尔认为：思想成全人的伟大。法国小说之父巴尔扎克也曾经指出：一个能思想的人，才真是一个力量无边的人。

关于思想的内涵，学界有不同的解读，比较有代表性的观点包括以下几种：一是认为思想是一种理论体系，例如毛泽东思想、习近平新时代中国特色社会主义思想。二是认为思想即人的精神成果，是一种理性认识，是通过大脑对主体在社会实践活动中输入的信息自觉进行整合的产物，例如剩余价值理论、邓小平理论。三是认为思想即是一种思考，是客观存在反映在人脑中并加以思维加工的过程，一般也称观念。四是认为思想是指社会意识形态，即社会中占统治地位的思想体系。思想政治教育学对思想的解读是："思想是指客观存在反映在人的意识中经过思维活动而产生的结果。"[②] "无数客观外界的现象通过人的眼、耳、鼻、舌、身这五个官能反映到自己的头脑中来，开始是感性认识。这种感性认识的材料积累多了，就会产生一个飞跃，变成了理性认识，这就是思想。"[③] 思想政治教育所说的思想，主要指与人们的世界观、人生观、价值观有关的哲学思想、政治思想、法律思想、道德思想等。思想决定着一个人的思维方式、行为方式和情感状态。思想有正确、错误之分。一切符合客观事实的思想是正确的思想，对客观事物的发展起促进作用；反之，则是错误的思想，对客观事物的发展起阻碍作用。

思想的形成源于对客观事物认识的积累、吸收和转化。人们在社会实践中对客观事

① 斯大林．马克思主义与语言学问题．2 版．北京：人民出版社，1953：38－39．
② 郑永廷，等．思想政治教育学原理．2 版．北京：高等教育出版社，2018：14．
③ 中共中央文献研究室．毛泽东文集：第 8 卷．北京：人民出版社，1999：320．

物的认识，开始是感性认识，这种感性认识是认识的低级阶段。感觉、知觉、表象是感性认识的基本形式。它所得到的是具体的、直观的、生动的认识。在感性认识的基础上，经过人脑的去粗取精、去伪存真、由此及彼、由表及里的加工改造，即经过概念、判断、推理等思维过程，就会产生一个飞跃，上升到理性认识，这就是思想。毛泽东在《中共中央关于目前农村工作中若干问题的决定》中对思想的形成有一段精辟的阐述，毛泽东指出："人的正确思想是从哪里来的？是从天上掉下来的吗？不是。是自己头脑里固有的吗？不是。人的正确思想，只能从社会实践中来，只能从社会的生产斗争、阶级斗争和科学实验这三项实践中来。人们的社会存在，决定人们的思想。而代表先进阶级的正确思想，一旦被群众掌握，就会变成改造社会、改造世界的物质力量。"[①] 在阶级社会中，人的思想要受一定阶级的社会地位和物质关系所决定，各种思想都要打上阶级的烙印。思想属于上层建筑的一部分，具有相对的独立性。它一方面由社会存在所决定，另一方面对于社会存在有着巨大的反作用。

思想具有能动性、主体性、可塑性、隐蔽性、传递性的特点，可以继承、借鉴、传播、交流和创造。

思想的能动性是指思想能自觉主动地支配人们去认识世界和改造世界。面对客观世界的不断演变和发展，思想作为一种思维加工的结果，能够帮助人们认识客观世界，获得客观规律。同时，思想能够指导人们的实践活动。思想是行为的先导，能够指导人们从事物质资料生产、处理社会关系和科学实验等各种形式的实践活动，支配和改变人的行为。此外，思想的能动性还体现在思想系统中各要素间的相互影响、相互制约，以及新思想总是要取代旧思想，体现出不断运动、发展的过程。

思想的主体性是指思想具有附属于个人头脑的属性。思想的主体性可从以下三个方面表现出来：一是多角度性。人们观察事物总是从自己的角度去理解，不同的人由于其社会地位、文化素养、思想水平和实践经验等的不同，其观察事物的角度就会千差万别，思想认识就会参差不齐。二是层次性。人与人之间思想的差异、综合素质的差异使人的思想水平呈现出层次性。三是阶段性。表现为处在人生不同的发展阶段以及事物的不同发展阶段人们的思想认识呈现出不同的水平。

思想的可塑性是指思想具有在外界条件的作用下发生变化的特性。人们通过接受教育，通过学习，通过参加社会实践活动，可以获得新知识、新思想。正是思想的可塑性为我们开展思想教育并取得实效提供了内在依据。

思想的隐蔽性是指思想具有在特定的时空领域内能够被遮掩住不易被人察觉的特性。

思想的存储空间是人的大脑，思想以一种看不见、听不到、摸不着、嗅不到的精神形式存在。这种不易发现、感知的存在形式，就使得对思想的认识有一个不易被人察觉的时空领域。在这个特定的时空领域中思想隐蔽着。人们要想捕捉到一个人的思想，只有对思想主体传递出的信息加以捕捉和分析。

思想的传递性是指思想不仅可以借助语言、文字、表情、动作等来传递，而且传递后其价值依然没有失去。没有语言、文字等载体，思想的传递是不可能的。思想的这种

---

① 中共中央文献研究室．毛泽东文集：第8卷．北京：人民出版社，1999：320.

传递是恒值的，与商品交换不同。商品交换前和交换后，你始终只有一件商品，不可能在交换中同时拥有两件。而思想的传递不同，思想交流交锋后，不仅可以获得一种新认识，而且原来的思想与价值并没有也不会失去或者减小。

思想是客观存在的反映，客观事物是人们思想的源泉和内容。客观外界事物是复杂多样的，但客观外界事物作用于人们头脑产生思想的因素可以归纳为三类：物质因素，包括物质生产资料、生活资料；政治因素，包括国家政权、政党组织、政治路线等；精神因素，包括理想、信仰、道德规范、科学文化等。以上三大因素反复作用于人脑，就会影响人们的思想，表现为影响人们已经形成的某种思想，动摇人们已经形成或正在形成的某种思想，检验和校正人们原有的某种思想。这种思想是通过有组织和无组织、有意识和无意识、自觉和自发的途径和方式来起作用的，并贯穿在人们的整个实践活动过程中。离开了人们的实践活动，客观外界事物不可能在人们头脑中得到正确的反映，形成正确的思想，并指导人们的行为。

心理与思想的联系表现为心理和思想都是人的精神现象，都是对客观现实的反映。一个人思想的形成与发展受心理的制约；同时，人的思想观念又会对其心理活动起到支配作用。心理和思想的区别主要表现在：一是主体不同。思想是人所特有的，动物无思想而有心理。二是表现形式不同。心理表现为感觉、知觉、记忆、思维、想象、情绪、情感、意志、需要、动机、兴趣、能力、气质、性格等；而思想的形式是观念，如世界观、人生观、价值观、道德观等。三是作用不同。心理对于行为的支配是具体的、即时性的，而思想对行为的支配是持久的、整体性的。

3. 意识与思想的关系

意识与思想既有联系也有区别，其联系表现为意识与思想都是人的心理的高级表现形式，都属于人的精神范畴。但二者也有区别，表现在以下两个方面：其一，表现形式不同。意识既表现为过程，也表现为结果。而思想所表现的是结果，是客观存在反映在人的意识中经过思维活动而产生的结果。其二，涉及的范围不同。意识既包括心理过程、个性心理和心理状态，也包括高级的意识观念。而思想不包括低层次的意识，思想是高层次的意识。

从心理、意识和思想三者的关系来看，它们的层次是依次上升的。其中，心理是基础，在心理的基础之上发展为意识，再在意识的基础之上，经过理性思维上升为思想。而我们所说的思想意识，是意识和思想的统称，因为人的思想和意识往往是一致的，不能截然分开。思想政治教育的目标正是改变人们的思想意识，使之形成统治阶级需要的思想意识。心理、意识、思想的关系如图 2－2 所示。

二、心理发展是教育对象接受思想政治教育的基本前提

如前所述，正是因为人的心理发展是思想政治品德形成的重要条件，所以教育对象的心理发展是其接受思想政治教育的基本前提。

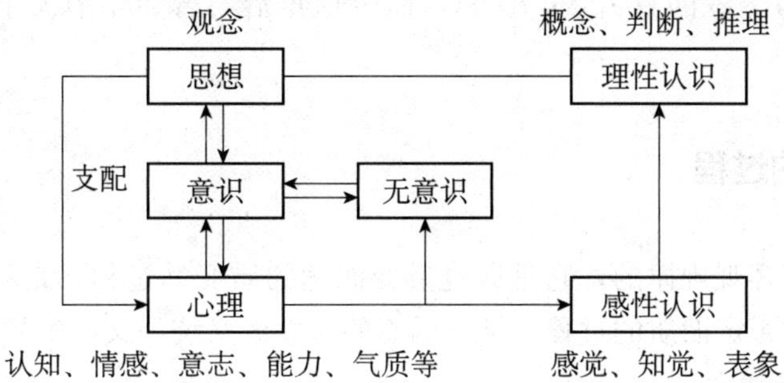

图 2-2　心理、意识、思想的关系

（一）心理发展的特征

心理发展有广义和狭义之分。广义的心理发展，是指个体从出生到死亡整个一生的心理变化。狭义的心理发展，是指个体从出生到心理成熟阶段所发生的积极的心理变化。思想政治教育研究的心理发展更多是从狭义角度而言的。

个体心理发展表现出一些带普遍性的特点，概括起来包括以下几个方面：

1. 连续性与阶段性

连续性特征是指心理发展是一个持续不断的过程，后一阶段的发展总是以前一阶段的发展为基础的，而且又在此基础上萌发出下一阶段的新特征。每一心理过程和个性特点都逐渐地、持续地发展着，由较低水平到较高水平，表现出心理发展的连续性。

阶段性特征是指在心理发展过程中，前后相邻的阶段有规律地更替着，前一阶段为后一阶段准备了条件，当某些代表新特征的量积累到一定程度时就会取代旧特征，从而处于优势的主导地位，表现为阶段性的间断现象。

2. 定向性与顺序性

这是指在正常条件下，心理的发展总是具有一定的方向性和先后顺序。尽管发展的速度可以有个别差异，会加速或延缓，但发展是不可逆的，阶段与阶段之间也是不可逾越的，如儿童的思维总是从具体思维发展到抽象思维。

3. 不平衡性

各个心理过程和个性特点的发展速度不完全一样，它们达到成熟的时期也各不相同。心理的发展可以因进行的速度、到达的时间和最终达到的水平而表现出多样化的发展模式。一方面表现为个体不同系统在发展的速度、发展的起讫时间与到达成熟时期上的不同进程；另一方面也表现为同一机能特性在发展的不同时期有不同的发展速率，如感知觉、机械记忆等早在少年期之前就已发展到相当水平，而逻辑思维则须到青年期才有相当程度的发展。

4. 差异性

由于人们的环境和教育条件不尽相同，遗传素质也有差异，所从事的活动也不一样，心理发展的速度和心理各个方面的发展情况也是因人而异的。这就造成了同一年龄阶段上的不同个体之间在心理上的差异性。有日本学者的研究发现，对于儿童来说，生理年龄与智力年龄同为 7 岁的只占 36.75%，而生理年龄与智力年龄大于或小于 7 岁的则占 63.25%。

（二）心理发展的过程

心理发展是有客观规律的，它是通过量变而达到质变的过程，是从简单到复杂、由低级到高级、新质否定旧质的过程，是矛盾着的对立面又统一又斗争的过程。

1. 心理发展的动力

个体的心理是在其生活、活动、实践中，即在人与周围环境的相互作用中发展的。客观的生活环境和教育是心理发展的必要条件，但外界环境和教育的影响不能机械地、直接地决定心理的发展，它们是在人的积极活动中，通过主体的内部条件而起作用的。唯物辩证法认为，发展是对立面的统一和斗争，外因是变化的条件，内因是变化的根据，外因通过内因而起作用。心理发展同所有事物的发展一样，它的根本动力是其内部的矛盾运动。

但是，由于心理现象的特殊复杂性，在什么是心理的内部矛盾的问题上，则有不同的看法。苏联的一些心理学家，如 Г. С. 科斯秋克等从发展是对立面的统一的原理出发，认为儿童心理发展的动力是他们所固有的内部矛盾，即由社会和教育向儿童提出的要求所引起的新的需要和儿童已有的心理发展水平之间的矛盾。

中国的心理学家对于个体心理发展的动力的观点在有些方面与苏联心理学家的观点是相同的，如认为个体的心理是在其生活、活动、实践中，即在其与客观现实的相互作用中发展的；环境和教育是心理发展的必要条件，是外因；心理发展的动力是心理的特殊矛盾、内部矛盾。但是，在什么是心理的内部矛盾上，则有以下两种看法：

第一种观点认为，客观过程的矛盾反映到人的头脑中所构成的意识的矛盾运动是人的心理发展的内部矛盾，它作为根本动力推动人心理的发展。

第二种观点认为，个体对当前社会的需要和要求的反映与个体当时的内部状态之间的矛盾，是心理发展的内部矛盾。

美国著名发展心理学家爱利克·埃里克森（Erik H. Erikson）继承和发展了弗洛伊德的人格发展理论，提出了人格的社会心理发展理论，认为每一阶段都有特殊的心理矛盾和心理发展任务，矛盾的顺利解决是心理健康发展的前提。他把心理的发展划分为 8 个阶段，如表 2-1 所示。

2. 心理发展的阶段

个体的心理发展，同时包含着两种相反的心理变化过程，即前进上升的变化和衰退下降的变化。在不同的年龄阶段，可能两种之间某种变化占优势，如在成年期以前，前进上升的变化占优势，而到了老年，则衰退下降的变化占优势。个体心理的发展依据一个时期内所具有的共同的、典型的心理特点和主导活动，可以划分为 8 个阶段，即乳儿期、婴儿期、幼儿期（相当于学龄前期）、童年期（相当于学龄初期）、少年期（相当于学龄中期）、青年期（相当于学龄晚期）、成年期、老年期。就接受思想政治教育的心理基础而言的个体的心理发展，主要是指前 6 个发展阶段。

表 2-1　埃里克森的心理发展阶段

期别	年龄	心理危机	发展任务	发展障碍
1	0～1.5	信任-怀疑	发展信任感，克服不信任感	交往焦虑
2	1.5～3	自主-羞怯	发展自主感，克服羞耻感	胆小多疑
3	3～5	自信-内疚	获得主动感，克服内疚感	畏惧退缩
4	5～12	进取-自卑	获得勤奋感，克服自卑感	懒惰无能
5	12～18	同一性-角色混乱	建立自我同一感，防止同一感混乱	角色混乱
6	18～25	亲密-孤独	建立亲密感，避免孤独感	异性交往障碍，孤独
7	25～65	创造活动-停滞	获得成就感，避免停滞感	缺乏成就感
8	65 以后	整合-绝望	获得完善感，避免失落感	产生失落感

（1）乳儿期（0～1 岁）。

乳儿期是个体心理发展的第一阶段。在乳儿期，个体的感知觉、动作、言语和情绪、情感都有了最初的发展。

感知觉的发展：在出生一个月时，乳儿出现听觉集中的现象；在出生一个半月时，出现视线随物转动的现象；在三个半月时，能听见声音并寻找声源；在九个半月时，出现眼动作的协调现象。味觉、嗅觉、皮肤感觉的发展更早，一般在出生一个月后已逐步完成。婴儿在 1 岁时会出现对客体永久性的知觉，即婴儿理解了物体是作为独立实体而存在的，即使个体不能知觉到物体的存在，但它们仍然是存在的。比如：用布帘挡住玩具，1 岁以上的孩子会掀开布帘抓取玩具。而没有建立起客体永久性的儿童，则不会产生这种行为，因为他们认为只有自己看得见的物体才能存在。动作的发展：乳儿期是动作发展最迅速的时期。儿童动作的发展常遵循一定顺序和规律，即一般先从整体不分化的动作向分化的动作发展，从头部的抬仰动作向躯体下面各部分直至脚的直立和行走的动作发展，从腿、臂等大肌肉向手及手指的小肌肉发展。3 个月出现手的不随意性的抚摸动作，经常无意地抚摸被褥、亲人或玩具。到第 5 个月左右就开始发展起自主随意的抓握动作。6 个月以后，手的动作有了进一步发展，婴儿能使自己的拇指与其余四指对立地抓握物体，抓握动作过程中的眼手逐渐协调。

言语的发生：一般研究认为，言语产生前有两个时期，即第一个称为“咕咕期”，3 个月左右的婴儿能发出“咕咕”的声音，但还没有和人交往的意图；第二个称为“咿呀期”，到了半岁左右，幼儿已能咿呀学语，有点和人对答的味道。近年来有人调查后认为，可将幼儿学语的阶段分得更细一点：幼儿出生第一年是言语发展的准备阶段；从出生到 3 个月是简单的发音阶段；4～8 个月为连续音节的发音阶段；9～12 个月是学话的萌芽阶段，能听懂简单的句子，能叫爸爸、妈妈等名词。

情绪、情感的发生和发展：新生儿和一两个月内的幼儿的情绪决定了生理上的满足和健康状况。一般在吃饱睡足时，就出现安适的情绪；饥饿和身体不适时，就会哭闹；受到突然刺激，就会产生恐惧感。大约 2 个月的幼儿会注视着接触的人，3～4 个月的幼儿看见妈妈会显出高兴表情，并能微笑迎人。这些与人交往的需要和情感共鸣的产生，是幼儿出现的社会情感的萌芽。

乳儿期是形成安全型的亲子关系，帮助孩子建立起安全感、信任感的重要时期。此时，获得母爱和满足孩子的依恋需要是孩子心理发展的关键，有助于培养孩子快乐、活泼、自信的性格，能帮助孩子长大后与人建立亲密关系。否则，孩子成大后就会出现焦虑、恐惧、退缩、逃避的行为，缺乏安全感和健康的人际关系。1973 年，爱因斯沃斯所做的陌生情境（strange situation）测验就证实了这种观点。因此，孩子在出生后的第一年很重要，母亲的接纳、喜欢、拥抱和精神关注，将促进孩子与母亲形成信任、安全、温暖的关系，让孩子成为具有爱心的人。

（2）婴儿期（1～3 岁）。

婴儿期的孩子在语言和情绪、情感方面有了新的发展，同时出现了思维的发展和自我意识的萌芽。

言语的发展：经过乳儿期言语的一年准备，婴儿进入“最初掌握言语的时期”。据研究，约在 1.5 岁前是儿童掌握单词句的阶段，1.5～3 岁是儿童掌握多词句的阶段，到 3 岁末已能掌握本民族的基本言语。

思维的发展：这一时期儿童的思维和出声言语相联系，思维的主要特点是直觉行动性。就是说这时儿童的思维总是离不开具体事物、行动和言语的。他们常在玩弄物体中，用出声的言语进行思考，离开了具体事物和自己的操弄或操作活动，思维就停止了。他们谈不上有行动的预见性和计划性。

情感、意志的发展：这一时期儿童已基本具备各种形式的情绪、情感。儿童在成人对人对事的评价和教育下，开始运用“好”“不好”“好人”“坏人”等词来评价人和事，这说明他们形成了最初步的道德认识和道德情感。儿童由于动作的迅速发展，开始有了料理自己生活（如吃饭、穿衣等）的能力，表现出独立行动的愿望，常要求“我自己来”，不要别人的帮助，这是意志自觉能动性萌芽的表现。

自我意识的萌芽：自我意识是组成个性的重要部分，在这一时期开始形成。儿童在半岁以前还不知道自己的存在，他吸吮自己的手像吸吮别的东西一样。在第一年末，儿童才开始把自己的动作和动作的对象区分开来；约在第二年，儿童开始能够叫自己的名字，这是儿童自我意识发展的一个飞跃；在 2～3 岁时儿童才开始掌握“我”这个代名词，说明儿童能把自己由一个客体转变为主体来认识，这是自我意识形成的又一个新阶段的表现。

婴儿期是促进大脑神经元发育、打牢智力发展的生理基础的关键时期。神经元也叫神经细胞，是神经系统的基本单元。大脑神经元的发育是人类脑部发展最重要的阶段，在这个阶段，脑部在做整个脑神经网络的建构工程（基础工程），基础若完备，后续的学习就会事半功倍。婴儿在母亲体内脑神经元平均每分钟增加 25 万个，出生时可达近 100 亿个脑神经元，出生后适当的听觉、触觉、视觉刺激，有助于脑部神经细胞的发育。因此，0～3 岁的早期教育主要是通过对儿童进行听觉、触觉、视觉的刺激（多看、多听、多感受），促进其大脑神经元的发育。

此外，婴儿期还是培养儿童的动手能力、发展自主性的关键时期。此时，要鼓励儿童自己动手满足需要、解决问题，培养儿童的自主意识，促进儿童的心理发展。

（3）幼儿期（3～6 岁）。

这一时期幼儿的思维、情感、意志和自我意识得到了进一步的发展，同时幼儿的各种意志品质也开始逐渐形成。

思维发展：幼儿的思维以具体形象性为主要特征。这时儿童的思维可以逐渐摆脱对动作的依赖，而主要凭借事物的具体形象或表象来进行。儿童的这种具体形象思维常常只能揭露事物的表面特点，不能理解事物的内部关系和本质特点。例如，儿童明明知道形状大小相等的两杯水等量，但当其中一杯水倒入不同形状的玻璃杯中时，由于倒后两杯水面的高度不一样，他就认为这两杯水变得不一样多了。在幼儿末期，儿童的抽象逻辑思维已开始逐渐发展。

情感和自我意识的发展：幼儿的情感特点仍保留有上一阶段的一些特征，如易感性、不稳定、易兴奋、激动等。但和上一阶段差别较大的是幼儿的社会情感开始发展，例如，幼儿的道德感在成人的评价和教育下开始形成。幼儿初步知道了一些行为规范如“不是自己的东西，不能拿”“不说谎话”等，并且会对违反这些行为规范的幼儿产生反感的情绪。幼儿还对未见过的事物表现出好奇和好问的求知欲望，这是幼儿理智感开始出现的表现。他们还对颜色鲜艳的玩具和衣物表示喜爱，对音乐、诗歌等表现出愉快心情，这是美感出现的表现。

此外，此时幼儿的各种意志品质，如坚持性和自持力等有所显露，但由于自控能力欠缺，因而意志品质还很薄弱。幼儿的自我意识比较笼统、模糊，他们还不会观察自己的内部世界，只能按照成人对自己的评价来“评价”自己。一般只能通过模仿成人对自己的外部行为进行“评价”。

幼儿期是培养儿童的自信心和自控力的重要时期。此时，要鼓励儿童勤动手、多思考，给儿童更多想象的空间，培养儿童的想象力和创造力，并创造条件让儿童在行动中体验成功、获得自信。同时，要培养儿童的规则意识和自控能力，让其初步分清善恶，知道什么可为、什么不可为。此外，此时还是父爱介入的最好时期，父亲的功能是把“热恋”中的母子分开，以促进孩子的健康成长，并形成平衡的家庭关系。缺乏父亲的参与，过度的母子情感联结会使孩子变得幼稚和依赖。

(4) 童年期（6～11 岁）。

童年期儿童的思维、情感、意志和自我意识都获得了新的发展。

思维的发展：童年期儿童思维的主要特点是以具体形象思维为主要形式，逐步向抽象逻辑思维过渡。这种过渡性体现在儿童能够对具体事物的变化进行抽象推理，但是不能脱离对具体事物的感知进行判断推理。

情感、意志和自我意识的发展：一般说来童年期儿童的情感比幼儿期和少年期的情感都要稳定，他们能经常处于比较平静、持久和稳定的情绪状态。他们的情感无论在质上还是量上都较幼年期有所发展，尤其是社会情感不断扩大、丰富。儿童能从对具体个人的情感扩大到对整个集体的情感，他们不仅会对物质生活中的事物产生情感，还会对精神生活中的事件产生情感，如由爱父母扩大到爱班集体，由得到糖果而喜悦的情感扩大到为集体争光、做了好事而高兴的情感。此时，儿童的意志品质亦有提高。低年级儿童常在教师和父母的监督下完成作业和其他任务，但随着年龄的增长，儿童意志的主动性、独立性以及自持能力都有所提高，可以有效调控自己的行为，独立完成学习任务。

童年期的家庭教育要注重家庭规则和代际界限的建立，防止家庭情感关系出现问题，从而不利于孩子的个性成长。另外，母亲角色太强、父亲角色太弱的家庭会出现婚姻偏斜现象，不利于男孩子的个性成长。此外，在夫妻情感不良或婚姻分裂的家庭中，要避免让孩子成为夫妻间的传声筒或替罪羊。

小学的低年级阶段是培养儿童良好行为习惯的关键期，要帮助儿童养成良好的学习习惯。比如：认真完成作业，不马虎；按时完成作业、不拖沓；独立完成作业，不依赖；上课积极思考，不走神；等等。要帮助儿童尽快适应学校生活。同时，还要培养儿童健康的生活习惯，如良好的卫生习惯、健康的饮食习惯、规律的作息时间等。此外，还要关注儿童的感觉统合能力。感觉统合能力是儿童智力健康发展的重要指标，8 岁儿童的感觉统合能力应发育完备。如果感觉统合失调，说明大脑功能发育不协调，大脑对身体感觉统合的指挥出现了障碍。因为人体各部分器官都是通过与外界接触向大脑传递感觉信息的，这些信息经过大脑的有效组合，指挥人完成各项活动，如拥抱反射、行走反射、抓握反射等。当这一系统由于发育或其他原因不能正常运转时，就会出现感觉统合失调，前庭平衡功能失常，视觉感、听觉感不良，动作协调不良，本体感失调，触觉过分敏感等现象，导致学习能力障碍和人际交往障碍。家长和教师可以带领孩子通过跳绳、跳房子、拍皮球、爬杆、荡秋千、走平衡木、打乒乓球、溜冰、轮滑以及各种训练精细性的游戏，如弹球、打弹弓、打台球等提高感觉统合能力。如果发现儿童出现感觉统合失调，需要及早进行专门的感觉统合能力训练，以免贻误感觉统合训练的最佳时机。

（5）少年期（11～14 岁）。

少年期是童年到青年的过渡时期，此时个体的思维出现了飞跃性的发展，自我意识和意志、情感等进一步发展。

思维的发展：这一时期思维发展的一个主要特点是抽象逻辑思维渐占主要地位，但是思维中的表象成分仍起着较大作用，这就是说少年的逻辑思维常需要感性经验做支持，思维的形式还处于经验的阶段。

自我意识和意志、情感的发展：少年正处在一个半成熟、半幼稚的矛盾时期，其独立性和依赖性、自觉性和盲目性错综复杂地交织在一起。在这一时期，少年的自我意识也有了很大的变化。首先，少年由于身体的迅速发育，意识到自己已经长大，产生了强烈的“成人感”，有了要求独立、自主的愿望，特别不满成人对他们的控制和干涉，甚至因此产生执拗和反感的情绪。其次，少年开始注意到自己的精神世界，渐渐产生了解和分析自己的需要和兴趣。最后，少年对自己的评价有很大的片面性和不稳定性，有时只看到自己的缺点，忘掉优点；有时又只看到自己的优点，抹杀缺点。因此，有时过分夸大自己的能力，产生自负感，有时又低估自己，产生自卑感，常处于自我评价的不稳定状态。

少年期是孩子自我意识形成和发展的关键时期，要帮助孩子形成健全的自我意识和进取精神。同时，少年期还是孩子的学业分化时期。此时，正值初中阶段，随着学习难度的增加和学业竞争的加剧，会出现学业成绩分化现象。一旦孩子出现学习障碍和消极的学习体验，就会厌恶学习、逃避学习，出现网瘾、早恋、逃学等现象，甚至加入犯罪团伙，到虚拟世界、情感世界、同辈群体中寻求庇护。

此外，随着生理发育的不断成熟，这个阶段的孩子大多步入青春期，特别需要关注孩子青春期的身心变化，如独立意识增强，有了内心秘密，对家长产生抵触心理，进入叛逆期，等等。要了解孩子的心理困惑与矛盾冲突。比如：性发育迅速成熟与性心理相对幼稚的矛盾，自我意识迅猛增长与社会成熟相对迟缓的矛盾，情感激荡要求释放与外部表露趋向内隐的矛盾。要注意引导孩子处理好与异性交往的问题。

（6）青年期（14～25 岁）。

青年期是个体从少年到成年的过渡时期，也是个体心理发展的最重要时期。根据个体心理发展的程度，又可将青年期分为青年前期（14～18 岁，即青春期）、青年中期（18～22 岁）和青年后期（22～25 岁）。此时，个体的思维加速发展，思维素质有了极大的提高；自我意识逐步发展成熟，世界观、人生观基本定型。此外，青年期个体心理的发展还出现了一些特有的心理现象。

首先，突变性与渐变性的统一，构成了青年心理的发展过程。青年心理的发展具有突变性，主要表现在两个方面：其一，青年的各种心理过程和心理特征在原有水平和程度上发生着显著的、急剧的变化，如青年的思维水平发生了质的飞跃。其二，出现了许多儿童时期前所未有的心理品质，使青年期的心理活动变得丰富多彩、富有深度。青年的心理发展还具有渐变性，主要表现是：其一，层次上的渐近性。青年心理的成熟经历了少年期、青年前期、青年中期、青年后期这一系列阶段，体现出层次上的渐变性。其二，容量上的渐进性。青年的心理品质逐渐丰富和发展，容量较少年期大大增加。

其次，不平衡性贯穿于青年心理发展过程的始终。青年心理在发展过程中存在着各种不平衡和不协调的状况，主要表现为：强烈的独立意识和个体能力欠缺之间的不平衡性，性生理成熟与性社会成熟（性道德形成）的不平衡性，思维的批判性同社会经验匮乏和认识上的狭窄之间的不平衡性，强烈的理想追求与薄弱的意志品质之间的不平衡性，等等。这种不平衡状态给青年的心理发展带来各种困扰，使青年容易出现各种心理问题和思想困扰。

再次，青年的思维出现了质的飞跃。青年期个体的思维具有更高的抽象概括性，逻辑思维由少年期的经验型逐步向理论型过渡。青年不仅能用形象思维去认识事物，而且经常用逻辑思维去认识客观事物的本质和规律。此时，青年的思维素质有了明显的发展，表现为思维的针对性、广阔性、深刻性、批判性、独立性、敏捷性、创造性、开放性等都有所增强。这是个体思维发展的质变阶段，对青年心理发展产生着极为广泛而深刻的影响。

最后，青年的情绪情感出现了一系列新的变化。由于内分泌发展与大脑皮层之间矛盾的复杂性，大脑皮层的调节作用失控，形成青年易动感情、情绪激烈的心理特征。由于青年的情绪情感具有强烈而瞬息万变的色彩，因而青年期又被人们称为“狂风暴雨期”，其情绪、情感主要表现为突出的两极性、渐进的内隐性、显著的闭锁性和浓重的社会性。青年情绪的两极性一是表现为易出现强烈的极端性，时而兴奋、激动、自信，时而消沉、悲观、抑郁。二是表现为情绪波动性大，易在两种极端情绪中迅速转化。三是表现为强烈的冲动性和爆发性，一个社会刺激，往往会引起青年情绪的突变，甚至使青年失去理智。同时，青年的情绪情感还表现为内隐性和闭锁性。他们往往把自己真实的情感隐藏起来，而表露出一种与内心体验并非一致，甚至截然相反的情绪状态。他们有了自己的内心世界，有了自己的“小秘密”，不轻易向他人暴露。此外，青年面对丰富而复杂的社会生活，会产生深刻的主观体验，并对各种社会事物形成自己的态度，这就使得青年的情绪情感充满了社会性，各种高级情感比如道德感、理智感、美感、友谊与爱情等迅速发展。

此外，青年的自我意识在少年基础上有了新的发展。青年的自我意识是青年心理发展过程中具有突出特色的方面，是青年个性发展最集中的表现之一。在青年初期，由于青年身体发育渐趋成熟、知识经验不断累积、认识水平不断提高，同时他们的社会交往面不断扩大，面临毕业和走向社会，因此他们的内心世界比少年丰富，他们比少年更能清楚地意识到自己的内心活动，更渴望探索自己的内心世界。随着自我意识的迅速发展，青年出现了一系列突出的特征，如独立意识日益强烈、自我矛盾不断加剧、强烈关心自我成长、自我评价日趋成熟、自尊心大大增强等。青年自我意识的不断成熟为青年走上社会，由社会客体变为社会主体并承担起青年的社会职责和历史使命奠定了心理基础。

青春期是青年前期，也是青年身心剧变的时期，会出现一系列心理矛盾和心理困扰，如性发育迅速成熟与性心理相对幼稚的矛盾、自我意识迅猛增长与社会成熟相对迟缓的矛盾、情感激荡要求释放与外部表露趋向内隐的矛盾。处理好这些矛盾，青年的心理方能获得健康发展。此外，还要引导青年处理好异性交往的问题，避免只和一个异性交往，或者不与异性交往；不要因异性交往影响学习，要让学习始终成为青春期的主旋律；不要瞒着家长和异性单独郊游，更不要外出留宿；要充分体现性别特质，在异性交往中形成健康的性别角色意识，促进其性心理的健康发育。

（三）心理发展的实质

对于心理发展的实质的理解在心理学界存在着分歧。分歧的焦点是：个体的心理发展究竟是先天生理成熟的表现还是后天环境影响的结果。围绕这一问题，出现了一些完全对立的观点。比较有代表性的心理发展理论包括以下四种：

1. 个体心理发展的内发论观点

该观点认为，个体的心理发展完全是由内部所固有的自然因素预先决定的，心理发展的实质是这种自然因素按其内在的目的或方向而展现的。外部条件只能影响其内在的固有发展节律，而不能改变节律。内发论观点又称自然成熟论、预成论、生物遗传决定论等，以美国心理学家霍尔（G. S. Hall）、奥地利心理学家彪勒（K. Bühler）等为代表。这种观点从生物发展来看心理发展，将个体的心理发展过程视为复演物种进化的过程，霍尔认为，“一两的遗传胜过一吨的教育”。英国人类学家、心理学家高尔顿在1869年出版的《遗传的天才》中指出：个体心理的发展主要是取决于先天的遗传。一个人的素质1/2来自父母，1/4来自祖父母，1/16来自曾祖父母……美国儿童心理学家格塞尔认为，成熟是推动儿童心理发展的主要动力，学习本身并不能促进发展。以弗洛伊德（S. Freud）为代表的精神分析理论认为，存在于个体的潜意识中的性本能是人的心理发展的基本动力，是决定个人发展的永恒力量。以马斯洛（A. H. Maslow）为代表的人本主义心理学家则认为，人的心理发展是人固有潜能自我实现的结果。人不是被浇铸、塑造或教育成人的，环境的作用最终只是容许或帮助他，使他自己的潜能现实化。环境、文化等外界因素只是阳光、食物和水，但不是种子。

可见，在内发论看来，心理发展与生理发展没有什么根本的、实质性的区别，心理发展是先天因素成熟的结果。这种观点完全否定后天学习、经验在其中的作用，导致了以生理发展曲解心理发展的错误，是庸俗进化论观点在心理发展问题上的一种表现。

2. 个体心理发展的外铄论观点

外铄论与内发论相反，认为人类个体的心理发展是环境影响的结果，环境影响决定个体心理发展的水平与形式。外铄论又称心理发展的环境决定论、外塑论或经验论等。行为主义心理学的心理发展观可以看作是外铄论的典型代表。华生（J. B. Watson）认为，环境与教育是心理发展的唯一条件，教育是万能的。他曾扬言：给我一打健康和天资完善的婴儿，并在我自己设置的特定环境中教育他们，那我愿意担保，任意挑选一个婴儿，不管他的才能、嗜好、定向、能力、天资和他祖先的种族，都可以把他训练成我所选定的任何一种专家：医生、律师、艺术家、商界首领乃至乞丐和盗贼[①]。

斯金纳（B. F. Skinner）继承了华生的环境决定论观点，认为人的行为乃至复杂的人格都可以通过外在的强化或惩罚手段来塑造、改变、控制或矫正。

外铄论把心理发展看作外界环境影响的结果，否认心理发展的内因作用。其根本错误在于否认心理反映的能动性，是一种机械主义的发展观。

3. 个体心理发展的社会文化历史观点

这种观点认为，个体的心理是在与周围人的交往过程中产生和发展起来的，而不是与生俱来的，心理发展受社会文化历史的制约。这种观点是由苏联心理学家维果茨基首先提出的，后经列昂节夫和鲁利亚等人的进一步完善，形成了社会文化历史学派，又称“维列鲁”学派。维果茨基认为，应区分两种心理机能：一种是作为动物进化结果的低级心理机能，是个体早期以直接的方式与外界相互作用时表现出来的特征。另一种是作为文化历史发展结果的高级心理机能，是以符号、语言等间接方式与外界相互作用时表现出来的特征。个体心理的发展是在教育和环境的影响下，在低级心理机能的基础上，逐渐向高级心理机能的转化过程。具体地讲，就是在特定的社会文化历史条件下，个体借助于语言符号而进行人与人之间的相互交往、相互作用，致使其心理活动逐渐由外部向内部转化，心理机能逐渐由低级向高级发展。

社会文化历史观点从种系和个体发展的角度分析了心理发展的实质，强调心理发展的社会文化历史制约性，这对于摒弃庸俗的进化论和机械的环境决定论都具有积极的意义。

4. 个体心理发展的建构观点

以瑞士心理学家皮亚杰为代表的建构主义认为，个体的心理发展是在主客体及内外因相互作用的基础上，通过主体不断建构心理结构，从而产生心理的量变和质变而实现的。这种观点既反对心理发展的内发论，又反对外铄论。在皮亚杰看来，心理发展既不是起源于先天的成熟，也不是起源于后天的经验，而是起源于个体与环境不断作用的一

---

① 柳海民．教育原理．长春：东北师范大学出版社，2000：235.

种心理建构过程。在皮亚杰的心理发展理论中，有四个非常重要的概念，即图式（schema）、同化（assimilation）、顺应（accommodation）和平衡（equilibrium）。

图式是个体对世界的知觉、理解和思考的方式，也即心理活动的结构和组织。同化即把环境因素纳入已有的图式中，使之成为自身的一部分，从而加强和丰富原有图式。顺应即改变原有图式，以适应环境。同化是图式的量的变化，表现为认知发展的一种暂时的平衡，而顺应则是质的变化，是图式的重建与调整，表现为认知发展的一种新的平衡。图式的形成和变化过程就是心理发展的过程，通过同化和顺应，个体与环境之间保持着动态的平衡状态，这一过程实际上就是心理的发展过程。心理发展受到成熟、物理环境、社会环境及其平衡这四种因素的影响，使得内在的心理结构既表现出连续的量变，又表现出阶段性的质变。

与内发论和外铄论相比，皮亚杰的建构论对心理发展的论述更为丰富生动，而且更为深刻真实。但皮亚杰在心理实质问题上怀疑和反对反映论观点，这给其建构论蒙上一层神秘主义的面纱。事实上，反映有机械与能动之分，而心理结构的建构过程恰恰是能动的反映过程。不依据能动的反映论观点，图式、同化、顺应和平衡等概念也将失去其应有的科学心理学意义。

（四）心理发展的影响因素

心理发展又称心理发育，包括动作（行为）、言语、认知、情绪、人格和社会适应性方面的发展。个体心理的发展既不是由外因机械地决定的，也不是由内因孤立地决定的，因此，不能片面强调社会和教育的作用而否定心理的内部动力，同时也不能只强调内部动力而否定社会的教育作用。事实上，个体心理的发展是在遗传因素的基础上，随着个体感知能力、思维能力的发展而发展的。同时，语言的发展促进了个体与他人的心理交流，促进了人的社会性的发展，从而对于心理的发展起着极为重要的作用，而社会环境和教育因素的影响是通过个体心理发展的内部动力（内因）而起作用来促进个体心理发展的。因此，可以将影响人心理发展的因素概括为生理因素、心理因素和环境因素三个方面。

1. 生理因素是个体心理发展的生物基础

生理因素包括个体先天的遗传素质和后天的生理发育。遗传主要指那些从先辈那里继承下来的生理解剖上的特点，如机体构造、形态、感官和神经系统等方面的解剖生理特征，特别是脑机能的特点。这些遗传的生理特点也叫遗传素质，它是人的身心发展的物质基础和自然条件。没有从遗传获得的机体，也就没有个体的发展。

遗传因子又叫基因，是具有遗传效应的DNA片段。基因支持着生命的基本构造和性能，储存着生命的种族、血型、孕育、生长、凋亡等过程的全部信息。生物体的生、长、衰、病、老、死等一切生命现象都与基因有关。基因也是决定生命健康的内在因素，具有双重属性：物质性（存在方式）和信息性（根本属性）。遗传素质对个体的身心发展具有重要意义。

首先，遗传素质是个体心理发展的物质前提。遗传是生长的前提，没有遗传就没有个体生命，没有遗传也就没有个体的身心发展。个体的很多身心特点均与遗传有关。比如：人的相貌、体态、发色、眼色等生理特性受遗传的影响最为明显。同时，人的气质类型也具有天赋性，大多受父母气质类型的遗传影响。此外，精神类疾病也具有一定的遗传性。

其次，遗传素质影响着个体心理发展的速度和水平。受遗传影响，个体心理发展的早晚和优势各不相同。比如：有的早慧，有的大器晚成；有的记忆力超强，过目不忘；有的想象力丰富，富于创造性。

再次，遗传素质对人的心理发展具有一定的制约性。这种制约性表现为：一是不同的心理行为受遗传的制约程度不同，比如言语、空间、数等能力的遗传一般要大于记忆、推理方面的遗传。二是在心理发展的不同阶段受遗传的制约不同。在心理发展的低级阶段，一些较简单的初级心理机能，如感知、动作、基本言语等受遗传与成熟的制约性较大；而较复杂的高级心理机能，如抽象思维能力、道德、情感等则更多地受环境和教育的制约。三是遗传对人格形成产生影响。美国和以色列的研究人员发现，个性中的好奇心与第 11 对染色体上的基因有联系，而在第 17 对染色体上发现了与焦虑有关的基因。四是人类的智慧成长有相当高的遗传作用，比如人的智力发展（空间能力、数学、语言）、能力发展特别是特殊能力（绘画、体育、音乐、艺术）受遗传的影响较大。

最后，遗传素质是形成心理发展个别差异的潜在因素。就正常儿童而言，每个孩子的感觉器官结构、机能以及高级神经活动类型等都存在差异，这些差异给心理发展提供了不同的可能性。比如，人的高级神经系统根据兴奋和抑制过程的强度、平衡性、灵活性，可分为四种气质类型，即多血质、黏液质、胆汁质和抑郁质。人的气质类型主要是通过遗传获得的，每个人的气质不同，表现出的心理特点也大不相同，比如有的活泼开朗，有的温和稳重，有的雷厉风行，有的敏感沉静。不同的气质类型是个体心理发展的基础。由此可见，正常的心理活动必须具备正常的生理基础和遗传素质。遗传奠定了个体心理发展差异的先天基础，规定了发展的高低限度，但不能限定发展的过程及其所达到的程度。

同时，个体的生理发育在一定程度上制约着心理的发展。生理发育指机体生长发育的程度或水平。个体出生以后，机体的结构和机能继续生长、发育，经过十七八年的漫长历程，逐渐达到结构的完善和机能的成熟，这一过程就是生理的发展。随着个体生理（特别是神经系统）的不断发展，其心理也日益由简单到复杂、从低级向高级发展。有研究表明，个体的生理发展在一定程度上制约着心理发展。美国儿童心理学家格塞尔的双生子爬楼梯实验就证明了这一观点。格塞尔曾经做过一个著名的实验：让一对同卵双胞胎兄弟练习爬楼梯。因此时兄弟俩处于心理发展的感知动作阶段，通过爬楼梯训练可以刺激他们的心理发育。其中一个实验对象（代号为 T）在他出生后的第 48 周开始练习，每天练习 10 分钟。另外一个（代号为 C）在他出生后的第 53 周开始接受同样的训练。两个孩子都练习到他们满 54 周的时候，T 练了 7 周，C 只练了 2 周。结果 C 在 10 秒钟内爬上那个特制的五级楼梯的最高层，T 则用了 20 秒钟才完成。这个实验说明了个体的生理发育制约着心理的发展。它启示我们：教育要尊重孩子的实际水平，在孩子生理尚未成熟之前，要耐心地等待，不要违背孩子身心发展的自然规律，不要忽视孩子发展的内在“时间表”，否则将“欲速则不达”。

综上所述，生理因素在个体心理发展中是必要的物质前提和基础。心理发展是在生理发展和环境因素的共同作用下完成的，是自然力与养育的结合。如果我们在实际工作中不考虑个体生理发展的可能性来要求个体的心理发展，违反了客观规律，就会有损于个体的身心健康。

2. 心理因素是个体心理发展的推动力量

在心理因素中，个体的感知能力、思维能力和语言能力的发展对个体心理发展起到了重要的推动作用。

（1）感知能力是个体心理发展的基础。

感知即感觉与知觉的统称，是指利用感官对物体获得的有意义的印象，包括对内外部信息的觉察、感觉、注意、知觉的一系列过程。在感觉过程中，被感觉的信息既包括有机体内部的生理状态、心理活动，也包含外部环境的存在以及内外部关系信息。在知觉过程中，个体进一步对感觉信息进行有组织的处理，对事物的存在形式进行理解、认识。

个体心理的发展，是随着感知能力的发展而发展的。从婴幼儿时期开始，个体的感知能力就处在不断的发展之中。婴幼儿的感知觉包括对人与外部事物的感知、对空间的感知和对时间的感知。

通过观察婴儿的脸部表情和反射行为，研究证实出生第一天的新生儿就有了听觉反应。当婴儿感受到某个刺激时，他会表现出相应的身体运动和面部表情，或出现特定的反射行为。心理学家范茨的经典研究表明，几周的婴儿就表现出对不同图案注视时间的差异，相对于简单、杂乱、模糊的形状或图形，婴儿从一开始就偏爱观察复杂、和谐、清晰的形状与图案。

在所有感知觉中，方位知觉和时间知觉的发展相对较晚。研究表明，3 岁儿童已能辨别上下方位，4 岁儿童可分辨前后方位，5 岁儿童开始能以自身为中心辨别左右方位。由于方位具有相对性，儿童从具体的方位知觉发展到稳定的方位概念要经过较长的时间。

对时间知觉的研究表明，5 岁儿童对时间知觉的把握尚不稳定，7 岁儿童开始利用外部时间标尺，到 8 岁左右，时间知觉的准确性和稳定性开始接近于成人。

通过个体感知能力的不断发展，个体感知觉的敏感性、准确性、丰富性和自觉性都得到了较大的发展，个体能够获得更为丰富的外界信息，而大量外界信息的刺激又强化了个体心理的发展，从而推动个体的心理不断走向成熟。

（2）思维发展是个体心理发展的核心。

思维是人脑对客观事物间接的和概括的认识，是一种高级的认知活动。它以内隐的或外显的动作或言语形式表现出来。思维发展是个体认知发展的一个重要方面，是个体从直觉行动思维向具体形象思维，再向抽象逻辑思维发展的过程。思维也是个体对客观事物本质和规律的认知。思维有十分复杂的机制，它在脑内对客观事件的关系与联系进行多层加工，以揭示事物的内在联系和本质特征。因此，思维是认识的高级形式。个体思维或智慧的发展对于其心理发展具有决定性的影响。皮亚杰认为，个体心理的发展过程就是个体思维从外部动作向内部抽象推理的发展过程，他把这一过程划分为四个阶段：

第一阶段：感知运动阶段（sensorimoter stage，0～2 岁）。这一阶段的主要特点是儿童依靠感知运动适应外部世界，构筑动作模式，即思维与动作密切相连。如前所述，3 至 6 个月的婴儿即可建立手-眼联系，获得抓取、摆弄物体的能力。这些手-眼协调的动作是婴儿用以“认识”物体，获取“知识”，促进心理发展的重要途径。婴儿通过多样化适应动作的不断发展，得到最初的心理发展。在 10 个月时，婴儿获得了客体永久性概念。客体永久性概念的形成是婴儿时期智慧发展的重要成就，也是个体以后思维活动发展的基础，表明婴儿大脑对心理表象的存贮、提取的最初加工。

第二阶段：前运算阶段（preoperational stage，2～7 岁）。此阶段由于符号功能与象征功能的出现，儿童的思维得以从具体动作中摆脱出来，表象思维与直观形象思维成为该阶段的主导。由于此时儿童总是从自己的角度出发来看待世界，尚不能变换角度或意识到他人有不同的视角，因而该阶段儿童的思维具有明显的自我中心的特点。皮亚杰以儿童为研究对象进行的“三山实验”，就证实了儿童的这个特点。此外，由于儿童不能很好地区分心理的和物理的现象，其思维还具有“泛灵论”的特点，即倾向于将活动着的任何物体都视为有生命的。这一特点在儿童的绘画作品及童话中都有充分的体现。

第三阶段：具体运算阶段（concrete operational stage，7～12 岁）。运算是皮亚杰理论的核心概念，在这里是指心理操作，它使两个事物间的关系以特定的规则联系起来。在这一阶段，个体的思维具有了内化性、可逆性、守恒性以及整体性等特性。儿童是否具有守恒概念是具体运算阶段区别于前运算阶段的主要标志。所谓守恒，是指儿童认为物体尽管从外表上看由一种状态转变为另一种状态，但实质上其物质含量既没有增加，也没有减少。这表明儿童的思维已不再简单地受客体知觉特征的影响。当然，尽管此时儿童已有了运算性的心理操作，但这些心理操作仍需要以具体对象为依托。在这一年龄阶段，儿童形成了完整的分类系统，能依据某种可定量的维度排列客体，能认识事物的关系而不仅仅是事物的绝对特征，能同时思考客体的整体与部分。

第四阶段：形式运算阶段（formal operational stage，12 岁以后）。此阶段，青少年开始运用抽象规则进行思维，采取系统化的方法而不是随机摘取的方法去寻找解决复杂问题的答案。与前一阶段相比，其最大的特点是个体的思维已摆脱具体事物的束缚，而着眼于抽象概念。也就是说，他们能把内容和形式区别开来，对假设进行推理。因此，这一时期的思维更具灵活性、系统性和抽象性。

总之，随着个体思维由低级的动作形象思维到高级的抽象逻辑思维的不断发展，个体对社会和自身的认识水平不断提高，其心理也随之得到了极大的发展。

（3）语言发展是个体心理发展的关键因素。

可以说，语言是人的心理产生与发展的最直接的原因。语言是人类进化所独有的最具特色和最复杂的成果。人类社会在漫长的社会生产和文化建树中，为了生活所需，对烦琐复杂的事物创建了各种各样的符号系统。这些符号系统代表着事物的特定性质和关系。语言是人们之间进行交往和联系的手段，是人类及人类社会形成和发展的重要标志。语言不仅能协调人们在劳动中的相互关系，加强在劳动中的相互了解，而且使人类社会经验的传递成为可能。语言的交流，促使人们提炼自己的观点，表达自己的思想，使人的认识发展到一个新的阶段，即语言思维或抽象思维的阶段。这是人的心理产生与发展最重要的基础。可见，语言作为思维的工具，对个体的心理发展具有重要影响。

言语是同语言不同而又有着紧密联系的概念。一个人利用某种语言来表达自己的思想或与其他人进行交际的过程，称为言语。言语是一种心理现象，是人运用语言材料（词）和语言规则（语法）进行思维和交际的心理过程。所以，言语是人脑的功能。人只有在大脑两半球皮质形成词和词的条件联系的系统，即第二信号系统的条件下，才能进行言语活动。第二信号系统是以词语为条件刺激物而形成的暂时神经联系系统。第二信号系统的活动，是和人类的语言机能密切联系的神经活动，是在婴儿个体发育过程中逐渐形成的，是在第一信号系统或非条件反射的基础上建立起来的。通过第二信号系统的活动，产生对现实的概括化，出现了抽象思维，并形成概念，进行推理，不断扩大认识能力，从而更深刻地认识自然、认识世界，发现并掌握它们的规律。因此，儿童言语能力的发展为其心理发展带来了全面的、质的变化。

总之，人类通过语言交流表达思想、沟通情感、传递信息、获得知识。因此，语言不仅是人类群体结合成社会的有力工具，而且言语的发展也促进了个体思维和心理的发展。

3. 环境因素规定了个体心理发展的现实性

环境是生长的条件，没有自然环境和社会环境，个体的生存和发展都是不可能的。可以说，生理因素只能给个体心理发展以可能性，并不能决定个体心理的发展。天资再好的孩子，没有一定的条件，不经过良好的教育培养，也不能成为国家的栋梁之材。因此，决定个体心理发展的是社会环境和教育因素。环境对人心理发展的作用表现在环境使人心理发展的可能性变为现实。同时，环境决定着人心理发展的方向、速度和水平。正如马克思、恩格斯所指出的：人创造环境，同样环境也创造人。

环境因素分为两大类：一类是指生物有机体所共有的维持生存所必需的自然环境，如地理气候、食物营养等；另一类是指人类的社会环境，即个体所处的社会生活条件和教育条件，包括社会、学校、家庭等方面的各种条件。

环境因素对一个人的影响从受精卵形成的那一刻就开始了。子宫是影响个人成长的最早的环境，又称为胎内环境。孕妇的身体健康状况，接触烟酒、毒品及其他药物的情况，怀孕时的年龄、情绪状态，以及分娩状况（早产或难产）等都可能直接或间接地影响胎儿心理的发展。

此外，自然环境对人的心理特别是情绪具有重要影响，如长期生活在高温天气中，会使人焦虑、烦躁不安，人际吸引降低，暴力倾向明显增高。因此，高温对人际吸引具有“分享效应”。温度过低同样不利于人的情感活动。在寒冷的冬天，人的情感活动相对低下，出现情感冷峻的现象。阴雨连绵的天气，也会使人感到压抑、烦闷、多愁善感，兴奋性大大降低。而光照可以增加唤醒水平，阳光有助于减少瞌睡和抑郁感。

当然，社会环境对个体心理发展产生的作用最大。社会环境主要是指社会生产方式及由此决定的国家政治、经济、思想、教育等。此外，还有家庭、邻里、亲友等因素。这些因素在一定意义上决定个体心理发展的水平、方向和个别差异。

首先，宏观环境对人心理发展的影响往往以社会风气、文化背景、生活环境以及网络媒体为中介。社会风气指社会上某一时期流行的思潮和生活方式，人们习惯把它比喻成“大气候”。它对人的心理发展的影响有积极的，也有消极的。文化因素对人的心理发展具有最直接、最根本的影响。良好的文化背景使人健康发展，落后的文化背景则阻碍人的健康发展。城乡差异、人口密度、社区环境、环境污染等与人的生存密切相关的因素，对人的心理健康状况存在明显的影响。网络对人心理发展的影响具有双重性，既可以帮助人们获得知识、信息，拓展交往空间，促进个性发展，也可能混淆是非，颠倒黑白，影响人们“三观”的形成和人格的健康发展。因此，创造良好的社会环境，可以充分挖掘个体心理发展的潜力，促进个体心理的更好发展。

其次，家庭、学校等微观环境对个体心理发展的影响更为直接。心理学的研究发现，在孩子的心理发展过程中，家庭影响至关重要。特别是在婴幼儿时期，家庭环境、家庭氛围、家长素质、教育方式等对儿童的智力开发、个性形成及心理发展具有非常重要的影响。这是因为童年期是社会化的最关键时期，而此时儿童主要生活在家庭中，因而对家庭的生理和心理依赖最强烈。因此，习近平总书记在 2015 年春节团拜会上特别强调：要注重家庭、家教、家风。2015 年 10 月 11 日，教育部颁发《关于加强家庭教育工作的指导意见》，强调家庭教育在孩子成长中的重要作用。

在学校环境中，校园氛围、教育活动、教师作用和同伴交往都会潜移默化地影响学生的心理发展。校园氛围中的校园文化、学校风气、学习氛围的创设，教育活动中的教学水平、教育方式和教育效果，教师作用中的人格魅力、教育威望、师生关系，同伴交往中的班级氛围、同伴关系、同辈群体等因素都对学生的心灵成长具有重要影响。此外，心理学的研究发现，社会环境的影响通常与个体的关键期和早期经验等密切相关。在某些特定的时期，儿童会显著地受某种不良环境因素的伤害。比如，学龄前期环境对儿童的影响最为重要，儿童如果脱离了正常的生长环境，极易受到不良环境的伤害。但是，也有研究表明，儿童还具有相当的恢复能力，他们能够克服由于经验不足或操作不当所造成的绝大多数负面效应。

总之，影响个体心理发展的因素是多方面的，既有内在的遗传因素、生理因素，也有外在的环境因素。遗传与环境对个体心理发展的作用是相互依存、相互渗透的。遗传与环境对心理发展的相互作用可以理解为发展的可能性与现实性之间的辩证关系。个体的生物遗传因素规定了发展的潜在可能范围，而个体的环境教育条件决定了发展的现实水平。这其中，潜在可能性转化为现实性离不开环境和教育的作用。从这个意义上说，环境对个体心理发展的现实水平具有更为重要的作用。这也正是思想政治教育可以促进个体心理发展的重要理论依据。

综上所述，个体的思想政治品德正是在个体心理发展的基础之上，接受社会教化以及经过自身的社会实践活动形成的。其中，个体的心理发展是其思想政治品德发展的前提和基础，与其思想政治品德的形成和发展密切相关。国外的一些心理学家在这方面做了不少的研究，结果表明：智力与道德判断、道德行为密切相关，尤其是在童年和少年时代，聪明的儿童在行为动机的道德判断上的得分比智力中等儿童的得分高。同时，个性心理特征的差异也为人的思想政治品德的发展提供了某种倾向性，使得个体容易发展与遗传素质相适应的某些思想政治品德。比如，胆汁质的人兴奋程度高，行为迅速敏捷，不易养成忍耐克己、老成持重的品德，但却容易养成勇敢坚定、爱憎分明的思想品德。

因此，人的心理素质不仅是思想政治品德发展的物质基础，而且也是思想政治品德发展的潜在因素。这是因为个体并非机械、被动地接受社会环境的影响，而是通过自己的主观能动作用有选择地吸收社会意识，并将其转变为个人的思想意识。在这一过程中，个体的心理因素诸如认知、理解、思维等智力因素和兴趣、动机、理想、信念以及气质、性格、能力等非智力因素都对个体思想政治品德的形成具有重要影响；个体的实践活动，即个体能否自觉践行社会要求，形成良好的行为习惯，对于个体良好的思想政治品德的形成具有能动作用。由此可见，人的思想政治品德的发展是建立在心理发展的基础上的，心理发展是人接受思想政治教育的必要条件。

三、教育对象思想政治品德形成的心理过程

人们接受思想政治教育，形成良好的思想政治品德是一个十分复杂的过程，它是社会通过思想政治教育和社会舆论等各种渠道将社会的政治规范、思想规范和道德规范传递给教育对象的过程，是教育对象在不同的群体中，通过自己的实践活动，主动接受并掌握这些规范，形成自己的思想意识和相应的行为习惯的过程，也是教育对象内在的知、情、意、行诸要素的辩证发展过程。教育对象接受思想政治教育，形成良好的思想政治品德，需要经过认知过程、情感过程、意志过程以及行为过程这四个心理阶段。

（一）认知过程

思想政治教育的本质是“坚持主流意识形态的主导和灌输”。作为一种理论教育，思想政治教育首先是一种理性教育，作用于人的认知过程。因此，认知过程是教育对象思想政治品德形成的心理基础，对于教育对象的情感过程和意志过程具有重要影响。

认知过程，是指人认识客观事物的过程，即是对信息进行加工处理的过程，是人由表及里、由现象到本质地反映客观事物特征与内在联系的心理活动的过程。认知过程由人的感觉、知觉、记忆、思维、想象和注意等认知要素组成。认知过程对于教育对象思想政治品德的形成具有重要作用。

1. 教育对象思想政治品德认知的内容

如前所述，认知过程既是个体思想政治品德形成的心理基础，也是个体接受思想政治教育的重要心理环节。在教育对象思想政治品德形成的过程中，认知的内容也就是思想政治教育的内容。思想政治教育的内容要根据时代的要求、社会的科学发展和人的全面发展的需要来确定。具体而言，思想政治教育的认知内容主要包括以下几个方面：①

一是对马克思列宁主义、毛泽东思想和中国特色社会主义理论体系的理解和掌握，重点是对习近平新时代中国特色社会主义思想的学习和掌握。马克思主义是无产阶级的意识形态，是无产阶级认识世界和改造世界的世界观和方法论，是中国共产党的指导理

---

① 《思想政治教育学原理》编写组．思想政治教育学原理．2 版．北京．高等教育出版社，2018：161－170.

论，是党和全国各族人民团结统一的思想政治基础。注重马克思列宁主义理论教育是中国共产党的优良传统。马克思列宁主义是一个完整而严密的理论体系，它包括马克思列宁主义哲学、政治经济学、科学社会主义三个组成部分。马克思列宁主义是我国思想政治教育的主要教育内容，在整个思想政治教育内容体系中居于主导地位。毛泽东思想作为马克思主义中国化的理论成果，是以毛泽东同志为主要代表的中国共产党人，运用马克思列宁主义的立场、观点、方法，在深入总结中国革命与社会主义建设实践经验的基础上，创立和发展起来的。毛泽东思想的内容十分丰富，包括关于新民主主义革命的理论，关于社会主义革命和社会主义建设的理论，关于革命军队的建设和军事战略的理论，关于党的统一战线的理论，关于哲学与政治经济学的理论，关于思想政治工作的理论和党的建设的理论，等等，不仅丰富和发展了马克思列宁主义，而且发展了中华民族的文化，是党和国家的指导思想，是思想政治教育的主要内容。中国特色社会主义理论体系是马克思主义基本原理与中国改革开放、中国特色社会主义现代化建设伟大实践相结合的理论成果，是我国新时期的理论创造，是党和国家的指导思想，也是思想政治教育的主要内容。伴随着我国改革开放的深化和中国特色社会主义现代化建设的发展，中国特色社会主义理论体系的内容不断丰富和完善。这种丰富和完善不仅有力地回答了一系列重大的时代课题，推进了我国社会的科学发展，同时也为思想政治教育内容的与时俱进提供了遵循。习近平新时代中国特色社会主义思想，坚持把马克思主义基本原理同中国具体实际相结合、同中华优秀传统文化相结合，在马克思主义哲学、政治经济学、科学社会主义各个领域都提出了许多标志性引领性的新思想新观点新论断，以全新视野深化了对共产党执政规律、社会主义建设规律、人类社会发展规律的认识，是当代中国马克思主义、21 世纪马克思主义，是中华文化和中国精神的时代精华，实现了马克思主义中国化时代化新的飞跃。习近平新时代中国特色社会主义思想是思想政治教育最主要的内容。

二是对社会主义伦理道德的学习、理解和掌握，包括学习和践行社会公德、职业道德、家庭美德、个人品德，以及生态道德、网络道德等。特别是对社会主义核心价值观的学习和践行。2006 年 10 月，党的十六届六中全会通过的《中共中央关于构建社会主义和谐社会若干重大问题的决定》，首次提出建设社会主义核心价值体系。社会主义核心价值体系包括马克思主义指导思想、中国特色社会主义共同理想、以爱国主义为核心的民族精神和以改革创新为核心的时代精神、社会主义荣辱观。其中，马克思主义指导思想是灵魂，决定着社会主义核心价值体系的性质和方向，解决的是举什么旗的问题。中国特色社会主义共同理想是主题，解决的是走什么路、实现什么目标的问题。民族精神和时代精神是精髓，是中华民族赖以生存和发展的精神支撑，是动员和团结全体人民共同奋斗的精神旗帜，解决的是人们精神状态和精神风貌的问题。社会主义荣辱观是基础，是全体社会成员应普遍遵循的行为规范，解决的是人们行为准则的问题。社会主义核心价值体系的四个组成部分相互联系、不可分割，构成了一个有机整体。“社会主义核心价值观是社会主义核心价值体系的内核，体现社会主义核心价值体系的根本性质和基本特征，反映社会主义核心价值体系的丰富内涵和实践要求，是社会主义核心价值体系的高度凝练和集中表达”[①]。党的十八大报告将社会主义核心价值体系凝练和概括为：倡导富强、民主、文明、和谐，倡导自由、平等、公正、法治，倡导爱国、敬业、诚信、友善，积极培育和践行社会主义核心价值观。社会主义核心价值观，把涉及国家、社会、公民的价值要求融为一体，既体现了社会主义本质要求，也吸收了世界文明有益成果。它传承着中国优秀传统文化，寄托着近代以来中国人民上下求索、历经千辛万苦确立的理想和信念，承载着我们每个人的美好愿景。

三是对党的基本路线、基本方略的理解和掌握。习近平在总结中国特色社会主义进入新时代十年来的成就时指出，“十年来……全面贯彻党的基本路线、基本方略，采取一系列战略性举措，推进一系列变革性实践，实现一系列突破性进展……”[②] 深刻阐述了坚持党的基本路线、基本方略的重要性，也为我们明确了思想政治教育的内容不能脱离党的治国理政的大政方针，要充分理解社会主义建设规律、人类社会发展规律等，从而为夺取新时代中国特色社会主义伟大胜利提供根本遵循。

党的基本路线、基本方略作为一个整体，是对党的理论和实践成果的重要概括，也是思想政治教育认知的重要内容。

党的基本路线是党和国家的生命线，坚持党的基本路线是我们事业能够经受风险考验、顺利实现中国梦最可靠的保证。习近平在庆祝中国共产党成立 95 周年大会上指出：“党的基本路线是国家的生命线、人民的幸福线。”[③]党在社会主义初级阶段的基本路线是：领导和团结全国各族人民，以经济建设为中心，坚持四项基本原则，坚持改革开放，自力更生，艰苦创业，为把我国建设成为富强民主文明和谐美丽的社会主义现代化国家而奋斗。在党的基本路线中，以经济建设为中心是兴国之要，四项基本原则是立国之本，改革开放是强国之路，建设社会主义现代化强国是奋斗目标。

全面贯彻落实党的基本方略，是夺取新时代中国特色社会主义伟大胜利、实现中华民族伟大复兴中国梦的根本保证。新时代中国特色社会主义的基本方略，即“十四个坚持”。这“十四个坚持”是：坚持党对一切工作的领导，坚持以人民为中心，坚持全面深化改革，坚持新发展理念，坚持人民当家作主，坚持全面依法治国，坚持社会主义核心价值体系，坚持在发展中保障和改善民生，坚持人与自然和谐共生，坚持总体国家安全观，坚持党对人民军队的绝对领导，坚持“一国两制”和推进祖国统一，坚持推动构建人类命运共同体，坚持全面从严治党。这“十四个坚持”涵盖坚持党的全面领导和全面从严治党，涵盖“五位一体”总体布局和“四个全面”战略布局，涵盖国防和军队建设、维护国家安全、“一国两制”和祖国统一、对外战略，从理论和实践的结合上深刻回答了新时代怎样坚持和发展中国特色社会主义的重大时代课题。“十四个坚持”覆盖了党的基本纲领、基本经验、基本要求，是对党的治国理政重大方针和原则的精辟概括。

党的基本路线、基本方略作为一个整体，是对党全部理论和实践成果的重要概括，也是思想政治教育认知的重要内容。

---

① 中共中央文献研究室．十八大以来重要文献选编：上．北京：中央文献出版社，2014：578.

② 习近平．高举中国特色社会主义伟大旗帜 为全面建设社会主义现代化国家而团结奋斗：在中国共产党第二十次全国代表大会上的报告．北京：人民出版社，2022：6.

③ 习近平．习近平谈治国理政：第 2 卷．北京：外文出版社，2017：37.

四是对中国特色社会主义法治建设的理解和掌握，包括对中国特色社会主义法律体系、中国特色社会主义法治体系的理解，掌握全面依法治国的基本格局。

总之，教育对象的认知水平对自身思想政治品德的形成和发展具有重要的作用。因为个体的大部分行为是受认知支配的，只有认识深刻，情感体验才会丰富强烈，才能知道为何行动、怎样行动，并把道德行为坚持下去。

2. 教育对象思想政治品德认知的过程

在教育对象思想政治品德认知的过程中，认知包含着三个相互联系和衔接的转化过程：

一是注意过程，指关注思想政治教育的相关信息，调整感官等接收器，排除干扰，使大脑处于开放的态势。注意在思想政治教育认知过程中具有以下四个方面的功能：第一，选择功能，即教育对象选择有意义的、符合需要的思政信息加以注意，排除或避开无意义、不符合需要的外部影响或刺激。第二，维持功能，即把对关注对象的心理反应保持在一定方向和水平上，并维持到心理活动的终结，使教育对象心理与行为的一致性和连贯性得到保证。第三，调节功能，即有意识地控制活动向着思政教育的目标和方向进行，并保证注意的适当分配和适时转移。第四，监督功能，即监督注意活动的指向性，使偏离目标的活动得到纠正，以保证对思政信息认知活动的有效进行。

二是接收过程，即接收思想政治教育者提供的各种教育信息，包括社会所要求的政治规范、法律规范和道德规范等，按照自身需要进行取舍，经一定的信息损耗后进入大脑，变为有待整合和建构的信息。

三是整合过程，教育对象将大脑中储存的相关信息与接收的新信息通过联想、比较和选择进行分析、归纳和概括，转化为理性观念。整合过程又分为以下三个步骤：第一，分析，即在头脑中把事物分解成若干属性、方面、要素、组成部分、发展阶段而分别加以思考的过程。分析活动可以使教育对象更深刻地认识相关概念、理论和思想，对客观事物的认识也从表面逐渐向内部深入下去。第二，比较，即在头脑中确定事物之间的共同点和差异点的思维过程。比较既可以在同中求异，也可以在异中求同；既可以横向比较，也可以纵向比较。通过比较决定取舍。第三，评价，即运用社会标准和自己的固有标准对客观事物的价值、作用、是非等进行评议和判断的思维过程。评价是在分析、比较等思维过程的基础上进行的，是对客观事物的概括性的认识。评价过程影响人们对接收的信息的取舍。在思想政治教育过程中，教育对象能否接受思想政治教育，取决于其认知的深化与发展。而个体认知的深化与发展则依赖于他对社会所要求的政治规范、法律规范和道德规范的了解和掌握，依赖于道德评价能力的发展，依赖于政治信念、道德信念的确立。

首先，教育对象要完整、准确地理解和掌握各种社会规范的概念、内容和本质，这是形成道德评价能力和政治信念、道德信念的前提。在思想政治教育过程中，社会提供的"信息源"，即社会的政治法律观点、理想信念要求和道德规范等内容，以语言、图像等刺激形式作用于教育对象时，教育对象要通过感觉、知觉、记忆、思维、想象等心理活动对社会信息进行一系列的加工。在这一过程中，他们将按照一定的思维方式，依据主观或客观的评价标准，对各种社会信息进行比较、筛选、分析和判断，将新知识整合到原有的认知结构之中。此时，教育对象需要完整、准确地理解各种社会信息和相关概念，并善于通过联想、迁移把新旧知识联系起来，在实践中不断把感性认识上升到理性认识，才能形成正确的思想意识和道德观念。

其次，个体对社会所要求的政治规范、法律规范和道德规范认识的深化，依赖于个体道德评价能力的发展。道德评价是一种智力活动，是在社会舆论、他人评价和学校教育等影响下逐步形成和发展起来的。道德评价的发展过程表现为从他律到自律、从效果到动机、从片面到全面、从评价他人到评价自己、从自我利益出发到以社会利益为主进行道德评价。一般来说，年幼孩子的道德判断是受自身以外的价值标准支配的，是一种他律水平的道德判断。随着年龄的增长，他们逐步摆脱成人的影响，在评价某种行为是非时，能够依据自己掌握的道德标准做出判断。皮亚杰认为，儿童的道德判断只有达到自律水平时，才能称得上真正的道德发展。德育心理学家还认为，儿童在道德上的成熟标志，就在于他能否做出正确的道德判断和推理，从而形成自己的道德准则，而不只是服从周围成人的道德判断和推理。研究表明，初中二年级是学生道德判断发展的关键年龄期，而班级讨论是提高学生尤其是初中生道德评价能力的一种有效方式。因此，只有提高教育对象的道德判断和道德选择的能力，才能使他们在社会生活中做到明是非、识真伪、分善恶、辨美丑、知对错，从而为形成良好的思想政治品德奠定基础。

最后，教育对象政治信念、道德信念的形成对于其认知和践行正确的思想政治品德具有较大的推动作用。信念是人赖以奋斗的精神支柱，对人的行为具有巨大的推动作用。政治信念是人们政治态度、政治立场和政治信仰的集中体现，它支配着人的社会态度和社会行为，是人们思想政治品德的重要方面。道德信念是在人们的道德认识和道德实践活动中逐步确立的，它不是一种单纯的道德认识，而是坚定的道德观点、强烈的道德情感和顽强的道德意志的结合。它一经形成就不会轻易地改变。道德信念是道德动机的高级形式，它可以引起、推动和维持人的道德行动，使人的道德行为表现出坚定性和一贯性。离开了道德信念，人们就不可能自觉而深刻地认识事物、判断是非，就不可能坚持真理、捍卫信仰。因此，道德信念也是良好思想政治品德形成中的重要因素。

（二）情感过程

作为一个主体，人们在认识客观事物时不会无动于衷，总要对认识对象表现出一定的态度，并产生满意、不满意、喜爱、厌恶、恐惧或愤怒等主观体验。人们在认识和改造客观世界的过程中，根据一定的主观体验，对客观事物采取一定的态度时所表现出来的情绪、情感、心境等心理现象的过程就是情感过程。情感过程是心理过程的一个方面，是伴随着认知过程而产生的。

在思想政治教育过程中，教育对象不是冷漠无情的，而总是带有某种倾向性，表现出鲜明的态度体验，充满着感情色彩。这些情感因素会对教育对象思想政治品德的形成产生重要影响。因为“在人类伦理和个体道德的精神大厦中，情感最具深沉、稳定和核心的特质”[①]。因此，思想政治教育要想取得实效，就必须研究教育对象的情感过程，以充分发挥情感因素对教育对象思想政治品德形成的重要作用。

1. 情感因素对教育对象思想政治品德形成的作用

情感过程是心理过程的重要组成部分，情感因素对教育对象思想政治品德的形成具有驱动作用、强化作用和践行作用。

首先，情感因素对教育对象思想政治品德的形成具有驱动作用。思想政治教育是教育者和教育对象之间的思想交流和情感互动的过程。在这一过程中，情感因素是一种重要的教育资源，教育对象只有信任教育者，才能向其敞开心扉，教育者才能走进教育对象的内心世界，对教育对象产生影响。斯宾塞曾经指出：“野蛮产生野蛮，仁爱产生仁爱，这就是真理。”[②] 此外，教育对象思想政治品德的形成过程，也是教育对象接受思想政治教育信息，发生态度转变，形成符合社会需要的思想意识和道德品质的过程。在这一过程中，教育对象的情感因素对其态度形成和转变具有动力作用。这是因为在教育对象的态度系统中，情感因素是动力，对认知因素和意向因素具有决定性的影响。教育对象的热情、好奇心、惊异感、美感、偏好等情感因素可以推动教育对象转化认知，改变意向，趋向思想政治教育目标。正如马克思所指出的：“人作为对象性的、感性的存在物，是一个受动的存在物；因为它感到自己是受动的，所以是一个有激情的存在物，激情、热情是人强烈追求自己的对象的本质力量。”[③] 列宁更是明确指出，没有人的情感“就从来没有也不可能有人对于真理的追求”[④]。孔子所说的“亲其师，信其道”也是这个道理。可见，教育对象的情感因素不仅影响其接受的主导取向，而且决定其接受行为能否发生。

其次，情感因素对教育对象思想政治品德的认知过程具有激发作用。在思想政治教育过程中，教育对象的情绪情感往往以兴趣、愿望、热情等形式构成学习的动机，对学习思想政治理论产生诱导和调节作用。情感的诱导作用往往是在与想象的联结中实现的。情感可以激发想象力，使思维的创造性得到发挥。当教育对象对思想政治理论产生强烈的欲望与感情时，容易产生与此相关的想象，其激情越丰富，想象就越活跃，思维的创造性也越能得到充分发挥。此外，教育对象的情绪情感可以激活认知，加强或减弱教育对象在接受过程中的感知力、理解力、想象力、判断力。正性情绪情感对教育对象的认知活动起协调和组织的作用，能使教育对象大脑的感受力增强，对信息进行准确理解与记忆；负性情绪情感对信息加工起破坏和瓦解作用，能使教育对象大脑感受力降低，神经反应活动迟钝，感知、理解、想象、判断能力下降，从而干扰或抑制认知功能。美国密歇根大学的弗雷德里克森教授提出了积极情绪的扩展和建构理论。他认为，积极情绪能扩展个人的即时思维——行动范畴，使个体充分发挥主观能动性，产生创造性的思想和行为；而消极情绪则使得个人的即时思维——行动范畴变窄，选择一种特定的自我防御式行为方式，因而不利于潜能的发挥。

① 朱小曼．情感教育论纲．北京：人民出版社，2007：12.
② 斯宾塞．教育论．北京：人民教育出版社，1962：107.
③ 马克思，恩格斯．马克思恩格斯全集．第42卷．北京：人民出版社，1993：169.
④ 列宁．列宁全集：第25卷．北京：人民出版社，1988：117.

再次，情感因素对教育对象思想政治品德的接受过程具有过滤作用。教育对象的情感因素影响其注意的强度和注意的稳定性，当教育对象对思想政治教育信息产生兴趣，形成积极的态度时，其注意、获取、接收思想政治教育信息的行为就会变得专注和持久，否则，就会出现信息损耗和信息排斥现象，影响其对教育信息的关注和吸收。同时，情感因素还可以决定教育对象对认知加工的情境选择，教育对象往往对于喜欢的、感兴趣的信息倾向于优先选择和接受；而对于不喜欢的信息则会产生心理阻抗，拒绝选择和接受。

最后，情感因素对教育对象思想政治品德的外化具有推动作用。教育对象良好思想政治品德的形成是以外化为最终指向和归宿的，没有践行环节，思想政治品德不可能真正形成。在由知到行的转化中，情感因素是最重要的助推器，可以深化认知、强化意志、达成行为。比如，教育对象对祖国炽热的情感可以化为报效祖国、奉献社会的现实行动，教师对教育事业的热爱往往体现在为人师表、诲人不倦的职业行为中。

由此可见，在教育对象思想政治品德的形成过程中，情感因素不仅对其认知过程起着引导和深化的作用，而且也会通过影响其意志和行为最终影响思想政治品德的形成。因此，从某种意义上说，没有道德情感，就没有个体的思想政治品德。正如苏联教育家苏霍姆林斯基所说：道德情感——这是道德信念、原则性、精神力量的血肉和心脏。没有情感的道德就变成了干枯、苍白的语句，这语句只能培养出伪君子。

2. 思想政治教育对象情感过程的层次性

根据情感色彩的程度可将情感过程分为情绪、情感和情操三个层次。

情绪是人们在心理活动过程中对客观事物的态度和体验，是人脑对客观事物与人的需要之间关系的反映。客观事物是情绪的源泉，人的需要的满足是情绪产生的主观原因。

情感是在情绪的基础上形成的稳定的高级情绪反应。一般认为，与人的生理需要相关联的态度体验是情绪，而与人的社会性需要相联系的态度体验则为情感。情绪具有较大的情境性、暂时性和冲动性，而情感则具有稳定性、深刻性和持久性。情绪和情感相互依存，不可分离。在思想政治教育的心理影响过程中，情感是指人对社会所要求的政治规范、思想规范和道德规范的态度和体验，具体表现为政治责任感、事业感、使命感、正义感、荣辱感、幸福感等，是个体思想政治品德中的情感因素。情感是伴随着认知而产生和发展的。一般情况是对正确的东西、对真理知之愈深，爱之愈甚；而对错误的东西、对谬误知之愈深，恨之愈切。反之，没有爱憎分明的情感，就没有对真理的追求和对错误的揭露。

情操指情感和操守的结合。操守即人的品德和气节，是为人处世之根本。高尚的情操是人的精神生活的重要内容之一，它对调整人的行为、指导人的行动有着重要的意义。高尚的情操是在环境、教育和实践中逐渐形成的。在心理学中有人曾把情操分为求知、审美、道德、信仰四种。英国心理学家麦独孤认为情操是持久的心理成分，是几种情绪以某一事物为对象结合成的一个体系，是情绪最高、最集中的表现。

3. 思想政治教育对象情感的激发与培养

苏联教育家阿扎罗夫指出："在情感世界里，任何什么东西也不会自然地产生，因为这是与学习或者其他工作一样复杂和费力的心、脑、精神工作。”[1] 这就是说，人的情感绝不是自然成熟的，它是在教育促进下发展、成熟的。然而，受教育的功利主义价值观支配，就世界范围来看，19 世纪中叶以来，特别是到 20 世纪 60 年代中期，基本上是唯理智教育占统治地位，把培养高技术、高智能、高效率的人才作为教育目标。其教育过程重理性知识的传播，轻情感经验的积累；重语言、概念、逻辑、推理能力的训练和提高，轻情绪感受能力、情感表达、表现能力的培养和发展。日本教育家井深大批评偏重理智的教育是“忘记了方向”，“丢掉了另一半的教育”。因此，在思想政治教育过程中，要特别关注教育对象的情感世界，充分发挥情感对教育对象思想政治品德形成的助推作用。

首先，要加强对教育对象的情感教育，注重教育对象积极情感的激发与培养，这是思想政治教育的重要职能。在基础教育改革中，中小学的思想品德课也提出了情感、态度、价值观的“三维目标”，强调思想政治课要关注学生的情绪、情感、态度、信念、价值观，努力培养学生的社会性情感品质，发展他们的自我情感调控能力，引导他们对学习、生活和周围的一切产生积极的情感体验，形成积极的人生态度和独立健全的人格特征。具体来说，情感教育的目标包括三个方面的内容，即培养学生的社会性情感，提高学生情绪情感的自我调控能力，帮助学生对自我、环境以及两者之间的关系产生积极的情感体验。这三个方面均指向教育目标的实现和健全人格的培养，这也是情感教育的终极目标。

情感教育的内容非常丰富，包括生命教育、感恩教育、快乐教育、幸福教育、审美教育、体谅教育、亲情教育等。生命教育是美国学者杰·唐纳·华特士于 1968 年首次提出的，此后在世界范围内引起了广泛关注。生命教育是指对生命本身的关注、了解与热爱的教育活动，包括个人与他人的生命以及一切自然生命。生命教育是一种全人的教育，不仅包括对生命的了解、尊重与热爱，而且包括对生存能力的培养和生命价值的提升。感恩不仅是一种处世哲学和生活态度，更是一种人生智慧。怀着一颗感恩的心生活，便会时时发现人性的美好、生活的美好、自然的美好，感受生命的快乐。感恩教育就是培养教育对象拥有知足之心、感激之心、回馈之心、包容之心，懂得珍惜亲情、友情、爱情，对大自然的馈赠、亲人的抚育和国家的培养心存感激，努力回报。快乐教育是帮助教育对象学会调节情绪，培养其积极的情感，使其拥有感知快乐、创造快乐、享受快乐的能力。幸福教育是引导教育对象正确理解幸福，学会把握和感受幸福，拥有创造和追求幸福的能力的教育活动。审美教育是运用自然界、社会生活、物质产品与精神产品中一切美的形式给人们以耳濡目染、潜移默化的教育，以达到美化人们心灵、行为、语言、体态，提高人们道德与智慧的目的。美学家蒋勋认为，审美力就是人的核心竞争力。人通过对美好事物的欣赏，不仅可以丰富自己的物质生活和精神家园，还可以达到愉悦身心、陶冶情操的目的。一个懂得审美的社会，才能够孕育出经典的文化、艺术的果实，才能创造出灿烂的物质文明和精神文明。音乐、舞蹈、诗歌、绘画、雕塑、书法、摄影、园艺等艺术形式都可以带给人美的享受，让人感受到人性之美、自然之美、艺术之美。

---

[1] 朱小曼．情感教育论纲．北京：人民出版社，2007：29.

体谅教育就是要培养教育对象拥有善良之心、宽容之心、理解之心，学会换位思考、将心比心，能够容人之长，容人之短，容人之过。亲情是世界上最浓烈也最无可替代的情感，是一种血肉相连之情。老舍说：失去了慈母便像花插在瓶子里，虽然还有色有香，却失去了根。亲情是生死相依的牵挂，是血脉相连的呼唤，是不离不弃的守护，是超越时空的依恋。在亲情的调色板上，珍惜、理解、回馈是亲情的三原色。通过亲情教育引导教育对象珍惜亲情、理解父母、回馈家人。

其次，要注重情感的运用，充分发挥情感的正向作用。一是要注重培养教育对象的积极情感，包括积极的态度、好学的精神、浓厚的兴趣、健康的情绪和高尚的情操。二是思想政治教育者要增加情感投入，通过饱满的精神状态、真诚的情感付出、积极的情绪情感和博大的仁爱之心，感染教育对象，以情动人。三是要善于引发情感共鸣，可以分享思想政治教育者的亲身经历，或者运用社会热点问题、典型案例等现实题材，也可以组织学生讨论分享，通过自我教育找到共情共鸣点，触动心灵世界。四是要注重以境育情，通过创设教育氛围、利用视频图片、进行角色扮演、设计情境教学、开展社会实践等方法达到以境育情的目的。

（三）意志过程

意志是人类特有的心理现象，是人脑的机能，是人的意识的重要组成部分，是人的意识能动性的集中体现，与认识、情感、信念一起构成人类内在的心理要素，并且与人的外在行为活动发生重要关系。在教育对象思想政治品德形成的心理过程中，意志过程是指教育对象在践行社会所要求的政治规范、法律规范、道德规范的过程中，自觉地确定目的，并根据目的来支配、调节自己的行动，战胜困难、克服阻力，从而实现预定目的的心理过程。意志过程也是思想政治品德的认知过程向行为的转化过程，是主观见之于客观、观念付诸行动的实践过程。这一过程集中体现了人的主观能动性的特点。

1. 意志的特点

意志是人类精神领域的重要组成部分，具有目的性、能动性、自觉性的特点。意志是以目的为导向的心理过程，没有目的也就没有意志，目的是意志过程的开端，是组织行为的依据。意志与抵制诱惑和克服困难相联系，即它也是一个抵制诱惑和克服困难的心理过程，需要发挥主观能动性的作用。意志是自觉地组织行为的心理过程，即它的行为都是意识在目的的引导下组织化、规范化、系统化的行为，而非自发的行为。意志作为人类精神领域的重要组成部分，在每个人的生活中都发挥着异常重要的作用。美国新思想运动代表人物弗兰科·哈德克在《意志力决定成败》一书中指出：成功与失败的分水岭在于意志力的强弱差异，成功者往往是意志力坚强的人，失败者往往是意志力薄弱的人。意志是人的最高领袖，意志的指导作用对世上每个人的价值将无法估量。因此，在这个世界上，真正创造人生奇迹者乃人的意志力。《大脑与个性》一书的作者威廉·汤姆森认为，没有强大的意志力，即使有着最优秀的智力、最高深的教育和最有利的机会，那又有什么用呢？如果夸张一点说，那就是“意志力造就了人”。

2. 意志品质的构成

意志品质是指一个人在行动中具有明确的目的，不屈从于周围人的压力，按照自己的信念、知识和行为方式进行行动的品质。意志品质是指构成人意志的诸因素的总和，主要包括意志的自觉性、果断性、自制性和坚韧性。

意志的自觉性是指是否对行动目的有明确的认识，尤其是认识到行动的社会意义，主动以目的调节和支配行动的意志品质。自觉性是意志的首要品质，贯穿于意志行动的始终。自觉性强的人，能够广泛地听取别人的意见并进行取舍，吸收有益的成分，独立自主地确立合乎实际的目标，自觉地克服困难、执行决定，对行动过程及结果进行自觉反思和评价。

意志的果断性是指一个人是否善于明辨是非，迅速而合理地采取决定和执行决定的意志品质。果断性强的人，当需要立即行动时，能迅速地做出决断对策，使意志行动顺利进行；而当情况发生新的变化，需要改变行动时，能够随机应变，毫不犹豫地做出新的决定，以便更加有效地执行决定，完成意志行动。

意志的自制性是指能否控制和支配自己行动方面的意志品质。自制性强的人，在意志行动中，不受无关诱因的干扰，能控制自己的情绪，坚持完成意志行动。同时能制止自身不利于达到目的的行动。

意志的坚韧性是指在意志行动中能否坚持决定，百折不挠地克服困难和障碍，完成既定目的的意志品质。意志的坚韧性是最能体现人的意志的一种品质。坚韧性强的人能根据目的要求，在长时间内毫不松懈地保持身心的紧张状态，在任何情况下，都坚持不变，直至达到目的。在遇到困难时，它能激励自己树立起克服困难的信心，始终如一地完成意志行动。所谓“锲而不舍，金石可镂”，就是意志坚韧性的表现。凡有成就的人，都有极其坚韧的意志。可见，意志的坚韧性品质是事业成功的重要条件。

3. 意志过程及其在教育对象思想政治品德形成中的作用

意志过程对于教育对象思想政治品德的形成具有强化、支撑和控制作用。一是教育对象的意志过程对于其认知活动具有强化作用，表现为对认知活动具有发动、坚持和加强的作用，以保证认知过程的顺利进行。二是教育对象的意志过程对于情绪情感具有支撑作用，可以激发教育对象的积极情绪、情感，抑制消极情绪、情感，发挥意志对精神的支撑作用。三是教育对象的意志过程对于行为外化具有控制作用，能够克服践行中的懒惰、退缩、倒退等行为，保障知行的有机统一。可见，只有在意志过程的作用下，教育对象才能抵制各种不良诱惑，排除各种不道德的欲求，自觉克服思想政治品德形成中的各种困难，最终超越自我，实现高尚的道德目标。

4. 思想政治教育对象意志品质的形成与培养

思想政治教育对象意志品质的形成有决心、信心和恒心三个阶段。决心是第一阶段，是经历动机斗争、确定行动目标、选择行动方式的下决心的阶段；信心是第二阶段，是根据自己的信念和理想，坚信行为正确，树立信心的阶段；恒心是第三阶段，是克服困难、坚持行动、坚韧不拔、持之以恒的阶段。

教育对象的意志品质是一个不断培养和锻炼的过程，也是一个自我否定、自我超越的过程，需要打破原有的价值体系，改变原有的思维定式，破坏原有的心理平衡，这就需要教育对象具有坚韧不拔的毅力和挑战自我的勇气。因此，思想政治教育者要努力培养教育对象的意志品质，通过拓展训练、挫折教育、树立榜样、自省慎独等方式培养他们意志的自觉性、果断性、自制性和坚韧性，提高战胜困难、应对挫折、适应社会和自我管理的能力。少年毛泽东经常到闹市读书，以磨炼意志的自觉性。任正非 43 岁创业，一手把华为公司变成了震惊世界的科技王国：在判断企业市场时极具预见性，在企业繁花似锦时判断企业的“寒冬”即将来临，积极拓展国际市场，体现了意志的果断性品质。邱少云在熊熊烈火中坚持一动不动，放弃自救（在他不远处就有水坑），直至壮烈牺牲，体现了意志的自制性。马克思用近 40 年撰写了《资本论》，歌德用近 60 年写成诗剧《浮士德》，体现了意志的坚韧性品质。他们顽强的意志品质，为我们树立了意志典范。

（四）行为过程

行为是心理的外化，人的心理是通过行为表现出来的。在教育对象思想政治品德的形成过程中，行为过程是个体在认知过程、情感过程和意志过程的支配下所采取行动的过程，它是思想政治品德的外在表现，是一个人思想政治品德的综合反映，也是衡量一个人思想政治品德优劣的重要标志。判断一个人的思想政治品德如何，不能只听其说，也不能只看其个别行为，而应当观察其行为习惯，行为习惯能比较全面、准确、客观地反映一个人的思想政治品德状况。只有当一个人表现出良好的行为习惯时，我们才能说这个人具备良好的思想政治品德。

从先秦到当代，哲学家对于知与行之先后、轻重、难易，各有所论，但强调知行必须合一则是共同的观点。辩证唯物主义认为知与行不是割裂的关系，也不存在先后的问题。知就是一种探索和学习，行就是将知的积累应用到现实世界的改造中。为社会创造出财富，必须知行合一。因此，注重教育对象思想政治品德的践行过程，开展道德行为的训练，对于教育对象形成良好的思想政治品德具有重要意义。

教育对象思想政治品德行为是在生活和教育过程中，经过反复练习和实践逐步形成的。一般要经过开始行动、行为迁移、行为受阻、行为反复、意志支撑、反复练习、养成习惯的过程。思想政治教育者要善于通过各种途径对教育对象进行行为引导和矫正，比如，可以运用激励机制调动教育对象自觉践行思想政治品德的积极性；可以创造良好的情境和氛围，促使教育对象养成良好的行为习惯，而避免不良行为的重复出现；可以提供榜样，使教育对象在潜移默化中模仿和学习良好的社会行为；还可以为教育对象搭建实践平台，引导教育对象在社会实践中践行正确的社会行为，完成由知到行的转化。

阅读书目

1. 付建中．教育心理学．2 版．北京：清华大学出版社，2018.
2. 雷斯德．现代心理学与教育．上海：上海社会科学院出版社，2017.
3. 李伯黍，燕国材．教育心理学．3 版．上海：华东师范大学出版社，2017.
4. 李丹．认知发展视野下的生命教育．上海：上海教育出版社，2017.

5. 李中国．心理学．北京：北京师范大学出版社，2016.
6. 林崇德．发展心理学．北京：人民教育出版社，2009.
7. 孟昭兰．普通心理学．北京：北京大学出版社，2003.
8. 朱小曼．情感教育论纲．北京：人民出版社，2007.

思考题

1. 人的心理、意识与思想有哪些区别及联系，并举例说明。
2. 哪些因素影响人心理的形成与发展?
3. 人的认知、情感、意志和行为因素对思想政治品德的形成具有哪些影响?

第三章

思想政治教育的心理机制

关键词

心理机制　学习　接受

要点提示

1. 阐述教育对象思想政治品德的形成过程既是学习的过程也是接受的过程。

2. 借鉴西方的学习理论和道德教育理论，阐述教育对象在思想政治品德学习过程中的心理机制。

3. 借鉴心理学的接受理论，阐述教育对象在接受思想政治教育过程中的心理机制，揭示各种心理要素在接受思想政治教育中的作用及互动关系。

“机制”一词，源于希腊文，意指机器的构造和工作原理，后来扩展及有机体，指有机体的构造、功能和相互作用。在社会科学领域，机制用以表示一个复杂社会系统的复杂因素之间相互作用的方式，尤其是细微的相互作用方式。思想政治教育是一项复杂的系统工程，涉及人的一系列心理因素和心理过程，这些心理因素在很大程度上决定着教育对象对思想政治教育的态度和接受效果。因此，研究教育对象在思想政治教育过程中的学习心理和接受心理，探究其心理机制，对于提高思想政治教育的实效性具有重要意义。

一、思想政治教育学习的心理机制

思想政治教育以一定的心理活动为基础。思想政治教育相对于教育者来说是教育活动，相对于教育对象来说则是一种学习活动。教育对象的学习心理直接影响思想政治教育的效果。

（一）学习的内涵及过程

学习是人类生活中的永恒主题，每个人从出生以后都在进行不断的学习，从咿呀学语到掌握各门深奥的科学知识，从蹒跚学步到掌握各种复杂的运动技能，从一个生物个体到成长为一名合格的社会成员，学习贯穿于人类生活的始终。特别是个体的思想政治品德，更是个体接受社会的影响和教化，通过不断学习获得的。可以说，个体思想政治品德的形成过程就是个体接受思想政治教育的过程，同时也是一个学习的过程。

1. 学习的内涵

学习是一种十分复杂的心理活动，它不仅与感觉、知觉、注意、记忆、思维等认知过程直接联系，还涉及人的情绪、动机、个性和社会化等问题。它不仅包括动物的学习行为，还包括人类日常生活经验获得的学习以及对科学知识技能的学习。

学习的概念有广义和狭义之分。从广义上讲，学习是人和动物在社会生活过程中，凭借经验而产生的行为或行为潜能的比较持久的变化。学习是学习者适应环境的生命活动。无论是动物还是人类，只有通过学习不断调整和改变自己的心理和行为，才能适应不断变化的自然和社会，实现与环境发展的动态平衡。

狭义的学习多指人类的学习，也特指学生的学习。人类的学习是人在社会实践中，以语言为工具，主动掌握人类社会历史经验和个体经验的过程。人类的学习在学习的内容、方式、性质等方面都与动物有着本质上的不同。其一，从内容来看，人类的学习比动物丰富很多。人类的学习除了获得个体的经验以外，还要掌握几千年来所积累的社会历史经验，即掌握科学文化知识，包括知识和技能的获得与形成、智力和能力的发展与培养、思想道德品质的提高、行为习惯的养成等。而动物的学习，仅仅是掌握个体经验。其二，从方式来看，人类的学习总是在能动地适应和改造客观世界的过程中、在同其他人交往中进行的，是通过语言（口头和书面）的中介作用掌握人类历史经验的过程；而动物的学习是以其对外界自然条件的适应为特征的，学习是为了适应生存环境。其三，从性质来看，人类的学习是一种自觉、积极、主动的过程，是有目的、有计划、有组织、有系统地进行的过程；而动物的学习是一个自发、消极、被动的过程。

学生的学习是人类学习的一种特殊形式，既与人类的学习有共同之处，又有其特点。具体表现为：首先，学生的学习是以掌握间接经验为主的，它与人类从实践开始认识客观世界的过程有所不同。其次，学生的学习是在教师的指导下，有计划、有目的和有组织地进行的。这就要求教师要采用行之有效的方法，帮助学生学会学习，使其掌握前人的经验，并建构自己的认知结构。最后，学生的学习具有一定程度的被动性。学生的学习应该和人类的学习一样，是积极主动的过程。但当学生意识不到他当前的学习与将来的生活实践的关系时，他就不愿为之付出努力。因此，需要教师采用合适的方法激发学生的学习动机，提高其学习的积极性和主动性。

2. 学习的过程

学习的过程是指进行学习的内部过程或心理过程。关于学习的过程，各种理论派别提出了不同的模式，如条件反射模式、信息加工模式以及生成模式等。无论各种理论观点如何解释学习的过程，它们对学习的基本过程的阐述都是一致的，即学习的基本过程包括接收信息、理解信息、记忆信息、应用信息。当然，学习的基本过程不是这样简单直线进行的，有时会有曲折和反复，也会出现交叉。

中国古代的教育家和学者对学习的过程进行了诸多探讨，其中，孔子的贡献最为杰出。他提出了学习过程的七个阶段：立志、博学、审问、慎思、明辨、时习、笃行。孔子强调“问”和“思”的重要性，把“审问”和“慎思”当作学习的重要阶段。孔子指出“学而不思则罔，思而不学则殆”，强调学思结合，闻一知十，举一反三，认为只有经过积极的思维活动，才能真正理解知识、消化知识、掌握知识，成为“知者”，“明辨”是非。知即智慧、理智。孔子认为“知”是人的重要品质，位于君子之三道即“知者不惑，仁者不忧，勇者不惧”（《论语·子罕》）之首。他认为，人如果缺乏“知”，就会受制于自发的情感或盲目的意志，从而很难达到健全的境界。而“知明”是一种智德，它使人具有分辨善恶的能力，知道有所为和有所不为，即所谓“知明则行无过”。

美国著名的教育心理学家加涅（Robert M. Gagne）运用现代信息加工理论，把学习分为八个阶段：动机阶段、选择阶段、获得阶段、保持阶段、回忆阶段、概括阶段、作业阶段、反馈阶段。加涅认为，真正的学习是在学习动机的指引下进行的，没有学习动机，就没有学习行为。因此，教育者在学习过程中，要首先诱导学习者的学习动机，使之产生达到学习目标的心理预期。加涅认为，学习者有了学习动机，就会根据预期有选择地接受新的知识。在选择阶段，注意是学习和选择的重要条件，伴随着学习的全过程。在获得阶段，学习者对接受的新信息和知识进行编码加工，运用已有的知识结构去理解和获得新的知识。在保持阶段，编码的信息和知识经过学习者的强化之后，以表象和语义（概念）的形式贮存在长时记忆之中，在头脑里保持下来。在回忆阶段，学习者根据需要按一定线索提取有关的知识，使之重现或复活。在概括阶段，学习者通过概括和吸收把已经学到的知识迁移到新的情境中去。在作业阶段，学习者把学到的知识用到完成作业和解决实际问题中去。心理学家认为，提供积极反馈的事实可以起到强化学习动机的作用。当学习者认为他的学习行为已经满足了他的预期目标后，学习的行为就完成了。

此外，诺曼（Norman）在1978年还提出了知识习得三阶段论，认为知识习得要经历增生、重建、融会贯通三个阶段。增生阶段是指学习者要把学习的新知识与原有的有关知识联系起来的过程；重建阶段是指学习者用学到的新知识促使已有的知识经验重构，组成新的结构的过程；融会贯通阶段是指学习者能够灵活运用新知识，并能生成多种认知结构的过程。诺曼认为，学习者只有将新旧知识融会贯通、灵活运用，才能说完成了学习的过程。

（二）思想政治品德学习的心理依据

教育对象思想政治品德的形成过程就是一个学习的过程。因此，学习理论、道德教育理论等都是思想政治品德学习的理论基础和教育、心理依据，对教育对象思想政治品德的形成和塑造具有重要的指导意义。

1. 学习理论

学习理论是对学习规律和学习条件的系统论述，它主要研究人类和其他动物学习行为的特征，解释有机体为什么学习、怎样学习和学习什么。一个多世纪以来，心理学家和教育学家关于学习的性质、学习的过程、学习的规律、学习的动机、学习的迁移以及学习的方法策略等进行了大量的研究，增强了人们对学习及其本质的理解，形成了不同的学习理论。下面介绍主要的学习理论。

（1）刺激-反应学习理论。

刺激-反应学习理论也称行为主义学习理论，它是出现最早、成果最多、理论最丰富的一个学派，通常是西方学习理论的主体部分。行为主义理论是刺激-反应学习理论的理论基础。刺激-反应学习理论的核心观点认为，学习过程是有机体在一定条件下形成刺激与反应的联系从而获得新的经验的过程。该理论学派的代表人物有桑代克、华生、巴甫洛夫、斯金纳和班杜拉等人。

尽管在刺激-反应学习理论这一流派中，各家对学习的解释相去甚远，并提供了不同的研究框架，但就共性而言，刺激-反应学习理论有如下基本观点：

第一，强调环境的刺激作用。该理论认为学习者的行为是他们对环境刺激所做出的反应，人的所有行为都是习得的。因此，学习者学到些什么，是受环境控制的。至于环境刺激在人的头脑中引起了什么变化，人的意识怎样去调节人的行为，对心理学来说并不重要。

第二，突出强化在学习中的价值。强化是一种在刺激-反应联结中改变同类反应在将来发生频率的手段，是一种行为的获得机制。通过施加满足刺激来提高反应发生的概率称为正强化；通过撤销某一厌恶刺激来提高反应发生的概率称为负强化，比如，撤销处分、减刑等停止或减少处罚的行为均属于负强化。强化理论认为正强化比负强化更有效，及时强化比滞后强化更有效，运用能够满足教育对象需要的强化物更能对教育对象的行为起到刺激和强化作用。

第三，关注“邻近”对学习过程的影响。“邻近”是指有机体已经发生的对某一情境刺激的反应会对以后对同一情境刺激的反应产生影响。美国心理学教授格思里提出了“邻近学习理论”，认为刺激的某一组合，如果曾伴同过某一动作，那么，当这种刺激组合再次出现时，这一动作往往也会随之发生。比如，经历了地震的人当再次感到房屋震动、东西摇摆时便会快速逃生。

此外，桑代克还提出，学习即刺激与反应之间建立的联结。他在“联结学习理论”中提出以下三条基本规律：

第一，练习律，即刺激与反应的联结随练习次数的增加而加强。也就是说，学习需要重复。这包括两条附律：一条是一个已形成的可以改变的联结，若加以应用，就会使这个联结增强，此为“应用律”；另一条是一个已形成的可以改变的联结，如不应用，就会使这个联结减弱，此为“失用律”。这里他所讲的实际上是实践的问题，知识需要在实践中运用和巩固。

第二，准备律，即刺激与反应的联结以有机体准备状态为转移。有机体处于有准备的反应状态，在反应中就感到满足。当有机体没有准备接受传导时，勉强传导就会引起烦恼。这里所讲的实际上就是学习兴趣、学习动机和学习准则的问题。

第三，效果律，即在学习过程中或在学习之后，如果获得奖赏或伴随着满足感，学习的效果就好；反之，如果受到惩罚，遇到挫折，学习效果就不好。

总之，以桑代克等人为代表的刺激-反应学习理论是心理学史上第一个系统的教育心理学理论，对我们具有借鉴意义。但是，刺激-反应学习理论把人复杂的学习过程机械化、简单化，降低了人的主观能动作用，抹杀了人的学习本质，低估了人的学习作用。这一点是不可取的。

（2）认知学习理论。

认知学习理论与刺激-反应学习理论截然相反。它认为影响个体行为的主要因素不是外界环境，个体行为是个体的需要、动机等内在心理因素与环境互动的结果。因此，认知学习理论要研究的是个体处理环境刺激时的内部过程，而不是外显的刺激与反应。它的主要代表人物有布鲁纳、柯勒、托尔曼、奥苏贝尔等。

布鲁纳（J. S. Bruner）是美国著名的心理学家，他提出的认知结构学习理论主要包括以下几个方面的内容：

第一，强调知识结构的掌握。布鲁纳主张，学习的目的在于掌握知识的结构，只有掌握了知识结构，理解和运用才能更深刻和广泛，而学生的认知学习就是获得知识结构的过程。

第二，强调学习过程。布鲁纳认为，在学习过程中，学生是一个积极的探究者，教师的作用不是给学生提供现成的知识，而是要形成一种学生能够独立探究的情境，使学生在这种情境中发现问题、积极思考，最终发现解决问题的方法及原则，达到掌握知识的目的。因此，布鲁纳强调学生不是被动的、消极的知识接受者，而是主动的、积极的知识探究者，他主张鼓励学生参与知识获得的过程，而不是仅仅记住教师和教科书上所讲授的内容。

第三，注重直觉思维。除了注重学习过程之外，布鲁纳还强调直觉思维在学习上的重要性。他认为，不论在正规的学科领域还是在日常生活中，都需要使用直觉思维。直觉思维的形成过程一般不是靠言语信息，尤其不靠教师指示性的语言文字。直觉思维的本质是映象或图像性的。所以，教师在学生的探究活动中要帮助学生形成丰富的想象，防止过早语言化。

第四，强调内在动机。布鲁纳更重视形成学生的内部动机，或者把外部动机转化成内部动机。他认为，发现学习和发现活动有利于激发学生的好奇心，使其对探究未知的结果感兴趣，所以，布鲁纳把好奇心称为“学生内部动机的原型”。

综上所述，认知学习理论强调在学习过程中人的主体作用，注重研究人的内在因素如动机、思维、知觉等对学习过程的影响，提倡把新旧知识联系起来，强调从“已知”到“未知”的学习过程等对于思想政治教育过程的心理研究具有较大的参考价值。但是，认知学习理论有时过于强调先天心理的作用，而忽视后天环境对心理过程的影响，带有唯心主义色彩。

（3）建构主义学习理论。

建构主义学习理论是一种新的学习理论，对什么是“学习”和“学习者”提出了新的看法。建构主义融合了皮亚杰的“自我建构”和维果茨基的“社会建构”，并有机地把它们运用到学习理论中来，在此基础上提出了“意义建构”。建构主义学习理论认为，事物的感觉刺激（信息）本身并没有意义，意义不是独立于人而存在的，而是由人建构起来的。学习是学习者主动建构知识意义的过程。建构既是对新信息意义的建构，又包含对原有经验的改造和重组，是新旧经验之间的双向作用过程。代表人物有皮亚杰、维果茨基、斯腾伯格、卡茨、特罗克等。建构主义学习理论主要反映在知识观、学习观、学生观及师生角色的定位等方面，基本观点如下：

1）知识观。

第一，知识不是对现实的纯粹客观的反映，它只不过是人们对客观世界的一种解释、假设或假说，不是最终答案。

第二，知识并不能绝对准确无误地概括世界的法则，在具体的问题解决中，人们并不是拿来就用，一用就灵的，而是需要针对具体情景对原有知识进行再加工和再创造。

第三，尽管人们通过语言赋予了知识一定的外在形式，并且获得了较为普遍的认同，但这并不意味着学习者对这种知识有同样的理解。因为这些理解只能是由学习者基于自己的经验背景而建构起来的。否则，就不叫理解，而是叫死记硬背，是被动的复制式的学习。

2）学习观。

第一，主动建构性。学习不是学习者从外界简单被动地吸收知识的过程，而是由学习者主动建构知识意义的过程，每个学习者都在以自己已有的知识经验为基础构建自己的理解。

第二，社会互动性。学习是通过对某种社会文化的参与，内化相关知识和技能，掌握有关工具的过程，这一过程常常需要通过一个学习共同体的合作互动来完成。学习共同体（或学习社区），是由学习者及其助学者（教师、专家、辅导者等）共同构成的团体，他们经常在学习过程中进行沟通交流，分享各种学习资源，共同完成一定的学习任务，因而在成员之间形成了相互影响、互相促进的人际联系，形成了一定的规范和文化。

第三，情境性。建构主义者提出了“情境性认知”的观点，强调学习、知识和智慧的情境性。知识存在于具体的、情境性的、可感知的活动中，它不是一套独立于情境的知识符号或者名词术语，它只有通过实际应用活动才能真正被人理解。

3）学生观。

第一，建构主义强调，学习者并不是空着脑袋进入学习情境中的。在日常生活和以往各种形式的学习中，他们已经形成了有关的知识经验。即使是有些问题他们从来没有接触过，没有现成的经验可以借鉴，但是当问题呈现在他们面前时，他们还是会基于以往的经验，依靠自己的推理判断能力，形成对问题的某种解释。

第二，教学不能无视学习者的已有知识经验，简单强硬地从外部对学习者实施知识的“填灌”，而是应当把学习者原有的知识经验作为新知识的生长点，引导学习者从原有的知识经验中生长新的知识经验。教学不是知识的传递，而是知识的处理和转换。教师不单是知识的呈现者，不是知识权威的象征，而应该重视学生自己对各种现象的理解，倾听他们时下的看法，思考他们这些想法的由来，并以此为据，引导学生丰富或调整自己的解释。

第三，教师与学生、学生与学生之间需要共同针对某些问题进行探索，并在探索的过程中相互交流和质疑，了解彼此的想法。由于经验背景的差异不可避免，学习者对问题的看法和理解经常是千差万别的。其实，在学生的共同体中，这些差异本身就是一种宝贵的现象资源。建构主义虽然非常重视个体的自我发展，但是它也不否认外部引导，亦即教师的影响作用。

建构主义学习理论是继认知主义学习理论之后的又一场变革。它与行为主义以客观主义为基础的哲学传统不同，即把知识和意义看成存在于个体之外的东西，认为知识是完全由客观事物本身决定的，学习是把外在、客观的内容转移到学习者身上。建构主义更加强调学习者的主体作用，强调学生是知识意义的主动建构者，教师是教育过程的组织者、帮助者和促进者，这些观点对于改进思想政治教育具有深远的影响。

（4）人本主义学习理论。

人本主义学习理论是以人本主义心理学为理论基础的。人本主义学习理论认为，学习是人固有能量的自我实现过程，强调人的尊严和价值，强调无条件积极关注在个人成长过程中的重要作用。真正的学习经验能够使学习者发现自己的品质，发现自己作为一个人的特征。从这个意义上说，学习即“成为”。成为一个完善的人，是唯一真正的学习。人本主义学习理论的代表人物有马斯洛、罗杰斯（C. R. Rogers）。罗杰斯在《自由学习》一书中，系统探讨了学习的有关问题。罗杰斯人本主义学习理论的主要观点包括以下几个方面的内容：

1）学习的分类。

罗杰斯把学习分成两类，它们分别处于意义连续体的两端。一类学习是无意义学习。所谓无意义学习，是指那些枯燥乏味、缺乏实用价值、容易遗忘的知识学习。他认为这类学习只涉及心智，不涉及情感或个人意义，是一种“在颈部以上”发生的学习。另一类学习是意义学习。所谓意义学习，是指一种使个体的行为、态度、个性以及在未来选择行动方针时发生重大变化的学习。这不仅仅是一种增长知识的学习，而且是一种与每个人各部分经验都融合在一起的学习。

意义学习有四个要素：第一，学习具有个人参与的性质，即学习者整个人（包括情感与认知）都投入学习活动。第二，学习是自我发起的，即使是推动力或刺激来自外界，但是，要求发现、获得、掌握和领会的感觉来自内部。第三，学习是渗透性的，它会使学生的行为、态度乃至个性都发生变化。第四，学习是由学生自我评价的，因为学生清楚这种学习是否满足了自己的需要、是否有助于弄清自己想要知道的东西。因此，罗杰斯认为，意义学习是最好的学习方法，它可以把逻辑与知觉、理智与情感、概念与经验、观念与意义等结合在一起，有助于个体成为完整的人。

2）学习的原则。

罗杰斯根据其研究所取得的进展，归纳了以下几条学习的原则：

第一，人类生来就有学习的潜能。罗杰斯认为，人生来就对世界充满了好奇，只不过这种好奇心往往因他们在学校教育中的经验而变得迟钝了。但是，只要在合适的条件下，每个人所具有的学习、发现丰富知识与经验的潜能和愿望就能够释放出来。

第二，当学生觉察到学习内容与他自己的目的有关时，意义学习便发生了。比如，两个学生同时选修一门课程，一名学生认为学习这门课程会使自己的专业生涯上一个台阶，对自己具有较大的实际意义；另一名学生认为选择它只是因为它“好通过”，为了“凑学分”。很显然，前者的学习是“意义学习”，而后者的学习则是“无意义学习”，他们在学习效果上的差异是显而易见的。

第三，涉及改变自我（改变对自己的看法）的学习是有威胁性的，并往往受到抵制。罗杰斯认为，学生在学习的过程中，当发现学习的内容与自己原有的认知相冲突，会威胁到自我，影响到自己的价值核心时，便会采取防御的态势，抵制学习的发生。

第四，当外部威胁降到最低限度时，就比较容易觉察和同化那些威胁到自我的学习内容。罗杰斯十分强调学习氛围对学生学习的影响。他认为学生处在一种压力和威胁下时，学习上不会有较大的进步。但是，如果使学生在一种互相理解和互相支持的环境里学习，就可以使学生减少恐惧感，以轻松的、开放的心态接受知识，取得进展。

第五，大多数意义学习是从“做”中学的。在罗杰斯看来，促进学习最有效的方式之一，就是让学生直接体验到面临的实际问题、社会问题、伦理问题和个人问题等。可以通过场景设计、角色扮演、社会实践等方式引导学生在社会生活中体验各种现实问题，在实践中学习。

第六，当学生负责地参与学习过程时，就会促进学习。很多证据表明，这类参与学习比消极被动的学习有效得多。

第七，当学生以自我批判和自我评价为主要依据，把他人评价放在次要地位时，独立性、创造性和自主性就会得到促进。罗杰斯认为，创造性只有在自由的氛围中才会开花结果。学生在自我批判和自我评价的过程中，独立性和自主性会不断增强，选择性和创造性会不断提高。

综上所述，罗杰斯提出要废除传统意义上教师的角色，变教师是知识的拥有者、学习的支配者为学习的促进者。简言之，学生是学习的中心，学习的关键是使学习获得个人意义。

3）学习的方法。

罗杰斯论述的学习原则的一个核心，就是要让学生自由学习，而做到这点的关键就是信任学生。为此，罗杰斯列举了以下几种有助于促进学生自由学习的方法。

第一，构建真实的问题情境。通过让学生在学习中经历将来会遇到的有关问题的情境，激发他们渴望发现、渴望认识、渴望解决的探索精神，从而让他们把被动的学习变成主动的求索。

第二，提供学习资源。罗杰斯认为，教师应当把精力放在为学生提供学习所需要的各种资源上（包括人力资源），而不是把大量时间放在组织教案、讲解和考试上。

第三，使用合约。罗杰斯认为，运用合约的形式允许学生在课程规定的范围内制定目标，计划他们自己想做的事情，并确定最终评价的准则，有助于提高学生的责任心，强化他们的学习动机，帮助他们实现学习目标。

第四，利用社区。利用社区的学习资源，是自由学习这种方法的另一条途径。社区研究的项目类型很多，比如，可以研究社区服务问题、人际交往问题、家庭教育问题等。罗杰斯认为，如果真正给予学生自由的话，他们常能得到由他们自己设计的、令人兴奋的学习内容和学习经验，并能从中大有收获。

第五，同伴教学。罗杰斯通过实验发现，采用同伴教学的方式，教育者和被教育者双方在学习的动机、学习的积极性、学习的自信心和学习的效果方面都有了较大的提高。

第六，分组学习。罗杰斯主张把学生分成两组：自我指导组和传统学习组。学生可以自由选择，自由进出。教师的职责是让学生自己来承担学习的责任。

第七，探究训练。罗杰斯提倡对学生进行探究训练，尽可能让学生自己寻找问题的答案，使学生达到自主发现，品尝科学家研究的艰辛和快乐。

第八，自我评价。罗杰斯认为，只有当学习者自己决定评价的准则、学习的目的以及达到目的的程度时，他才会对自己的学习真正地负责。

总之，罗杰斯的人本主义学习理论主张采用开放的、以人为中心的教育方法，试图把人的认知与情感合二为一，以便培养出完整的人。这种观点对于我们实施思想政治教育不无启迪。

2. 西方道德教育理论

西方道德教育理论的产生可以追溯到古希腊和古罗马时期。在柏拉图、亚里士多德、苏格拉底、昆体良等哲学家、思想家、教育家的著述中均包含一些道德教育方面的观点主张。资产阶级工业革命以后，出现了众多道德教育理论，对西方道德教育理论的发展起到了较大的推动作用。当代以来，西方道德教育理论在更广泛的范围内、在更深刻的层次上发展了近代西方的道德教育理论，特别是在借鉴相关学科的研究成果，以及在微观操作性研究方面远远超出了历史上各种理论的局限性，形成了比较系统、完整的道德教育理论，对思想政治教育具有较大的借鉴意义。

（1）卢梭的道德教育理论。

卢梭不仅是一位伟大的思想家，而且对于道德教育理论也有许多有价值的论述，对西方道德教育理论具有重要影响。在道德教育过程中，卢梭强调情感教育，认为情感因素远远重于理智因素，情感教育是道德教育的典型特征。与此相联系，卢梭反对说教式的道德教育方法，认为道德教育是与情感相关的活动，因此情感陶冶应作为道德教育的主要方法。

卢梭主张在儿童发展的不同阶段实施不同的道德教育内容，采用不同的教育方法。比如对于爱国主义教育，卢梭主张由浅入深、由近及远。他指出，10 岁时应让儿童熟悉祖国的物产，12 岁时熟知一切省区、道路和城邑，15 岁时了解祖国的历史，16 岁时应把国家的各种法令、法规讲给学生。他认为，爱国主义教育应该伴随人的终身。

（2）康德的道德教育理论。

康德是近代德国唯心主义哲学的鼻祖，在哲学上地位显赫，他的道德教育理论涉及的范围之广超过了他以前的所有教育家，对近现代西方的道德教育理论产生了重要影响。

康德认为，儿童先天具有两面性，既有追求个人私欲的恶的一面，也有理性地趋向于服从社会的善的一面。在道德教育过程中，不可忽视儿童本性中恶的一面。康德指出，受教育的过程应由三个步骤构成：第一步是管束，即防止生来就有恶的本性膨胀，抑制天生的野性，提升善的本性。第二步是教化，即训练儿童能知晓各种社会交往、立身处世的礼俗，对问题有分析、判断的本领，目的是使其适应社会环境，在社会上取得较好的地位。第三步是道德陶冶，这是教育的最高层次，目的是使儿童分清是非善恶，严守道德法令，最终从他律道德转变为自律道德。

康德强调教育的重要性，认为只有靠教育，人才能成为人。同时，康德对道德教育提出了若干具体要求，可以归纳为以下三点：其一，不能用知识教育代替道德教育。其二，对儿童进行道德教育需要辅以必要的惩罚制裁手段。其三，鼓励儿童运用服从他律道德前提下的自由。

(3) 杜威的实用主义道德教育理论。

杜威是美国历史上最有影响的哲学家和教育家。他的道德教育理论处处渗透着实用主义强调经验、重视行动、追求实用、尊重儿童个性等基本特征。其主要观点如下：

第一，社会性是学校道德教育的核心。杜威实用主义教育理论的基本特征就是把学校办成雏形的社会，用他的话说就是："学校即社会。"杜威认为，道德教育也应体现这一特征。首先，他主张学校道德教育的出发点应具有社会性，绝不能把目光盯在狭小的校园、教室或书本的范围之内。其次，学校道德教育的实施过程应具有社会性，否则将会造成儿童知行脱节，不能培养儿童形成良好的品行。最后，学校道德教育的评价标准也应具有社会性。杜威认为以往对学校道德教育的评价忽略了社会性评价标准，他强调评价道德教育的标准应看教育训练是否使儿童从自我中心转到了为社会服务方面，是否会做事、有创造、能为社会做贡献。总之，杜威强调，学校的道德教育与社会是不可分割的统一体，道德教育就是要培养学生的社会适应性。

第二，道德教育应通过各科教学进行。杜威指出，道德教育的目标应是各科教学的共同的和首要的目标，任何科目的教材都应与社会生活紧密结合，只重学术性，不重社会性和道德性的教材不是好教材。

第三，要讲求道德教育的方法。杜威认为社会实践法是进行道德教育的良好途径。他反对在教室里用学习书本教条然后背诵记忆的方法进行道德教育，主张在社会实践中、在现实生活中开展道德教育。

第四，要遵循儿童心理发展规律进行道德教育。杜威在《教育中的道德原理》一书中专门从心理方面研究了道德教育问题，强调道德教育要特别关注儿童的本能与冲动、儿童的智力判断以及儿童的情感反应。他主张因势利导，利用儿童先天的素质进行道德教育，并加强培养和发展儿童的智力判断，用理智来指导本能冲动，使之顺应社会价值取向。同时，杜威强调情感在道德教育和学生品德形成中的作用，重视儿童道德情感的培养。

(4) 道德认知发展理论。

道德认知发展理论是当代西方道德教育理论中最负盛名的德育理论，其代表人物是美国道德心理学家劳伦斯·科尔伯格（Lawrance Kohlberg）。科尔伯格继承了杜威和皮亚杰在这一领域的研究成果，经过30多年的研究，创立了较完整的理论体系，引起了巨大的反响，被誉为现代学校德育的"开山之父"。他开创了用"道德两难故事法"研究道德发展的先河，并用这种方法测试了十来个不同国家六七岁至21岁的被试者，发现尽管种族、文化和社会规范等各方面都不相同，但道德判断能力随年龄发展而发展的趋势却是一致的。

道德认知发展理论的主要观点体现在以下方面：

1) 认知-发展的理论观。

科尔伯格认为，道德教育绝不是背记道德条例或强迫纪律，而是促进道德认知水平的发展，即一切德育的中心就是要坚持发展道德认知力。因此，认知和发展是这一理论的精髓，其主要观点可以归结为以下几点：

第一，道德发展与认知发展有密切的关系，认知发展是道德发展的基础，道德发展不能超越认知发展水平，但两者并不等同，智力发展不等于道德认知发展，后者不可能从前者中自发产生。

第二，道德发展的本质动机在于寻求社会接受和自我实现，这是在社会激发下原有认知力发展的结果。

第三，道德发展因在本质上不受文化的限制而具有普遍性，在不同的国家和民族中，道德的发展规律都是相同的。

第四，道德发展受其现实文化的作用，有赖于个体对社会文化活动的参与程度，并与儿童认同和承担道德角色的质量有关。

科尔伯格认为，道德判断的水平取决于儿童的道德认知，并决定其道德行动，只有成熟的道德判断才能产生成熟的道德行动。因此，科尔伯格强调道德认知是道德行为产生的基础，是道德教育的重要环节。

2）道德认知发展阶段论。

科尔伯格采用“道德两难”故事对儿童进行提问，根据儿童道德判断结果的性质，发现儿童道德判断水平发展是有阶段的，这种阶段表明了道德判断的特定的结构水平，他以是否了解、认同和遵守习俗以及对习俗约束力的反应作为衡量道德判断力的发展水平，把道德判断划分为前习俗、习俗和后习俗三个水平六个阶段。

第一水平，前习俗道德水平（0～9 岁），大约出现在幼儿园及小学低中年级阶段。该时期的特征是，儿童遵守道德规范，但尚未形成自己的主见，着眼于人物行为的具体结果，关心自身的利害。这一水平上的儿童已能辨识有关是非好坏的社会准则和道德要求，但他们是从行动的物质后果或是能否引起快乐（如奖励、惩罚、博取欢心等）的角度，或是从提出这些要求的人们的权威方面去理解这些要求的。这一水平又包含两个阶段：

阶段一，避免惩罚的服从阶段。处于这一阶段的儿童采纳的是自我中心的观点，常常根据行为的后果（是否受到惩罚）来裁判行动，缺乏对行为本身的道德判断。

阶段二，相对功利阶段。处于此阶段的儿童采取个人主义和交换的取向，以个人的最大利益为出发点来考虑是否遵守规则。行为的好坏按行为的后果带来的奖罚而定，得奖者为是，受罚者为非，对自己有利就好，对自己不利就不好。同时，认识到规则不是绝对的、固定不变的东西。

第二水平，习俗道德水平（9～15 岁），这是在小学中年级以上出现的，一直到青年、成年。这一时期的特征是个人逐渐认识到团体的行为规范，进而接受并付诸实践。这一水平上的儿童能够满足社会的期望，较多地关心他人的需求，而不理会那些直接的和表面的后果。这一水平也包含两个阶段：

阶段三，寻求认可阶段。处在此阶段的儿童评价一个人的行为正确与否，主要是看这种行为能否获得别人的喜爱，受到别人的赞扬或肯定，对别人是否有利。

阶段四，顺从权威阶段。此阶段，儿童已经能够认识到个人有维护社会秩序的责任感，倾向于运用权威、法则来维护社会秩序。

第三水平，后习俗道德水平（15 岁以后），也叫普遍性原则的道德水平。这一时期已经发展到超越现实道德规范的约束，达到完全自律（自己支配）的境界。至少是青年期人格成熟的人，才能达到这层境界。在这一水平上，人们力求对正当而合适的道德价值和道德原则做出自己的解释，而不管当局或权威人士如何支持这些原则。这一水平同样包含两个阶段：

阶段五，法治观念阶段。处于这一阶段的个体有强烈的责任心和义务感，尊重法治，认为依法行事是最好的行为方式。而且，此阶段的个体能够认识到法律或习俗仅是一种社会契约，是大家商定的，是可以改变的。主张不违反绝大多数人的意愿和幸福，但不主张用单一规则衡量人的行为。

阶段六，价值观念阶段。这一阶段的个体不仅从适合法律的准则，而且还从不成文的，但具有普遍意义的道德准则方面对道德行为加以判断。此时，个体有个人的人生哲学，对是非善恶有其独立的价值标准，行为受自我良心的约束。对事有所为有所不为，不受现实规范的限制。这一阶段道德判断已超过某些社会规章制度，已开始在道德本质上考虑问题。

科尔伯格认为，个体道德水平的发展始终是向上的，按由低级到高级的顺序，一步一步地、无跳越地进行，发展中不会出现倒退和逆转。而且，并不是每一个人都会经历这些发展时期，事实上，有些人直到成年也没有超越寻求认可或顺从权威的阶段。

（5）人本主义道德教育理论。

人本主义道德教育理论是以人本主义心理学和哲学思想为基础的，是情感取向的道德教育理论之一。人本主义道德教育理论的基本观点和德育实践如下：

1）承认人性是建设性的。

人本主义对人性给予积极的肯定，认为人性是善良的、值得信赖的，在本质上是积极的、社会化的、向前运动的、理性的和现实的。因此，人性中有一股内在的优良潜能，这种潜能促使个体形成和发展自我、实现自我。但是，由于后天环境中的种种不良因素阻碍着这种先天潜能的发挥和自我的实现，因此，道德教育就应该采取有效措施消除这些影响，使自我和先天潜能得到完全的发挥和自由的发展。因此，理性的、积极的、向上的人性是我们进行道德教育的基础。

2）重视情感在道德教育中的作用。

情感是认知的动力，在情感的参与和感召下，人们的认知能够达到一个单凭认知能力本身所不能达到的高水平。因此，一旦人意识到自己的情感被理解和接受，他们的思维就会发生变化。在情感的形式上，人本主义道德教育理论强调移情的作用。

3）实施道德教育的三个最基本的条件。

由于对情感的重视，人本主义道德教育理论重视人际关系在教育中的影响，认为实现道德教育目的必须具备三个最基本的条件。

第一是真诚。这要求师生之间结成坦诚真实的关系，撕开一切假面具，将各自的真实思想、情感坦诚地表露出来。只有这样，才能互相信任、互相理解，从而奠定良好的教育基础。

第二是接受和信任，罗杰斯称之为“珍视学习者”。也就是，教师对“具有自身价值的独立个体”的学生给予“无条件积极尊重”。只有当教师尊重学生，为学生创造一个安全、自由的学习空间时，学生才能接受教师的思想和情感。

第三是移情性理解。这是一种努力从学生的角度来看待问题的态度，尽管有时候学生的考虑看起来是肤浅甚至是不成熟的。教师应创造一种安全的课堂气氛，学生在这种气氛中可以真诚和坦率地表达他们的观点和选择，真诚地进行情感交流。教师要主动倾听、理解和尊重学生个人独特的思想和情感，鼓励学生自由地形成他们自己的决策。

4）视道德教育为一种过程，教师应是这一过程的“促进者”。

人本主义道德教育理论认为，教学是“经验”的运动过程，经验具有主体性和个体性特征，因此，道德教育应以学生为中心，教师应是学生成长和发展的促进者，其主要作用是引导、促进，而不是赐予、训导和灌输。

5）以“学生”为中心的非指导性的教学模式。

该模式由人本主义的代表罗杰斯所倡导。他认为，学生是充满主体意识、具有建设性、积极向上的个体。传统的以教师为中心、权威命令式的“指导性”教学，只能使学生学到某种知识，而不能使学生“学会学习”“学会生存”。

人本主义道德教育的理念给传统的学校德育带来了极大的冲击，推动了学校德育的开展。人本主义道德教育理论的目标是培养和发展个体的自我意识，促进个体的自我实现。它突出学生的主体意识和个体性，强调教师必须充分信任学生，把学生视为“具有自身价值的独立个体”，尊重学生的人格尊严，建立民主、平等的师生关系，等等；认为教师应是学生道德发展的促进者，这引起了人们对教师在道德教育中的地位和作用的重新思考。从上述观点可以看出，与认知理论家、社会学习理论家在道德教育领域坚持的“理智主义”相反，人本主义主张“情感主义”，强调道德情感在道德教育中的重要作用，认为“情感构成行为模式的动力系统”。

（6）社会学习道德教育理论。

社会学习道德教育理论是从行为主义心理学中演变过来的学派，其代表人物是美国的班杜拉（A. Bandura）、米切尔（W. Mischel）等。社会学习道德教育理论对学校德育进行了卓有成效的研究，其道德教育观点可以归结为五个方面：

第一，人类学习必须有个体品德参与才能完成。社会学习道德教育理论认为，人类学习是一个复杂的过程，受多方面影响，绝非是刺激-反应所能表达的。人的行为不仅受环境影响，也受个体的内在体验、认知水平以及情感、态度、品性及世界观的影响。在许多情况下，后者往往更重要。

第二，道德判断取决于社会学习而没有固定发展阶段。社会学习道德教育理论认为，儿童的道德发展是个体社会化的结果，儿童的道德行为、道德判断是通过社会学习获得的，同样也可通过社会学习加以改变。

第三，道德教育应从人的人格形成出发。社会学习道德教育理论认为，道德教育应关心人格的发展，而不是简单的某种行为反应；在教学中应注入德育要求，强调师生互动的道德因素、教师的人格形象等；应充分发挥隐蔽课程的作用，特别是校园文化的熏陶作用。

第四，强调榜样对品德的作用。班杜拉认为，示范榜样是道德教育的主要手段，儿童的发展不仅是一个内部成长和自发的发现过程，而且是通过社会示范的呈现和社会实践、训练来实现的。

第五，提出环境、行为和人的交互作用论。班杜拉指出，人的行为受环境和人本身观念的影响，受人的情感、道德水平的制约，但行为的结果同样也会反作用于人本身，对形成人的思想观念、道德情操发生重大影响，尤其是人的行为可以改变环境。

社会学习道德教育理论对学校德育的最大贡献在于揭示和论证了示范榜样对儿童道德形成发展的作用，从而为学校德育提供了指导依据。同时，该理论对学校示范的类型与作用以及“强化”在学校德育中的运用等都进行了较为系统的论述和实践。

（三）思想政治品德学习的心理机制

个体接受思想政治教育的过程，就是个体的学习过程，即个体通过学习，接受社会的影响和教育，形成社会所要求的政治观点、思想体系和道德规范，并转化为个体的思想意识和行为方式。在以上过程中，很多心理活动和心理过程也适用于思想政治品德的学习，构成了教育对象的学习心理机制。

1. 理解

根据认知论的观点，尤其是布鲁纳的学习理论，学习的实质是教育对象通过感知、领会和推理，理解所学的知识结构，掌握该学科的基本知识、基本概念和基本原理。其中，理解是学习的关键环节。根据科尔伯格的道德认知发展理论，德性发展与认知发展密切相关，认知发展是德性发展的基础，德性发展不能超越认知的发展水平。因而，理解是认知发展的重要环节。同样，在思想政治教育过程中，理解对于人们深化对社会意识的认知，深化对各种社会规范的认识，形成符合社会需要的个体意识和思想政治品德，都具有重要意义。

（1）理解的内涵。

所谓理解，就是个体逐步认识事物的关系，直至认识事物本质、规律的一种思维活动。

对知识的学习可以分为两种：一种是机械的学习，一种是理解的学习。前者仅仅靠直接感知，虽然可以获得对某些事物的认识，但只能是感性认识。同时，仅仅靠死记硬背去学习，记忆的效率也会受到影响。因此，这种学习不能真正掌握知识，往往只学习一些空洞的词句，应用时会受到很大的局限。而理解的学习，不但识记所学的东西，而且理解所学的东西。正因为如此，个体对知识的掌握、记忆、应用才更自觉、更主动、更积极。

（2）理解的内容。

思想政治品德的学习理应是理解的学习，是意义学习。离开了理解的学习，思想政治教育就会变成空洞的说教和口号。对思想政治品德的理解具体包括以下内容：

第一，对思想政治品德相关概念的理解。

在思想政治教育过程中涉及许多概念，如政治、思想、意识、道德、思想政治工作、思想政治教育等。教育对象必须正确理解这些概念的含义、联系及区别，才能真正掌握这些概念，认识思想政治教育的内容、本质、作用，从而更好地接受教育。

第二，对思想政治品德形成及发展规律的理解。

学习知识要弄清一种现象为什么发生，以及怎样发生和变化，要弄清现象之间的相互联系和相互关系。要改变和影响人们的思想意识，也必须了解思想意识形成和发展的规律性，正确把握人们的思想意识和政治品质、思想品质和道德品质之间的内在联系和逻辑关系，而这一切都需要理解的环节。

第三，对思想政治教育学科和各种社会规范的理解。

对思想政治教育学科和各种社会规范的理解包括对思想政治教育的性质、作用、地位、目标、原则等的理解，以及对各种社会意识形态、社会规范的理解。只有真正理解了思想政治教育和社会主义的意识形态，才会主动接受教育，才会在行动中自觉践行。

（3）思想政治教育过程中的理解。

在思想政治教育过程中，要提高教育效果，就要在“理解”二字上下功夫。具体来说，应注意解决好以下几个问题：

第一，感性材料要丰富。理解是通过思维实现的，但只有在丰富的、典型的、正确的感性材料的基础上，才能更好地进行比较、分析、综合、抽象、概括，从而理解事物的本质与规律。思想政治教育要给教育对象提供丰富的感性材料，如先进人物、先进事迹、优秀的文化作品、健康文明的环境等。

第二，概念、原理要准确。学习知识应以丰富的感性材料为基础，但着重点则在于完整、准确地掌握基本概念和基本原理。思想政治教育是一门科学，有许多基本概念和基本原理，正确理解和掌握它，是形成正确的思想政治品德的前提。

第三，知识要系统化。任何水平的理解总是以已有的知识、经验为基础的。如果已有的知识各自孤立存在，不仅会妨碍对这些知识的进一步理解，而且会影响利用这些知识间的关系去理解新的知识。知识系统化就是理解各部分知识之间的关系，它有利于用完整的知识体系去理解新知识。思想政治教育要给教育对象完整的知识，把社会倡导的政治观点、思想体系、价值准则、道德规范完整、系统地传授给教育对象，使他们提高分析判断的能力和道德选择能力，这有利于提高思想政治教育的效果。

2. 迁移

在学习理论中，联结论更适用于动作、语言、技能、能力等的学习。认知理论则更适用于抽象概念、问题推理、思想、政治、道德等的学习。任何一种学习理论都各自强调了学习过程的某一方面。而事实上，学习过程是一个复杂的过程，在学习过程中，各种学科和各种经验之间存在着某种程度的相互影响的现象，这就涉及学习迁移的问题。迁移对于思想政治品德的学习具有重要影响。

（1）迁移的含义。

一般来说，迁移是指在一种情境中获得的技能、知识或形成的态度对另一种情境中技能、知识的获得或态度的形成的影响。先前的学习对后面的学习起促进作用，其效果是正向的，称为正迁移。正迁移对于提高学习效率具有重要的意义。先前的学习妨碍、干扰后面的学习，其效果是负向的，称为负迁移。在学习过程中，迁移现象普遍存在。这里的学习既包括知识、技能、能力的学习，也包括情感、态度、行为方式的学习。

（2）学习迁移的几种学说。

第一，概括水平说。概括水平说是美国心理学家贾德（Judd）提出的，也叫经验泛化说。他认为，只要学习者能对经验进行概括，则从一种情境到另一种情境的迁移就是可能的。学习者的知识概括水平越高，越容易实现迁移。这是因为概括水平越高越能反映事物的规律，越能与具体事物产生十分广泛的联系，迁移的可能性就越大。

第二，共同因素说。桑代克等人指出，在两种学习情境中存在的共同之处越多，越容易发生迁移。也就是说，学习之所以能够迁移，是因为新旧知识技能之间存在共同因素，共同因素越多，越能产生正迁移。

第三，教材合理结构说。有的心理学家认为，学生的认知结构是从教材的知识结构转化而来的，如果按照学生学习的心理程序去组织教材结构，就有利于知识的迁移。这个合理的教材结构应具备以下两点：其一，从一般到个别的顺序，即这个顺序应该从整体到细节，使细节不断分化。其二，从已知到未知的顺序。按学生接受知识的顺序，教材的顺序应是由已知到未知、由浅入深、由简到繁、由易到难。

（3）学习迁移的条件。

学习迁移并不是无条件的，它受许多条件的制约。根据学习迁移的理论，学习迁移形成的条件包括以下几点：其一，已有知识经验概括水平越高，越容易向具体情境迁移。其二，新旧知识经验之间存在的共同因素越多，越容易发生学习迁移。其三，认知结构即已有的经验结构越合理，越容易实现学习迁移。其四，已有的知识经验越巩固，越容易实现准确的迁移。一个记忆不准、不牢的人，不容易实现准确的迁移。其五，智力水平越高，越容易迅速实现学习迁移。迁移的过程是一个智力活动的过程，智力水平高，记忆力、思维能力就强，就容易举一反三、触类旁通，实现快速迁移。

（4）思想政治教育过程中学习迁移的促成。

在思想政治教育过程中同样存在着迁移现象。因此，运用学习迁移理论，在思想政治教育过程中创造条件促使正迁移的发生，将有利于思想政治教育的开展和教育效果的提高。

第一，扩大知识面。

各种知识之间或多或少有一些内在的联系和相通性，因此，一个人掌握的知识越多，越容易顺利地掌握新知识。迁移总是以已有的知识为前提，而且知识之间的共同要素越多，迁移的可能性也就越大。要使正迁移体现在思想政治教育过程中，就应注意扩大教育对象的知识面，尤其是那些与思想意识的培养相关的学科的知识，如社会科学知识、人文科学知识、行为科学知识、管理科学知识等。

第二，提高概括能力。

一个人的概括能力越强，其对已有知识、经验的概括水平越高，就越能揭示没有认识过的某些同类事物的实质，并把新事物纳入已有的知识经验系统中去，因而也就越能顺利迁移。这种概括能力包括分析问题的能力、综合能力、判断能力等。概括可以使一个人顺利完成从一种情境到另一种情境的迁移。在思想政治教育过程中，应注意给教育对象以方法上的指导，鼓励他们对核心的、基本的内容进行抽象和概括，引导他们发现事物的本质和规律，提高分析概括能力，这是促进思想政治教育正迁移的有效方法。

第三，调整心态。

一个人的心理状态对迁移有影响，特别是在应用知识阶段，心理准备状态对迁移的影响更为明显。思想政治教育应注意心理准备状态对迁移的影响，要帮助教育对象形成有利的心理状态，如信心、乐观、适度紧张等，以促进正迁移的产生。态度和行为的迁移尤其需要良好的心理状态。

第四，开展丰富多彩的活动。

活动在促进学习迁移方面具有重要作用。活动是学习情境的重要组成部分，尤其对思想政治教育而言，活动的价值更大。在思想政治教育活动中，教育对象可以在生动活泼的气氛下参与活动，获得体验，深化认知；可以把所学的知识、经验用于实践，提高理论联系实际的能力。在思想政治教育活动中，教育对象以前所学习的知识、技能、经验、对现实的态度以及行为方式都能得到迁移。因此，思想政治教育的活动过程就是学习的迁移过程。为了保证产生正迁移，思想政治教育者对活动的形式、内容和目的要给予必要的指导，绝不能放任自流，否则也可能产生负迁移。

3. 强化

斯金纳在他的学习理论中指出，人的学习行为之所以发生变化是由于强化作用。思想政治品德的形成过程就是学习的过程，因此也需要强化。根据强化理论的基本观点，在思想政治教育过程中，需要从以下几个方面入手：

首先，强化理论要求，对希望发生的行为应该有明确的规定和说明。据此，思想政治教育者应当让教育对象明确社会需要他们形成什么样的思想意识和社会行为。具体来说，应当使他们明确社会所要求的政治品质、思想品质和道德品质的内涵和具体行为规范，这是强化进行的前提。

其次，思想政治教育者要对教育对象符合社会要求的思想意识和行为表现及时给予表扬、鼓励、肯定和必要的物质刺激，即以各种奖励方式给予正强化，而当教育对象表现出不良的思想意识和行为时，则及时予以批评、处罚。只有奖惩分明，才能起到激励其正确行为、抑制和消除其错误行为的作用。同时，通过强化可以提高教育对象的认识水平，激发其活动动机，帮助其明辨是非，增强其上进心和责任感。在强化过程中，要以正强化为主。

再次，教育者要及时把教育对象的行为结果反馈给他，即让教育对象了解经过强化后的行为结果是提高了还是降低了。如果强化后的行为效率得到了提高，教育对象就会产生满意、愉快等积极的情绪体验，产生自豪感和满足感。这种积极的情绪情感就会变成巨大的行为动力，驱使教育对象更加积极地行为，从而产生良性循环。

最后，在思想政治教育过程中，所运用的强化物要根据社会的发展和人们的心理需要有所变化，以对教育对象切实起到刺激和强化的作用。值得注意的是，并非所有的物质奖励都能对人们的行为起到强化的作用。美国社会心理学家狄西通过大量的实验研究发现，对一个由内在动机引发的行为给予物质奖赏，会因此削弱内部动机。

因此，在思想政治教育过程中，教育者要根据不同的社会、不同的情境和教育对象不同的心理需要选择不同的强化物，以对教育对象的行为起到刺激和强化作用。

4. 学习动机的激发

教育对象的思想政治品德不会自发形成，他们自觉学习各种社会规范的动机也不会自发产生。思想政治教育的任务就是把家庭、学校和社会对学生思想政治品德方面的要求变成他们内在的学习需要和学习动机，并帮助他们抵制各种不良因素的影响和干扰，使他们积极、主动地进行科学文化知识和各种社会规范的学习。

学习动机的激发是指在一定的情境中，利用一定的诱因，使已形成的学习需要由潜在状态变为活动状态，形成学习的积极性。学习动机的激发不是教育者主观愿望的结果，必须在学习动机形成规律的基础上，运用科学的方法，才能激发、调动起教育对象的学习动机。在思想政治教育过程中学习动机的激发同样需要运用科学的方法和策略。

第一，创设问题情境，引发学习需要。问题情境是引发学习需要的直接因素。问题情境对于教育对象而言是一种适度的疑难情境，这种适度的疑难使教育对象感到既有解决问题的可能性，又有相当的挑战性，从而激起教育对象迎接挑战、解决问题的学习需要。在学习需要的基础上，确定学习目标，形成学习期待，构成学习动机。

思想政治教育的内容、题材源于社会，涉及很多社会现实问题。因此，在思想政治教育过程中注重情境创设，从社会现实出发，将教育对象在社会生活中遇到的问题和困惑加以提炼，创设出各种问题情境，有助于引起教育对象的思考和探究欲望，使他们带着问题进入特定的学习情境之中。

创设问题情境需要教育者既熟悉教育内容，又清晰地了解和把握教育对象，了解教育内容要求与教育对象已有水平和认知结构之间的关系，并根据教育对象的实际情况创设问题情境。创设问题情境的方式多种多样，既可以用教育者设问的方式提出，也可以让教育对象联系社会现实提出具体问题；既可以从新旧知识的联系方面引进，也可以从教育对象的日常经验入手。

第二，确定学习目标，形成学习期待。学习期待是学习动机的重要组成部分，是伴随着学习目标的制定而产生的，学习期待离不开学习目标。学习目标对于学习活动具有定向和推动作用，学习目标一经确立便会产生一种为实现目标而努力学习的动力，从而推动学习的进程。

在思想政治教育过程中，同样需要为教育对象制定学习目标。学习目标有长远概括性目标和眼前具体目标之分。“形成符合社会需要的思想政治品德”“形成科学的世界观和人生观”属于长远概括性的学习目标，而“争取学好这学期的思想政治课”“完成一篇社会调查的小论文”则属于眼前具体的学习目标。长远概括性的学习目标与眼前具体的学习目标是相互联系的，长远概括性的学习目标能为眼前具体的学习目标指明方向，而每一个眼前具体学习目标的实现又为长远概括性学习目标的实现打下坚实的基础。学习目标确定之后，教育者还应鼓励教育对象对自身充满自信，形成一定的学习期待。这样，在学习需要和学习期待的共同作用下，教育对象就会产生强烈的学习动机，推动自己的学习行为。在实现一个目标之后，教育者还要引导教育对象选择更高层次的目标，形成更高层次的学习期待，以不断保持较高的学习动机水平，推动学习行为，形成良性循环。

第三，控制动机水平，保障动机效果。学习活动是一个极其复杂的智力活动过程，学习动机和学习效果之间存在着相互制约的关系。在一般情况下，动机水平增加，学习效果也会随之提高。但是，动机水平并不是越高越好，动机水平超过一定的限度，反而影响学习效果，出现欲速则不达的现象。美国心理学家耶尔克斯（Yerks）和多德森（Dodson）的研究发现，中等程度的动机激起水平最有利于学习效果的提高。这就是著名的耶尔克斯-多德森定律（Yerks-Dodson law），简称倒U形曲线（见图3-1）。

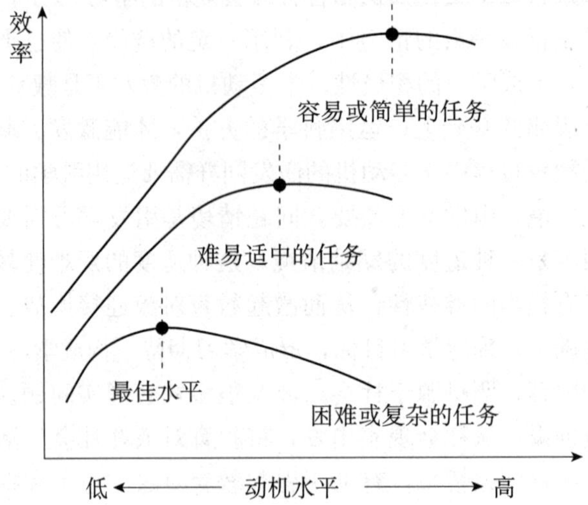

图3-1 耶尔克斯-多德森定律

心理学家耶尔克斯和多德森的研究表明，各种活动都存在一个最佳的动机水平。动机不足或过分强烈，都会使学习效率下降。动机强度与学习效率之间的关系可以用倒U形曲线表示。中等强度的动机最有利于任务的完成。也就是说，动机强度处于中等水平时，学习效率最高，一旦动机强度超过了这个水平，对行为反而会产生一定的阻碍作用，如学习动机过强、急于求成，会产生焦虑和紧张情绪，干扰记忆和思维活动的顺利进行，使学习效率降低。考试中的怯场现象就是由动机过强造成的。研究还发现，动机的最佳水平随任务性质的不同而不同。在比较容易的任务中，学习效率随动机的提高而上升；随着任务难度的增加，动机最佳水平有逐渐下降的趋势。也就是说，在难度较大的任务中，较低的动机水平有利于任务的完成。由此可知，思想政治教育者在教育过程中，要善于根据学习任务的不同难度，恰当控制教育对象学习动机的激起水平。比如，在教授较容易的内容时，教育对象容易产生轻视的思想而分散注意力，造成学习动机下降。因此，教育者应尽量使教育对象集中注意力，造成相对紧张的气氛，这样将有助于学习效果的提高；相反，在学习较复杂、难以理解的内容时，教育对象往往具有较高的学习动机水平，甚至产生紧张、焦虑的情绪而抑制大脑的思维。因此，教育者应尽量创造轻松自由的课堂气氛，适当降低教育对象的学习动机水平。特别是在教育对象遇到困难或出现问题时，教育者更要心平气和，避免引起他们过度紧张、焦虑的情绪反应和其他消极的情绪体验。

第四，充分利用反馈，保持动机水平。学习活动中的信息反馈主要是指教育者不断将教育对象的学习结果告知他们，包括学习成绩的好坏、解答问题时的正确与错误、所学知识在实际中应用的成效等。这种关于学习结果的反馈信息既可以作用于当前的学习，使教育对象根据反馈信息不断调整自己的学习策略和方法；同时，积极的反馈信息也可以为教育对象带来愉快的情绪体验，这种积极的心理感受会加强和保持教育对象的学习动机水平，深刻地影响以后的学习过程。这符合桑代克的“效果律”。

学习信息的反馈方式是多种多样的，既可以是口头的，也可以是书面的；既可以是日常的及时的反馈，也可以是集中的阶段性的反馈。同时，在学习信息反馈中还可以伴随着奖励和惩罚，奖励和惩罚可以加强信息反馈对学习效果的推动作用。

第五，开展学习竞赛，激发学习动机。开展学习竞赛是激发教育对象学习动机的有效方法。这是因为学习竞赛以竞赛中的名次或胜负为诱因，把教育对象个体的学习结果置于集体和他人面前，大大激发了教育对象被他人评价的意识和通过竞争获得他人的尊重，以满足自尊心和自我发展的需要的愿望，因此能够调动教育对象的学习积极性，激发起学习动机。

应当看到，学习竞赛对于学习动机的激发作用是存在的，但并不是无条件的。事实上，如果处理不当，竞赛也可以带来消极后果。比如，在竞赛中名列前茅的教育对象可能会由此产生骄傲自满的情绪，或形成沉重的心理负担，担心在下次竞赛中失利，还可能产生“知识保密”的自私想法，甚至搞不正当的竞争。而对于那些竞赛成绩不佳的教育对象，还会造成心理挫伤，导致其自信心下降，形成消极的情绪体验。因此，教育者在组织学习竞赛时一定要讲求方法。首先，学习竞赛的开展要适度，不能过于频繁。过于频繁的竞赛会降低教育对象的反应水平，从而失去竞赛对学习动机的激励作用。其次，学习竞赛既要注重名次，又要注意鼓励进步突出的教育对象，使学习水平较低的教育对象经过努力也能在集体面前表现自己的进步。最后，学习竞赛要以表扬和奖励为主，对于那些暂时没有获得好的成绩的教育对象要给他们留面子，鼓励其继续努力。

第六，引导正确归因，强化学习动机。归因是指通过对行为结果的总结、归纳，推论出行为原因的过程。人们在对自己和他人的行为分析中通常包含着归因的过程，对学习结果的分析也不例外。在现实生活中，不同学习者的归因方式不同，就会得出不同的结果，而不同的归因结果又会影响学习者的学习动机。

美国的社会心理学家维纳（B. Weiner）提出了成功-失败归因模式。他认为，人们的成功与失败是由两个维度四个因素造成的，即由内外因维度和稳定性维度构成的四个因素：能力、努力、任务难度、运气（见图 3－2）。

	内部	外部
稳定	能力	任务难度
不稳定	努力	运气

图 3－2　维纳的归因模式

他认为，不同的归因结果会导致人们不同的行为倾向。从内外因维度来看，当人们将成功的原因归结为内部因素，如能力强、发奋努力等，会使他们产生积极的自我价值感，进而更好地投入到未来的学习活动中去。如果把失败的原因也归结为内部因素，特别是归结为稳定的内部因素——能力不强时，则会给他们的自信心带来较大的打击，当类似的学习任务再次出现时，他们会感到信心不足，担心再次失败。相反如果把失败的原因归为外部因素，如任务难度太大，或者运气不佳等，则有助于归因者重新选择任务，进行新的尝试。

从稳定性维度来看，如果人们将成功的原因归结为稳定的因素，即能力强、任务难度适中，则会增强他们的自信心、自豪感，进一步激发其成就动机和学习动机。如果将失败的原因归结为不稳定因素，如主观努力不够，或者运气不佳，则有助于归因者减少对失败的担心，恢复自信，增加努力程度，接受新的挑战。因此，教育者要正确运用归因理论，通过有效的归因分析，使成功者自强不息、不断进取、超越自我，使失败者恢复自信、发奋努力、走向成功。

5. 自主性的发掘

现代西方学习理论和道德教育理论都强调人在学习活动中的主体地位，提倡学习的自主性和能动性。据此，思想政治品德的学习应当注重发掘教育对象的自主性，激发教育对象的学习动机，把教育对象真正当作能动的个体。

（1）把思想政治品德的学习变为意义学习。

根据罗杰斯的人本主义学习理论，意义学习是一种最有效的学习方法。思想政治品德涉及人的世界观和人生观，直接影响人们的社会行为和社会实践，对人的发展和成长具有重要意义。因而，思想政治教育应当以意义学习的形式出现。但是，以往的思想政治教育内容陈旧、方法单一，满足于我说你听、我打你通的灌输模式，把活生生的人生指导变成了干巴巴的理论条文，挫伤了教育对象的学习积极性。因此，在新的历史时期，要特别重视思想政治教育的创新研究，根据社会的发展趋势和教育对象的思想变化，从教育理念、教育内容、教育方法、教育手段等方面予以更新，把思想政治品德的学习真正变为意义学习，促进教育对象的全面发展和健康成长。

第一，激发教育对象的内在需要。罗杰斯认为进行意义学习的最好方法就是引导教育对象自我发起学习行为，即让教育对象主动要求学习，具有发现、获得、掌握和领会知识的内在愿望。这样，教育对象才能够全身心地投入学习过程，意义学习才能发生。据此，思想政治教育要贴近社会现实和教育对象的思想实际，及时解答教育对象在现实生活中和成长过程中遇到的各种困惑，满足他们的精神需要。党的十九大报告指出："中国特色社会主义进入新时代，我国社会主要矛盾已经转化为人民日益增长的美好生活需要和不平衡不充分的发展之间的矛盾"。随着我国经济实力、综合国力的大幅提升，广大人民群众在衣食住行等物质条件得到极大改善的情况下，必然对"美好生活"抱有更多、更具体、更具创造性的憧憬。人民所向往的"美好生活"已不仅仅包含物质需求，还包含对社会民主、法治、公平、正义、安全、环境等方面的"软需求"和对人的全面发展的向往。人民群众日益增长的精神需求为新时代开展思想政治教育提供了良好的契机。所以，新时代的思想政治教育要围绕人们对"美好生活"的向往这一根本需求，顺应民心、尊重民意、关注民情、致力民生。习近平总书记在党的二十大报告中特别强调："我们坚持把实现人民对美好生活的向往作为现代化建设的出发点和落脚点，着力维护和促进社会公平正义，着力促进全体人民共同富裕，坚决防止两极分化。"[①] 让"人民群众获

---

① 习近平．高举中国特色社会主义伟大旗帜 为全面建设社会主义现代化国家而团结奋斗：在中国共产党第二十次全国代表大会上的报告．北京：人民出版社，2022：22.

得感、幸福感、安全感更加充实、更有保障、更可持续，共同富裕取得新成效。”①

第二，强调学习过程中的自我教育。意义学习强调学习者的积极参与，主张把教育对象真正作为认识活动和道德实践活动的主体，通过引导他们参与学习过程而使其本身蕴含的能动性、自主性等主体性潜能得到发展。据此，有的思想政治教育者提出了构建思想政治教育的“自育”模式的主张。思想政治教育的“自育”就是自我教育，即在思想政治教育过程中注重培养教育对象自主发展、自主选择、自主评价、自我控制的能力，从他们的身心发展特点、精神需求和品德形成规律出发设计思想政治教育的内容和途径。在教育内容上，强调有的放矢，引导教育对象自己发现问题、提出问题、解决问题，变“要我学”为“我要学”；在教育方式上，强调自我教育，激发教育对象的内在积极因素，克服消极因素，变“被动”为“主动”；在管理模式上，强调“以人为本”，最大限度地开发教育对象自我管理的主动性和创造性，变“他律”为“自律”；在评价过程中，强调教育对象参与评价，使评价过程成为教育对象不断自我完善的过程，并通过评价使其获得自我价值实现的满足，使教育对象由“评价客体”变为“评价主体”。

第三，营造宽松的学习氛围。罗杰斯十分强调学习氛围对学生学习的影响。他认为学生处在一种压力和威胁下时，智力将受到抑制，情绪也会处在一种焦虑的状态中，因此学习上不会取得进展。但是，如果让学生处在一种互相理解和互相支持的宽松的学习氛围里，就可以使学生减少恐惧感，以轻松的、开放的心态接受知识，从而取得进步。为此，他提出教师要真诚地对待学生，要向学生表达自己的真情实感；教师要对学生的人格予以充分尊重，接受学生的思想观点、习惯、行为等；教师要从学生的角度理解学生的思想，考虑各种问题，体验其思想情感；等等。因此，在思想政治教育过程中，教育者要通过和蔼真诚的教育态度、丰富多彩的教育手段营造出民主自由的学习氛围，摒弃过去单一、呆板、生硬、理论与实际脱节的方法，充分运用现代化的教育手段，增强思想政治教育的吸引力、感染力和说服力，力求把严肃的宣传主题以生动形象、人们喜闻乐见的形式表现出来，使理论灌输集育德性、知识性、交互性、趣味性、生动性于一体，引导教育对象畅所欲言，以良好的心态接受思想政治教育。

（2）把思想政治品德的学习变为探索学习。

人的思想政治品德的形成过程是一个探索的过程。科尔伯格的新苏格拉底德育模式主张在教育过程中运用各种问题和情境，激发兴趣，引发学生思考，引导学生在自主探究中提高道德水平，促进学生道德认知能力不断发展。人本主义的“问题德育法”也强调要使学生直接面对现实道德问题，对道德问题进行有效的思考；强调教学方法应以探究研讨代替讲解和背记，而教师的角色则是一个讨论的指导者，而不是提供答案的权威者或仲裁者。据此，在思想政治教育过程中，教育者要结合社会现实和教育对象的思想实际，引发教育对象的求知欲望和探索欲望，使教育对象在学习活动和自主探索中提高道德认识和思想觉悟，获得成就感和满足感。

---

① 习近平．高举中国特色社会主义伟大旗帜 为全面建设社会主义现代化国家而团结奋斗：在中国共产党第二十次全国代表大会上的报告．北京：人民出版社，2022：11.

（3）把思想政治品德的学习变为开放学习。

思想政治品德学习的目的是把社会的意识形态内化为社会成员个体的思想意识和道德品质。因此，思想政治品德的学习必须是一种开放的学习、一种社会性的学习。杜威的实用主义道德教育理论认为，社会性是学校道德教育的使命，强调学校的道德教育与社会是不可分割的统一体，道德教育就是要培养学生的社会适应性，这种观点对于我们开展思想政治教育具有较大的借鉴意义。此外，在我国日益走近世界舞台中央，成为国际社会公认的世界和平的建设者、全球发展的贡献者、国际秩序的维护者，积极推动建设开放型世界经济、构建人类命运共同体的时代进程中，思想政治教育更需要具有全球视野、世界眼光、博大胸怀。要在国情教育的基础上，立足全球，面向世界，以开放的姿态，勇于借鉴发达国家在道德教育等方面的先进经验，对公民进行全球意识和全球伦理的教育，使人们具有面向全球化和现代化所必备的思维方式和行为准则，形成人类对待和处理全球问题的道德自律。

二、思想政治教育接受的心理机制

思想政治教育的接受过程是一个由多因素、多变量相互作用而形成的动态的、复杂的过程。思想政治教育要想取得实效，就必须研究教育对象的接受心理机制。

（一）接受的内涵以及思想政治教育接受的特征

接受是人类交往活动的一种结果，只要存在物质或信息的交流，就面临是否接受和如何接受的问题。因此，“接受”一词广泛运用于日常生活和不同学科中。

1. 接受的界定

《现代汉语词典》对“接受”的解释为“对事物容纳而不拒绝”，即接纳、承受。心理学视域下的接受可以从以下两个方面来理解：其一，接受是一种心理现象。它对内表现为接受主体对接受内容的选择、整合、接纳、认可，对外则表现出与接受内容一致的语言、态度和行为反应。其二，接受是一种心理过程。接受不是一瞬间就可以完成的，而是表现为一定时间内接受活动发生和发展的过程。一般来说，接受是包括认知过程、情感过程、意志过程和行为外化过程的复杂心理过程。当接受者接触到外界信息刺激后，会对信息进行识别、选择、判断、推理等认知加工，然后将相关信息整合并纳入自己的思想认知体系中，这便是认知加工过程；伴随着认知加工过程，接受者会产生一定的情绪情感体验，如好奇、愉快、感动、满足、恐惧、愤怒、焦虑等，各种情绪会对接受产生不同的影响，这属于情感过程；在接受者接受信息的过程中还会遇到各种干扰或阻碍，这就需要个体通过意志努力去克服困难，保证接受过程的顺利进行；最后，个体要将已接受的内容外化践行出来，表现为语言、态度、倾向和行为，这属于外化践行过程。思想政治教育视域下的接受是一种思想接受，“是指主体（受教育者）在外界环境影响下，尤其是在信息发送者的控制下，选择、摄取和整合社会信息的一种能动活动。”① 接受活动是人类活动的重要现象和方面，可以说，没有接受活动，人类的创造性活动就失去了必要条件，人类文明的继承、衍生、发展都将失去可能。

如前所述，由于人具有主观能动性，因而接受表现出明显的自我制约性。接受受意识选择性的制约，由于人们意识的指向性不同，因而会有选择地进行认知，从而对同一认识对象会得出各自不同的结论。

一般来说，意识的选择性具有外在和内在两种，前者与注意相联系，后者与兴趣相联系。两种选择性在意识活动过程中又是密切联系、互相转化的。与意识的两种选择性相联系，发生着两种不同的接受活动，即外在性接受（见图 3-3）和内在性接受。

外在性接受{无意注意接受：不由自主地对某一事物发生注意而引起的接受；有意注意接受：有预期目的、需要一定的意志努力地注意而产生的接受}

图 3-3　外在性接受示意图

研究人的无意注意接受在思想政治教育的实践中具有重要意义，它可以减少教育对象的逆反心理，使人在不知不觉中接受教育、转变观点。心理学的研究发现，新奇的刺激、反复的刺激、对人的感官能够产生强烈刺激的信息能够引起人们的无意注意。据此，思想政治教育应在形式上富于变化、不断创新，从而对人产生强烈的冲击力和吸引力。当然，思想政治教育的有效性不能单单建立在无意注意接受的基础之上，更要善于将教育对象的无意注意升华为更高级的有意注意，使其自觉接受思想政治教育。

内在性接受与人的兴趣相联系，也称为兴趣性接受。兴趣的产生以一定的需要为基础，当人产生某种需要时，他就有可能对有关的事物给予优先的注意。同时，认知冲突也可以诱导人们产生优先的注意。

2. 思想政治教育接受的基本特征

思想政治教育接受特指发生在思想政治教育领域内的接受活动，是接受主体出于自身需要，在环境的作用影响下通过某些中介对接受客体进行反映、选择、整合、内化、外化等的一系列的能动活动②。接受的结果是形成人的内化的精神和外化的行为。这就是说，思想政治教育的接受系统包括信息发送者、接受主体、接受客体、接受介体和接受环体。其中，信息发送者是思想政治教育者，接受主体是思想政治教育对象，接受客体是思想政治教育信息，接受介体是思想政治教育活动，接受环体是思想政治教育环境。思想政治教育的接受活动，就是接受主体与环境、教育、思想政治教育信息之间的能动活动，这种活动是选择、摄取、整合思想政治教育信息而形成人的内化精神和外化行为的过程。在这一过程中，思想政治教育接受活动表现出鲜明的特征。

（1）思想政治教育接受是个性化与社会化的统一。

生活在社会共同体中的社会个体，总是要在一定的社会历史条件下接受和遵循共同的政治教化和政治价值观念，因而能够形成大致相似的思想品德、价值观念和行为方式。因此，不同个体的接受活动表现出某种程度的一致性。与此同时，作为接受主体的个人，

① 邱柏生．思想教育接受学．太原：山西人民出版社，1992：3.

② 张耀灿，等．现代思想政治教育学．北京：人民出版社，1999：67.

由于在社会、心理、生理方面的差异，又在社会化的基础上产生个体差异，形成各自的思想品德、价值取向和生活目标。因而，思想政治教育的接受活动又具有明显的个性化特征。

（2）思想政治教育接受是能动性与受动性的统一。

社会是个体的有机组合，个体只有在社会中才能生存和发展。因此，思想政治教育接受活动既是个人的活动，又是社会的产物，个人的主观能动性与社会的制约因素是相互作用的。所谓能动性是指接受主体根据自身的需要、目标和价值取向，能动地认识、选择、整合外界信息，以实现自己的目的。但同时，接受主体的接受活动又具有社会制约性，接受主体的接受活动并非均出于自愿自主，许多是在“他律”的情况下进行的。这种受动性，既包括法律的强制，又包括道德的规范，同时还包括社会历史条件、风俗习惯、生活规则、社会舆论、人际关系等方面的制约和影响，它几乎是个人接受过程中一切“他律”的总和。能动性与受动性是相互交错、互相渗透、互相补充的，它们之间有着内在的联系。受动性的定向作用和规范作用制约着能动性，规定着能动性的展开。但受动性又依赖于能动性，因为法律、道德、传统习俗等，只有通过内化即被个人认识、选择、接受并转化为行动之后才能发挥作用。因此，能动性和受动性只有互相结合、互相补充，才能有效地推动接受活动的进行。

（3）思想政治教育接受是内化与外化的统一。

思想政治教育接受是在内化与外化的过程中持续不断地进行的。内化是外界的信息经由接受主体各种认识手段和一系列心理机制的加工、整合进入其心理结构，成为稳定的思想品德要素，并不断充实和形成个体的思想意识。外化是接受主体的上述特质的现实化过程。外化表现为接受主体的具体的思想品德行为。因此，内化是外化的基础，但内化并不意味着接受的完成，外化是接受的实现方式。只有在外化过程中，接受主体才能体现其在接受活动中的主体性。

（4）思想政治教育接受是持续性与反复性的统一。

思想政治教育接受是持续不断的渐进过程。接受活动贯穿接受主体的一生，接受主体不断形成和改变其思想品德结构。思想品德的形成是从接受主体的认知开始的，而人的认知过程是渐次展开、不断深化的，是从量的积累到质的变化而不断上升的，因而思想品德也是逐步形成和改变的。由于接受主体的生活、心理、智力发展阶段性与其生活空间、社会环境的性质、范围的不断改变，连续不断的接受过程又会呈现出阶段性发展的特征，同时也增加了接受的复杂程度和难度。这个过程不可避免地会出现各种曲折和思想的反复，造成个人在思想品德形成过程中的反复性和曲折性。

（二）思想政治教育接受的心理过程

在思想政治教育过程中，教育对象的接受过程就是把社会意识内化为自身的思想意识和道德品质，再外化为行为的过程。长期以来，我们偏重于强调教育者的主导作用，而忽视了教育对象的主观因素，如心理状态、认知规律、思维品质、个性特征等对接受思想政治教育的制约作用，使得思想政治教育无法达到预期目标。因此，研究教育对象的接受心理和接受规律对于提高思想政治教育的有效性具有重要意义。

思想政治教育接受的心理过程表现为一种链式的连续反应过程，它包括三个反应环节：前接受活动环节、现接受活动环节、后接受活动环节。前接受活动主要在心理层面，现接受活动主要在思维层面，后接受活动主要在行为层面[①]。

1. 前接受活动环节

前接受活动是思想接受准备状态的形成过程。在这个环节，接受主体的思想接受活动表现为心理的适应性调整、注意的定向性转移、对教育氛围的敏感性提升等。从实质上讲，前接受活动环节就是教育者通过各种方式向接受主体发送信号，引起接受主体的有意注意，唤醒接受主体的以往记忆使之处于准备状态，从而激发接受主体的接受期待心理。因此，前接受活动表现为接受准备和接受期待。通过接受准备，接受主体对外界接受环境的敏感度得以提高，产生接受预感，主动捕捉思想教育信息。通过接受期待，接受主体的求知心理得以激发，对接受客体的欲求度增强。

接受主体的前接受活动环节是思想政治教育接受过程的起点，是实现思想政治教育目标的必要条件。接受主体在前接受活动中的思想和心理状态，直接影响其随后出现的思想政治教育接受质量。中国传统的思想政治教育活动向来十分重视受教育者良好的接受准备状态的营建，努力诱发或唤起受教育者的求知欲望和求知诚心。孔子曰："不愤不启，不悱不发。"（《论语·述而》）佛教对受教者要求先"入定"，道家对受教者要求"澄心凝神"，它们都认为受教者应该澄清心境、神志专一，在虚静中去成见、成势，这样才能冷静而客观地对待接受客体。

一般来说，在思想政治教育接受过程中，接受主体的接受准备呈现三种状态：一是热态，表现为热切的受教期望并转化为受教主动。二是冷态，表现为对接受具有戒备心理，自我设防，心理闭锁。三是静态，表现为以下两种，即超越自我，保持距离，静心以待；空洞麻木，心理淡漠。这就需要思想政治教育者首先对接受主体的前接受活动状态做出适当的评估，以便做出施教时机选择和施教活动的适宜性调整，以使受教者处在最佳的受教准备状态。

2. 现接受活动环节

现接受活动是指接受主体与教育者所传递的思想信息直接接触后，进入直接接受活动状态，对接受客体做好恶的情感判断、是非的认知判断、利害的价值判断，经过真理性权衡、功利性权衡，进而做出"受、拒"选择的决断过程。这是思想政治教育中接受活动的关键环节，主要表现为信息吸收、结构重组、态度改变三个方面，即接受主体在关注教育者所传递的思想信息后，将其中满足自己需要的信息储存到大脑中，与头脑中原有的认知图式进行比较、权衡、整合，发生认知重组，使原有的认知图式发生改变，出现同化现象，进而引起态度的改变。

现接受活动具有以下三个特征：

第一，现接受活动是思想传导者与接受主体的共时性的活动过程。在思想政治教育接受过程中，不管是人际交往中的自发性思想接受活动，还是寻求接受主体的主动性思

---

① 李芳云，张世欣．论思想政治教育的接受机理与接受过程．探索，2004（4）：96－99.

想接受活动，抑或是施教者组织安排的思想接受活动，都有一个施教主体与接受主体同时存在并相互作用的过程。这一过程一方面是施教者的主导性与受教育者的主体性的相互较量的过程，另一方面也是受教育者的个人需要与社会需要之间相互融合的过程。在这一过程中，需要受、教双方思维共向性的形成。否则，思想接受活动难以顺利进行。

第二，现接受活动是施教者的主导性与受教育者的主体性相统一的过程。其中，受教育者的思想接受活动是在施教者的主导性作用下展开的，受教育者的主体性受施教者主导性的制约，受教育者的思维活动受施教者所设置的接受环境包括人、物、氛围等的制约，也受施教者所提供的思想信息的制约。

第三，接受主体在接受活动中具有鲜明的主观能动性和思维独立性。在思想政治教育接受过程中，接受主体的主观能动性和思维独立性表现得十分活跃。接受主体的主体性主要表现在以下三个方面：其一，接受主体在接受活动中是积极的还是消极的态度；其二，接受主体对施教主体做出可信度权衡，对施教主体所提供的思想信息根据自己的真理指向与价值指向做出取舍选择；其三，接受主体用种种可能的方式有意或无意地向施教主体做出反馈等。

因此，在接受过程中，如果出现受教育者的接受期待与施教者的施教指向间的差异，施教者与受教育者之间会出现是接受期待调整还是施教指向调整的相互较量。

现接受活动的结果通常包括以下几个方面：一是满意性接受，表现为接受主体出现临场思维、情绪的活跃状态；二是选择性接受，表现为接受主体只关心自己所需要的思想信息；三是解释性接受，表现为接受主体理解的并不一定是施教主体的原意，出现接受变异的现象；四是逆反性接受，表现为接受主体出现反向思维，拉大接受主体和施教主体间的距离。

在现接受活动中，由于接受主体受到现场气氛的影响，其接受往往只是非理性状态下的一种情感体验，抑或由于思想信息传输频率较高，来不及消化，出现思想接受中的零碎、肤浅状态等，因此有许多只是即时接受，停留在主观判断状态，往往没有经受思想接受的稳定性考验。因此，需要将接受活动引入后接受活动环节。

3. 后接受活动环节

后接受活动指的是接受主体对已接受的思想经过反思、验证、践行后的接受延伸，包括对已接受的思想的深化与外化，是接受主体在接受现场思想后的接受活动。思想政治教育中施教者的施教活动与受教育者的思想接受活动并不总是一致的，施教者施教活动结束了，受教育者的接受活动还在继续。思想接受大量的是后续接受活动，接受主体常有一种教育受益终身的感受，就是明证。

在思想政治教育活动中，人们在接受临场思想后，需随着时间的推移，经过反省机制、验证机制、践行机制，才能完成思想接受过程。反省机制可以帮助接受主体对已接受的思想信息进行反思，将其放在更大的思维领域，冷静分析、反复咀嚼、仔细掂量，做出新的接受解读与接受认定，以提升思想接受的准确性与足量性。验证机制可以帮助接受主体对已接受的思想进行检验，将其置于受教范围之外更大的社会背景中，接受社会生活对已接受思想的检验，从而对已接受的思想进行新的甄别、修正、调整与扩展。践行机制可以帮助接受主体通过自身的社会实践对接受客体进行价值评估，通过价值评估，才能深化对接受客体的理解，进而内化为理想与信念、外显为积极的社会行为，以热情饱满的精神状态投身于社会。在后接受活动环节中，也不排除接受主体出现情绪受挫和接受波动，导致出现接受中断和接受放弃的现象。这说明，思想政治教育的接受不是一蹴而就的，必须经过认识—实践—再认识—再实践的多次反复，才能实现最终意义上的思想接受。

后接受活动是在人生的大舞台上进行的，具有更开阔的背景，接受主体的主体性表现得更加充分。从思想政治教育的接受机理和接受过程可以看出，任何一种政治思想和道德观念被接受，都不仅仅取决于教育者的态度和水平，更大程度上取决于教育者对接受规律的把握与运用。因此，思想政治教育者只有充分认识和掌握接受主体思想接受活动的运行规律，因材施教，才能使思想政治教育获得实效。

（三）思想政治教育接受的心理系统

在思想政治教育过程中，教育对象各种心理要素、心理现象、心理过程相互作用的方式，构成了思想政治教育接受的心理系统，包括动力驱动系统、认知先导系统、情感调节系统、意志保障系统和行为外化系统。

1. 动力驱动系统——接受的动力源泉

以人的需要为基础的动力系统，是人进行活动的基本动力，也是思想政治教育接受活动的动力来源，包括需要、动机、兴趣、理想、信念、价值观、人生观等。其中，需要是接受的原动力。

需要是主体由于某种缺乏而引起的一种身心不平衡的状态，这种状态会使个体产生思想和行为的动力，从而做出行为消除某种缺乏，达到身心的平衡状态。在一个需要满足之后，有机体又会出现新的缺乏状态，产生新的需要。人类正是在需要产生—满足—再产生—再满足的无穷无尽、周而复始的循环中不断改造自然、创造人类历史的。需要是人类心理结构中最根本的东西，是人类个体和整个人类发展的原动力。需要也是人类一切认识活动和实践活动的出发点，是教育对象接受思想政治教育的起点。只有在需要的推动下，教育对象才能产生接受思想政治教育的动机。由于需要具有永不满足性，即无限性，因此需要不仅是启动人类学习活动和接受活动的原动力，而且还是保持学习活动永不停息向前发展的持续动力。在思想政治教育过程中，教育对象学习需要、接受需要及动机的强弱，直接影响着思想政治教育活动的进行。一般来说，教育对象的学习需要和动机越强烈，进行学习活动、接受思想政治教育的自觉性就越高，积极性就越大，反之亦然。因此，教育者应积极激发教育对象学习思想政治理论和接受思想政治教育的动机。

需要在思想政治教育接受过程中的重要作用具体体现在以下几个方面：一是唤醒接受注意，强化接受准备，使接受主体产生对与自身需要有关联的思想信息源的敏感与专注；二是能够左右教育对象的接受选择，一般来说，教育对象的需要越强烈，对思想政治教育的弃取选择、受拒反应就越鲜明，这是人们思想接受活动的共同点；三是能够影响教育对象的接受兴趣，使之专注于思想接受活动，并向一定方向发展；四是可以活跃思维，激发求知愿望，引起接受主体思想接受活动的主动与活跃；五是影响接受记忆，人们对于符合需要的信息往往容易产生长期记忆，甚至终生难忘，否则易于淡忘；六是催发接受转化，可以促使个体对新接收的思想信息迅速转化为内在的情感、意志，并外化为言论、行为。

由此观之，需要对思想政治教育接受活动具有重要影响。

首先，精神需要决定教育对象对思想政治教育接受的积极性。人的需要是多种多样的，按照需要对象的性质，可分为物质需要和精神需要两种。当一个人感到精神贫乏，并渴望精神充实时，就会产生精神需要。在强烈的精神需要的驱使下就会积极、主动地去接受精神产品和精神教育，充实自己的精神生活。思想政治教育是一种精神教育，思想政治教育的内容和形式可以满足人们的精神需要。因此，人的精神需要是其接受思想政治教育的原动力，并决定着其接受思想政治教育的积极性。

其次，需要的指向性决定思想政治教育接受的选择性。人的精神需要是多种多样的，如有人需要文化知识，有人需要宗教信仰，有人需要理想信念，有人需要人格完善，等等。需要在每个人身上具有明显的差异性。正是需要的这种指向性和差异性，使人在接受过程中表现出明显的选择性。只有那些符合教育对象精神需要的思想政治教育信息，才会被教育对象接受。也就是说，受教育者是根据自己的需要，对思想政治教育的内容进行选择性接受的。

再次，需要的层次性决定思想政治教育接受的层次性。人的需要是分层次的。由于接受者生长环境、受教育程度、知识结构、认知水平的差异，导致了他们需要层次上的差异。马斯洛的需要层次理论把人的需要划分为五个层次，从低级到高级依次是生理需要、安全需要、社交需要、尊重需要、自我实现的需要。思想政治教育可以在以上五个层次上展开。值得注意的是，思想政治教育必须根据人们不同层次的需要来进行，比如，对于下岗职工来说，解决温饱是首要问题，如果思想政治教育忽视了职工的这一物质需要，而空谈树立共产主义远大理想，就会遭到职工的反感和反对。而对于解决了生存问题的人来说，最大的需要是获得成功，体现人生的价值，此时就要充分尊重、信任他们，为他们提供施展才华的机会和场所。只有根据人们的心理需要开展思想政治教育，才能把工作做到教育对象的心坎上。当然，思想政治教育者必须把追求高层次需要作为引导人们需要的终极目标，不能仅停留在满足人们低层次的物质需要上。

最后，需要的满足强化思想政治教育接受行为。一个人的需要尤其是精神需要如果长期得不到满足，他就会放弃这种需要，也就失去了需要的动力作用。而当一个人的需要得到满足以后，就会产生新的需要，产生新的原动力。一个人的精神需要得到满足以后，就会产生更高级的精神需要。通过思想政治教育不断满足人的精神需要，为人们提出更高的精神需要和精神目标，可以对人们的行为产生正强化作用，强化教育对象对思想政治教育的接受行为。

影响人的接受活动的因素主要有动机、兴趣、信念、世界观等。

动机是直接推动个体活动以满足某种需要的内部动力。动机与需要关系密切。需要是动机产生的基础，当需要足够强烈时，就会表现为动机。动机具有复杂性、隐匿性、可测性和社会历史性的特点。动机对于思想政治教育接受活动具有推动性和选择性的作用。当教育对象产生接受思想政治教育的动机之后，其动机就会对个体的接受行为产生推动作用，表现为对其接受行为的发动、加强、维持，直至中止。同时，动机的选择性功能使得接受主体总是将其接受行为指向某一目的，而忽视其他方面，使其行为具有明显的选择性。

教育对象的兴趣也是影响其思想政治教育接受活动的重要因素。兴趣是个体积极探究事物的倾向，它表现为人们对某种事物、某项活动的选择性态度和积极的情绪反应。这种倾向总是使人对某种事物给予优先注意，并在发生兴趣的同时伴有对该事物的满意、愉快、振奋等肯定性的情绪体验。因此，兴趣是最好的老师。兴趣可以激发人的积极情绪和投入水平，提高人的认知效率和行为结果。在思想政治教育接受活动中，兴趣可以对教育对象的接受活动起准备作用，对正在进行的接受活动起推动作用，对活动的成功起促进作用，对活动的结果起总结检查作用。兴趣建立在需要的基础上，与认知、情感密切相关。

信念是人特有的精神现象，是人对某种认识真实性、正确性的坚守，并用来支配自己的行动，力求加以实现的个性心理倾向。信念是认识、情感和意志的有机融合，为个体矢志不渝、百折不挠地追求理想目标、调节行为提供了强大的精神动力。信念具有执着性、稳定性和多样性的特点。教育对象一旦形成健康的精神追求和崇高的信念，就会树立起马克思主义信仰，自觉学习党的基本理论，接受思想政治教育。

世界观在人的动力系统中具有最高指导地位，是人言行的总动力，直接影响教育对象人生观、价值观的形成，影响其对思想政治教育的态度和对思想政治教育的接受。

2. 认知先导系统

认知是最基本的心理过程，也是接受行为的主要心理基础。在思想政治教育过程中，人们的各种接受心理和行为，诸如接受动机的产生、接受态度的形成、接受过程中的比较选择等，都是以认知过程为先导的。可以说，离开认知过程，就不会产生接受行为。在认知过程中，个体的感觉、知觉、注意、记忆、想象、思维等心理要素均对接受活动产生影响。

（1）感觉——接受的基础。

感觉是客观世界的主观映象，是人脑对直接作用于感觉器官的事物的个别属性的直接反映。当外界刺激作用于人的感官而引起的神经兴奋传递到大脑时，便产生感觉这种简单的心理过程。感觉是获得信息、形成观念的基础。感觉包括感受性、感觉阈限、感觉适应、联觉等。感受性指感觉器官对刺激物的主观感受能力。它是接受者对接受对象刺激有无感觉以及感觉强弱的重要标志。感受性通常用感觉阈限的高低来度量。感觉阈限指能引起某种感觉的持续一定时间的刺激量。接受者感受性的大小主要取决于接受对象感觉阈限的高低。一般而言，感觉阈限值越低，感受性就越大；感觉阈限值越高，感受性就越小。感觉阈限值与感受性成反比关系。感觉适应指接受者的感受性会随着接受客体刺激持续作用时间的延长，造成感受性逐渐下降的现象。感觉适应是一种普遍的感觉现象，要改变这一现象，须调整接受客体刺激的作用时间，经常变换刺激的表现形式。联觉指人体各感觉器官的感受性不是彼此隔绝的而是相互作用、相互影响的。一种感觉器官接受刺激产生感觉后，还会对其他感觉器官的感受性产生影响。在进行接受活动时经常会出现由感觉间相互作用引起的联觉现象。

在感觉过程中，大脑居于接收、处理信息，并指挥接受主体行动的中枢地位。离开了人脑，任何接受都不复存在。大脑中枢不仅接收感觉器官的信息传入，同时也在发出神经冲动改变感觉器官的活动，调节感觉器官的感觉阈限值，影响感觉的敏感性。

接受者通过感觉得到的只是对接受对象属性的表面、个别、孤立的认识。但是，接受者以感觉为基础，经过知觉、记忆、思维、想象等较复杂的心理活动，可以获得对接受对象较全面的认识，从而产生各种情感变化，确认接受目标，做出接受行为。因此，从一定意义上说，感觉是接受者一切知识和经验的基础。

（2）知觉——接受的关键。

知觉是接受者对接受对象的各种不同属性、各个部分及其相互关系的整体反映。知觉以感觉为基础，但知觉不是感觉在数量上的简单相加，它所反映的是接受对象个别属性之间的相互联系，是建立在各个个别属性内在联系基础上的事物的完整映象。没有必要的知识经验，就不可能对信息对象的整体形象形成知觉。与感觉相比，知觉对接受者的影响更直接、更重要。知觉的形成与否决定着接受者对接受客体的理解和接受程度；知觉过程的选择制约着接受者的选择；知觉形成的对接受对象的认知，是接受行为发生的前提条件。

在认识客观事物的过程中，人们遵循的感知规律有强度律、差异律、活动律、组合律和协同律。强度律是指对被感知的事物必须达到一定强度的刺激，才能被感知。比如雷鸣电闪比蚂蚁行走更容易被人感知。差异律是针对感知对象与背景的差异而言的，指观察对象与背景的差别越大，对象就越容易被感知。万绿丛中一点红就是这个道理。活动律是指活动的物体比静止的物体更容易被感知。组合律是指空间上接近、时间上连续、形式上相同、颜色上一致的观察对象容易形成整体而为我们所清晰地感知。协同律是指在观察过程中，要有效地发动各种感知器官，分工合作，协同活动，这样可以提高观察的效果。

知觉作为接受者对接受对象的主动反映过程，受到个人主观因素和接受对象特征的影响，表现出独有的特性，即选择性、理解性、整体性和恒常性。

知觉的选择性是指在特定时间和特定场合内，人们只对某些知觉对象予以反映，对其认识得更鲜明、更清晰，而对其他事物只做模糊的反映。知觉的理解性是指个体在对知觉对象进行反映时，往往以其已有的经验为基础，对所获得资料做出主观解释。正所谓“仁者见仁，智者见智”。知觉的整体性是指人们在知觉过程中，能够将不同属性的知觉对象的诸多部分依据以往经验组成一个整体。知觉的这种特性被艺术家应用在绘画与美工设计上，通过个体的知觉加工能够使不完整的知觉刺激形成完整的美感。知觉的恒常性是指在不同的角度、不同的距离、不同的明暗度下，虽然知觉对象的物理特征（大小、形状、亮度、颜色等）因受环境影响而有所改变，但我们对物体特征所获得的知觉经验，却倾向于保持其原样不变。像这种外在刺激因环境影响使其特征改变，但在知觉经验上却维持不变的心理倾向，即为知觉的恒常性。

引起知觉选择的原因，首先是感觉阈限和人脑信息加工能力的限制。低于感觉阈限的刺激，不会被感觉器官所接受，不能成为知觉的选择对象。只有刺激达到足够强度，才会被感知。此外，接受者自身的需要、欲望、偏好、价值观念、情绪、态度、个性等主观因素，也能直接影响知觉选择。在接受活动中，凡是符合接受者需要、欲望、偏好的刺激物（接受客体），往往成为首先选择的知觉对象。与此同时，防御心理也潜在地支配知觉选择。人们都会趋利避害，当某种带有伤害性或于己不利的刺激出现时，接受者会本能地采取防御姿态，关闭感官通道，拒绝信息输入。据此，思想政治教育的信息发送必须符合接受者的主体需要，同时，必须对接受者造成较强的心理刺激。那种脱离现实（社会现实、工作现实和接受者的实际情况）、隔靴搔痒的形式主义的思想政治教育，必然遭到接受者的反感和抵制。

（3）注意——接受的前提。

注意是接受活动对一定接受客体的指向和集中。指向是指每一瞬间性活动总是有选择地朝向一定事物而离开其余事物，集中是指接受活动离开一切无关因素而深入指向其所选择的接受客体。指向性和集中性相互联系，密不可分，在二者的共同作用下，人们才能在感觉、知觉、记忆、思维以及情感、意志等活动中，有效地选择少数接受客体，对其做出深刻、清晰、完整的反映。

在接受过程中，接受客体的指向和集中与人的高级神经活动过程的兴奋与抑制密切相关。

人的心理现象产生之时，大脑皮层的不同部位之间或同一部位的不同结构之间，有的兴奋，有的抑制，形成极为复杂而又缺一不可的镶嵌模式，以保证心理活动的进行。兴奋与抑制之间可以相互诱导。从神经效果而言，由兴奋引起抑制过程是负诱导，由抑制引起兴奋过程是正诱导。但是，正负诱导常可在同一时间内互相渗透合作。在思想政治教育某项具体活动中，接受者全神贯注地听讲或阅读时，他大脑皮层的某些部位可形成优势的兴奋灶，兴奋灶的兴奋活动同时对其他一些部位诱发一定的抑制过程，以防止无关信息的干扰，使他在无关刺激面前视而不见、听而不闻，这就发生了负诱导；而其他皮层部位的抑制状态同时也反过来诱导和加强了优势兴奋灶的兴奋活动，这就是正诱导。这样，在同一时间内正负诱导的双向反复作用，使注意力高度集中，从而维持了良好的接受心理状态。

注意在接受活动中有以下几个方面的功能：

第一，选择功能。接受者选择有意义的、符合需要的对象加以注意，排除或避开无意义、不符合需要的外部影响或刺激，从而清晰地感知对象，深刻地记忆有关信息，集中精力进行思考、分析和判断，并在此基础之上做出决策。

第二，维持功能。把对选择对象的心理反应保持在一定方向上，并维持到心理活动的终结，使接受者心理与行为的一致性和连贯性得到保证。

第三，加强功能。排除干扰，不断促进和提高接受者心理活动的强度与效率。在注意的情况下，接受者可以自动排除无关因素的干扰，克服心理倦怠，使心理活动更加准确和高效。

注意分为无意注意和有意注意。无意注意是没有预定目的、不需要意志努力、不由自主地对一定事物所产生的注意。有意注意是人所特有的一种心理现象，它是有目的、需要一定意志努力的注意。在思想政治教育过程中，既要吸引教育对象的无意注意，增强对教育对象的感官刺激，引起内在兴趣；又要引导教育对象的有意注意，使其对思想政治教育信息产生有意识的关注，通过意志作用深刻理解、领会和接受思想政治教育信息。

（4）记忆——接受的催化剂。

记忆是过去经验在人脑中的反映。具体而言，记忆是人脑对感知过的事物、思考过的问题或理论、体验过的情绪或做过的动作的反映。记忆可以使接受者积累接受经验，并且通过认知的再现，把以往的接受经验用于当前的接受活动。

记忆在接受者的心理和行为中具有重要作用。有了记忆，接受者才能把过去的经验作为表象保存下来，经验的逐渐积累推动了接受心理的发展。

接受者对过去经验的反映，要经历识记、保持、回忆、再认等环节。整个记忆过程是从识记开始的，识记是通过有意识的反复感知，使接受客体的印迹在头脑中保留从而成为映象的过程。保持是对过去经历过的事物的映象在头脑中得到巩固的过程，是对识记材料的进一步加工、储存，随着时间的推移和以后经验的影响，保持的识记在数量和质量上会发生某些变化。回忆又称重现，是对不在眼前的、过去经历过的事物的印象在头脑中重新显现出来的过程。再认指对过去经历过的事物重新出现时能够识别出来。以上四个环节彼此联系、相互制约，共同构成接受者完整统一的记忆过程。

（5）想象——接受的扩展器。

想象是人在已有形象的基础上，在头脑中创造出新的思想或形象的心理过程。想象力是人类创新的源泉，也是接受思想政治教育的助推器。想象力的魅力在于可以将你带入一个虚拟世界，实现现实生活中不可能实现的梦想，使你享受快乐、享受惊奇、享受自由。因此，哲学家狄德罗说："想象，这是一种特质。没有它，人既不能成为诗人，也不能成为哲学家、有思想的人、一个有理性的生物、一个真正的人。"①

想象在思想政治教育接受活动中具有重要的作用，它可以激活认知系统、提高感知能力、强化注意能力、完善思维能力，不仅能够促进知识的迁移，还能增强人的创造力，拓展人的认知领域。

（6）思维——接受的中枢。

思维是一种最复杂的心理活动，是人脑反映客观事物的本质属性及其规律性联系的心理过程。思维具有的概括性是人们间接认识事物的一个必备条件，思维的间接性则使接受者能通过某种媒介来理解和把握那些未曾经历的对象，以及推知事物过去的进程与预见事物未来的发展。

根据思维过程中凭借物的不同，思维可分为三种形式：动作思维、形象思维和逻辑思维。动作思维是伴随着实际动作而进行的思维活动，它要解决的是操作性的问题。比如，机械师排除机械故障时，需要边拆卸机器零件边思考，以发现故障的原因，排除故障。形象思维是运用已有表象进行的思维活动，它要解决的问题是把思想形象化，或者建立一个新的形象体系。比如，艺术家运用形象思维进行艺术构思，塑造艺术形象；建筑师运用形象思维设计蓝图；等等。逻辑思维是运用概念进行的思维活动，它要解决的是理论性问题，解决问题的方式是运用概念进行判断、推理和证明。比如，科学家运用

---

① 中国社会科学院文学研究所．文艺理论译丛：上．北京：知识产权出版社，2010：169.

逻辑思维发现事物的客观规律，学生运用逻辑思维学习理性知识，等等。以上三种思维形式在实际生活中是不可分割的，人们常常综合起来运用它们。

教育对象对思想政治教育的接受过程主要涉及形象思维和逻辑思维。一方面，教育对象通过形象思维获得各种思想政治教育的图文信息；另一方面，教育对象还要通过逻辑思维对思想政治教育的相关信息进行分析综合、比较归纳，以及抽象概括，最终形成个体的思想意识。在这一过程中，教育对象的逻辑思维过程更为重要。

根据思维方向的不同，还可以将思维划分为辐合思维和发散思维。辐合思维是指人们根据已知的信息，利用熟悉的规则集中寻找一条解决问题的最佳途径，或者从给予的信息中，得出逻辑的结论。发散思维是根据已有的信息尽可能多地产生不同方向的思考，以便寻找多种解决问题的途径。在思想政治教育接受活动中，教育对象运用辐合思维可以将获取的思想政治教育信息进行梳理、归纳和概括，形成规律性认识，实现认知升华。而教育对象运用发散思维，有助于拓展看问题的视角，从多维度、多侧面分析问题，产生创造性火花，活化理论。

此外，根据思维创新程度的差异，可以将思维划分为常规思维和创造性思维。常规思维是指人们运用已获得的知识经验，按现成的方案和程序直接解决问题的思维方式。创造性思维是重新组织已有的知识经验，提出新的方案或程序，并创造出新的思维成果的思维活动。创造性思维以认知活动为基础，具有广阔性、综合性、探索性、求新性、深刻性、独特性、批判性和灵活性等特点。在思想政治教育接受活动中，教育者要注重引导教育对象勤于思考，敢于质疑，培养教育对象的批判性思维和创造性思维能力，避免不假思考，人云亦云，被动接受。

3. 情感调节系统

心理学、教育学的研究发现，情绪情感在人发展中的作用十分明显，具体表现为可以帮助人更好地适应环境，促进人生存和发展的能力；激活感官，促进人的认知活动；带给人快乐、满足等。在思想政治教育接受活动中，情感并非接受活动的某一个独立环节，而是无处不在，以一种弥散的方式存在于接受活动的诸环节中，对每一接受环节都产生重要影响，对思想政治教育的接受活动起到重要的调节作用。比如，在思想政治教育接受活动中，影响教育对象接受效果的往往是“愿不愿”的接受情感因素，而不是“能不能”的接受智能因素。因此，在思想政治教育接受活动中，要充分重视并善于发挥情感的调节作用。在思想政治教育接受活动中，情绪情感的调节作用具体体现在以下三个方面：

第一，情绪情感可以激发和驱动接受活动。情绪是动机的源泉之一，可以激发和激励接受活动，提高接受效率。心理学研究表明，适度的情绪唤醒状态可以让人的身心处于最佳状态，从而产生完成工作任务的动力，使人注意力高度集中，积极地思考和解决问题。同时，情绪情感多在接受的前沿存在，成为接受的诱因，推动接受行为的发生。例如，兴趣可以作为接受活动的动机，驱动接受主体积极主动地认识和探索接受内容。此外，接受主体的情绪状态还会通过动机影响对接受内容的选择和过滤。接受主体往往容易产生对情感偏好内容的接受动机，选择并接纳这些内容，而回避或拒绝那些与自己情感偏好相反的内容。一般来说，接受主体对接受客体所具有的情感强度越高，接受过程中情感的支配作用就越大，而对信息的过滤作用也就越明显。

第二，情绪情感可以强化或抑制接受活动。在接受思想政治教育过程中，情绪情感通过影响接受主体的认知过程来强化或抑制接受活动的进行。首先，情绪情感影响接受时注意的稳定性及注意的深度、广度和强度。比如，接受主体对于喜爱的接受客体，会保持更持久的注意，而且注意的强度也会增强，因此会产生较好的接受效果。相反，面对厌恶的接受客体，接受主体往往注意的时间短暂，甚至不加注意，注意的强度也大大降低，从而影响接受效果。同时，当接受主体处于轻松、愉快、兴趣盎然的情绪状态时，其注意的广度和信息加工深度都会随之增加。其次，接受主体的情感因素会加强或者减弱他在接受过程中的认知力。积极心理学研究发现，积极情绪可以对接受主体的感知力、理解力、想象力起到扩展作用，使个体的认知和行为状态更开放、更灵活①。当接受主体处在积极、乐观的情绪状态时，其大脑的感受力增强，捕捉信息的敏感性得到强化，思想和行为更开放，更容易注意事物美好的一面，更愿意接受外界事物；而当接受主体处于消极的情绪状态时，其大脑感受力随之降低，神经反应活动迟钝，感知、理解、想象、判断能力下降，容易对接受活动产生拒绝和抵触心理，甚至放弃接受活动，产生破坏行为。可见，积极的情绪情感对接受活动具有激发、强化和促进作用，而消极的情绪情感则对接受活动具有削弱、阻碍和制约作用。可见，理与情是接受活动中的一对孪生子，如果在思想政治教育接受过程中只注意到人的理性作用，而忽视情感的参与价值，就是对人内心世界丰富性的疏忽。因此，“教”需要“穷理”与“达情”的互补，“授”需要理与情的双向满足，不能把情感排除在认知和接受活动之外。

第三，情绪情感可以激活或扼杀接受活动中的创造性。在接受思想政治教育过程中，接受主体往往会带有某种情感倾向，这种情感的产生，有时来源于以往的经验，有时是由于我们对接受客体瞬间形成的第一印象，有时是由于情感的传递等。这种在接受活动初始就形成的情感，不仅对接受过程中的信息择取、信息理解、信息接收产生重要的作用，而且使接受主体的生理反应、思维活动、主观体验、接受行为等都发生一定的变化，影响接受主体创造性思维的形成。比如，高昂的情绪情感可以激活人的灵感、想象力，迸发创造的火花，甚至可能演变为智力爆炸。在接受思想政治教育过程中，旺盛的求知欲、浓厚的兴趣和强烈的探索精神都会使教育对象产生创造性思维，实现思想的升华与超越。

由此观之，接受活动不可能没有情感的参与，也不可能摆脱情感的干扰。在情感过弱的情况下，情感对接受的激发程度过低，使接受的深度和广度受到影响。情感过强时，接受就会受情感所左右而削弱对思想政治理论的理性认知，从而降低接受效果。

4. 意志保障系统

意志是意识的能动体现，是人克服困难，调控自身行为以达成目标的心理倾向。在思想政治教育接受活动中，任何接受主体都可能遇到一定的干扰或困难，阻碍接受活动的有效进行。而要克服这些困难，保持接受活动朝目标迈进，就需要通过意志的保障作用来实现。意志可以帮助接受主体监控接受活动的进行状态，激励自身，克制阻碍接受

---

① 刘翔平．积极心理学．北京：中国人民大学出版社，2018：65.

的心理和行为，助推接受活动有序而高效地运行。意志对接受活动的调节作用表现在以下三个方面：

第一，意志对认知过程具有保障作用。首先，意志可以对接受过程中的注意进行调控，使得个体处于接受的准备状态，注意力指向和集中在接受内容上。在接受活动中，注意与感知、记忆、判断、推理等心理活动紧密相连，接受者可以通过意志调控这些认知活动中的注意指向，使其与接受目的始终同向同行。其次，意志还可以组织和维护认知过程，具体表现为坚强的意志会使接受者在面对困难的任务时，不退缩、不放弃，坚定信心，调节身心状态，保证认知过程正确高效地进行。因此，在意志的能动调节下，认知活动的方向更准确、目的更明确、行动更自觉。

第二，意志对情绪情感具有调控作用。一方面，意志可以帮助接受主体掌控和调节自身的情绪情感，如激发积极的情绪、情感，抑制消极的情绪、情感，从而有助于实现接受目标。例如，意志坚强的人能够控制和驾驭自己的情绪，能够化悲痛为力量，化压力为动力，化消极情绪为积极情绪。相反，意志薄弱的人不能调节和控制情绪，而是成为情绪的俘虏，使行动背离目标。另一方面，意志还可以丰富和升华情感。在接受活动中，当接受者陷入某种阻碍接受活动的情绪状态时，意志通过理智的作用，使情绪得到控制，使情感保持在合理界限之内，克服由情感强度不适当造成的影响，以达到情感的丰富和升华，进而促进接受活动的高效进行。

第三，意志对接受行为具有支撑作用。意志对接受行为的支撑作用主要体现在以下三个方面：一是激发作用。在思想政治教育接受活动中，意志通过调动自身的自觉性、主动性而使接受主体处于良好的接受准备状态，即激活感官，集中注意，促使接受主体从事达到预定目的所必需的接受活动。同时，果断的意志可以激发个体的行为，推动其抓住时机进行朝向预定目标的接受活动。二是坚持作用，在接受活动遇到困难和挫折时，顽强的意志能支撑接受主体百折不挠，坚持到底，达成目标。三是抑制作用，意志的自制性能够帮助个体自觉阻止那些违背接受目的的行为，摒弃那些无关刺激的干扰，发动与实现目标一致的行为，从而实现对个体的行为的调节和支配。

5. 行为外化系统

行为是人的心理活动和心理现象的外化（外部表现），是在完成接受的一系列心理过程之后，将接受思想政治教育后所形成的思想观念外化为相应的行为。因为，任何接受活动都必须以形成接受主体的良好行为习惯为归宿，如果没有外化为行为的过程，思想政治教育的接受活动就不可能真正完成。

行为外化在思想政治教育接受活动中的重要作用体现在以下几个方面：

第一，行为外化是认知深化的过程，在践行过程中可以使接受主体发现自己认识的不足，从而产生深化和拓宽自己认知的需要与努力。

第二，行为外化是思想巩固的过程。只有通过不断练习、实践，才能在记忆中将知识巩固下来。

第三，行为过程是思想验证的过程。只有通过践行，思想观念才能获得验证，价值才能得以体现，接受才具有稳定性。

第四，行为过程是思想积淀的过程。新接受的思想和知识只有通过“行”，即不断地重复，才能积淀为人的品性，因习成惯。

第五，行为过程是将知识转化为能力的过程。没有践行的过程，思想、知识的接受都只是停留在认知阶段，难以转化为能力。

由此可见，行为过程是人的思想的学习过程、验证过程、巩固过程，也是人的思想的外化过程，是思想政治教育接受的必要过程和最终体现。总之，在思想政治教育接受活动中，接受主体总是通过认知过程获得相关的思想政治教育信息，然后根据自己已有的相关知识和经验，选择、理解和整合各种教育信息，形成自己的分析和判断；同时，通过情感过程对某一思想政治教育信息表现出积极或消极、认可或排斥的情绪与感受，再通过意志过程对自己的行为进行能动的调节，最终将形成的思想意识外化为社会行为，从而完成接受的全过程。

阅读书目

1. 杨玉宇．思想政治教育心理学新论．成都：西南财经大学出版社，2017.
2. 施良方．学习论．北京：人民教育出版社，2008.
3. 莫雷．教育心理学．北京：教育科学出版社，2007.
4. 姚梅林．学习心理学．北京：北京师范大学出版社，2006.
5. 杨芷英．思想政治教育心理机制研究．北京：红旗出版社，2005.
6. 王敏．思想政治教育接受论．武汉：湖北人民出版社，2002.

思考题

1. 学习的内涵是什么？人类的学习和广义的学习有哪些差别？
2. 西方的学习理论和道德教育理论对我国的思想政治教育有哪些启示？
3. 接受思想政治教育需要经历哪些心理过程？
4. 根据思想政治教育的心理机制，思考如何提高思想政治教育的有效性。

第四章
思想政治教育的心理功能

关键词

心理功能　激励　态度　情绪

要点提示

1. 阐述个体行为与激励的关系，揭示思想政治教育行为激励功能的实现途径。

2. 以社会心理学社会态度的相关理论为依据，阐述思想政治教育态度转变功能的实现过程。

3. 借鉴心理学的情绪理论，揭示思想政治教育情绪调节功能的具体运用。

思想政治教育不仅有政治功能、经济功能、文化功能、教育功能等社会性功能，从个体角度而言还有心理功能，对于个体的认知发展、性格优化、人格塑造、价值导向、行为激励、态度转变、情绪调节、心理保健等具有重要作用。特别是随着社会的急剧变迁，社会的经济体制、社会结构、文化模式、价值观念等各个领域发生了深刻的变化，人们的压力感、紧张感和陌生感不断增强，面临的工作压力、竞争压力、发展压力不断加大，这就使得教育对象的精神负荷过重、心理困扰增多、心理失衡加剧、利益冲突凸显。这种客观现实要求思想政治教育不仅要关注教育对象的政治思想层面，还要关注教育对象的心理层面和精神层面，把解决教育对象在认知发展、情绪调节、态度转变、行为激励、压力应对以及性格优化、人格塑造等方面遇到的问题和困扰作为工作内容，通过情绪疏通、心理引导、思想解惑、矛盾调节等开展工作，这是新时代思想政治教育的重要任务。因此，深化思想政治教育心理功能研究，是新时代思想政治教育心理学研究的重要课题。

一、思想政治教育的行为激励功能

激励，就是持续地激发人们的行为动机，使其心理过程始终保持在兴奋的状态，维持一种高昂的工作热情。一般来说，被激发的动机越强烈，说明激励的水平越高，取得的成效也就越大。反之，激励水平低，缺乏实现目标的行为动机，工作效率就会降低。因此，激励可以激发人的工作热情，调动人的主观能动性，提高人的行为效率。

思想政治教育的最终目的在于转化人的思想，调动人的积极性，引导人的正确行为。事实上，思想政治教育的过程也就是人的动机的激发过程。因此，思想政治教育具有重要的行为激励功能。

（一）个体行为与激励

行为是人所表现出来的一切活动动作的统称。不同学科对行为有不同的解释。生理学认为，行为是指可以被观察到的肌肉和外分泌腺的活动，是机体某一部分运动状态的表现。教育学认为，行为是人在知、情、意支配下所采取的行动。心理学认为，行为是人的心理活动的外化。行为主义学派对行为的研究最系统、最具代表性。

1. 行为的基本模式

行为主义创始人、美国心理学家华生认为：人的行为是一种对刺激的反应，有什么样的刺激，就会引起什么样的反应。他提出了人的行为反应模式（见图 4－1）。

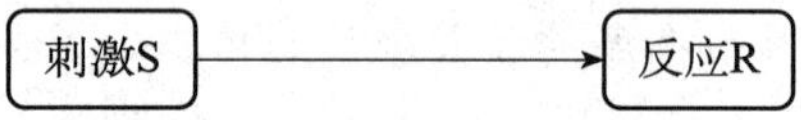

图 4－1　华生的行为反应模式

新行为主义代表人物、美国行为主义心理学家托尔曼（E. C. Tolman）认为，人的行为不单纯是环境刺激的产物，行为与环境刺激、生理内驱力、遗传、过去的训练和年龄等因素有关，这些因素都是引起行为的自变量。在自变量和行为之间有中间变量，中间变量是行为的实际决定因子。中间变量就是有机体内部正在进行的心理活动，包括个体的目的、需要、欲望及其他心理活动。托尔曼认为，只有弄清中间变量，才能回答一定刺激何以会引起一定反应的问题。于是，托尔曼提出了新的行为模式（见图 4－2）。

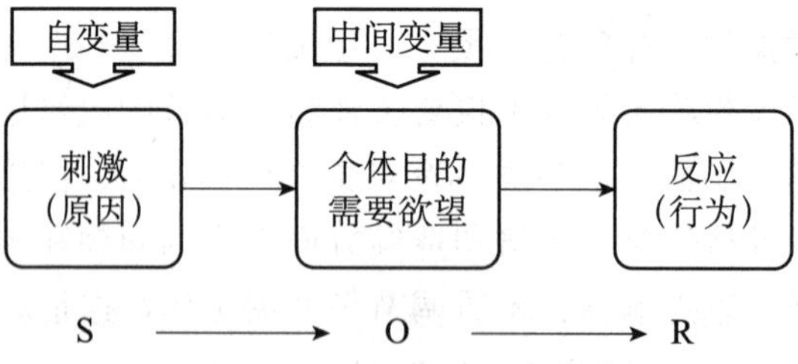

图 4－2　托尔曼的行为反应模式

德国心理学家勒温（K. Lewin）认为，人就是一个场，行为只由现在的场所决定，不随过去或将来而变。人的行为就是个体与环境相互作用的结果。他提出的行为模式是：$B=f\ (P \cdot E)$，其中，B 代表人的行为，P 代表人，E 代表环境，f 代表函数。

人类行为千差外别，但个体行为的基本模式是一致的，个体行为产生的心理过程是相同的。人类行为的共同特点表现为：行为的自觉性与主动性、行为的因果性与目的性、行为的持久性与连续性、行为的稳定性与可变性。

2. 个体行为产生的心理过程

人的行为不是无缘由产生的，是在心理的支配下形成的，行为是心理的外化。具体来说，人的行为与需要、动机有直接关系。当个体产生某种需要后就会呈现出一种焦虑状态，这种焦虑状态就会成为一种内驱力促使人形成某种动机，而动机产生后，就会直接推动人们去行为，通过行为达到自己的目的，使需要得到满足，焦虑得到平息。但是，旧的需要满足后，人又会形成新的需要，形成新的动机。个人行为的产生是一个连续不断的心理活动过程（见图 4-3）。

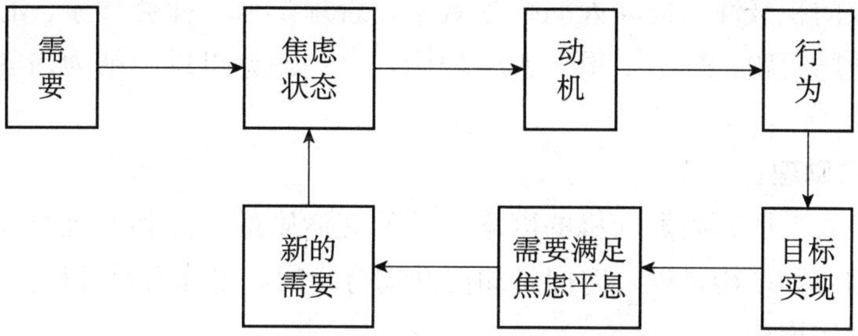

图 4-3　人的行为与需要、动机的关系

此外，人的行为还与兴趣、爱好、信念等心理活动有间接的关系，并受目标及内外环境刺激的引导和影响。

3. 行为效率与激励

人为了追求一定的目标，就会表现出一定的行为。为了尽快实现目标，就要提高自己的行为效率。而人的行为效率与积极性密切相关，行为效率与积极性的关系是：行为效率是能力和积极性的函数。用公式表示为：行为效率＝f（能力×积极性）。这说明，在能力相同的条件下，一个人的积极性决定了他的行为效率。

所谓积极性，是指人在追求目标的过程中表现出来的进取向上的心理状态和行为倾向。人的积极性是由多种心理因素互相联系、互相制约而组成的动力结构。在这一动力结构中，各种不同的心理因素具有不同的作用。需要作为心理和行为活动的驱动力，居于核心地位。人的积极性的动力机制见图 4-4。

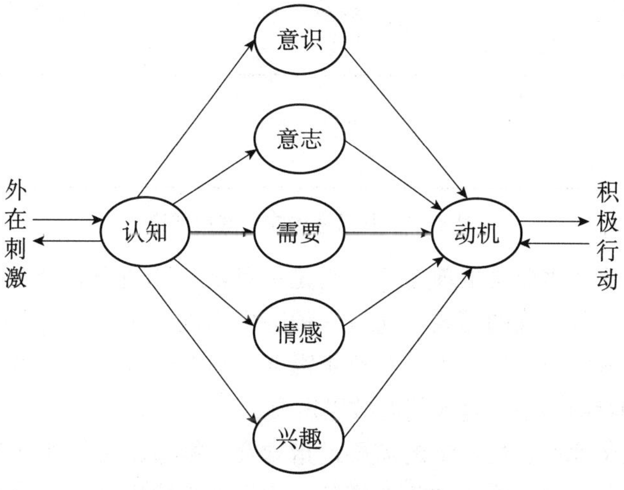

图 4-4　人的积极性的动力机制

人的积极性通过激励可以得到提高。美国心理学家詹姆斯通过实验和实地考察，发现在一般状态下，一个人只发挥其能力的20%～30%。而在人的动机受到充分激励后，其潜力可以发挥到80%～90%。可见，激励可以调动人的主观能动性，提高人的行为效率。

（二）激励的理论依据

为了调动人的积极性，提高人的行为效率，管理学家、社会学家、心理学家都从不同的角度研究激励问题，提出了很多激励理论，这些理论可以归纳为内容型激励理论和过程型激励理论。

1. 内容型激励理论

这类理论主要是研究激发动机的因素，从研究激励的起点和基础出发，分析研究人们内在需要的内容和结构，以及它们是如何推动行为的，也称需要理论。

（1）需要层次理论。

需要层次理论是1943年美国人本主义心理学家马斯洛提出的。马斯洛认为，人有一系列基本需要，这些基本需要存在着不同的层次，构成一个需要系统。马斯洛提出这个需要系统中共有五个层次，见图4-5。

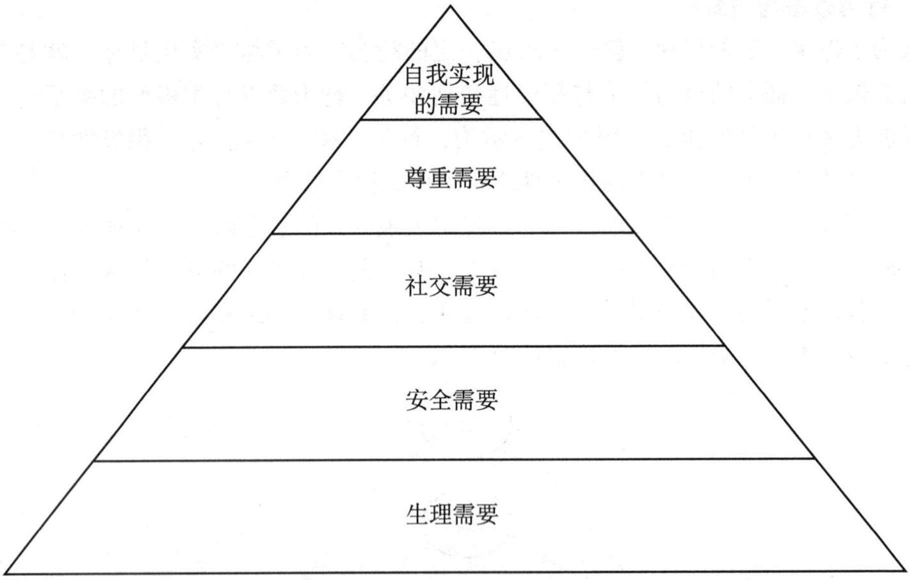

图4-5　马斯洛的需要层次理论

其中，最低层次的需要是生理需要，它是一种随生物进化而逐渐变弱的本能欲求；最高层次的需要是自我实现的需要，这是一种随生物进化而逐渐显现的潜能。中间三层由低到高依次为安全需要、社交需要和尊重需要。马斯洛认为，人类的五种基本需要超越了不同的国家和社会形态，是人们的共同需要。

生理需要是人最原始、最基本的需要，指饮食、御寒、居住和性等的需要，这些需要是维持人们生命的起码要求，如不能满足，人类就无法生存。马斯洛认为，在一切需要中，生理需要是优先产生的，而且是有限度的，当需要被满足时，它就不再作为行为的动力而存在。这时人类可以从生理需要的支配下解脱出来，产生其他更高级的需要。

个体的生理需要相对得到满足后，就会产生安全需要，即个体追求自身安全、避免危险的需要，包括避免如冷、热、毒气、灾害、疼痛等物理条件方面的伤害，要求职业安定、劳动安全，希望未来生活有保障等。安全需要贯穿人的一生，但在童年时期和社会动乱年代表现得最为突出。

如果上述两种需要都满足了，个体就会出现社交需要。社交需要是个体与他人进行交往，归属某一团体，得到别人承认，获得友谊和爱情的需要。

尊重需要是个体希望别人尊重自己，在团体中获得一定的地位和权力的需要。马斯洛认为，作为社会人，每个人都有自尊、自重、自信的需要，希望他人尊重自己的人格，希望自己的能力和才华得到他人的承认和赞赏，要求在团体中确立自己的地位。如果人的这些需要得不到满足，就会使人产生自卑、软弱、无能等感觉，从而失去信心。

自我实现的需要是个体充分发挥自己的潜力，不断完善自己、充实自己、实现自己的理想的需要。马斯洛认为，前四种需要得到满足后，人们还会产生新的需要，这就是要求实现个人的聪明、才智、理想和抱负的需要，这是最高层次的需要。

马斯洛的需要层次理论对心理学、社会心理学、管理科学、行为科学、思想政治教育学等学科产生了重大影响，对于调动人的积极性、最大限度地挖掘人的潜能、提高工作效率具有重要的现实意义。马斯洛的需要层次理论对思想政治教育具有以下三点启示：

第一，思想政治教育要以满足教育对象的需要为前提，否则就难以调动教育对象的积极性。

第二，人有多种需要，思想政治教育者要了解教育对象的优势需要，并优先予以满足。因为有了优势需要才能形成动机，引发人们的行为。

第三，低级需要是有限度的，一旦满足，便不再成为人们行为的推动力量。而高级需要则对人们行为具有持久的激发作用。因此，思想政治教育要以激发人们的高层次需要为己任。

（2）ERG 理论。

ERG 理论是美国心理学家奥尔德弗（Alderfer）在马斯洛需要层次理论的基础上，经过大量的实验研究，于 1969 年提出的。他认为人有三种基本需要：生存（existence）需要、相互关系（relateness）需要和成长（growth）需要。其英文第一个字母分别是 E、R、G，所以也称为 ERG 理论。

在 ERG 理论中，生存需要是指全部的生理需要和物质需要，表现为对工资、福利、住房、工作环境的需要；相互关系需要是指个体在组织中通过与他人之间的情感交流和相互关怀来满足自己的某些需求；成长需要是一种要求得到提高和发展的内在愿望，是个人努力创造或个人在工作中获得成长的所有需要。奥尔德弗指出，人的需要并不一定严格按照由低到高的顺序发展，而是可以超越的。在同一时间内，个体可能同时追求一种以上的需要。人们在寻求满足较高层次需要的过程中遵循以下三个原则：

第一，愿望-加强律，即每一层次的需要，得到的满足越少，则对满足这种需要的渴望越大。

第二，满足-前进律，即较低层次的需要越是得到满足，则对较高层次的需要越是渴望。如人的生存需要越是得到满足，渴望满足关系需要和成长需要的强度就越大。

第三，受挫-倒退律，即较高层次的需要满足受到阻碍，则转向追求较低层次需要的满足。

以上理论启示我们，要从满足人们的低层次需要入手，积极引导人们的需要层次不断提高。同时，应尽量减少人们的需要受挫的概率，避免人们因高层次需要受阻而转向追求低层次需要。

（3）成就需要理论。

成就需要理论是美国哈佛大学心理学家麦克利兰（D. McClelland）在20世纪50年代做了大量调查研究的基础上提出的。成就需要理论抛开人的基本生理需要，主要研究在人的生理需要基本得到满足的前提下，人还有哪些需要。麦克利兰认为人的较高层次需要可以划分为权力需要、亲和需要和成就需要。

权力需要是指影响和控制他人的欲望。具有较高权力欲望的人，总是对如何对他人施加影响和控制的问题感兴趣，他们追求领导者的地位，常常表现出喜欢争辩、健谈、直率和头脑冷静的特点，特别乐于奖赏其追随者。

亲和需要也称归属需要或社交需要，是指个人的社交动机强烈，愿意建立和维持一种友好、融洽的人际关系，并从人际交往中得到满足的需要。

成就需要是人们渴望实现自己的目标，获得成功的需要。有成就需要的人，往往对成功具有强烈的追求，进取心强，渴望挑战。

成就需要理论的主要观点如下：

第一，直接环境和个性是决定成就需要的主要因素。可以用公式表示：

成就需要＝直接环境×个性

成就需要是直接环境和个性的函数。

这里的直接环境指社会氛围、父母成就需要的高低和家庭教育方式等因素，是影响个体成就需要的外在因素。

个性因素是影响个体成就需要的内在因素。麦克利兰通过调查发现，具有高度成就需要的人一般具有如下个性品质：有强烈的事业心和独立性；倾心于风险大、困难多的成就目标，把成就看得比金钱还重要，在成就中所得到的激励超过物质激励的作用；强烈希望得到上级的表彰、提升；等等。

第二，成就需要与社会经济发展的关系密切。麦克利兰采用档案研究法，比较了1920—1929年与1946—1950年这两个时期中各国成就动机与经济增长的关系，发现各国的成就动机与经济增长成正比。麦克利兰认为，高成就需要的人对组织和国家都有重要作用，这种人越多，经济发展越快。麦克利兰还统计和测量了30个国家的儿童所表现的成就动机的强度，发现这个参数与这些国家20年后的经济发展之间存在着显著的相关性。这些研究表明，成就动机是影响社会经济发展的一个重要因素。同时，文化中的成就需要先于以后的经济发展。

第三，成就需要可以通过教育培训获得。麦克利兰认为，人们的成就动机是可以通过训练而提高的，但首先应训练他们良好的个性品质，如自信心、独立性、自我实现需要等。20世纪60年代，麦克利兰在印度举办了一个中小型企业领导者成就动机训练班。参加受训的共52人，分为4个小组，进行小组讨论与小组活动。训练时间共10天。训练分为四个步骤：一是树立信心。培训过程中使受训者确信，经过训练，自己的个性可以得到改变，成就动机可以得到提升。二是改变形象。引导受训者将成就动机的提升与自我形象的改进结合起来，通过改变自我形象提升自信。三是制定目标。帮助受训者提升在现实生活中对自己的要求，制定新的生活目标。四是规划未来。要求每一个受训者订立一个两年计划，提出在两年中要实现的目标，并告诉受训者，在未来的两年中，每隔半年将接受一次检查。麦克利兰在训练计划实施之后的6～10个月之内，发现有2/3的受训者在市场表现得特别活跃。例如，他们开创了新的事业，扩展了原有的企业范围，获得了更多的利润，积极筹备开拓新的市场，等等。总之，通过训练，他们商业活动的范围扩大了两倍。

第四，成就需要受企业经营管理状况的影响。麦克利兰的研究发现，企业的经营状况好有助于激发员工的成就需要，调动员工的工作积极性。同时，在企业管理的过程中，把具有高成就需要的人安排在困难的工作岗位上，会激发员工的成就需要，提高其行为效率；将具有高成就需要的员工安排在缺乏挑战性的工作岗位上，则很难激发其成就需要，反而会扼杀其工作的积极性，降低其工作效率。

成就需要理论启示我们，在思想政治教育和管理过程中，要善于激发人们的成就需要，调动人们的工作积极性。其一，要经常安排一些成就反馈，使被激励者了解自己的成功之所在，进一步激励他们对成功的渴望。同时，要对他们的成就予以激励，以对他们的行为起到正强化的作用。其二，要提供取得成就的榜样，刺激人们取得成功的愿望和行为。其三，要把高成就需要的人放在具有挑战性的岗位上，肯定他们的成就，鼓励他们多出成果。

（4）双因素理论。

双因素理论是美国心理学家赫茨伯格（Herzberg）于1959年提出的。赫茨伯格对匹兹堡地区的9个企业中的203名工程师、会计师做了调查，了解“什么原因使你对自己的工作感到满意?”和“什么原因使你对自己的工作感到厌烦?”等问题，调查发现促使职工在工作中产生满意感觉的因素与产生不满、厌烦感觉的因素是完全不同的。前者往往和工作内容本身联系在一起，包括工作中的成就感、工作成绩得到认可、工作具有挑战性和趣味性、在工作中负有一定的责任，以及工作可促使个人获得成长和晋升等良好的职业发展前景。赫茨伯格认为，这些因素可以激发职工的工作热情，调动其积极性，对他们的行为起到激励的作用，因而可称为激励因素。而后者则与工作环境或条件相联系，包括工资报酬、工作条件、公司政策、行政管理、人际关系等因素。赫茨伯格认为，这些因素是造成职工不满的主要因素，管理者必须加以改善，否则难以消除职工的不满情绪，维持工作的正常运转。但是，这些因素只能消除职工的不满，不能激发其积极性，因而他把这类因素称为保健因素。双因素理论见图4-6。

双因素理论具有一定的科学性，他告诉我们不是所有的需要得到满足都能激励起人们的积极性，只有那些被称为激励因素的需要得到满足才能调动人们的积极性。比如，

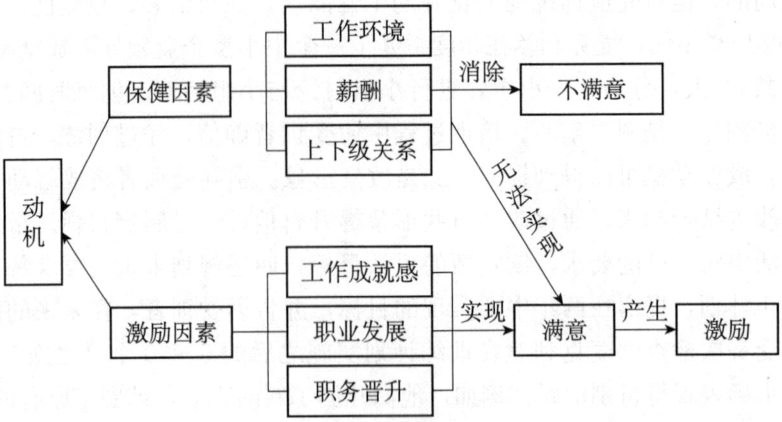

图 4-6 双因素理论

工作表现机会和工作带来的愉悦感，工作上获得的奖励以及产生的成就感，对未来发展的期望等。因此，要调动人们的积极性，首先要提供保健因素，使人们不致产生不满情绪。但是，更重要的是要用激励因素激发人们的工作热情。如果只顾及保健因素，那么就不能创造出最优的工作业绩。所以，在管理工作中，要将二者有机地结合起来。

双因素理论所提出的激励因素和保健因素实际上也是内在激励与外在激励的问题。激励因素就是一种内在激励，它的满足能调动人的积极性。保健因素则是一种外在激励，这种满足只能产生少量的激励作用。

2. 过程型激励理论

过程型激励理论主要研究从动机的产生到采取具体行动的心理过程，试图弄清人们对付出劳动、功效要求和奖酬价值的认识，即从外在诱因入手研究激励问题。这类理论侧重于研究动机的形成、行为目标的选择以及行为的改变和修正。在该理论看来，激励在人的心理上是一个相当长的过程，只有在激励对象接受激励内容的情况下，激励过程才得以开始。过程型激励理论着重研究人们选择其行为的过程，研究如何转化人的行为，以达到组织预定的目标。

（1）期望理论。

期望理论是美国心理学家弗鲁姆（V. H. Vroom）于 1964 年提出的。弗鲁姆在《工作与激励》一书中，通过考察人们的努力行为与其所获得最终奖酬之间的因果关系来说明激励过程，并系统地提出了期望理论。他提出，一种激励所具有的作用的大小，是由个人对这种激励因素的期望值和目标效价决定的。其基本模式是：激励力量（M）＝期望值（E）×目标效价（V）。

激励力量（motivation）是指激励水平的高低，它表明被激发的动机的强弱，即实现目标的积极性。

期望值（expectancy）是指个人对自己的行为能否达到预定的结果和目标的主观期望，即主观上估计达到目标、得到奖酬的可能性。

目标效价（valence）是指某一目标或奖酬对于满足个人需要的价值的大小，是对目标意义的估价。

这个公式表明，一个人把目标的价值看得越高，估计实现目标的可能性越大，那么这个目标对他的激励作用也就越大。比如，一个学生把上大学当作自我实现和报效祖国的最好选择（他认为上大学效价高），且品学兼优（期望值大），那么，考大学这个目标就会成为他的巨大激励力量。如果一个学生虽然认为上大学的效价很高，但因为学习不好，认为被录取的可能性很小，那么，考大学的目标就不会构成他的激励力量。因此，期望理论告诉我们，应该从提高目标的效价和增强实现目标的可能性两个方面去激励一个人的行为。这就要求个体恰当地确定目标，使自身通过努力有达到目标的可能性，这样才会使人有信心、有决心，从而激发出个体内在的强大力量。如果确定的目标使人感到高不可攀，或者目标太低，不费力就可达到，那么对人的行为就难以产生激励的作用。实际上，只有当期望值和目标效价都高时，激励作用才大。

在思想政治教育和管理过程中，正确运用期望理论对于调动人的积极性、激发人的工作热情、提高工作效率具有重要意义。运用期望理论应注意以下三点：

第一，选择的目标适宜。根据期望理论，只有目标效价和对目标的期望值都较高时，才能对人的行为产生激励作用。因此，确立的目标对个人而言要有现实的可能性，同时要根据主客观条件的变化，对目标进行必要的调整，否则对个人的行为难以起到激励作用。

第二，注意提高目标效价。目标确定后，管理者要善于通过各种途径，深化员工对目标的认识，只有员工深刻认识到实现目标对自身和企业所具有的意义和价值，才能激发其生命潜能，提高其主人翁意识，使其为实现目标而奋斗。

第三，正确运用奖惩机制。期望理论告诉我们，工作绩效与报酬之间的关联性越高，对人产生的激励作用就越大。这是因为人们具有付出与收获相平衡的心理需要，当付出了心血和劳动，并取得成绩之后，人们总是期望得到相应的物质和精神回报，以获得内心的平衡。此时，如果及时进行物质和精神奖励，就能够满足人们的心理需要，激励人们的行为达到更高的水平。否则，缺乏必要的奖励机制，就会扼杀人的积极性，使人的工作动机逐渐退化。

（2）公平理论。

公平理论是美国行为学教授亚当斯（J. S. Adams）于 1967 年提出的。公平理论认为，人的工作动机不仅受所得绝对报酬的影响，而且受相对报酬的影响，即一个人不仅关心自己收入的绝对值，而且关心自己收入的相对值。每个人都会自觉或不自觉地把自己付出的劳动、所得的报酬与他人付出的劳动、得到的报酬进行比较，还会把自己现在付出的劳动、所得的报酬与过去付出的劳动、所得的报酬进行比较。通过比较，个体会产生公平或不公平感。当个人产出和投入之比与比较对象基本一致，即报酬相当时，就会因为待遇公正合理而心情舒畅，并继续保持自己努力工作的热情。相反，当一个人感到自己的产出与投入之比和他人的产出与投入之比不相等，如果自己的比值小于比较对象时，就会产生不公平感。此时，比较者常采取发牢骚、减小投入、降低工作质量甚至离职的做法，以求得心理平衡。此外，当个体通过比较感到获取的报酬多于工作付出时，就会加倍努力工作，使自己的付出与报酬相匹配。

公平理论告诉我们，一个人所获得的绝对值与他积极性的高低无直接、必然的联系，真正影响人的积极性的因素是他所获报酬的相对值。因此，管理者要想调动人的积极性，就必须从以下三个方面入手：

首先，要建立公平的奖励机制。在处理提薪、提职、评奖等问题时，杜绝不公平现象的发生，真正做到按劳分配、多劳多得。

其次，要建立平等的竞争机制。合理的奖酬是以公正科学的评价为基础的，缺乏科学的评价标准和措施，就会产生不公平的现象。因此，加强科学管理、建立平等的竞争机制是消除不公平现象的重要途径。

最后，要加强对员工的思想教育。要增强员工的主人翁意识，树立顾大局、讲奉献、爱岗敬业的精神，克服绝对平均主义、斤斤计较、患得患失的思想。

（3）目标设置理论。

目标设置理论是美国马里兰大学管理学兼心理学教授洛克（E. A. Locke）于 1968 年开始研究和实践的一种激励方法。洛克认为目标具有激励作用，目标能把人的需要转变为动机，使人们的行为朝着一定的方向努力，并将自己的行为结果与既定的目标相对照，及时进行调整和修正，从而实现目标。经过 20 多年的不懈研究，至 1990 年，洛克等人在《目标设置理论与任务行为表现》一书中较为全面地介绍和阐述了目标设置理论。

首先，洛克将目标分为三类，一是内在的有意识的目标，二是内外交互的目标，三是外在的无意识的目标。他认为，个体内在的目标、动机和实际行为受外在目标的影响，并且常常由外在目标转化而来。而一旦形成内在目标，便会对个体的行为产生推动作用。因此，如果要求员工完成外在的具体任务，必须引导员工将外在要求转化为自己的内在追求。

其次，洛克提出，目标有两个最基本的属性：明确度和难度。这两个因素对绩效具有重要影响。明确的目标使人们更清楚要怎么做，付出多大的努力才能达到目标。目标明确便于个体准确评价自身的能力，有助于减少行为的盲目性，提高行为的自我控制水平。而目标难度则影响目标实现的可能性。因此，洛克认为要把握好目标难度，使目标难度与个体的实际水平相吻合。一般来说，目标难度依赖于人和目标之间的关系，同样的目标对某个人来说可能是容易的，而对另一个人来说可能是难的，这取决于他们的能力和经验。同时，目标的绝对难度越高，人们就越难达到它。因此，应设定中等难度的目标，而难度过高的目标不利于对人的行为产生激励作用。此外，目标设置理论认为，目标设置对个体绩效的影响取决于个体的目标水平与目标投入的状况，即个体能否制定出科学、恰当的目标并全力以赴。洛克提出，个体的目标水平与目标投入受很多因素的影响，其中包括两大因素：一是个人因素，包括能力、价值观、自我效能、因果归因、情绪状态等；二是社会环境因素，如团体标准、奖赏结构、竞争的特征、权威的性质以及反馈的特点等。这些因素不仅影响人们的目标选择，还决定人们对目标的热情程度。

再次，洛克认为，在设置目标时，应着重把握以下环节：一是设置的目标要有一定的难度，但又要在能力所及的范围之内。二是目标要具体明确。例如，对于写一篇文章来说，目标设定为完成 70%要比仅仅试着写写效果好得多。三是必须全力以赴，努力达成目标。如果将你的目标告诉一两个亲近的朋友，那么，就会有助于你坚守诺言。四是中期目标要比长期目标可能更有效。比如，下个星期学完某一章节，可能比两年内拿一个学位的目标好很多。五是要有定期反馈，或者说，需要了解自己向着预定目标前进了多少。六是应当对目标达成给予奖励，用它作为将来设定更高目标的基础。七是在实现目标的过程中，对任何失败的原因都要抱现实的态度。为此，需要正确归因。人们有将失败归因于外部因素而不是内部因素的倾向。只有正确归因，将来成功的机会才能显著提高。

最后，对于影响个体目标设定与绩效之间关系的因素，洛克提出在目标与绩效之间存在着四个调节因素，即自我效能感、目标承诺、反馈和任务的复杂性，它们的变化影响个体的绩效水平。其中，自我效能感制约着个体对挑战性目标的反应水平；目标承诺体现了个体要达到目标的决心；反馈指及时向员工提供有关产出或绩效水平的信息，使得个体能够将自己期望得到的奖赏与实际绩效带来的奖赏联系起来，帮助人们认清已做的和要做的之间的差距；任务的复杂性是调节目标与绩效关系的最后一个因素，它强调工作绩效还受其他变量的调节，如工作中的注意力、付出的努力程度、完成任务的坚持精神等。同时，目标对行为的激励作用受行为者对目标认识的影响，只有在个体从心里接受了这个目标的情况下，目标设置理论才有效。因此，管理者要善于选择具有挑战性的目标，通过广泛的宣传让员工认同并接受目标，这样才能对员工的行为产生激励作用。在此基础上，洛克建立了高绩效循环模型，见图 4－7。

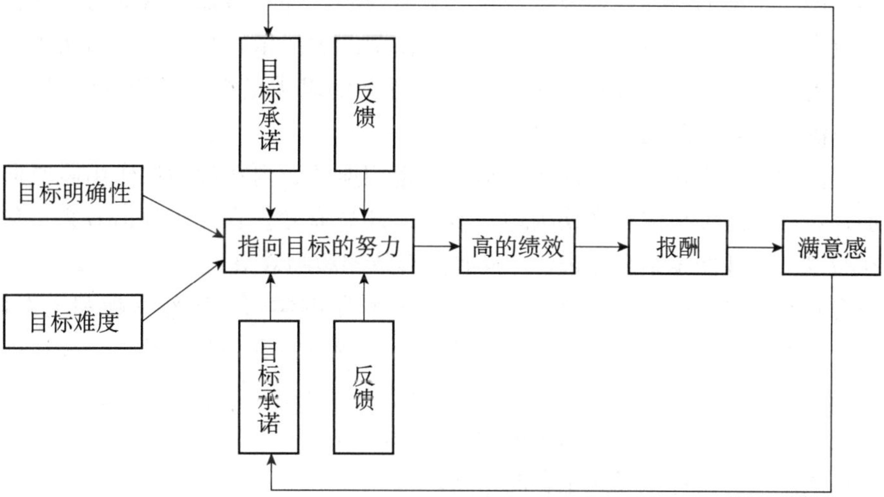

图 4－7　高绩效循环模型

目标设置理论给思想政治教育带来了很多启示。第一，目标设置必须符合教育对象的内在需要和能力水平。第二，目标设置的内容要具体明确，可以量化的目标最好。第三，目标要有阶段性，应将长远目标分解为阶段目标。第四，目标的难度拟定要适当，过高、过低都不能收到良好的激励效果。第五，合理运用反馈机制。积极的反馈能使教育对象产生积极的情绪反应，对其行为起到激励作用，使其以更高的热情进行工作，形成良性循环。第六，目标设置应注重对个体努力程度的反应，进行个性化的工作衡量。因为个体存在着能力、资历、个性性格等各方面的差异，所以目标设置应具有个性化。

除了以上三种理论之外，过程型激励理论还有强化理论、归因理论等。

（三）思想政治教育中的激励

从广义上讲，思想政治教育本身就是一种激励活动，对人具有激励作用。从狭义上讲，思想政治教育过程中充满了激励，具有重要的激励功能。如何借鉴上述激励理论，有效地发挥思想政治教育的激励功能，是思想政治教育心理学所要研究的重要课题。

1. 思想政治教育中的激励原则

正确的激励原则是保证激励作用充分发挥，最大限度地调动人的积极性、主动性、创造性的指导思想和行为准则。思想政治教育中的激励原则主要有：

（1）内在激励与外在激励相结合的原则。

内在激励是自身产生发自内心的一种激励力量。内在激励更稳定、更持久、更有力，是一种主导性的激励。内在激励来自内心，来自对学习、工作、生活的兴趣、爱好，来自对组织、群体的认同，来自高级需要的满足。

外在激励来自学习、工作、生活的外部，是教育者采取一定的措施、强化组织成员的动机、调动人的积极性的激励方式。外在激励不仅可以满足人的低级需要，而且也可以通过职务升迁、授予荣誉称号等满足人的高层次的需要，同样具有较强的激励作用。

内在激励和外在激励都以个体需要为起点，以实现目标为目的。但两者之间又有明显的区别。内在激励的激励力量来自自身、来自内心，外在激励的激励力量来自环境刺激、来自教育者的刺激；在内在激励中，人的需要的满足依靠个人的努力实现，在外在激励中，人的需要的满足主要由他人给予；内在激励以满足需要为激励的终点和目的，外在激励以满足需要为激励手段和起点。

在实践活动中，内在激励和外在激励是紧密相连的。内在激励的作用需要通过外在激励来加强，外在激励往往在转换为内在激励时才更有效。在思想政治教育工作中，只有把内在激励和外在激励结合起来，才能收到有效的激励效果。

在思想政治教育过程中，既要重视培养教育对象的学习、工作兴趣和主人翁精神，激发他们的成就欲，帮助他们根据工作需要和自身特点找到一条能够充分发挥能力、实现自我发展的道路，同时也不能忽视外在激励因素，要运用工资、奖金、福利、待遇、表扬等强化手段，调动教育对象的积极性。

（2）物质激励与精神激励相结合的原则。

物质激励是指以满足人们物质生活需求为主要目的的激励形式，其激励物是金钱、物品等，通过改善人的衣、食、住、行等生活条件，来调动人的积极性。在社会主义初级阶段，在人们的物质生活水平还不是很高的情况下，物质激励具有重要的意义，也有较强的激励作用。

精神激励是指以满足人们的精神文化生活需求为主要目的的激励形式，其激励物是奖状、奖章、称号等，通过满足人的精神需要来调动人的积极性。人是社会的人，人不仅需要物质生活，而且迫切需要精神生活，随着人们物质生活水平的提高，人们的精神需要将越来越高。

虽然物质激励和精神激励的激励力量、激励效果有差别，但应当承认它们都有激励作用；虽然两种激励对不同的人有不同的激励力量，但就同一个人来说，两种激励都是必要的。在思想政治教育中，应当注意把物质激励和精神激励结合起来，只有善于交替使用、灵活使用这两种激励，才会收到良好的激励效果。

（3）公平公正原则。

公平理论要求思想政治教育过程中的激励必须遵循公平公正的原则，否则就会使教育对象产生不公平感，影响其积极性的调动和发挥。

如何做到公平和公正？日本社会心理学家古畑和孝提出公正的分配方法有三种：一是公平分配，即根据人们在劳动中各自贡献的大小进行分配；二是平均分配，即不管人们的贡献多少，平均地进行分配；三是按必要性进行分配，即根据每个人的需要进行分配。但是，这三种分配方法不是在任何时候、任何情况下都是公正的。古畑和孝认为，公平分配主要适用于人类的经济活动，在以提高经济效果为主要目的的协作劳动中应选择公平分配方法；平均分配多用于朋友之间，即在以促进和维持愉快的社会关系为主要目的的协作关系中应选择平均分配方法；按必要性进行分配，主要在家庭内进行，即在以促进个人发展和幸福为主要目的的协作关系中应选择按必要性进行分配的方式。古畑和孝的这种见解对于在思想政治教育激励中如何运用公平原则具有一定的指导意义。

首先，在协作劳动和工作中，应根据个人工作的优劣、贡献的大小进行公平分配，这是公正的，而吃大锅饭、搞平均主义则是不公平、不公正的。同时，在职称晋升、职位提拔等方面，也应当根据人们的工作绩效和能力素质公平对待，不能有亲有疏，违反公正的原则。

其次，在福利待遇方面，应以增进群体团结、营造良好的群体氛围、促进个体的身心健康为目的。因此，应采用平均分配的方式，体现出对每个人人格的充分尊重。

最后，在个人发展、智力开发和劳动保护方面，要根据个人需要和工作需要加以安排，选择按必要性进行分配的方式。比如，特殊职业的劳动保护、新员工的岗位培训等就需要根据必要性原则进行分配。

（4）因人制宜原则。

激励的诱因是根据人的未满足的需要设置的，而人与人的需要是千差万别的，因此，激励应遵循因人制宜的原则，从教育对象的现实需要入手，采取不同的激励手段，以满足教育对象的具体需要。那种“一刀切”式的单一的激励方法，难以满足不同教育对象的心理需要，不能对他们起到有效的激励作用。

2. 思想政治教育中的激励方法

思想政治教育中激励的方法很多，如政策激励、目标激励、榜样激励、强化激励、信任激励、成就激励等。归纳起来，可以分为四类：第一类，在教育对象行为之前所采取的激励方法，以目标激励为代表；第二类，在教育对象行为过程中所采取的激励方法，以强化激励为代表；第三类，在教育对象行为之后所采取的激励方法，以奖励激励为代表；第四类，贯穿于教育对象的行为始终，是正确运用思想政治教育中教育者与教育对象之间关系的激励方法，以信任激励为代表。

（1）目标激励。

目标激励是利用一定目标对动机的刺激作用去激励人的积极性、主动性、创造性的方法。激励的目标可以是物质的，也可以是精神的。明确而清晰的目标对于人生发展具有重要影响。美国哈佛大学曾经做过关于目标对人生影响的追踪调查，该调查随机抽取了 5 000 人作为被试，了解他们是否有人生发展的目标。其中，有 27%的人表示没有目标，60%的人目标模糊，10%的人有比较清晰的短期目标，3%的人有十分清晰的长期目标。25年后，27%没有目标的人生活在社会最底层，失业者居多，靠社会救济生活；60%目标模糊的人生活在社会中下层，但生活比较稳定；10%有比较清晰的短期目标的人成为社会中上层的人，如医生、律师等；3%有十分清晰的长期目标的人成为社会各界的成功人士。这说明了目标对于人生发展具有的重要推动作用。

根据激励理论，运用目标激励法应注意以下几点：

第一，目标对教育对象要有价值，即目标对教育对象的效价高。在为教育对象设置目标时要考虑教育对象的利益和需要。忽视教育对象的利益、不符合教育对象需要的目标，即使非常美好，对教育对象来说也毫无意义，也没有激励作用。

第二，目标要有挑战性和可行性。缺乏挑战性的目标难以成为推动教育对象前行的动力。但是，目标设置还要具有可行性，如果教育对象对目标的期望概率低，同样难以形成对行为的激励作用。因此，应避免目标设置过高或过低。

第三，目标要有层次性和阶段性，即为教育对象设置目标时，要注意把物质目标和精神目标、小目标和大目标、短期目标和长期目标、阶段目标和总目标等结合起来，以满足不同层次的教育对象的需要。同时，还要采取"大目标、小步子"的方法，把总目标分成若干阶段性的目标，使人们通过实现阶段性目标，增强实现总目标的信心。可见，将总目标和阶段性目标相结合，可以使人的积极性得到不断的激发，从而获得最佳的行为效绩。

第四，目标要明确具体。在设置目标时，可运用"6W"和"2H"的方法。"6W"：What，即要达成什么目标；When，即什么时候达成目标；Where，即达到目标要利用的场所和地点；Who，即促成目标实现的有关人物；Why，即确定目标的理由；Which，即制定不同的行动方案以供选择。"2H"：How，即如何实现目标（如何去做）；How much，即花多少费用和时间去实现目标。

第五，目标要有社会性，即在设置目标时，既要考虑集体利益、国家利益、社会利益，也要考虑个人的利益，把个人目标同集体目标、国家目标结合起来。只有如此，激励作用才会更强。

目标设置好后，还要制订相应的行动方案，要善于将目标转化为行动，并在行动中及时完善方案、调整目标，最终实现目标。

（2）强化激励。

强化激励是指教育者通过对教育对象行为的肯定，使其行为继续发生的激励方法。

在教育对象的行为过程中，实施强化激励应当注意以下几点：其一，强化要及时。教育对象的行为一经发生，就要及时强化，不要等到整个过程终结。其二，正强化和负强化要结合运用。正强化指当个体做出一个行为后，给予一个积极强化物，这会增加个体做出该行为的频率，包括发奖金、表扬、提升、改善工作条件、安排挑战性的工作等。负强化指当个体做出一个行为后，取消厌恶性刺激，这也会增加该行为的出现频率，包括撤销批评、处分、降级等，有时恢复减少的奖金也是一种负强化。其三，强化要适度。无论是正强化还是负强化，都要根据对象、环境及其他客观情况，对激励的强度、频率加以控制，防止肯定或否定过头和不足的现象。其四，强化要准确。强化要在实事求是的基础上实施，做到既恰如其分，又准确无误。

（3）奖励激励。

奖励是一种事后激励的手段，通过对个体行为进行积极评价和正向反馈，有助于满足人们的物质需要和精神需要，激发人的荣誉感、进取心和事业心，调动人的积极性，最大限度地挖掘人的潜能，鼓励人们保持和发展这种积极行为。从心理学的角度来讲，奖励能引起人愉快的感受，从而推动人积极行为的持续发生。因为任何人都希望得到他人或社会的赞赏，这是一种普遍的心理状态，奖励可分为物质奖励和精神奖励两种形式。

运用奖励激励时应当注意以下几个方面：一是奖励要及时、适当、公平；二是个人奖励和集体奖励相结合；三是有形奖励和无形奖励相结合；四是常规奖励和临时奖励相结合；五是物质奖励和精神奖励相结合；六是保持奖励制度的相对稳定性。

（4）信任激励。

信任激励是教育者通过对教育对象的信任、尊重、任用、支持等激发其积极性、主动性和创造性的激励方法。教育者对教育对象的信任可以增强教育对象的安全感、自尊心、自信心，满足其高层次的心理需要。信任激励是最富有成效的激励方法，也是其他激励方法的总纲，关怀激励、情感激励、民主激励、授权激励、理解激励、归属激励等都可以看作信任激励的具体化，是在信任基础上展开的。

实施信任激励应当做到以下几点：其一，相信人的能力、觉悟，尊重人的意志和人格；其二，放手发动群众，支持群众的首创精神，为人们施展才华提供条件和机会；其三，吸收员工参与决策和管理，激发他们的主人翁意识和主观能动性；其四，从思想上、工作上和生活上关心人、爱护人，体察人的困难，理解人的难处，设身处地地替教育对象着想；其五，正确对待犯错误的人，给其改正错误的机会。

二、思想政治教育的态度转变功能

态度是社会心理学研究的重要领域。思想政治教育要引导人们形成社会需要的思想、意识、观念等，实际上就是解决教育对象的态度转变问题。从这个意义上说，思想政治教育的过程就是教育者对教育对象进行劝说，以促使其形成正确的态度或者转变错误的态度的过程。因此，思想政治教育具有促使教育对象态度转变的心理功能。

（一）态度与行为的关系

态度与行为的关系非常密切，人的态度会在很大程度上指导人的行为，对人的行为具有指导性和动力性的影响。

1. 态度的内涵

最早肯定态度的作用的是19世纪末的心理学家C. 朗格。“他在一项研究反应时间的实验中发现，当被试心理上对自己需要作出的反应有所准备时，则其所作出的反应时间比其他被试要快。由此可见，被试心理上的准备状态支配着个人的记忆、判断、思考和选择。这种心理准备状态实质上就是态度。”[①] 对于态度的界定，不同学者有不同的定义。G. 奥尔波特受行为主义影响，“认为态度是一种心理与神经的准备状态，它通过经验组织起来，影响着个人对情境的反应”[②]。该定义强调经验在态度形成中的作用。克雷奇等人 1948 年在《社会心理学的理论和问题》一书中提出，态度是“一种和个人所处的环境有关的动机、情绪和知觉过程的持久组织”。该定义忽略了过去的经验，强调现在的主观经验，反映了认知派的理论主张。弗里德曼（Freedman）认为，态度是个体对某一对象所持有的较为稳固的由认知、情感和行为倾向三个成分组成的心理倾向。这一定义强调了态度的组成及特性，是目前学界比较认同的对态度的界定。据此，对态度概念的理解和把握可以从以下四个方面进行：一是态度是主体对客体的心理反应；二是态度是一种稳定的心理倾向；三是态度对人的行为具有指导性和动力性的影响；四是对象性、观念性、评价性和持久性是对态度进行定义的基本出发点。

2. 态度的构成

根据弗里德曼对态度构成的研究，态度由认知、情感、意向三种成分构成。

态度的认知成分是指人们对态度对象的认识和了解，以及在此基础上产生的对这一对象的看法和评价，包括对态度对象有关事实、知识的认识以及由此形成的信念等。认知成分是态度的基石。

态度的情感成分是指人们对于态度对象肯定或否定的评价以及由此引发的情绪情感体验，如爱憎、好恶等。情感成分是态度的核心与关键，它既影响人们的认知，也决定人的行为倾向。

态度的意向成分是指人对态度对象的反应倾向，即个体对态度对象准备做出的反应，是行为的准备状态。行为倾向会影响到人们将来对态度对象的反应，但他不等于外显行为，它们之间的关系可见图 4-8。

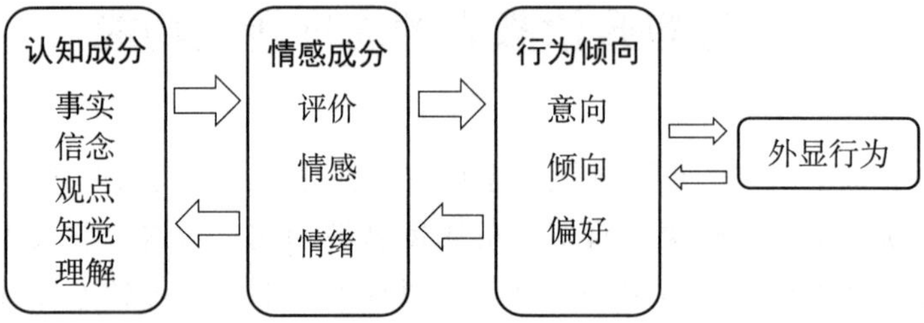

图 4-8　态度的成分及其关系

在一般情况下，态度的三种心理成分是协调一致的。但有时也会出现不一致的情况，这种不一致常常表现为理智与情感的矛盾。当二者不一致时，情感决定人的态度和行为，如“敬而远之”“可敬不可爱”等。

3. 态度对行为的影响

态度是一种心理倾向，一种行为反应倾向，态度对人的行为有着极其重要的影响。

首先，态度决定行为对象。一个人在对某人、某事、某物进行行为选择时受态度的

---

① 时蓉华．新编社会心理学概论．上海：东方出版中心，1998：191.

② 侯玉波．社会心理学．北京：北京大学出版社，2002：95.

影响，人们的行为选择往往指向那些持积极态度的对象，而远离那些持消极态度的对象。因此，态度决定行为对象的选择，使得人们的行为具有较大的选择性。

其次，态度调节行为方向。当一个人的行为对象不能自己选择，而必须指向某一对象时，态度便对行为方向进行调节，驱使人趋向行为对象或背离行为对象。

再次，态度预定行为模式。态度是一种行为反应的倾向性，一个人对某一对象的态度一经形成，便会对同类对象都具有相同的反应倾向，在行为上常常会有着相同的行为模式。也就是说，态度虽然不是行为本身，但可以预定人的行为模式。

最后，态度影响行为效率。态度的核心成分是价值观，即一个人对于某一对象的态度取决于该对象对于该人的价值。该对象对于该人的价值大，该人就对其保有积极的、正面的态度；反之，则产生消极的负面态度。积极的态度，导致积极的行为，促使行为效率提高。

（二）态度转变的理论依据

一般来说，态度的转变分为两种：一种是改变原有态度的强度，但方向不变，此为一致性改变；另一种是以新的态度取代原有的态度，即方向的转变，此为不一致改变。态度形成与转变的理论依据有以下几种：

1. 认知失调理论

认知失调理论是美国心理学家菲斯汀格（L. Festinger）于 1959 年提出的。他认为，人的整体认知结构是由若干知识、态度、观点、信念等组成的，以上每一项内容就是一个认知因素。它们之间存在三种情况，见图 4－9。

人的认知因素
- 互不相关的因素：如我是英语系的学生，我喜欢踢足球
- 相关因素
  - 协调关系：如我是英语系的学生，我喜欢学英语
  - 不协调关系：如我是英语系的学生，我不喜欢学英语

图 4－9　人的认知结构

菲斯汀格认为，人们的认知因素之间并不总是一致的，常常会产生矛盾，即认知失调。当人们的认知彼此冲突时，就会导致个体心理上的不愉快，产生紧张感和压抑感。这种不愉快的感觉就会成为心理内驱力，促使个体设法减轻和消除这种不协调状态，使认知重新协调起来。其实，个体认知协调的过程，也就是态度的转变过程。菲斯汀格认为，个体认知因素之间的矛盾强度越大，则人们想要减轻或解除失调的动机也就越强烈。该理论的主要观点是：其一，认知因素具有独立性，因而认知矛盾不可避免；其二，认知矛盾造成特定的心理压力，促使人们改变态度，缓解压力，实现心理平衡；其三，认知矛盾运动具有特殊的心理表现形式，即“失调效应”，其运动方向总是指向消除矛盾，即减小失调。

菲斯汀格提出的改变认知不协调状态的途径有以下几种：

其一，改变某一认知因素，使其与其他因素趋于协调。比如，“吸烟可能导致肺癌”和“我每天抽许多烟”是不协调的两个认知因素，改变其中的一个因素，将“吸烟可能导致肺癌”改变为“吸烟导致肺癌缺乏科学根据”，就可以使二者协调起来。或者，改变

另外一个认知因素，减少每天的吸烟量，也可以使二者达到协调。

其二，强调某个认知因素的重要性，而淡化另外一个认知因素。比如，强调吸烟获得的积极意义（获得灵感、提神、放松精神、减轻痛苦等），而淡化吸烟的严重后果。或者，强调吸烟的严重后果，而淡化吸烟给自己带来的快乐体验。

其三，增加新的认知因素，使原有的认知冲突得到缓解和解决。比如，过滤嘴香烟可以过滤掉90%的尼古丁，大大减少其对人体的伤害。或者，世界上吸烟的长寿者很多。

菲斯汀格的认知失调理论是一种独特的动力理论，他认为态度转变的动力来自认知矛盾，即来自认知失调。而人渴望获得内心平衡的倾向是人转变态度、产生行为的动力来源。

2. 认知平衡理论

认知平衡理论是海德（F. Heider）于1958年提出的。海德认为，人的心理活动是在人与社会因素（社会事件、他人、文化观念等）的相互作用中实现动态平衡的。因此，他人的态度对于个体态度的形成和转变具有重要影响。个人在社会生活中与他人建立的关系是通过某些事形成的，如果用P代表态度主体，用O代表与态度主体关系密切的另一个人，用X代表态度对象，这里就存在一种P-O-X封闭的三角形模式（见图4-10）。

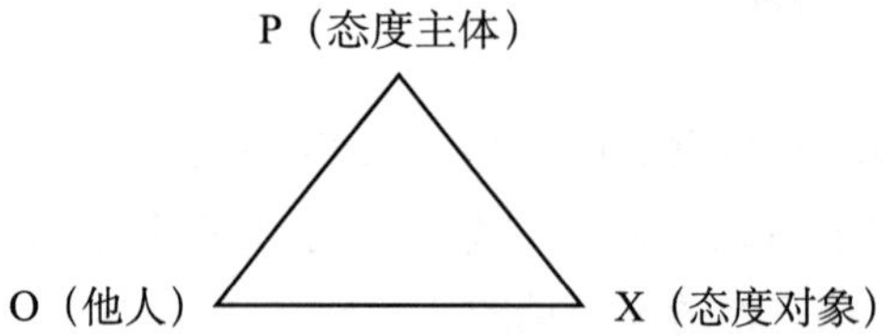

图4-10　海德的P-O-X模型

海德认为，P、O、X三者之间的感情关系相互影响，如果三方面关系协调，则P-O-X体系呈均衡状态，态度主体P的态度无须改变；如果三方面认知失调，则会引起态度主体内心的焦虑与不安，导致态度主体设法改变态度，以恢复内心的平衡状态。比如，态度主体是个女孩，O代表女孩的母亲，X代表女孩的男朋友。如果女孩与她妈妈的感情很好，同时她也很爱她的男朋友，那么，他们三者之间的关系是否和谐，取决于女孩妈妈对其男朋友的态度，如果她妈妈也喜欢其男友，则是皆大欢喜的结局，他们的内心都是愉快和平衡的。但是，如果女孩的妈妈看不上其男友，则会对女孩造成极大的心理压力，导致其左右为难，内心失衡。此时，为了摆脱这种痛苦的状态，恢复内心平衡，女孩只好设法改变其母的态度（使她接受其男友）或者改变自己的态度（向她妈妈妥协，与男友分手；或者与家庭决裂，与男友站在一起）。平衡理论强调认知的一致性，认为人有在心理上保持态度体系平衡的需要。当态度体系中出现不一致性，平衡破坏了，就会设法改变态度以恢复心理平衡。

平衡理论的特点是在指出态度转变的规律时，比较注重人与人之间在态度上的相互影响，强调人们社会态度的转变是接受他人影响的结果。

菲斯汀格的认知失调理论同海德的认知平衡理论的基本假设是一致的（人们都力求认知的一致性，当出现认知冲突时会给人们带来心理上的压力，这种压力促使人们转变态度，实现认知因素的协调一致）。但是，菲斯汀格强调个体通过自我调节达到认知平衡，而海德更着重于人际关系对认知平衡的影响。所以，有人把他们的理论共同称为认知理论或认识的一致性理论。

3. 认知说服理论

认知说服理论是美国心理学家、传播学家霍夫兰（C. Hovland）于1959年提出的。他认为态度的转变是一个系统工程，既受说服者可靠性和专业性的影响，又受信息沟通的艺术和方式、方法的影响，同时还受被说服者原有的态度和各种人格特征及当时环境状况的制约。他提出的认知说服模型见图4－11。

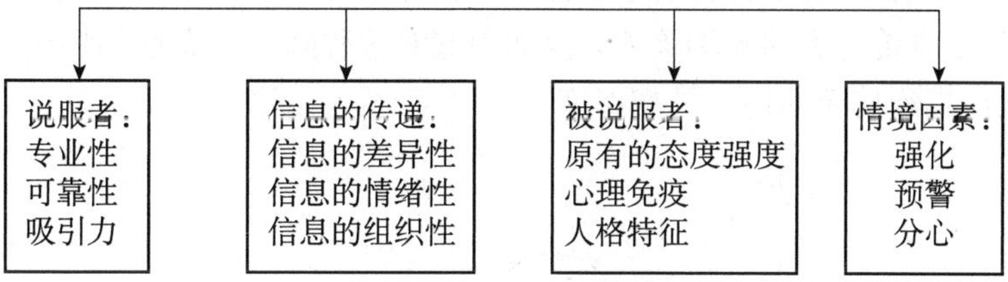

图4－11 认知说服模型

从上述模型可以了解到影响态度转变的各种因素，而说服的效果也是由这些因素的相互关系或作用决定的。

（1）说服者——信息源。

作为信息来源的说服者，不仅其说服的内容，而且其本身的许多条件都会对说服对象态度的转变产生不同的影响。说服者自身的影响因素主要表现在以下三个方面：

其一，专业性（专家身份）。在说服过程中，说服者所具有的身份非常重要，他具有使人信服的权威性。美国社会心理学家阿伦森、特纳尔等人的研究发现，说服者的专家身份在说服过程中权威性最强，最容易使态度对象信服而改变原有的态度。

使说服者具有权威性的因素很多，如说服者所受的教育程度、专业训练、社会经验，以及其年龄、职业和社会地位等。这些因素能够使说服者在态度对象的心目中成为某方面的权威。一般来说，说服者的权威性越大，态度对象改变自己态度的可能性就越大。

其二，可靠性。可靠性是指态度对象对说服者的相信程度。说服者的人格特征、外表仪态和讲话时的信心都会影响到说服者的可靠性。其中，说服者的人格特征最为重要。而说服者人格特征中公正、客观和无私的品质对于其可靠性尤为重要。因为，即使一个说服者是专家、权威，一旦人们发现他的说服动机是为了私利，其影响力就会大大下降。

其三，吸引力。说服者是否具有令人喜爱的个性特征，能否对说服对象产生吸引力，对于说服者的态度转变具有重要影响。凯尔曼的研究发现，喜欢能引起态度变化。换句话说，说服者越具有吸引力，说服对象对其的喜欢程度就越大，就越易接受其影响改变态度。对一个人产生吸引力的因素很多，如形象、能力、特长、个性品质等。

（2）信息传递的方式。

在说服过程中，信息传递的方式不同，说服效果也大不相同。

其一，信息的差异性。信息的差异性是指说服者所传递的信息与说服对象原有的态度之间的差别。比如，我们可以把人们的某一态度分为7级（见图4-12）。

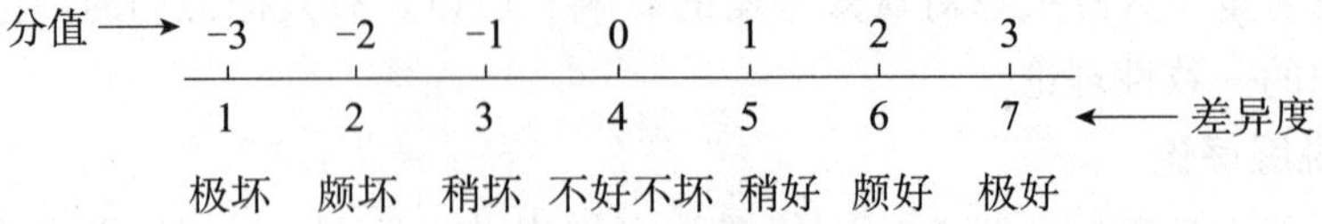

图4-12　信息的差异性

一般来说，差异会产生改变态度的压力，差异越大，压力也越大；差异越小，压力也越小。那么，差异度与态度改变是什么关系呢？美国社会心理学家阿伦森等人1963年的研究发现，中等差异引起的态度变化最大，它们之间的关系像一个倒U形（见图4-13）。这是因为信息传递者的极端陈述，反而引起对这种陈述可靠性的怀疑，以至于产生抵触情绪，从而拒绝接受劝说，转变态度。

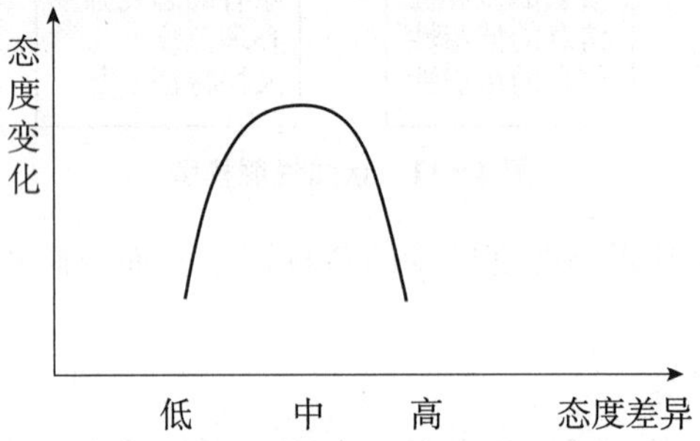

图4-13　态度差异与态度变化的关系

其二，信息的情绪性。要改变态度对象的态度，既可以借助理性说服，也需要运用情绪唤起。实验证明，唤起态度对象的情绪、情感有助于改变态度对象的态度，特别是恐惧唤起有助于态度和行为的改变。

但是，这一结论不是绝对的。罗杰斯和梅博恩在1976年发表的《恐惧性要求与态度改变》一文认为，恐惧唤起是否能有效地产生态度改变，取决于三个因素之间的相互作用。这三个因素是：事件的有害性、事情发生的可能性、处理响应的有效性。他们认为，在多数情况下，恐惧唤起可提高劝说效果，但太强的恐惧也可能使说服效果适得其反。因此，在进行劝说而运用恐惧唤起手段时，一般可采用中等强度的恐惧，同时应考虑对其他变量的控制。

其三，信息的组织性。信息的组织性是指信息的传递者如何组织、安排信息的发送，这对于态度对象的态度转变具有重要影响。信息的组织发送可以考虑以下两个因素：

第一，单向传递与双向传递问题。单向传递指在说服过程中，说服者只单方面表明对自己有利的观点。双向传递是指在说服过程中，说服者既表明自己的观点，也介绍相反的论点。霍夫兰等人的研究发现，当听众与传递者的观点一致或对问题不熟悉时，单向论证效果更好；如果听众与传递者的观点不一致，听众对其所面对的问题又熟悉，特别是又受过良好的教育，双向论证的效果远大于单向论证。因为单向论证会被看作传达者的偏见，从而增加抵制作用。

第二，首因效应与近因效应问题。首因效应指第一印象对人们形成态度具有重要影响。近因效应指最新获得的信息对人们形成态度会产生重要影响。那么，在态度形成过程中，到底是首因效应作用大还是近因效应作用大呢？根据社会心理学的研究，如果提供一个论点后，紧接着提供相反的论点，被说服者隔一段时间后才表明态度或者采取行动，则产生首因效应，即先传递的信息会有更好的说服效果；如果提出一个论点后，隔一段时间才提供相反的论点，被说服者又要马上表明态度或采取行动，则会出现近因效应，即后传递的信息会有更好的说服效果。根据这一理论，说服者可以把对自己有利的信息放在相应的顺序上，可以起到良好的说服效果。

(3) 目标对象——被说服者。

在说服过程中，被说服者是个具有能动性的复杂系统，任何外部影响都要通过说服对象自身的因素而起作用。因此，研究被说服者自身影响态度改变的因素相当重要。

其一，原有的态度强度。被说服者原有的态度强度对于其改变态度具有重要影响，而被说服者原有的态度强度与以下因素密切相关：一是态度系统的稳定性。被说服者如果原有的态度系统中的三个要素，即认知、情感和意向处于协调状态，则态度系统是稳定的，其不易改变态度；反之，则容易改变态度。二是态度的阶段性。态度的阶段性是指被说服者的某种态度处于态度形成过程中（服从、同化、内化）的哪个阶段，其态度的可变性及其变化程度随着态度阶段的增高而降低。三是态度的时间性。原有态度形成的时间越长，越不容易改变。相反，刚刚形成的态度则缺乏稳定性，往往容易改变。四是承诺。社会心理学的研究发现，承诺与态度改变密切相关。确切地说，承诺可以增加态度的强度。因为人们做出某种承诺后，为了给人留下负责任的形象就会设法坚持原有的态度，因而增加了态度改变的难度。

其二，心理免疫。一个人的态度能否转变，还取决于其心理防御能力的强弱。一般来说，一个人已经形成的态度与看法若从未接触过相反的意见并有与之交锋的经验，就易于被人说服而发生改变；相反，人要使自己的观点不被说服，就要有更多的论点支持，或通过与相反观点的论争去增强抵抗力。人们的心理免疫越强，就越不容易改变态度。个体的心理免疫力与以下两个因素有关：一是支持其态度的论点、论据是否充分，二是对相反观点的心理准备。

其三，人格特征。人格特征是人们在与生俱来的生理特点的基础上受后天环境、教育等长期影响并通过个人的实践活动形成的稳定特性，它对个人理解与接受当前的信息，是否或在多大程度及速度上去改变原有态度，以及以何种方式去表达态度都具有重要影响。人格特征主要包括智力因素、性格特征、自我心理防卫机制等。

第一，智力因素。一般认为，智力高的人比智力低的人难以被说服，因为智力高的人具有较强的分析判断能力，不易被人所左右；智力低的人缺乏分析辨别能力，喜欢人云亦云，容易被说服。但迄今为止还缺乏证据说明智力水平与可说服性程度之间的确切关系。

第二，性格特征。性格特征对态度改变的影响主要表现在以下几个方面：首先，自尊心强的人比自尊心弱的人更不容易被说服。因为自尊心强的人往往很看重自己已经确立的观点与态度，在遇到他人的说服或攻击时常会认为是对自己价值的贬损，因此便竭力加以抵制。其次，依赖性强的人容易相信权威而改变态度。再次，性格内向、思想僵化的人不易改变态度。最后，女性比男性易改变态度。

第三，自我心理防卫机制。自我心理防卫机制简称心理防卫，是精神分析理论提出的概念，是指当自我受到超我、本我和外部世界的压力时，自我发展出的一种机能，即用一定方式做出心理上的调整，以缓和冲突对自身的威胁，避免精神上的痛苦、紧张焦虑、尴尬、罪恶感等心理的困扰。自我心理防御机制往往使用歪曲知觉、记忆、动作、动机及思维，或完全阻断某一心理过程的方法进行心理防御，以避免受到不良心理如痛苦、焦虑、恐惧等情绪的困扰。因此，自我心理防御机制有某种自我欺骗的性质。实际上，心理防卫也是一种心理上的自我保护法。自我心理防御机制不是蓄意使用的，它们是无意识的或至少是部分无意识的，真正的防御机制是无意识进行的。自我心理防御机制可分为积极的防御机制和消极的防御机制两种。积极的心理防御机制有利于身心健康，消极的心理防御机制则对身心健康有害。在认知改变过程中，自我心理防卫机制强的人，往往旨在保护自己，维持原有态度，因而会拒绝新的信息摄入而不易改变态度。自我心理防卫机制强的人，旨在保护自己，维持原有态度，因而不易改变态度。

（4）情境因素。

情境因素虽然不是与劝说过程直接相关的变量，但它们也是影响态度改变的一种背景因素，对于态度对象的态度变化起着辅助作用。

其一，强化。说服者在说服过程中，如果能够利用周围环境中的因素，营造出某种氛围，则会对说服过程产生强化作用，增加其影响力，有利于态度对象的态度改变。比如，会场的布置、房间的装饰等都可以起到强化作用。如心理咨询室布置温馨，可使人产生温暖感和安全感；审讯室布置森严、肃穆，可对犯人产生威慑力，促使其放弃抵抗，改变态度。

其二，预警。预警是指如果人们在接受劝说前，预先了解了劝说的内容，则会使说服对象有机会组织起相反的观点而产生心理免疫，从而更有力地抵御这一观点的说服。

弗里德曼和西尔斯（D. O. Sears）1965 年曾经做过一个实验。研究者在 10 分钟之前告知一部分青少年被试者，他们将去听一个“为什么不允许青少年开汽车”的报告，而另一些孩子则在开始时才听到这个主题。结果，得到预警的一组被试者受报告的影响比未受到预警的被试者要小得多。

其三，分心。分心是指利用某些内外刺激因素的干扰，引起态度对象的注意力转移，使之难以把注意力集中在对所接受信息的抵制和反驳上，从而提高说服效果。但是，如果分心过度，说服对象根本没有注意到说服的内容及其合理性，也不利于态度的改变。

（三）思想政治教育与态度转变

思想政治教育在很大程度上所做的工作就是转变态度的工作，包括把社会所要求的思想行为规范转变或转化为教育对象的政治思想品德和良好的行为习惯，转变教育对象的世界观、人生观、价值观，转变教育对象已经形成的某些不正确或不完全正确的思想或行为，转变教育对象的态度，等等。其中促使教育对象态度的转变就是思想政治教育的重要心理功能之一。

在思想政治教育中，态度转变过程由教育者、教育对象、教育内容、教育方式和教育环境等几个要素或环节构成。

1. 教育者与态度转变

在思想政治教育过程中，教育者对于教育对象态度的转变起着决定性的作用。

（1）教育者的威信是决定教育对象态度转变的关键因素。

无数教育理论和教育实践证明，教育者的威信高低，对于教育对象的态度转变具有至关重要的影响。教育对象只有感到教育者可亲、可敬、可信，才会对教育者的教诲铭记于心、体现于行，变成激励自己前进的动力。

心理学研究表明，教育对象的接受心理往往从信服教育者的人品、学识开始，进而相信他所教授的道理，再逐步内化为自己的思想、观念，最终外化为行为。而教育者威信的高低，不在于他是否“厉害”、有“威严”，而在于他是否德才兼备，成为教育对象的楷模。正如爱因斯坦所说：“教师使用的强制手段要尽可能地少，学生对教师尊敬的唯一源泉在于教师的德和才。”[①]

习近平总书记在全国学校思想政治理论课教师座谈会上对思政课教师提出了“六要”，即政治要强、情怀要深、思维要新、视野要广、自律要严、人格要正。这六个方面的要求也同样适用于思想政治教育者，对于提高思想政治教育者的威信具有指导意义。美国社会心理学家伯鲁还从以下三个方面研究了教育者的威信[②]：第一个方面是教育者对人的态度，即可信性因素，由以下三个指标构成，即公正、友好、诚恳；第二个方面是教育者的业务水平，即专业性因素，由以下四个指标构成，即专业训练、教育经验、教育技能、专业知识；第三个方面是教育者的表达能力，即表达效果，由以下四个指标构成，即表达时勇敢还是胆怯、主动还是被动、语调坚定还是语调绵软、精力充沛还是疲倦乏力。伯鲁认为这三个方面共同决定教育者的威信。这就要求思想政治教育者要有较强的理论功底、深厚的人文素养和过硬的专业技能，成为教育对象眼中的行家里手。同时，思想政治教育者还要有高尚的道德情操和良好的心理素质，不仅要用真理的力量说服教育对象，还要善于用自身的人格魅力吸引、感染教育对象，用高超的教育艺术征服教育对象，使他们心悦诚服地接受教育，形成良好的思想政治品德。

此外，根据领导行为理论，领导者的威信与他同领导对象的水平距离成正比，与他同领导对象的感情距离成反比，即教育者的水平越高，与教育对象的差距越大，就越容易在教育对象中获得信任。同时，教育者同教育对象的心理距离越近，感情越深厚，就越容易取得教育对象的信任，他在教育对象中的威信就越高。由此可见，思想政治教育者不仅要随着时代的发展不断学习新理论、新知识、新技术，注意提高其自身素质，还要注重在思想政治教育过程中投入情感，用真情实感打动教育对象，与教育对象实现情感共鸣。

（2）教育者的个性对于教育对象态度的转变起着渗透作用。

在思想政治教育过程中，教育者劳动的突出特点就是劳动手段的主体性，即劳动的

---

① 爱因斯坦．爱因斯坦文集：第3卷．北京：商务印书馆，1979：144.

② 时蓉华．社会心理学．上海：上海人民出版社，1986：159－160.

实行者与基本手段是融为一体的。教育者的思想意识、个性特征、道德品质等通过教育者的言行呈现在教育对象面前，构成了重要的教育因素，对教育对象的行为具有重要的导向作用。特别是教育者的个性品质对于教育对象态度的转变具有重要的渗透作用。正如苏联教育家乌申斯基指出的："教育者个人不直接作用于受教育者，就不可能有真正渗入性格的教育。只有个性才能作用于个性的发展和形成，只有性格才能养成性格。"① 可见，教育者的个性在教育对象思想政治品德的形成过程中具有参照作用。这就要求思想政治教育者在实施思想政治教育过程中，以自己鲜明的个性和独特的教育风格影响教育对象。

可以说，教育者的个性及其相应的教育特色是思想政治教育的重要载体。如果教育千篇一律、失去个性，就会显得机械、呆板、枯燥、乏味，从而事倍功半，甚至功亏一篑。爱因斯坦指出："在一切方法的背后如果没有一种生机勃勃的精神，到头来只不过是笨拙的工具。"② 因此，思想政治教育者必须把思想观念、政治理论、道德规范融于个性之中，实现教育与个性的有机结合，形成自己独特的教育风格。古今中外，凡能成为大师者都具有鲜明的个性风采和治学风格。如博习诗书礼乐、善于因材施教的孔子，述而不作、善做"助产婆"的苏格拉底。正是他们突出的个性及其与教育技巧的有机结合，才造就了众多"青出于蓝而胜于蓝"的弟子。总之，思想政治教育者要善于发挥自己的个性优势，或以循循善诱，或以旁征博引，或以感情充沛，或以幽默诙谐而给教育对象留下深刻的印象，从而促使他们实现态度转变。

（3）教育者的言行对于教育对象态度的转变起着示范作用。

思想政治教育者既是人才培养的承担者，又是社会道德规范的体现者。这就要求其行为具有榜样性、律己性和内外统一性，在理想信念、思想情感、言行举止等方面为教育对象态度的转变起到示范作用。这是由教育对象的认识过程和心理特点所决定的。教育对象对知识的掌握、观念的接受和行为的养成都是以感性活动为基础的，具体、现实、生动的事物和形象最容易在心理上引起反应。所以，思想政治教育者以自己的语言、形象和行为表现思想感情和道德内涵，能帮助教育对象达到对知识信息、思想内涵的把握，并留下深刻印象。正如卢梭在《爱弥儿：论教育》中写道："在敢于担当培养一个人的任务以前，自己就必须要造就成一个人，自己就必须是一个值得推崇的模范。"③

思想政治教育者对教育对象的示范作用具体体现在以下三个方面：一是启发。思想政治教育者良好的思想风范、道德情操、行为举止、语言仪表等，可以激励、启发和推动教育对象进行效仿，即所谓"见贤思齐""从善如流"。二是控制。教育对象一旦有了楷模，就会以其为标准控制自己的言行。三是调整。大多数教育对象都可能以教育者为榜样，调整和纠正自己与社会要求相悖的言谈举止。

2. 教育对象与态度转变

根据霍夫兰的认知说服理论，教育对象原有的态度体系、态度强度、心理免疫以及

---

① 哈尔拉莫夫．教育学教程．北京：教育科学出版社，1983：477.
② 金观涛，刘青峰．探讨自然科学与社会科学统一的方法．哲学研究，1985（3）.
③ 卢梭．爱弥儿：论教育．北京：商务印书馆，1978：99.

人格特征不同，对思想政治教育的接受程度也大不相同。因此，在思想政治教育的过程中，要注意根据教育对象的态度特点和个性特征区别对待。

（1）根据教育对象的态度特征予以施教。

根据态度理论，教育对象的原有态度与所要改变的态度之间的差距越大、教育对象原有态度形成的时间越长、教育对象的态度系统越稳定、教育对象在所处组织中的地位越重要，就越不容易改变态度。因而，思想政治教育者在改变教育对象的态度时，要找到态度转变的切入点，一般来说，中等强度的态度差异使得教育对象态度转变的程度最高。同时，要及时发现教育对象的态度变化及态度差距，及时进行教育与干预，避免教育对象的错误态度出现量变到质变的积累，形成积重难返的极端态度。此外，对于群体而言，需要寻找突破口，先做群众的思想转化工作，将群体的核心人物置于孤立的状态，通过群体压力和正向舆论迫使其改变态度。

（2）针对教育对象的思维方式精准施策。

教育对象的思维方式、认知方式不同，对思想政治教育信息的接受程度和接受方式也不相同。思想政治教育者要针对教育对象的思维方式精准施策、对症下药。

第一，遵从教条的人往往思想保守、认知狭窄，难以改变态度。教条主义倾向强的人，只相信权威人物和已有的信条、教义，而缺乏思想的开放性和对外界信息的接纳度，往往对新的思想观念、思维方式持排斥、否定的态度。因而，这类教育对象的思想观念和态度转变比较困难。针对他们的这一思维特点，由权威人士出面解读和宣讲，往往可以起到事半功倍之效。

第二，思维缜密的人更关注论据的合理性、可靠性和严密性，更善于全面系统地分析问题。因而，对于这类教育对象，需要思想政治教育者提供的说服论据充分、全面且令人信服，否则，教育对象就会拒绝接受。并且，那些经过人们深层而不是肤浅的思考之后所产生的态度变化会更加持久，更能对抗相反的观点，并且更能影响行为。

第三，对确定性需求高的人难以转变态度。确定性需求是指人们希望在某个问题上得到一个确切的回答，而不是停留在混乱或模糊的状态。通常，确定性需求高的人比确定性需求低的人更不容易被说服，因为他们不喜欢尝试新的、在他们看来不完全确定的事物，因而更不容易做出改变；确定性需求低的人更勇于尝试，更能容忍改变带来的某种不确定性或模棱两可的局面，因而更愿意改变态度。

（3）根据教育对象的个性差异因材施教。

教育对象的个性特征也将直接影响他们的态度改变。比如，自尊心弱的人比自尊心强的人更容易改变态度。这是因为自尊心强的人往往具有比较强的自我防卫心理机制，对维护自尊的需求较高，因而不会轻易放弃自己原有的态度、观点，以维护自尊。情绪化的人更容易被情感所打动而改变态度，对他们的宣传教育所要解决的主要问题不是知不知、会不会的问题，而是愿不愿意、喜欢不喜欢或相信不相信的问题。同时，攻击性强的人会习惯于在强大的外界压力下改变态度，而不太可能让他们接受比较温和的非攻击性的诉求。此外，智力水平低的人比智力水平高的人更容易改变态度，因为智力水平越高，批判性思维能力越强，越容易形成心理免疫而不容易被说服。从性别角度看，女性在一般情况下比男性更容易改变态度。因为女性的场独立性通常低于男性。同时，女性更容易被感情所打动。

3. 教育内容与态度转变

教育内容对教育对象态度的转变具有直接影响。选择恰当的、时代感强的教育内容是促使教育对象接受教育、完成态度转变的重要方面。

（1）坚持教育内容的科学性。

随着教育对象自身素质的提高和批判思维的发展，他们对思想政治教育接受的选择性大大增强，对教育内容的科学性提出了更高的要求，这就要求我们坚持教育内容的科学性和真理性。

第一，不断丰富和发展马克思主义，赋予其新的时代特征。马克思主义是一个不断发展的理论体系，而不是僵化的教条。因此，我们在坚持灌输马克思主义经典理论的同时，要着重学习和运用马克思主义理论发展的最新成果，增加体现时代精神的新内容。在中国特色社会主义新时代，教育内容上要着重学习贯彻习近平新时代中国特色社会主义思想。党的十八大以来，国内外形势变化和我国各项事业发展都给我们提出了新的重大时代课题，这就是必须从理论和实践结合上系统回答新时代坚持和发展什么样的中国特色社会主义、怎样坚持和发展中国特色社会主义，建设什么样的社会主义现代化强国、怎样建设社会主义现代化强国，建设什么样的长期执政的马克思主义政党、怎样建设长期执政的马克思主义政党，包括新时代坚持和发展中国特色社会主义的总目标、总任务、总体布局、战略布局和发展方向、发展方式、发展动力、战略步骤、外部条件、政治保证等基本问题，并且要根据新的实践对经济、政治、法治、科技、文化、教育、民生、民族、宗教、社会、生态文明、国家安全、国防和军队、“一国两制”和祖国统一、统一战线、外交、党的建设等各方面做出理论分析和政策指导，以利于更好坚持和发展中国特色社会主义。围绕这个重大时代课题，我们党坚持以马克思列宁主义、毛泽东思想、邓小平理论、“三个代表”重要思想、科学发展观为指导，坚持解放思想、实事求是、与时俱进、求真务实，坚持辩证唯物主义和历史唯物主义，紧密结合新的时代条件和实践要求，以全新的视野深化对共产党执政规律、社会主义建设规律、人类社会发展规律的认识，进行艰辛理论探索，取得重大理论创新成果，形成了习近平新时代中国特色社会主义思想。“十个明确”、“十四个坚持”和“十三个方面成就”，概括了习近平新时代中国特色社会主义思想的主要内容。

“十个明确”即：明确中国特色社会主义最本质的特征是中国共产党领导，中国特色社会主义制度的最大优势是中国共产党领导，中国共产党是最高政治领导力量，全党必须增强“四个意识”、坚定“四个自信”、做到“两个维护”；明确坚持和发展中国特色社会主义，总任务是实现社会主义现代化和中华民族伟大复兴，在全面建成小康社会的基础上，分两步走在本世纪中叶建成富强民主文明和谐美丽的社会主义现代化强国，以中国式现代化推进中华民族伟大复兴；明确新时代我国社会主要矛盾是人民日益增长的美好生活需要和不平衡不充分的发展之间的矛盾，必须坚持以人民为中心的发展思想，发展全过程人民民主，推动人的全面发展、全体人民共同富裕取得更为明显的实质性进展；明确中国特色社会主义事业总体布局是经济建设、政治建设、文化建设、社会建设、生态文明建设五位一体，战略布局是全面建设社会主义现代化国家、全面深化改革、全面依法治国、全面从严治党四个全面；明确全面深化改革总目标是完善和发展中国特色社会主义制度、推进国家治理体系和治理能力现代化；明确全面推进依法治国总目标是建设中国特色社会主义法治体系、建设社会主义法治国家；明确必须坚持和完善社会主义基本经济制度，使市场在资源配置中起决定性作用，更好发挥政府作用，把握新发展阶段，贯彻创新、协调、绿色、开放、共享的新发展理念，加快构建以国内大循环为主体、国内国际双循环相互促进的新发展格局，推动高质量发展，统筹发展和安全；明确党在新时代的强军目标是建设一支听党指挥、能打胜仗、作风优良的人民军队，把人民军队建设成为世界一流军队；明确中国特色大国外交要服务民族复兴、促进人类进步，推动建设新型国际关系，推动构建人类命运共同体；明确全面从严治党的战略方针，提出新时代党的建设总要求，全面推进党的政治建设、思想建设、组织建设、作风建设、纪律建设，把制度建设贯穿其中，深入推进反腐败斗争，落实管党治党政治责任，以伟大自我革命引领伟大社会革命。

“十四个坚持”即坚持党对一切工作的领导，坚持以人民为中心，坚持全面深化改革，坚持新发展理念，坚持人民当家作主，坚持全面依法治国，坚持社会主义核心价值体系，坚持在发展中保障和改善民生，坚持人与自然和谐共生，坚持国家总体安全观，坚持党对人民军队的绝对领导，坚持“一国两制”和推进祖国统一，坚持推动构建人类命运共同体，坚持全面从严治党。

“十三个方面成就”是中国共产党第十九届中央委员会第六次全体会议从 13 个方面（在坚持党的全面领导上、在全面从严治党上、在经济建设上、在全面深化改革开放上、在政治建设上、在全面依法治国上、在文化建设上、在社会建设上、在生态文明建设上、在国防和军队建设上、在维护国家安全上、在坚持“一国两制”和推进祖国统一上、在外交工作上）深刻总结党的十八大以来党和国家事业取得的历史性成就、发生的历史性变革，是习近平新时代中国特色社会主义思想的主要内容。

习近平新时代中国特色社会主义思想是马克思主义中国化时代化的最新成果，是当代中国马克思主义、21 世纪马克思主义，是中华文化和中国精神的时代精华，实现了马克思主义中国化新的飞跃。

第二，不断拓展思想政治教育的内容和领域。当前，知识经济在世界范围内悄然兴起，对各国经济的发展和国力的增强发挥着越来越重要的影响和作用。在知识经济时代，科学知识、科学技术对经济发展比以往任何时候都有着更加巨大的推动作用，并导致科技与经济相互促进的良性循环。同时，知识经济时代对人才素质的要求越来越高，需要具有政治素质、道德素质、心理素质、科学素质、人文素质有机结合的复合型人才。美国管理学会主席、内布拉斯加州大学教授路桑斯将积极心理学的思想延展到人力资源管理与组织行为学领域，提出了“心理资本”的概念。他认为心理资本是贮藏在人们心灵深处的一股永不衰竭的力量，是个体良好的心理状态，以信心、希望、乐观和韧性为核心。拥有心理资本的个人，自信、乐观、坚韧，对未来充满希望，可以成就自己，也可以成就企业和团队。国外通过效用分析研究发现，员工的心理资本的增加，可能给公司带来可观的收入。可见，相对于资金、市场和技术资本而言，心理资本的升值空间是最大的。所以发达国家注重开发人的心理资本，强调心理资本是人最重要的资源，可以带来决定性的竞争优势，认为在未来社会竞争中，竞争的第一要素不是专业技术、学历资历，而是人的心理资本。因此，思想政治教育要注重教育对象心理品质的培养和健全人格的塑造，着眼于教育对象整体素质的提高、社会适应性的增强和自我发展能力的提升，不断开拓工作视野、拓宽教育领域，在坚持将政治素质放在首位的前提下，按照培养社会主义建设者和接班人的总体目标，把思想道德素质、科学文化素质和心理素质一同作为思想政治教育的重要内容，使各种素质互融互促、共同提高，推动人才的全面发展。

第三，将理论学习同解决实际问题相结合。理论联系实际是我们党的光荣传统和优良作风，其基本精神是达到主观和客观、理论和实践、知和行的具体的历史的统一。马克思主义的科学性正在于它能随着客观实践的变化而不断地修正自己、更新自己，从而正确地指导人们认识世界和改造世界。因此，理论教育的落脚点应该放在解决人们的思想认识问题和面临的现实问题上。这就要求我们一方面要充分研究社会所面临的各种现实问题、热点问题，并为人们做出客观、辩证、科学的解释，以指导教育对象对现实问题进行深入的理性分析，提高他们的认识水平；另一方面，还要关心群众的生活和工作，尽可能地为他们排忧解难。如果只讲大道理，不注意解决人们在工作、学习和生活中的现实问题，思想政治教育就会缺乏说服力和感染力，就不能取得真正的效果。

（2）注意教育内容的系统性。

思想政治教育是一门科学，具有较强的系统性。思想政治教育的理论体系中有思想政治教育学原理、思想政治教育方法论、中国共产党思想政治教育史、比较思想政治教育学、思想政治教育心理学等理论。同时，思想政治教育作为一定社会或一定阶级对社会成员的思想政治品德施加影响的社会实践活动，还可以具体划分为政治教育、思想教育、道德教育、心理教育和法制教育。这些教育既有自身的理论体系，又在思想政治教育中处于不同的层次和地位。坚持思想政治教育内容的系统性，就是要根据思想政治教育的理论体系和内在规律，有计划、有步骤、分层次地开展思想政治教育活动，改变过去头痛医头、脚痛医脚的教育模式，避免以革命式、运动式的方式进行思想政治教育，纠正过去忽视教育对象的年龄差异、个性差异、层次差异来进行思想政治教育的弊端，扭转不同阶段的思想政治教育内容交叉重复、缺乏有效衔接以及与教育对象的认知发展不相适应的现象，比如，对小学生进行共产主义教育，对中学生进行爱国主义教育，对大学生进行道德品质的养成教育，深入开展大中小学思政课一体化建设，实现课程目标、课程设置、课程教材内容的有效贯通，使思想政治教育内容更加符合教育对象的身心发展规律，符合思想政治教育发展的内在规律，不断走上科学化的轨道。

（3）强化教育内容的时代性。

要想思想政治教育永葆生命力，就必须与时俱进，不断赋予其新的时代内涵，并根据时代发展的需要，不断研究新情况、构建新思路、解决新问题，使思想政治教育的发展与社会发展保持同步。

第一，把握时代方位，不负历史使命。习近平总书记在党的十九大上庄严宣布：中国特色社会主义进入了新时代，这是我国发展新的历史方位。这个新时代，是承前启后、继往开来、在新的历史条件下继续夺取中国特色社会主义伟大胜利的时代，是决胜全面建成小康社会、进而全面建设社会主义现代化强国的时代，是全国各族人民团结奋斗、不断创造美好生活、逐步实现全体人民共同富裕的时代，是全体中华儿女勠力同心、奋力实现中华民族伟大复兴中国梦的时代，是我国不断为人类做出更大贡献的时代。这一时代定位是我们开展思想政治教育的宏观背景。在2018年全国宣传思想工作会议上，习近平总书记对如何做好新时代的宣传思想工作提出了许多新观点、新要求。习近平总书记在重要讲话中明确指出，新形势下宣传思想工作的使命任务是“举旗帜、聚民心、育新人、兴文化、展形象”；宣传思想工作的中心环节是“统一思想、凝聚力量”；宣传思想战线担负的战略任务是建设具有强大凝聚力和引领力的社会主义意识形态，强调全党特别要做好做强马克思主义宣传教育工作，特别是要在学懂弄通做实新时代中国特色社会主义思想上下功夫；宣传思想工作的重要职责是培养担当民族复兴大任的时代新人，重中之重是要以坚定的理想信念筑牢精神之基，坚定对马克思主义的信仰，对社会主义和共产主义的信念，对中国特色社会主义道路、理论、制度、文化的自信。强调宣传思想工作要树立以人民为中心的工作导向，坚持以民为本、以人为本，这是宣传思想工作的出发点和落脚点。习近平总书记的重要讲话，对做好新形势下党的宣传思想工作做出重大部署，为新时代加强和改善思想政治工作指明了方向。在党的二十大报告中，习近平总书记再次强调：“全面建设社会主义现代化国家，必须坚持中国特色社会主义文化发展道路，增强文化自信，围绕举旗帜、聚民心、育新人、兴文化、展形象建设社会主义文化强国……激发全民族文化创新创造活力，增强实现中华民族伟大复兴的精神力量。”①

第二，坚持“灌输”理念，改变“灌输”策略。“灌输”理论是列宁在20世纪初提出的，列宁认为马克思主义是工人阶级的思想体系，但它不可能从工人运动中自发产生，必须由无产阶级的知识分子从外面灌输进来。无疑，马克思主义需要灌输，先进的思想意识和文化成果需要灌输。特别是在经济全球化过程中，社会主义经济与资本主义经济之间已改变了以往的以意识形态划线的完全隔绝、互不往来的状态，而是相互交织、相互融合的，不同社会制度的国家将有越来越多的共同之处。在这种情况下，各个阶级都力图通过“灌输”使本阶级的文化和意识形态成为全社会普遍接受的公共文化和意识形态。因此，在新形势下，思想政治教育要特别注重意识形态工作。意识形态工作是党的一项极端重要的工作，在2018年全国宣传思想工作会议上，习近平特别指出，“建设具有强大凝聚力和引领力的社会主义意识形态，是全党特别是宣传思想战线必须担负起的一个战略任务”。要充分发挥意识形态工作所具有的引领社会、凝聚人心、推动发展的强大支撑作用，高举马克思主义、中国特色社会主义的旗帜，坚持不懈用新时代中国特色社会主义思想武装全党、教育人民、推动工作，在学懂弄通做实上下功夫，推动当代中国马克思主义、21世纪马克思主义深入人心、落地生根。在党的二十大报告中，习近平总书记再次强调要建设具有强大凝聚力和引领力的社会主义意识形态，“意识形态工作是为国家立心、为民族立魂的工作。牢牢掌握党对意识形态工作领导权，全面落实意识形态工作责任制，巩固壮大奋进新时代的主流思想舆论”②。因此，在新形势下思想政治教

---

① 习近平．高举中国特色社会主义伟大旗帜 为全面建设社会主义现代化国家而团结奋斗：在中国共产党第二十次全国代表大会上的报告．北京：人民出版社，2022：42-43.

② 同①43.

育要毫不动摇地“灌输”，理直气壮地“灌输”。只不过要创新“灌输”方法、拓展“灌输”空间、讲求“灌输”效果，要坚持立德树人、以文化人，在“输”字上下功夫，重在心理疏导和思想引导。

第三，重视人文精神培养，提高人们的道德选择能力。科技进步给人类带来了不断更新的知识和日益先进的实践手段，大大提高了人们的物质生活水平，同时也使人类面临着新的危机，如环境恶化、能源短缺、核武器竞赛等。危机的根源在于人文价值的遗忘和被否定，其结果必然造成非人化和反人性的蔓延。因此，在经济全球化的进程中，必须重视对人们人文精神的培养，强调科学素质与人文素质的统一。只有这样才能提升人的道德、完善人的人性，使科学的发展与社会的进步同步。

人文素质是指一个人内在的身心品质与精神，它是一个人做人、做事、做学问最基本的态度与精神境界，包括基本的思想素质、文化素质和心理素质。科学素质与人文素质具有内在的联系，二者你中有我、我中有你，不能截然分开。比如，科学素质中的非智力因素，如理想、信念、道德、意志以及对科学的兴趣和勇于探索、创新的勇气等同时也是人文素质的重要内容；人文素质又受科学素质的制约和影响，一个人的身心品质和精神境界受制于科学的世界观和方法论，而科学的世界观和方法论孕育于科学发现与发明的实践过程中，是科学素质的核心。因此，人文精神不仅在人类知识传递、文明传承、促进个体发展等方面具有无可替代的作用，而且对现代科学技术的应用、发展、创新具有重要的制约、导向和规范作用。古今中外凡是成功的人生皆是科学素质与人文素质并重发展和谐统一的结果。有人将世界上 320 名诺贝尔奖获得者所具有的共同的内在素质归纳为以下六个方面：高瞻远瞩，善于把握时机；选准目标，坚持不懈；勤奋努力，注重实践；富于幻想，大胆探索；排除干扰，勇往直前；兴趣浓厚，好奇心强。上述六个方面既包含了科学素质又包含了人文素质。可见，科学素质与人文素质的统一，应该成为思想政治教育和未来教育的重要目标。

第四，坚持与时俱进，注重研究思想政治教育的时代课题。随着中国特色社会主义进入新时代，社会形势发生了深刻的变化，对思想政治教育提出了很多新的研究课题。思想政治教育要想在新世纪永葆青春和活力，就必须不断研究新情况、解决新问题、探索新方法、拓展新领域。具体来说，思想政治教育要研究其本身在推进新时代中国特色社会主义事业过程中的定位、作用问题，研究以人民为中心的思想政治教育所涉及的人本理念及方法问题，研究心理疏导的机制、途径问题，研究思想政治教育的生态价值问题，研究如何用马克思主义中国化最新理论成果武装教育对象的头脑、用社会主义核心价值体系引领社会思潮以及以习近平新时代中国特色社会主义思想指导思想政治教育学科建设和思想政治教育实践活动的问题，研究新媒体时代思想政治教育面临的机遇与挑战，探讨如何利用新媒体的快捷性、互动性、大众性等特点，提高思想政治教育的交互性、亲和力、实效性，避免虚假信息、负面信息对思想政治教育信息的传递和干扰，占领网络思想政治教育阵地。对以上问题的思考和研究是思想政治教育在新时代面临的重大现实课题，也是未来思想政治教育的重要内容。

第五，讲好中国故事，展现中国形象。当今世界正处于大发展、大变革、大动荡、大调整时期，世界各国利益交融、命运与共的趋势日益明显，我国发展同外部世界的交融性、关联性、互动性不断增强，国际社会对中国发展的关注、认同与日俱增。但同时我国所处的外部环境也变得更加复杂，主要表现为多重挑战和危机交织叠加、世界经济复苏艰难、发展鸿沟不断拉大、生态环境持续恶化、冷战思维死灰复燃。一些国家和国际势力对我们实现中华民族伟大复兴的历史进程横加阻挠，不断施压，霸权主义和强权政治大行其道，“中国威胁论”“中国崩溃论”等论调不绝于耳，单边主义、贸易保护主义、逆全球化思潮不断有新的表现。在这种国际背景下，人类进步需要加强交流、加深了解、尊重彼此，国家发展需要政治互信、经验互鉴、文化互融。因此，以故事为载体，以网络为媒介，讲好中国故事，传播好中国声音，向世界展现真实、立体、全面的中国，让世界深入、准确、客观地了解中国，为我国发展营造良好的国际环境，提高国家文化软实力和中华文化影响力，是新时代思想政治教育的重要使命。在党的二十大报告中，习近平总书记指出：“增强中华文明传播力影响力。坚守中华文化立场……讲好中国故事、传播好中国声音，展现可信、可爱、可敬的中国形象……推动中华文化更好走向世界。”[①] 因此，思想政治教育者要提高责任感、使命感，在讲好中国故事上下功夫。其实，五千多年薪火相传的中华文明孕育了取之不竭的故事宝藏，百年大党的奋斗历程谱写了可歌可泣的壮丽篇章，四十多年砥砺奋进的当代中国喷涌着数不尽的故事源泉。中华文化的博大精深，中国特色社会主义的勃勃生机，中国人民的勤劳智慧，凝结成中国故事的丰富内涵。讲好中国故事，就是要讲中国共产党励志图强的故事、中国人民奋斗圆梦的故事、中国坚持和平发展合作共赢的故事，传播我国在全球治理和世界发展中提出的创新、协调、绿色、开放、共享的发展理念，宣传建立新型大国关系、正确义利观、和而不同等中国观点，推出“一带一路”倡议、亚投行等公共产品，表达中国梦和命运共同体等普遍价值，使之成为世界读懂中国的精神标识。

4. 教育方式与态度转变

思想政治教育者要想达到转变教育对象态度的目的，必须讲究方式、方法，采用教育对象喜闻乐见的方式，利用活泼、新颖的教育方法。

（1）实现教育方式上的四个结合和八个统一。

在思想政治教育过程中，教育方式应该符合教育对象的心理特点、符合思想政治教育的自身规律、符合社会发展的时代特征。具体来说，要做到以下四个结合：以情感人与以理服人相结合、正强化与负强化相结合、个别说服与集体教育相结合、直观形象教育与系统理论教育相结合。其中，以情感人与以理服人相结合以及正强化与负强化相结合的原则，符合人的心理发展规律和行为规律。个别说服与集体教育相结合是由思想政治教育自身要求所决定的。直观形象教育与系统理论教育相结合既是实现思想政治教育目标的需要，也是时代发展的需要。

2019 年 3 月 18 日，习近平总书记主持召开了学校思想政治理论课教师座谈会，并发表了重要讲话。在讲话中总书记提出了促进思想政治理论课改革创新的八个方面的要求，这些要求同样适用于思想政治教育。因此，思想政治教育在教育方法上要坚持政治性和

---

① 习近平．高举中国特色社会主义伟大旗帜 为全面建设社会主义现代化国家而团结奋斗：在中国共产党第二十次全国代表大会上的报告．北京：人民出版社，2022：45－46.

学理性相统一、价值性和知识性相统一、建设性和批判性相统一、理论性和实践性相统一、统一性和多样性相统一、主导性和主体性相统一、灌输性和启发性相统一、显性教育和隐性教育相统一。

（2）善于刺激教育对象的无意注意，进而引起其有意注意。

根据霍夫兰的认知说服理论，要想使思想政治教育富有成效，就必须选择适当的信息传播方式，以刺激灌输客体的无意注意，进而引发其有意注意。学习理论也告诉我们，只有教育对象对信息传递的内容给予关注，才能进一步了解信息的内容，再根据自己的需要决定取舍及接受的程度，最终改变认知。这就说明，在思想政治教育过程中，刺激教育对象的无意注意，引发其有意注意是思想政治教育得以进行并取得成效的第一步。如果教育对象对教育者传递的信息视而不见、充耳不闻，思想政治教育就很难取得实效。因此，在思想政治教育过程中，教育者要采用各种手段和方式，善于刺激教育对象的无意注意，进而引起其有意注意，把教育对象牢牢吸引在思想政治教育的过程之中。心理学的研究发现，凡是新奇的刺激、反复的刺激、富于变化的刺激、与认知客体已有的观点和知识经验相一致的刺激、能满足认知客体内在需要的刺激，以及能对认知客体构成触动的强烈刺激，都能引起认知客体的无意注意。作为信息的传递者，思想政治教育者必须更新教育手段，充分开发和利用大众传媒、国际互联网、多媒体教学、网络教学等现代化信息传播手段，运用声音、色彩、画面等对教育对象的听觉、视觉等感觉器官产生强刺激，从而集中其大脑的注意力，以增强灌输的感染力，达到更好的说服效果。

（3）强调教育过程的体验性与互动性。

杜威强调，学习的真正过程是体验加反思。美国研究体验式学习的著名学者大卫·科尔布（David Kolb）认为，只有在亲身经历后才能产生对事物独特的、具有个体意义的情感和领悟。因为人们的思想和社会性经验往往是在理论讲授之外的体验活动中获得的，通过活动体验有助于扩展教育对象的社会性认知，增长社会性经验。因此，思想政治教育要注重体验性，可以通过角色扮演、情境再现等形式引导教育对象把现实生活中看到的现象、问题和情境呈现在教育过程中，引导教育对象在参与中体验、在体验中感悟，从而激发情绪情感，激活意志过程，最终实现认知的改变与思想的升华。

同时，在思想政治教育过程中，教育者和教育对象的关系是互动的，没有这种互动，一味把教育对象当作被动的接受对象，思想政治教育就不可能取得进展。因此，把教育对象作为认识活动和道德实践活动的主体，引导教育对象主动参与教育过程，改变以教育者为中心，“我讲你听，我打你通”的单向灌输模式，增加互动性，培养教育对象自主发展、自主选择、自主评价、自我控制的能力，使他们的主体潜能得到充分的挖掘，这是新形势对思想政治教育提出的新要求。比如：分享交流是教育主客体间互动的重要形式，有助于充分发挥教育对象的主体作用，引导教育对象积极参与教育过程，畅谈自己的所思、所想、所见，分享自己的人生经历、经验、感悟，让教育对象在思想交流和情感互动中获得启发，收获经验。

（4）强化网络思想政治教育的功能。

随着互联网等新媒体技术的日益成熟，网络已成为思想政治教育的一个不可忽视的重要阵地。思想政治教育只有充分发挥网络思想政治教育的功能，利用网络信息量大、传播迅速、传受平等、交流直接、图文并茂等优势，并有效抑制信息混乱、是非混淆、理性缺乏、管理困难等弊端，才能在互联网上唱响主旋律，打好思想政治教育的主动仗。党的十八大以来，以习近平同志为核心的党中央高度重视网络思想政治教育工作，提出要研究把握信息网络时代思想政治工作的特点和规律，用好用活网络平台，创新改进网上宣传，运用网络传播规律，弘扬主旋律，激发正能量，大力培育和践行社会主义核心价值观，把握好网上舆论引导的时、度、效，占领网络舆论阵地。可见，推动思想政治工作传统优势与信息技术深度融合，增强思想政治工作的主动性和实效性，是新时代思想政治教育发展的必然趋势，也是思想政治教育焕发新活力的重要生长点。为此，一要重视思想政治教育的软件开发，力求把严肃的宣传主题以生动形象、人们喜闻乐见的形式表现出来，使思想政治教育软件集育德性、知识性、交互性、趣味性、生动性于一体，不断增强思想政治教育的吸引力、感召力和影响力。二要努力建设高质量的思想政治教育网站，开发各种系统功能，使思想政治教育信息的收集、存储、管理实现信息化、网络化，增强网络思想政治教育的话语权，解决网上思想政治教育信息不足、影响面小、作用乏力的问题。三要重视自媒体的作用。在自媒体快速发展的形势下，每个个体都是信息源，可以随时发布信息、发表观点、表明态度，这就使得网络信息鱼龙混杂，容易对教育对象的思想观念、生活方式、价值取向等方面产生负面影响，需要引起思想政治教育者的高度警惕。四要建立网络舆情危机预警机制，做好网络舆情信息的收集、分析、处理、追踪和反馈工作，随时了解舆情的新情况、新动态，把握新趋势，积极疏导负面情绪，防止由个体情绪发展为群体情绪，及时引导网络舆论，化解矛盾冲突。五要采用法律和政策手段，净化网络信息环境。如加强互联网的国际入口信道管制和监督，开发能够滤除有害信息和垃圾信息的软硬件，限制对某些有害信息网站的访问，出台禁止网上传播有害信息的相关法规等，营造浓烈的正面宣传的氛围，形成强有力的正确舆论态势。六要积极开展网上文明活动，确立网上道德规范，倡导文明行为，发挥人格力量在网上的作用，使思想政治教育在网上发挥威力。

(5) 借鉴心理咨询和团体心理辅导的活动方式。

如前所述，由于人的心理和思想具有相通性，因此在思想政治教育过程中，可以充分借鉴心理咨询和团体心理辅导的方法技巧，最大限度地调动教育对象的积极因素，挖掘其潜能，让教育对象通过活动—体验—体认—领悟—升华的途径接受思想政治教育。比如，通过“倾听”让教育对象充分宣泄情绪、发表观点、暴露思想；通过“同感”与教育对象充分共情，来获得教育对象的信任；通过“对质”，找出教育对象的错误观念或认知；通过“后设认知”，指出教育对象想法或做法的危害及后果；通过“角色扮演”，帮助教育对象学会换位思考；等等。同时，还可以运用团体心理辅导的某些方法，使教育对象在各种活动中有所体验和感悟，并最终将之升华为思想意识。

5. 教育环境与态度转变

思想政治教育总是在一定的社会环境下进行的，环境因素对教育对象的态度转变具有重要影响。因此，思想政治教育者要善于创造良好的教育氛围，充分利用教育氛围中的有利因素来实现教育对象的态度改变。

(1) 优化社会环境，培养教育对象的积极态度。

我们每个人从来到社会的第一天起，就必然生活在一个特定的社会环境中，而这个特定的社会环境就决定了人的成长和发展。社会环境对教育对象态度的形成具有重要影响。因此，思想政治教育要重视环境因素对教育对象态度转变的影响，努力营造有利于思想政治教育顺利进行的良好社会氛围；要在全社会通过媒体、网络、学校教育等方式大力开展社会主义主旋律教育，引导教育对象形成积极的人生态度和社会态度。特别是在改革开放的新形势下，西方思想文化、价值观念、生活方式对人们的负面影响不可低估。我国在社会转型期所出现的某些道德失范、诚信缺失、理想动摇、精神空虚的现象也日益腐蚀着人们的心灵，影响人们正确的人生观、价值观的形成。因此，思想政治教育要从治理社会环境入手，努力创立健康向上的社会环境，坚持“以科学的理论武装人，以正确的舆论引导人，以高尚的精神塑造人，以优秀的作品鼓舞人”①。

（2）强化情境因素，激发教育对象的积极情感。

根据霍夫兰的认知说服理论，在思想政治教育过程中，如果能够利用周围环境中的因素，营造出某种氛围，激发起教育对象积极的情绪和情感，则会对思想政治教育产生强化作用，增加其影响力，有利于教育对象接受教育、改变态度。比如，通过茶话会的形式，创设出温馨、和睦、融洽的人际氛围，使教育对象产生积极的情感体验，在这种情境下，教育者与教育对象更容易沟通，更容易形成共识，进而产生良好的教育效果。因此，在思想政治教育过程中，教育者要善于运用情境因素，通过教育环境的布置、教育氛围的调控，调动教育对象的积极情感，树立群体正气，抵制歪风邪气，为群体成员创造宽松的群体氛围，提高群体的凝聚力和向心力。

（3）提供实践环境，使教育对象在实践中转变态度。

人的正确思想不是从天上掉下来的，不是头脑中固有的，而是投身社会实践活动的产物。社会心理学的研究也发现，一个人的社会态度不是生来就有的，而是在后天的社会环境中通过社会实践活动形成的，一般经历从模仿到学习、从自发到自觉、从感性到理性不断深化的过程而固定下来。同时，人的社会态度的形成和改变过程也是个体社会实践经验的积累过程。因此，社会实践可以形成态度，也可以改变态度。据此，在思想政治教育过程中，教育者要提供更多的机会引导教育对象参与社会实践，如青年志愿者活动、敬老助残活动、环境保护活动等社会公益活动，促使教育对象在实践中增长知识、培养能力、提高觉悟、服务社会，形成正确的社会态度。

三、思想政治教育的情绪调节功能

每个人身上都有一种神奇的力量，它可以使你精神焕发，也可以使你萎靡不振；它可以使你理智冷静，也可以使你暴躁冲动；它可以使你从容洒脱地生活，也可以让你紧张焦虑地度日；它可以使你的生活充满快乐与幸福，也可以让你的生活变得痛苦和忧伤；它可以加强你，也可以削弱你；它可以成就你，也可以打败你。这种能使我们的感受和行为产生变化的神奇力量，就是情绪。在日常生活、学习和工作中，人们常常会因为某

① 江泽民．江泽民文选：第1卷．北京：人民出版社，2006：497.

种原因而出现情绪变化，进而影响人的心理和行为。因此，加强对教育对象的心理疏导和情绪调节是新时代思想政治教育的重要任务。

（一）情绪的心理学解读

人非草木，孰能无情？情绪是我们心理的重要组成部分，是脑的功能，它与个体的切身需要和主观态度密切相连，与人的生命和健康息息相关。

1. 情绪的概念及构成

《心理学大辞典》将情绪定义为：情绪是有机体反映客观事物与主体需要之间的关系的态度体验。情绪的内涵包括以下几层含义：其一，情绪由刺激所引起，这是因为世界上没有无缘无故的爱和恨，人的爱恨情仇皆有缘由，皆由一定的客观刺激所导致。个体在不同的外界刺激下产生的喜怒哀乐都是人情绪的不同表现形式。其二，情绪是人的主观体验，即人对自己身心状态的自我感觉。“体验”是情绪的基本特征。其三，情绪的产生以需要为中介。凡是能满足人的需要或符合人的愿望、观点的客观事物，就会使人产生愉快、喜爱等肯定的情绪体验；反之，就会使人产生痛苦、厌恶等否定的情绪体验。

情绪的每一次发生，都融合着生理和心理、本能和习得、自然和社会诸因素的交叠。情绪的基本要素包括三个方面：

第一，主观感受。情绪是一种内心感受和体验，人的不同情绪状态必然会反映在人的知觉上，形成不同的内心感受和体验。如果客观事物符合个体需要，就会产生积极的情绪体验，否则就会产生消极的情绪体验。

第二，生理反应。情绪过程伴有生理唤醒，会影响机体许多器官的活动。在不同的情绪状态下，人的心率、血压、呼吸乃至内分泌、消化系统等，都会发生相应的变化。例如，人在焦虑状态下，会感到呼吸急促、心跳加快；而在愤怒状态下，则会面红耳赤、血压升高；在快乐时，人体会分泌对身体有益的荷尔蒙，使肌体平衡，免疫力增强。

第三，行为表现。个体在产生某种情绪体验时，一般会伴随着身体各个部位动作及姿势的变化、面部表情的变化和声音的变化，即通过肢体语言表现出来。如高兴时的眉开眼笑、手舞足蹈，愤怒时的怒发冲冠、咬牙切齿等。

情绪的表现形式多种多样，《礼记》中记载人有 7 种情绪：喜、怒、哀、惧、爱、恶、欲。现代心理学认为人有 7 种基本情绪，包括喜、怒、忧、思、悲、恐、惊。情绪与情感既有区别又有联系。一般认为，与个体的生理需要相联系的态度体验就是情绪，而与社会性需要相联系的态度体验为情感。情绪是人与动物共有的心理活动。情感是人特有的高级心理活动。情绪的情境性和不稳定性强，情感则较为稳定、持久；情绪的外显性强，情感的内隐性强。情绪和情感虽有区别，但也密切相连。情绪依赖于情感，受情感的影响与制约；情感也依赖于情绪，情感是在情绪的基础上形成的。在一个具体的人身上，情绪和情感往往是融为一体的，很难把它们严格区分开。

2. 情绪的特点

人的情绪是可以被认识并掌控的，情绪具有以下几个特点：

（1）情绪的两极性。

情绪往往有两种相对立的状态，如爱-憎、喜-怒、愉快-忧愁、满意-不满意等。前者是个人需要获得满足后产生的积极情绪，后者是未能满足个人需要而产生的消极情绪。积极情绪是一个人做好工作的良好心理条件，消极情绪则降低人的信心，减弱人的斗志，对人的学习、工作和生活产生阻碍作用。

（2）情绪的情境性和可变性。

人的情绪总是在一定的情境中产生的，并且随着情境的变化而变化。情绪并不是总保持在一个水平上，而是动态且不断变化的。

（3）情绪的外显性和内隐性。

一般情况下，人的任何一种情绪都会在人的行为中表现出来，如面部表情、身体姿态、声调语气以及呼吸节奏、心跳速度、脸色变化等，这就是情绪的外显性。人们可以通过一个人的外部行为与生理变化了解他的情绪状态。但是，情绪也具有内隐性，有些人能够控制情绪的外部表现，做到喜怒哀乐不形于色。

（4）情绪的个体性和扩散性。

情绪往往同人的知识水平、需要动机、气质性格、价值观念等密切相关。相同的事物、相同的情境，对于不同的人会产生不同的影响，形成不同的情绪反应。同类的情绪状态，在不同人身上的表现也总是带有浓厚的个人色彩。这些是情绪的个体性。同时，人的情绪是可以流动和扩散的，一个人的情绪可以影响其他人的情绪。这就是情绪的扩散性和感染性。

（5）情绪的有因性和可调性。

情绪的产生和变化都是有原因的，无缘无故的情绪是没有的。情绪的产生和变化有其自身的规律。从根本上讲，情绪是客观能否满足主观需要所产生的心理体验。如果主观需要得到满足，则会产生积极的情绪，否则会产生消极的情绪。但是，情绪又是可以调节的。我们只要掌握了情绪的变化规律，就可以改变和调节情绪。

3. 情绪的发生机制

情绪的喜怒哀乐就像月亮的阴晴圆缺一样是不可避免的。然而，情绪的发生发展不是偶然的，而是有着特定的发生和影响机制。比如，情绪的发生具有一定的生物基础，同时情绪与需要的满足、个体的认知、个性特征以及情境密切相关。

第一，情绪的产生以需要为核心。情绪的产生和变化背后都有一个重要因素在起作用——需要的满足与否。当人们的主观需要得到满足时，比如，受到奖赏或称赞、实现目标就会产生成就感、自豪感和喜悦感；反之，当人的需要受阻、愿望难以实现时，就会产生失落感、挫败感和孤独感，出现消极情绪。比如：同样是下雨，久旱逢甘雨就会给人带来欣喜、激动的情绪体验；相反，洪涝成灾就会使人产生失望、无助的痛苦体验。

第二，情绪的产生以生理为基础。研究发现，在人的脑神经递质中，与情绪相关的就有几十种活性物质，这当中起关键作用的物质是5-羟色胺和多巴胺。神经心理学家发现，它们的释放、抑制和重吸收的过程，对人的情绪反应起决定作用。当人的5-羟色胺和多巴胺分泌不足时，就会出现低5-羟色胺综合征和低多巴胺综合征，表现为情绪低落、兴趣减退、悲观失望、心力交瘁，难以集中注意力，对他人的需要反应迟钝，不耐烦、易激惹、好冲动等。此外，人的生理状况对情绪具有重要影响。长期卧病在床的患者，会出现烦躁、敏感、忧愁、无助，甚至焦虑、抑郁等负性情绪。美国的医学研究发现，在重病和慢性病患者中，75%的人患有不同程度的抑郁症。可见，人的生理状况会引起情绪的变化。人在青春期、更年期，由于身体上的急剧变化引起内分泌紊乱，并由此造成情绪上的躁动。女性因为月经周期带来的生理上的变化也容易导致情绪波动。

人的情绪与体力、智力的生物周期变化密切相关。它们之间的关系如图 4-14 所示。

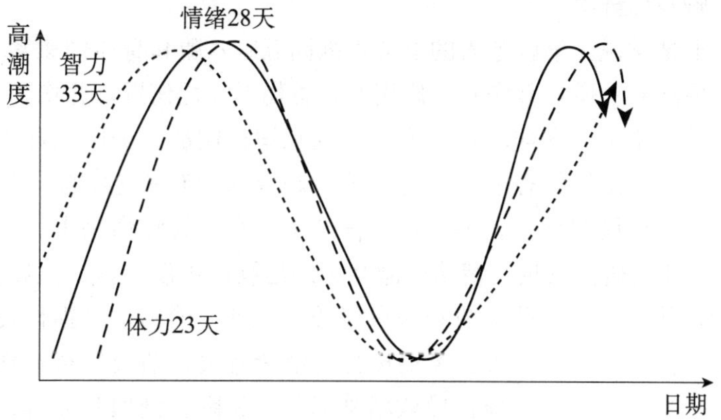

图 4-14　人的情绪与体力、智力的生物周期

第三，情绪的产生由认知所决定。认知对情绪具有重要影响。面对同样的事物，不同的认知就会产生截然不同的情绪感受。比如，同样是半瓶水，一个乐观主义者会因为还有半瓶水可以饮用而感到欣慰和满足，一个悲观主义者则会因为只有半瓶水而感到焦虑和不满。在某种意义上说，认知可以决定人的情绪。因此，要想改变情绪，需要首先改变认知。态度决定成败。

第四，情绪的产生以个性为依据。情绪还与每个人的性格和气质有关，同样的事情，不同个性的人情绪表现不尽相同。例如，性格内向的人沉静、情绪平稳、遇事冷静、情绪表达温和，而性格外向的人则好动、情绪波动大、遇事易冲动、情绪表达强烈。人的情绪与性格、气质的关系如图 4-15 所示。

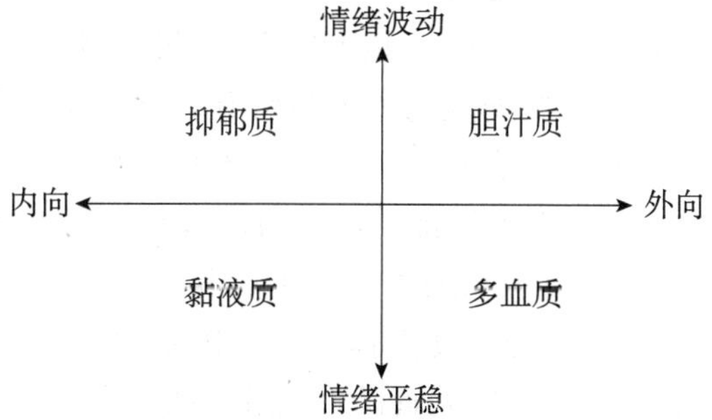

图 4-15　人的情绪与性格、气质的关系

第五，情绪的产生受情境所影响。人们情绪的产生，必然有其发生的情境。比如，事业的成功、需要的满足、优美的环境都可让人产生愉快的心情；反之，人际冲突、学习压力、生活中的挫折，甚至恶劣的气候也会使人感到烦躁和抑郁。因此，人们置身于不同的情境中会产生不同的情绪状态。这就告诉我们，当情绪不良时，可以通过改变情境来改变心情。

（二）情绪对身心健康及行为的影响

情绪作为人最重要的心理因素，对人的健康和生活具有重要影响。

（1）情绪影响身体健康。

中医理论的七情学说，早就把人的七情六欲同五脏六腑和身体健康紧密联系在一起。中医经典《黄帝内经》上说：喜伤心，怒伤肝，思伤脾，忧伤胃，悲伤肺，恐伤肾①。这些变化都是受人的自主神经支配的，是不由人的意识控制的。美国生理学家艾尔玛在实验研究中发现：将人在愤怒状态下呼出的气体冷却成水后有紫色沉淀，将其注射到大白鼠身上，几分钟后大白鼠即死亡。因此，他称“生气水”为致命杀手。加拿大生理学家C. 谢尔耶在1974年的研究发现，情绪应激状态的延续能击溃个体的生物化学保护机制，降低人的抵抗力，使人易被各种细菌和病毒侵袭。此外，消极情绪损伤皮肤，且不利于伤口愈合，痤疮、白癜风、牛皮癣、黄褐斑都与情绪有关；消极情绪损伤大脑，使大脑出现注意力难以集中，记忆力下降，导致精神紧张、失眠、剧烈头痛等；消极情绪还会带来躯体反应，如肌肉酸痛、坐立不安、食欲不振等。对人体危害最大的、最常见的心血管病、脑血管病、癌症，以及溃疡、哮喘、糖尿病等都与情绪密切相关。北京阜外医院中国心肌梗死注册研究结果显示，愤怒让人的心脏风险在2小时内上升75%；孤独对人的健康的影响相当于每天抽15支香烟；敌意让死亡风险增加19%；心怀恶意让死亡风险增加一倍。因此，研究认为，保护心脏最好的方法是乐观、感恩、爱、做善事、有生活目标。

（2）情绪影响心理健康。

人在不良的情绪状态下会出现各种负性心态，如孤僻、冷漠、敏感、暴躁、疑心重、不容人，甚至回避社交。同时，自我成就感降低，社会适应力减弱，悲观失望，甚至出现大脑功能紊乱、思维呆滞、行为异常等。

（3）情绪影响行为效率和潜能发挥。

情绪对人的行为效率具有重要影响，主要表现在积极情绪可以增强人的体力和精力，从而提高行为效率；消极情绪会减弱人的体力和精力，降低行为效率；稳定的情绪有利于提高行为效率；适度的紧张情绪有利于提高行为效率。但是，过度焦虑会降低行为效率。此外，积极的情绪和心态能激发潜能，消极的情绪和心态则会抑制潜能。美国密歇根大学的弗雷德里克森教授提出了积极情绪的扩展和建构理论，他认为，积极情绪能够拓展个体瞬间思维和行动的能力，使个体充分发挥主观能动性，产生创造性的思想和行为，并能构建和增强个人未来发展资源，促进潜能开发，带来成功和财富。同时，积极情绪具有更好的预防与治疗效果，它既直接促进人体免疫系统发展，又间接增强心理统摄、社会资源利用等。而消极情绪，如焦虑、愤怒等，使个人的即时思维和行

---

① 姚春鹏．黄帝内经．北京：中华书局，2009：49－54．

动范畴变窄，于是人们倾向于选择一种特定的自我防御式行为方式，降低行为效率和潜能发挥。

（三）负性情绪的种类及表现

负性情绪即减力情绪，在每个人身上都或多或少、或长或短地存在。及时调节教育对象的负性情绪，培养积极情绪，使教育对象的情绪处在健康、稳定的状态，是新时代思想政治教育的重要心理功能。

1. 焦虑

焦虑是一种复杂的心理，它始于对某种事物的热烈期盼，形成于担心失去这些期待、希望。焦虑情绪本身并不是一种情绪困扰，适度焦虑有益于个人潜能的开发。如果一个人没有焦虑或是焦虑不足，就会导致注意力不集中，工作学习效率下降。这里所说的焦虑是指过度焦虑，即因过度紧张而产生注意力分散和工作学习效率降低的现象。焦虑不只停留于内心活动，如烦躁、压抑、愁苦，还常外显为行为方式，表现为不能集中精力，坐立不安，失眠或经常在梦中惊醒等。如果长期陷入焦虑情绪不能自拔，内心便常常被不安、恐惧、烦恼等负面体验所充斥，行为上会出现烦躁、易怒、冷漠等情况。焦虑情绪的发生原因是多方面的，可分为适应焦虑、考试焦虑、身体过分关注焦虑和选择焦虑。

2. 抑郁

抑郁是一种愁闷的心境，表现为：情绪反应强度不足、压抑苦闷、长吁短叹、缺乏热情；负面自我评价、无价值感、悲观失望；反应迟钝、话语减少、食欲不振、乏力、活动水平下降、对生活学习失去兴趣、无法体验到快乐；回避与人交往；自卑、自责、自罪，甚至有自杀倾向。人们的抑郁症状多与个人在学习、工作和生活中的困扰和挫折有关。自卑、孤独、悲观、易激动、情感脆弱等性格缺陷是抑郁产生的内在基础。需要提出的是，抑郁情绪与抑郁症相互之间既有联系，又有质的区别。前者属于一种不良情绪困扰，需要的是心理上的调整；后者则属于心理疾病，需要及时到医院就诊。

3. 冷漠

冷漠是一种情绪反应强度不足的现象，表现为感觉贫乏、缺少热情，对人对事漠不关心。日本心理学家松原达哉用无欲望、无关心、无气力来描述冷漠的状态。冷漠常与生活中的挫折和创伤有关，是一种对环境和现实的自我逃避的退缩性心理反应，它本身虽然带有一定心理防御的性质，但是它会导致当事者出现萎靡不振、退缩躲避和自我封闭的消极情绪状态，并严重影响一个人的身心健康。

冷漠者常有一些共性特征，如被动、回避、缺乏反省意识、缺乏活力、思考问题欠深刻、人际关系不良、异性朋友少等。情感冷漠有时和情绪抑郁相伴而生。对于情感冷漠的教育对象，可以首先找到冷漠源，然后对症下药，或改变认知，或引导他们参加社会实践和集体活动，激发起他们的内心情感和对生活的热情。

4. 自卑

自卑是一个人在和别人比较时，由于低估、轻视自己而产生的不良情绪状态。自卑感强的人常表现为失望、悲观、依赖、退缩、犹豫等。他们行为退缩、胆小怕事、无所作为，严重影响个体的行为表现和潜能发挥。

5. 嫉妒

嫉妒是一个人不愿意别人超过自己而产生的一种负性情绪体验，是对才能、名誉、地位、权力或境遇比自己好的人心怀怨恨的一种心态。嫉妒是一种狭隘的心理，是软弱无能的表现。一个人如果长期处在这种心境之下，会变得虚伪、狡诈、颓废，甚至仇恨、打击、中伤他人。因此，嫉妒被称为人际交往的“肿瘤”。

6. 愤怒

愤怒指行动受挫或自尊受伤时产生的一种极度紧张、具有强烈的爆发性的负性情绪，表现为暴跳如雷、大喊大叫，甚至大打出手等非理性行为。情绪心理学的研究发现，人在愤怒时，交感神经系统被激活，血管扩张，横纹肌紧张度增加，具有紧张性、冲动性和攻击性，因此易导致行为失控，发生偏离行为，伤害自己和他人。在现实生活中，人们在强烈愿望受阻、发生人际冲突、受到侮辱或欺骗、遭遇挫折或干扰、被迫去做自己不愿意做的事情以及遭受持续的痛苦时，都可能诱发愤怒情绪。如前所述，愤怒的情绪会对人的身心造成极大伤害。

7. 孤独

孤独是人们比较普遍的情绪体验，是一种封闭心理的反映，是感到自身和外界隔绝或受到外界排斥时所产生的孤伶苦闷的情绪状态。孤独感常与寂寞相伴而生。美国心理学家安道瑞·威尔士曾经指出：“死亡、疾病、困难或贫穷都压不垮人的精神，而人却承受不了茫茫人海中的孤独寂寞和无人关爱。”① 可见，孤独对人所具有的杀伤力。陌生的环境、孤单的生活、不被团体接纳或缺乏亲密关系都可以产生孤独感。一般而言，短暂的或偶然的孤独不会造成心理和行为的紊乱，但长期的或严重的孤独感可引发某些情绪障碍，降低人的心理健康水平。

（四）情绪的调节与管理

人的喜怒哀乐就像四季轮回般自然发生，无法回避。但思想政治教育者可以引导教育对象学会觉察情绪、接纳情绪、调控情绪，以积极的情绪状态投身学习、工作和生活。

1. 敏锐觉察情绪

健康的情绪，首先是情绪上的成熟与平和，是指一个人情绪的发展、反应水平和自我控制能力与其年龄和社会要求相适应，并为社会所接受。美国心理学家马斯洛在阐述关于“自我实现者”的情绪特点时，曾经提出了健康情绪的六个特征：

其一，适度的欲望；

其二，有清醒的理智；

其三，平和、稳定、愉悦和接纳自己；

其四，对人类有深刻、诚挚的感情；

① PEARSALL P. 快乐处方. 北京：中国轻工业出版社，2000：47.

其五，富于哲理、善意的幽默感；

其六，丰富、深刻的自我情感体验。

美国密歇根大学弗雷德里克森教授认为，“积极情绪应包括快乐、兴趣、满足和爱”。我国学者认为健康情绪还应包括平和的情绪。

敏锐觉察情绪就是要了解自己的情绪状态，掌握情绪的发展规律。任何情绪都不可能永远持续下去，有发生、发展、高涨、下降和结束几个阶段。因此，要平和对待情绪的变化，学会有效调控情绪。

2. 平和接纳情绪

人的情绪色彩斑斓、千变万化，就像万花筒一样。人们都希望自己拥有正性情绪，排斥、不接纳自己的负性情绪。其实，人的各种情绪状态如同月亮的阴晴圆缺一样，都是我们情绪的一部分，是情绪的正常表现。我们不可能永远都是正性情绪，悲伤、失望、愤怒等情绪同样是我们生活中不可缺少的部分。因此，我们要接纳负性情绪的存在，认识到负性情绪在一定程度上也有正向价值。比如，焦虑可以让我们付出更多的努力，把事情做得更好；恐惧是一种自我保护，可以帮助我们规避危险；痛苦可以把我们唤醒，让我们看到自身和生活中需要改变的地方；无聊可以帮助我们寻找生活的意义；愤怒可以让我们看到自身的力量和尊严；内疚感有助于自省，使我们不做不可为的事情；自卑感可以提醒我们与人比较还有差距，从而使我们不断超越自我，变得强大起来。因此，接纳情绪是管理情绪的重要组成部分和良好开端。

3. 有效调控情绪

调控情绪也就是管理情绪，即要及时调节不良情绪，培养积极情绪，让情绪表现出稳定、适度、健康的特征，以理性、平和的方式待人接物，做到胜不骄、败不馁、喜不狂、怒不暴、急不躁。

（1）化解负性情绪。

负性情绪会给自身、他人、社会带来伤害，因此要学会运用各种方法及时化解负性情绪。

第一，情绪宣泄法。当个体的消极情绪不断积累，最终超过人们的心理承受能力时就会导致心埋失衡。因此，及时宣泄不良情绪是非常必要的。情绪宣泄的途径很多，有些是积极的，有些是消极的，有些是中性的（见图 4－16）。我们提倡用积极的方式宣泄不良情绪。

积极选择	中性选择	消极选择
听音乐	吃东西	骂人
运动	购物	找人打架
写日记	撕纸	摔门
找朋友倾诉	喝水	生闷气
深呼吸	睡觉	以牙还牙
哭	独自喊叫	砸东西

图 4－16　情绪的宣泄方式

第二，注意转移法。把注意力从引起不良情绪反应的刺激情境，转移到其他事物上去，通过从事其他活动缓解负性情绪。当出现负性情绪时，可以把注意力转移到自己感兴趣的事情上去，如外出散步、购物、看电影、看电视、听音乐、读书、打球、下棋、找朋友聊天等。这样做一方面中止了不良刺激源的作用，防止不良情绪的泛化、蔓延；另一方面，可以在活动中寻找到新的快乐，增进积极的情绪体验。

（2）自我平衡情绪。

人对自己的情绪具有调控能力。思想政治教育者要帮助教育对象学会情绪的自我调节和管理，做情绪的主人。

自我安慰是常用的自我平衡情绪的方法。自我安慰也称合理化，指个体遭受挫折后，为了维护自尊，减少焦虑，而找出种种理由为自己辩解，增加行为的合理性和可接受性，以起到减轻心理压力、获得自我安慰的作用。

自我安慰又有两种具体表现形式："酸葡萄式"和"甜柠檬式"。

"酸葡萄"一词源自寓言《狐狸与葡萄》。狐狸因得不到自己想吃的葡萄，就说葡萄是酸的，根本没法吃。这个寓言比喻，人们对于自己想要但又得不到的东西，就故意说它不好，从而弱化其意义和价值，以起到平衡心态的作用。

"甜柠檬式"的自我安慰是指人们对于自己的某种行为明知不妥，但又不愿意承认，只好找出各种理由来增加行为的合理性，以获得自我安慰，减轻心理压力。正如花钱买了柠檬，吃到嘴里是酸的，于是想加点糖就甜了。

合理化的辩解有助于精神安慰。在社会生活中，人们的需要不可能全部获得满足，进行自我安慰可以使人的内心达到平衡。因此，在某种情况下，它不失为一种自我心理防卫的方法。

（3）培养积极情绪。

美国心理神经免疫学家亚瑟·斯通（Arthur Stone）的研究发现，令人振奋的事件对免疫功能的积极影响要强于令人沮丧的事件所产生的消极影响①。因此，思想政治教育者要引导教育对象在生活中善于培养积极情绪。

第一，学会积累快乐。快乐并非仅仅是一种兴奋的感受和体验，快乐还是一种平衡和创造的能力，是一种面对生活的态度和勇气。拥有了发现快乐、创造快乐的能力，人们才能在生活的每一个方面、世间的每一个角落寻找快乐、发现快乐、感受快乐，才能坦然面对生活的酸甜苦辣。其实，人们在生活中并不缺少快乐，只是每天习惯于忙忙碌碌，被琐事缠身，而失去了对快乐的感受和体验能力，让快乐神经变得麻木了。可以通过写快乐日记和快乐周记的方法，每天记录让自己快乐的事情，每周末重温自己在一周内度过的快乐时光，让快乐多占据你的大脑。心理学的交互抑制原理告诉我们：人的大脑中两极情绪状态不可能同时存在，如痛苦和快乐不可能同时存在。其中一个处于兴奋状态，另外一个就会处于抑制状态。根据这个原理，平时多想快乐的事情，痛苦的发生率就会降低。正如知心姐姐卢勤告诉大家的快乐秘诀：当快乐没有到来时期待快乐，当快乐到来时享受快乐，当快乐走后回味快乐。这样，你就可以时刻与快乐相伴，过快乐人生！

① PEARSALL P. 快乐处方. 北京：中国轻工业出版社，2000：19.

第二，巧用心理暗示。心理暗示就是个人通过语言、形象、想象等方式，对自身施加影响的心理过程。自我暗示可以在不知不觉之中对自己的意志、心理以至生理状态产生影响。心理学的实验表明，当个人静坐时，默默地说“勃然大怒”“暴跳如雷”“气死我了”等语句就会出现心跳加速、呼吸加快等现象，仿佛真的发起怒来。相反，如果默念“喜笑颜开”“兴高采烈”“把人乐坏了”之类的语句，那么他的心里也会产生一种乐滋滋的体验。可见，积极的自我暗示可以使我们保持乐观的情绪，让我们充满自信。被称为“自我暗示之父”的法国心理学家爱米尔·库埃的名言是“我每天在各方面都变得越来越好”，以帮助自己保持好的心情、乐观的情绪和自信的品质，从而调动积极因素，发挥主观能动性。

第三，参加文体活动。运动可以促进多巴胺的分泌，减轻焦虑和抑郁等负性情绪，带来愉快的心情。散步、跑步、打球、瑜伽、游泳等运动有助于身体内部的节律改善，转移人对压力的关注，让疲惫的身心获得喘息。文艺活动也能让人释放身心压力，有效调节情绪。比如，唱歌和跳舞都兼有娱乐和运动的双重功效。据专家测试，唱歌时，大脑会生成和释放类似于吗啡的脑内激素，并促进和激发免疫球蛋白和抗压力激素的增加，从而使大脑感觉愉快，增强免疫功能。

第四，摄取快乐食品。研究发现，人的饮食对情绪具有影响作用。比如，缺乏叶酸与维生素 B12 能引起抑郁症状。因此，可以通过饮食调节，补充快乐所需要的物质元素。下列食材被称为快乐食品。

鱼。鱼油中的 Omega-3 脂肪酸，与常用的抗抑郁药如碳酸锂有类似的作用。

香蕉。香蕉中的生物碱可以振奋精神和提高信心。

葡萄柚。葡萄柚含有高量的维生素 C，是制造多巴胺的原料。

全麦面包。全麦面包是可以吃的抗抑郁剂。

菠菜。菠菜是富含叶酸的食物，缺乏叶酸会导致抑郁症。

樱桃。樱桃中有一种叫作花青素的物质，可以消炎，放松心情。

大蒜。大蒜有助于缓解疲倦、焦虑和怒气。

南瓜。南瓜中富含维生素 B6 和铁，可以保持好心情。

低脂牛奶。低脂牛奶可以让人放松心情，减少暴躁和焦虑。

鸡肉。鸡肉含有丰富的硒，而硒可以振奋精神，使人情绪协调。

此外，含有叶酸的食物包括菠菜、香蕉、草莓、小白菜、胡萝卜、油菜、猕猴桃、西红柿、樱桃、橘子、葡萄、核桃、黄豆等。含有维生素 B12 的食物包括牛奶、猪肉、牛肉、花生、猪肝、鸡蛋、鸡肉、乳酪、芹菜、瘦肉、大豆、坚果、牛肝、小米、燕麦等。

阅读书目

1. 刘永芳．管理心理学．2 版．北京：清华大学出版社，2015.
2. 阿伦森．社会心理学．北京：中国轻工业出版社，2012.
3. 刘宏．管理心理学．北京：清华大学出版社，2011.

4. 金盛华．社会心理学．2 版．北京：高等教育出版社，2010.
5. 孟昭兰．情绪心理学．北京：北京大学出版社，2005.
6. 拉丰．激励理论．北京：北京大学出版社，2001.

思考题

1. 内容型激励理论和过程型激励理论对思想政治教育中的激励有哪些启示?

2. 如何运用教育者、教育对象、教育方法及教育环境中的因素，促成教育对象的态度转变?

3. 人的情绪受哪些因素的影响? 你学会了哪些情绪调节的方法?

第五章

思想政治教育的心理学原则

关键词

心理学原则　心理引导　心理相容　心理共振　心理互换

要点提示

1. 掌握心理引导原则在思想政治教育中的具体运用。
2. 探讨心理相容原则在思想政治教育中的实现途径。
3. 揭示心理共振原则在思想政治教育中的运用方法。
4. 分析心理互换原则在思想政治教育中的实现渠道。

原则是从自然界和人类历史中抽象出来的、能够正确反映事物发展客观规律的真理性认识，也是人们说话行事、处理问题所依据的准则。心理学原则是指导心理学研究，且符合人们心理活动与心理发展规律的心理准则。人的心理与思想密切相关。心理是思想产生的基础，思想是客观存在反映在人的意识中经过思维活动而产生的结果。这一过程始终与人的心理过程、个性倾向性和个性心理特征发生着内在联系。因此，思想政治教育必须符合人的心理发展和心理活动规律，遵循相关的心理学原则。

一、思想政治教育的心理引导原则

思想政治教育的主要任务之一，就是团结教育广大群众，使其在思想上理解并接受党的基本路线和中心任务。这一过程表现在心理活动中，就是根据社会要求去影响教育对象的社会认知、社会情感、政治态度及行为方式，使其形成预期的思想观念和态度倾向。简言之，就是对人的思想政治观念进行心理引导。心理引导原则符合人的思想认识规律和思想政治教育的特点。

（一）心理引导与思想政治教育

心理引导被广泛运用于各个社会领域，如教师向学生传授知识需要通过潜移默化的心理引导；商业促销则通过广告和导购对顾客进行心理引导，以刺激人们的购买需求，影响人们的消费观念；法庭审讯更是需要采用心理攻势，通过心理引导打破犯罪分子的心理防线，使其认罪伏法。思想政治教育是针对人的精神世界的活动，同样需要运用心理引导原则。

1. 心理引导的含义

心理引导是主体为完成某项任务、实现某个目标，对客体的心理施加影响，使其心甘情愿地服从与接受的过程。心理引导有明确的目标，往往针对教育对象的某些心理状态和问题行为，采取积极疏导的方法，以使教育对象接受引导，改变行为，实现教育者的引导目标。因此，通过心理引导可以使教育对象的歪曲认知有所改变，可以帮助教育对象改变某些不良行为，还可以帮助教育对象学会新的应对策略。

心理引导可以分为以下几种形式：一是改变认知和言语的引导。比如，引导教育对象把“我一事无成”变成“这件事我没做好”。二是针对某种行为的引导。比如，对于工作压力大、情绪焦虑的教育对象，教育者可以引导他“把每天要做的事情列一个清单，按照轻重缓急来完成”。三是角色扮演式的引导。由教育者和教育对象通过角色扮演的方式完成角色互换，以增强移情能力，学会换位思考。比如，由教育对象扮演与其吵架的同学，教育者扮演教育对象，进行情境重现，以反思自己的行为，增加对对方的理解。四是提供信息的引导。由教育者为教育对象提供更多相关信息，以帮助教育对象开阔视野，开放思维，使其学会多视角、多层面地分析问题、考虑问题，找到最佳解决问题的方案。

2. 思想政治教育中的心理引导

思想政治教育中的心理引导与其他领域的心理引导有所不同，要侧重政治引导，主要是针对人的政治观点、政治态度、政治立场、政治情感及其社会行为进行引导。这些思想意识活动不是浅层次的心理活动，而是具有更明显的自觉性、主动性和社会性的意识活动，因而思想政治教育的心理引导比其他领域更为复杂。因为思想政治教育的心理引导是为思想政治教育目标服务的，不能脱离党的基本路线、基本方略和目标任务，必须坚持坚定正确的政治方向，坚定不移地贯彻执行党的路线、方针、政策。否则，心理引导就会偏离政治方向。

思想政治教育中的心理引导，要坚持正面引导，强调引导的先进性、健康性和积极性，为教育对象输入正能量。通过宣传社会主义、集体主义、爱国主义的社会主旋律，弘扬时代精神和中华民族的传统美德，树立英雄模范典型等，促进教育对象的思想政治观念走向健康发展的轨道。

思想政治教育中的心理引导，要强调因势利导，即要因其势，不逆其心；要导其向，不纵其谬。采取与人为善、循循善诱、以理服人的教育方法，不搞强制的家长作风和粗暴的军阀作风。周恩来曾根据多年的经验指出：“改造的方法要和风细雨，不能粗暴。这样气才能顺，心情才能舒畅，才能接受帮助。”[①] 同时，思想政治教育中的心理引导要与心理疏通相结合，从心理层面上将“疏通”与“引导”辩证地加以运用，只有好好地

---

① 周恩来．周恩来选集：下卷．北京：人民出版社，1984：368.

“疏”才能正确地“导”。当然，遵循思想政治教育的心理引导原则，并不意味着迁就姑息、放任自流。所谓“导”，也就是要使教育对象沿着正确的方向发展和转变。

（二）思想政治教育心理引导原则的具体运用

思想政治教育要解决的是人的观念、态度、立场等问题。而人的观念、态度、立场是由认知因素、情感因素、意志因素以及内部动机等组成的复杂心理活动，是外部社会环境和个人内心活动相互作用的结果。因此，思想政治教育过程中的心理引导需要从以下几个环节入手。

1. 需要引导

需要是人脑对生理或心理上的缺失或不足所引起的力求满足的一种内心体验和状态，是个人活动积极性的源泉。因此，需要是教育对象接受思想政治教育的原动力。教育者应积极引导、激发教育对象学习政治理论和接受思想政治教育的需要，并在需要的基础上形成动机。

第一，引导教育对象追求高层次的精神需要，激发政治热情。思想政治教育作为一种针对人的思想意识的社会实践活动，能够塑造人的精神世界，满足人的精神追求。因此，思想政治教育者要激发教育对象的政治参与热情，提高他们的社会参与能力，引导教育对象关心国家大事，积极投身改革，为实现中华民族伟大复兴的中国梦而努力奋斗。

第二，利用一定的诱因激活教育对象的学习动机。一是善于抓住社会契机，激活教育对象的学习需要。思想政治教育要与社会生活紧密结合，善于利用各种纪念日、重大社会事件等挖掘教育内容，不失时机地对教育对象进行思想政治教育。比如，利用“九一八”“七七”等纪念日进行勿忘国耻的爱国主义教育；利用中国共产党建党纪念日、抗日战争胜利纪念日等凝聚民心，增强国家凝聚力和民族团结，引导教育对象认识到发展生产力、增强国家实力的重要性。二是利用奖惩方式强化教育对象的学习动机。心理学研究表明，来自学习结果的反馈信息对学习效果具有明显的影响。如果加上定性评价，影响更大，即及时的表扬、批评能更有效地激发教育对象的学习动机，产生更明显的学习效果。在思想政治教育过程中，可以开展辩论赛、演讲比赛、征文比赛、学习竞赛等活动，对教育对象的良好表现给予奖励，这有利于激活教育对象的学习需要和参与热情。三是通过社会实践活动，帮助教育对象深刻理解中国特色社会主义新时代是中国发展新的历史方位，看到改革开放40多年来的显著成就，促进教育对象深化对“五位一体”总体布局和“四个全面”战略布局的认识，坚定对中国特色社会主义的道路自信、理论自信、制度自信、文化自信。

值得注意的是，在激发教育对象的需要和动机时，要注意动机的预测和引导。一方面要善于从教育对象的需要出发安排思想政治教育的内容，运用教育对象感兴趣的方式方法，调动其积极性，吸引其注意力；另一方面必须在教育中合理调节教育对象的心理需要，提升其需要层次，使教育对象以主体需要为核心的内在动力系统和以社会需要为核心的外在动力系统有机结合，共同推动、增强思想政治教育的吸引力。

2. 注意引导

在社会生活中，各种各样的信息每时每刻都对人产生着程度不一的刺激，个人不可能对来自社会环境的全部信息做出反应，而是有所选择，即表现为选择性注意。思想政治教育只有遵照注意的特点，采用有效的引导方式才能引起教育对象的注意。

第一，新奇的刺激因素能够引起人们的注意，这已为心理学的大量实验所证实。比如，标新立异的装潢、构思奇特的画面，以及别出心裁的包装都可以引起人们的注意，并给人们留下深刻的印象。思想政治教育对于教育对象就是一种社会刺激因素，要善于给予新奇的刺激。思想政治教育的内容和方式要随着时代的发展和教育对象的变化而不断更新、富于变化，这样才能对教育对象产生强烈的刺激作用，形成吸引力。反之，如果思想政治教育内容陈旧、空洞乏味、脱离现实，势必难以引起教育对象的注意。

第二，重复性的刺激因素可以强化人们的注意。社会刺激经常反复出现，会不断强化人们的注意。比如，商业广告正是根据这一原理，经常不断地发送同一信息，刺激人们的大脑，在人们头脑中留下印记，当人们一旦形成相关需求时，大脑里储存的广告信息就会左右人们的购买意向。据此，思想政治教育要想引起教育对象的注意，就要常抓不懈。不能指望组织几次活动、听几场报告或进行几次谈话就能收到立竿见影的效果，而要将思想政治教育信息渗透到社会生活的各个方面，通过持续不断的信息传递，营造良好教育氛围，使教育对象在潜移默化中接受教育、转变观念。

第三，刺激因素要与教育对象的人生经验相“对位”。外部刺激能否引起人的注意，很大程度上与人生经验是否相“对位”有直接关系。所谓“对位”是指与个人的人生经验相一致或相协调。当人们从刺激因素中发现与自己人生经验有同一性的成分，引起心理共鸣时，就会引起注意并乐于接受这种信息。据此，思想政治教育要善于把握切入点、寻找共鸣点，这样才能引起教育对象的注意，打开教育对象的心扉，进而以利于引导。

第四，刺激因素要能够造成个体的认知冲突。美国社会心理学家菲斯汀格提出的认知失调理论认为，人们的心理同生理一样，都需要保持一定的平衡。当人们的认知体系呈协调状态时，人们就会感到心情舒畅、情绪愉快。而当外部刺激与个体原有的认知体系出现不一致时，个体的认知体系就会产生不协调状况，这种不协调就被称为认知冲突。当个体产生认知冲突时，就会感到某种压力，出现不愉快甚至痛苦的内心体验，这种状况就会驱使人们想方设法改变不协调状况，解除认知冲突。菲斯汀格认为，人们的认知冲突越大，希望解除冲突的动机就越强烈，观念改变就越快，而造成认知冲突的外部刺激因素往往越容易引起注意。因此，思想政治教育者不要害怕触动教育对象的思想意识、价值观念等深层次的东西。相反，只有触及灵魂，对其进行强刺激，才能引起其注意，使其受到震撼，进而转变原有的观念，达到新的认知平衡。

3. 理解引导

思想政治教育在引导教育对象注意的基础上要进一步引导其对教育内容进行理解。所谓理解，是指教育对象对刺激因素的内容和价值进行认真思考、分析、鉴别，并根据自身需要进行比较和取舍的过程。被注意的信息并不一定真正被理解，思想政治教育要进行心理引导，让教育对象理解信息的真实含义。

第一，引导教育对象正确理解社会刺激。人们的思想观念是对社会存在的反映，既受社会环境的制约，也受主观因素的影响。不同的人对同一社会刺激因素会有不同的理解，产生不同的看法，有些是符合事实的，有些则是歪曲事实的。思想政治教育要引导教育对象正确理解社会信息，帮助他们对各种社会刺激因素进行认真分析、准确判断，给予客观真实的认识。

第二，激发教育对象对思想政治教育信息的内在需要。思想政治教育信息能否满足教育对象的需求，使其发自内心地产生对思想政治理论的需要，对于教育对象能否真正理解具有十分重要的作用。人的思想、观念、态度、立场在形成和变化过程中，也受个体内在需求的制约。人们对事物形成这种看法而不是那种看法，采取这种态度而不是那种态度，主要取决于人们接收的信息能否满足自身的需要。内心需要常常支配人们去理解某种信息，思想政治教育信息要在一定程度上满足教育对象的心理需求，这样的教育内容才能引起教育对象思考、理解和接受。

4. 接受引导

接受是指教育对象在对信息了解的基础上，摄取社会刺激信息，并根据自己的理解和需求，形成自身观念的活动。在这一过程中，教育对象具有很大的主观能动性。因此，思想政治教育要引导教育对象接受信息。

第一，允许教育对象对思想政治教育信息进行选择。在理解过程中，主体已经对认知对象做过比较和鉴别，然后才开始选择和采纳，但这种选择和采纳还会受到主体主观的知觉补充作用。知觉补充与原有的认知体系、情绪经验及需求系统有密切的关系。而信息的真实性往往是教育对象最为看重和首先鉴别的要素。如果思想政治教育内容真实可信、说服性强，就会使教育对象在思考、分析和鉴别中选择并接受这些信息，改变原有的态度和观念。

第二，引导教育对象接受正确信息。思想政治教育要帮助教育对象排除错误社会信息，克服认知偏差、不良情绪和不合理需求的干扰，选择、接受正确的信息。

思想政治教育只有坚持心理引导原则，通过对教育对象的需要引导、注意引导、理解引导、接受引导，才能使教育对象接受正确的信息，形成正确的思想、态度和观念。

二、思想政治教育的心理相容原则

在思想政治教育过程中，思想政治教育者与教育对象之间心理上是否和谐一致、情感上是否相通相融、彼此之间是否尊重信任，直接影响思想政治教育的效果。因此，思想政治教育要坚持心理相容原则。

（一）心理相容与思想政治教育

心理相容是个体与个体、个体与群体间和谐相处的心理基础，心理相容原则在社会生活中具有普遍的意义，在思想政治教育过程中更具有特殊的意义。

1. 心理相容的含义

心理相容是一种群体特性，是指群体中各成员之间由于理想、信念、观点一致而形成的一种融洽的心理交往状态，是良好的人际关系在人们心理上的反映。其表现形式是人们在交往过程中的相互尊重、相互信任、相互支持与和睦相处。

心理相容是个人和集体实现其目标的基础和保证。个人只有在充满信任、感情交融的心理氛围下工作，才能激发起工作的积极性、创造性，才能充分发挥主观能动性，完成工作目标，实现个人理想。只有成员间心理相容，集体才能创造良好的工作氛围，充分调动成员的积极性，发挥他们的聪明才智，使成员间优势互补，体现出整体优势，从而实现集体的奋斗目标。

2. 思想政治教育中的心理相容

思想政治教育中的心理相容，是指在思想政治教育实践中，教育者与教育对象之间没有心理屏障，在言谈举止、思想观点、个性品格等方面彼此接受，形成心理上和谐一致、情感上相通相融的心理状态。思想政治教育主客体之间的心理相容是思想政治教育取得成效的前提条件。如果双方彼此理解、相互信任，教育者对教育对象有充分的了解，教育对象对教育者也有良好的认知，那么教育者所做的教育引导就容易被对方接受。相反，如果教育者对教育对象抱有成见、态度生硬，教育对象对教育者持怀疑态度和反感心理，那么，思想政治教育就不能顺利进行。

思想政治教育中的心理相容表现在以下几个方面：

第一，教育者与教育对象的期望相容。教育者与教育对象对大目标的期望一致，比如，双方都希望国家更加富强，社会秩序更好，生态环境更美，人民生活水平更高。也就是说，都希望全面建设社会主义现代化强国，实现中华民族伟大复兴。同时，教育者与教育对象的期望相容还表现为教育者与教育对象的小目标一致，比如二者对本单位发展的期望一致，教育者对教育对象的期待与教育对象对自身的期待一致等。

第二，教育者与教育对象的观念相容。心理学中人际吸引的相似律告诉我们，观念相同或相似的人之间容易相互吸引。教育者与教育对象在世界观、人生观、价值观等方面有比较一致或相似的认同，会使彼此感到志同道合，在思想上相通。反之，如果双方在这些方面差距太大，就会感到格格不入，在心理上很难和谐相融。当然，由于双方的角色不同、立场不同，不可能有完全一致的观念。思想政治教育的心理相容原则就是要求通过思想政治教育的具体实践使教育双方的思想观念、政治观点等尽可能达成或保持一致。

第三，教育者与教育对象的情感相容。情感相容是指双方在感情上相融，在心理上亲近。教育者与教育对象的情感相容是思想政治教育的感情基础。在思想政治教育过程中，教育者要尽可能地在情感方面找到与教育对象的相同点、相似点、结合点和共鸣点。可以通过谈论教育对象最喜欢、最自豪、最难忘、最感兴趣的事情，寻找共同语言，进行思想沟通，引起情感共鸣，使其产生亲近感，形成自愿接受的心理定式。

3. 心理相容对思想政治教育的作用

心理相容是新时代思想政治教育创新与发展的具体要求，是提高思想政治教育有效性的必然环节，对实现思想政治教育的目标具有重要的支持与保障作用。

（1）心理相容可以使教育对象对教育者产生信赖感。

在思想政治教育过程中，教育者与教育对象之间的心理相容会带来情感上的亲近，而这种情感的融洽有助于消除教育对象的戒备感，使教育对象对教育者产生信赖感，愿意接受教育者的指导，听取不同意见，并从积极的意义上来理解思想政治教育的内容，使教育过程更加通畅。

（2）心理相容有利于保持调动群体成员的积极性。

心理相容可以为群体成员的学习、工作和生活提供良好的心理氛围，使他们在心理上产生一种归属感，心情舒畅、干劲倍增，焕发出工作热情和主观能动性，愿意为实现组织目标而努力工作。

（3）心理相容有利于发挥群体优势。

群体是由个体组成的，但群体并不是个体的简单相加，整体大于个体之和。心理相容让群体成员之间相互信任、相互理解、感情融洽、取长补短，从而使群体具有个体所不具备的功效和优势。相反，群体成员间互相猜疑、敌视、攻击，群体就会像一盘散沙，不仅不能发挥群体优势，反而会大大降低工作效率。

因此，在思想政治教育中要发挥群体优势，提高教育质量，就必须重视群体间的心理相容。

（二）实现思想政治教育心理相容原则的途径

在思想政治教育过程中，要实现心理相容的原则，需要教育者从以下三个方面入手：

1. 以增进感情促进心理相容

在思想政治教育中，教育者要注重以情动人，真诚地关心教育对象、理解教育对象，付出自己的真情实感。孟子云："爱人者，人恒爱之；敬人者，人恒敬之。"（《孟子·离娄下》）教育者要想得到教育对象的尊敬、爱戴，自己必须首先尊重、关心、信任教育对象。许多优秀的思想政治教育者，善于把思想政治教育做到教育对象的心坎上。职工病了，送医送药，嘘寒问暖；下属过生日，送上一张贺卡、一束鲜花。这种"润物细无声"式的情感渗透，会在教育者与教育对象之间架起一座感情的桥梁，使双方息息相通、同心合意。相反，如果感情冷漠，居高临下，拒人于千里之外，必将使教育对象对教育者敬而远之，产生心理隔阂，甚至产生逆反心理和对立情绪。可见，情感的纽带是教育者与教育对象之间化解矛盾、产生心理相容的第一要义。

2. 以自身修养促进心理相容

思想政治教育者具备良好的修养，才能吸引、感染教育对象，令其信服。古人提出"修身、齐家、治国、平天下"的人生道路，并对修身养性提出过很多有价值的理论和方法。孔子指出"修己以安人"（《论语·宪问》）。孟子也认为"国之本在家，家之本在身"（《孟子·离娄上》）。刘少奇在《论共产党员的修养》中专门论述了共产党员应达到的个人修养。习近平同志在系列重要讲话中多次要求广大党员干部尤其是领导干部加强党性修养、提高综合素质，同时对思想政治教育者的素质提出了更高的要求。这充分说明了加强自身修养的必要性和紧迫性。

思想政治教育者要加强思想修养、政治修养、道德修养，做到思想境界高、政治立场稳、道德品质好，这样才能做到以德服人。同时，思想政治教育者要加强个性修养。良好的个性品质，是实现与教育对象心理相容的条件。一个具有良好个性品质的人具有强大的吸引力，使其周围的人愿意与之交往，并通过交往启发思维，丰富情感，满足心理需求。思想政治教育者良好的个性品质包括热情、开朗、真诚、谦让、关心他人、通情达理、善解人意，以及富有责任心、同情心和正义感等。

此外，思想政治教育者要注意塑造自己的外在形象。美好的外在形象，能使人感到身心愉快，从而增强人际吸引力。亚里士多德曾经说过：美丽比一封介绍信更具有推荐力。因此，思想政治者要注意塑造自己的外在形象，做到仪态大方、举止得体、谈吐自如，形成内在美与外在美的完美统一。

3. 以有效沟通促进心理相容

沟通是交往的基础，是人与人之间发生相互联系的主要形式。在思想政治教育中，教育者与教育对象之间的有效沟通是双方心理相容的必要条件。一个人沟通的能力、交谈的水平很能反映出文化修养和工作水平，并对他人产生不同的心理效应。因此，教育者要努力提高自己的沟通能力，掌握沟通的基本技巧。

沟通的基本技巧包括认同、共情、赞美、倾听和幽默。

认同是最基本的沟通技巧。认同是接纳的基础，是指在沟通中寻找双方的共同话题，接纳对方的某种看法。在思想政治教育中，教育者要想与教育对象有良好的沟通，就要学会接纳教育对象，首先认同他的某些观点，然后再对错误观点进行分析和引导。如果在沟通时一开始教育者就批评、否定教育对象，容易引起教育对象的逆反心理和反感情绪，影响沟通效果。

共情就是能设身处地体验他人的处境，感受他人的情绪，理解他人的情感，进入他人的精神世界。也就是与他人感同身受，将心比心。在沟通过程中，教育者可以充分运用共情技术，站在教育对象的立场考虑问题，进行换位思考，从而充分感受教育对象的思想、情绪，这样能使沟通的过程更加深入和顺畅。

赞美是人的普遍心理需求。赞美是对人的行为的一种欣赏、肯定、激励和鼓舞，是思想政治教育者应具备的重要的沟通技巧。思想政治教育者在与教育对象进行沟通的过程中，要善于发现教育对象的闪光点，并及时进行表达，真诚地赞美教育对象，激发起教育对象向善、向上的内在需要，充分挖掘其主观能动性，促进教育对象不断完善自我、超越自我。这在心理学上称为“标签效应”。

倾听是理解的前提。在人际沟通中，有时听比说更重要。要正确理解别人，必须先听懂对方，要听懂则必须专注地听，不随便打断对方，并不时用言语或非言语的方式给对方简短的回应，不明白时要礼貌地询问对方真正的意思以免曲解其意。在思想政治教育过程中，教育者专注的倾听能使教育对象感到自己的重要性，能鼓励教育对象表达自己的想法，促进沟通的深入进行，产生良好的沟通效果。

幽默是人际沟通的润滑剂。幽默是一种良好的心理素质和出色的语言艺术，也是一种机智的应变能力，更是解除尴尬的良药。在思想政治教育中，教育者幽默的言行往往会消除教育对象的紧张情绪和心理距离感，体现自己的语言智慧和人格魅力，增强自身的人际吸引力和亲和力，使教育对象对其产生兴趣和欣赏之情，从而获得良好的沟通效果。当然，如果涉及重大、严肃的政治问题，教育者则不可采取幽默的表达方式。

总之，心理相容的途径有很多，思想政治教育者可以在实践中不断摸索、不断总结，创造出更多、更好的心理相容的方法。

三、思想政治教育的心理共振原则

在思想政治教育中，心理共振对思想政治教育目标的实现起着至关重要的作用。教育者与教育对象之间能否实现心理共振，直接影响到思想政治教育的效果。思想政治教育要坚持心理共振原则。

（一）心理共振与思想政治教育

在思想政治教育中，感情是打开思想这把锁的钥匙。教育者与教育对象实现心理共振是转变教育对象思想观念的前提条件。

1. 心理共振的含义

所谓心理共振是指人与人之间在认识、情感、兴趣、需求等方面的一致和共鸣。如果交往、共事的双方相互认同、接纳、欣赏，对客观事物的认识一致，表现出共同的情感，有共同的兴趣爱好和需求，则容易产生心理共振。人与人之间一旦达成了心理共振，便会产生心理共鸣，便会步调一致。

2. 思想政治教育中的心理共振

思想政治教育中的心理共振，是指教育者与教育对象之间在思想上一致、在感情上相融、在心理上共鸣。教育者只有与教育对象之间实现心理共振，才能彼此信任、彼此吸引、彼此影响，才能收到良好的思想政治教育效果。

思想政治教育中的心理共振，最主要的是情感共振。人的行为常常受到感情的制约。如果对一个人尊敬、喜欢、爱戴，就会亲近他、服从他，乐于接受建议，改变观念。相反，如果对一个人厌恶，就会疏远他、排斥他、否定他。情感，最重要的特点就是感染性。人们之间的情感可以相互感染，当一个人产生某种情感时，就会感染别人，使别人产生相同的情感。同样，别人的情感也可以感染自己，让自己产生与之相同或相似的情感。思想政治教育的过程就是一个情感交流的过程。在思想政治教育中，教育者与教育对象之间如果能够在情感上共振，教育对象就会心悦诚服地接受教育。相反，如果教育者与教育对象之间无情感共鸣，就会引起教育对象的反感和排斥，这在社会心理学中被称为心理对抗。在心理对抗的情况下，教育对象会把教育者当成自己的对立面，凡事从反面去理解，把好话当坏话，把好心当坏心，把好事当坏事。正如列宁所说："没有'人的感情'，就从来没有也不可能有人对于真理的追求。"①

---

① 列宁．列宁全集：第25卷．2版．北京：人民出版社，1988：117.

3. 心理共振对思想政治教育的作用

在思想政治教育中坚持心理共振原则，对于提高思想政治教育的效果具有重要作用。

（1）心理共振有利于消除对立情绪。

在社会生活中，由于种种原因，人们有可能对思想政治教育产生某种偏见，产生对立情绪。其一，教育者和教育对象本身就是一对矛盾，二者的社会角色不同，决定了他们的出发点、立场、态度、观点等都有很大的差异，这就使得教育对象对教育者很容易产生戒备心理和对立情绪。其二，在某些特殊时期，思想政治教育偏离了党的正确路线，歪曲了思想政治教育者的形象，使得人们对极左路线和假、大、空的思想政治工作深恶痛绝，对冷冰冰、硬邦邦、毫无人情味、只会整人的所谓“思想政治教育者”鄙视反感。这种心态必然会影响人们对思想政治教育以及思想政治教育者的正确认识。其三，个别思想政治教育者的自身素养欠缺，造成人们对整个思想政治教育及思想政治教育者的偏见和误解。比如，有些思想政治教育者水平有限、能力不高，很难适应时代发展的需要，难以服人；有些思想政治教育者思想僵化、态度生硬、脱离群众，使人难以接受；还有些思想政治教育者言行不一、自私自利、以权谋私，损坏了思想政治教育者应有的形象。以上这些因素都在不同程度上造成了人们对思想政治教育以及思想政治教育者的对立情绪，给思想政治教育带来困难。此时，就特别需要思想政治教育者坚持心理共振原则，用爱心、真情去感化教育对象，使他们消除对立情绪，重新认识思想政治教育者，正确认识思想政治教育。

（2）心理共振有利于客观认识事物。

情感在人们的认识活动中具有导向作用，同样一个事物持不同的情感，会得出不同的结论。在思想政治教育中，教育者与教育对象之间产生心理共振，就会使双方以积极的情感去认识、理解、感受对方，并以积极的情感去认识客观事物。只有以积极的情感去认识人、事、物，才能减少认知偏差，提高认识的正确性。

（3）心理共振有利于提高移情能力。

移情能力是指站在别人的角度考虑问题的能力，实际上就是洞察别人、理解别人的能力。一个人有了较强的移情能力，就能充分考虑别人的情感和需求，就会变得善解人意，为他人着想。移情能力在社会交往和人际关系中是一种非常重要的能力。在思想政治教育中，教育对象如果经常被教育者的感情所感染，与之产生心理共鸣和心理共振的话，其移情能力就会随之提高。

（二）实现思想政治教育心理共振原则的策略

在思想政治教育中，实现心理共振的方法和手段很多，需要因人而异，因材施教。

1. 以真诚、尊重、关心的态度引发心理共振

真诚，就是用真情实感对待教育对象，而不是虚情假意。尊重，就是尊重教育对象的人格和自尊心，尊重教育对象的需要、愿望和要求，绝不能用蔑视、奚落、讥讽的态度对待教育对象。特别是对后进的教育对象或者与自己观点不同以及对自己有成见的人，更要从尊重、关怀、体贴入手，用真挚的情感取得他们的信任与合作。关心，就是及时发现和解决教育对象的实际困难，把温暖及时带给教育对象，不能对他们的困难置若罔闻。只有这样，才能使教育对象切实感到思想政治教育者的可亲可敬、可爱可信，从而为双方的心理共振奠定基础。

2. 以倾听、共情、接纳的方法促进心理共振

要实现心理共振就必须了解对方的内心世界。如前所述，倾听就是认真听教育对象诉说，给教育对象提供更多的说话机会和说话时间。善于倾听，有助于帮助教育对象充分表达意愿、想法和感受；有助于了解教育对象的思想状况和心理活动，找到双方的共同点，形成共情。接纳，就是要接受并包容教育对象的一切，既接受其优点、长处，也接纳其缺点、不足。接纳可以让教育对象体验到理解和尊重，感受到信任和支持，促进心理共鸣和心理共振。

3. 以情理、情法、情行结合保证心理共振

实现思想政治教育者与教育对象的心理共振，需要处理好情与理、情与法、情与行的关系。

首先，做到情与理的结合。在思想政治教育中坚持心理共振原则，必须注重感情投入，但并不是说可以感情用事，不讲原则。相反，情要服从理，理要制约情，理是情的基础，情据理而外显，要做到情理交融。

其次，做到情与法的结合。法律法规是思想政治教育的底线，不能因为注重情感在思想政治教育中的作用，就无视法律法规。要敢于坚持原则，严格遵守法律规定和各项规章制度，不能以感情代替法律法规。

最后，情与行结合。在思想政治教育中，光凭感情、只讲道理还不够，还必须以身作则，身体力行，在情感认同的基础上，引导教育对象把正确的社会意识“外化”为社会行为，实现“知”与“行”的统一。

四、思想政治教育的心理互换原则

在思想政治教育中，教育者要善于站在教育对象的立场上考虑问题，要将心比心、推己及人，坚持心理互换原则。

（一）心理互换与思想政治教育

心理互换不仅是人际交往的催化剂，也是思想政治教育取得实效的重要心理原则。

1. 心理互换的含义

心理互换，也称角色心理互换，是指双方因互换角色而引起的角色心理的变化，即站在对方的立场上考虑对方的思想和感情。

任何人在现实生活中都扮演着一定的社会角色，遵循着一定的社会规范，并承担着相应的角色义务。例如，领导就要承担起领导的职责，教师就要教育好学生，母亲就要完成养育孩子的任务。而每个个体在扮演一定的社会角色的过程中，都会产生相应的心理体验，这就是心理学上讲的角色心理。一个人在社会舞台所担当的角色不同，就会产生不同的角色心理。心理互换就是让人们体验不同社会角色所具有的独特的心理特点和心理过程，学会站在别人的位置考虑问题，以增强对他人的感受力和理解力。经常开展的“假如我是……”的活动，就是运用角色心理互换使人们了解特定社会角色的思想、感情、情绪、心理需求以及立场观点等，以增强人们之间的相互理解，促进人际和谐、社会和谐。

2. 思想政治教育中的心理互换

思想政治教育中的心理互换，就是教育者以教育对象的身份、所处地位和客观环境进行心理体验，进而了解教育对象的心理态势；教育对象则站在教育者的位置，用教育者的态度、立场、观点来考虑问题，体验教育者的心态、情感。在思想政治教育中，通过教育者和教育对象的心理互换，可以达到彼此增强理解、增进感情、消除隔阂、形成共识的目的。

3. 心理互换原则在思想政治教育中的作用

在思想政治教育中，心理互换原则是增进教育者和教育对象的相互理解、相互信任的重要手段，它在思想政治教育中的作用表现在以下几个方面：

（1）有利于增强思想政治教育的针对性。

思想政治教育的成效如何，往往取决于思想政治教育能否切中教育对象的思想症结。心理互换使教育者置身于教育对象的主客观情境中，设身处地、将心比心，可以更好地了解教育对象的思想、动机和心理需求，从而增强思想政治教育的针对性，使教育者有的放矢地开展思想政治教育。

（2）有利于增强思想政治教育的感染性。

心理互换使教育者对教育对象有更多的理解和共情，在工作中就会投入更多的情感，做到寓理于情。心理互换使教育对象对教育者有更多的了解，也会打消彼此之间的戒心，缩短彼此之间的心理距离。双方都能够从感情上信任对方、从心理上接纳对方，都能够以积极的心态对待对方、对待思想政治教育，从而可以增强思想政治教育的感染力和影响力。

（3）有利于增强思想政治教育的有效性。

心理学研究表明，当人的情绪呈积极、兴奋状态时，就能保持自身信息接收系统的开放状态，对外界信息采取亲和的、接纳的态度，外界信息就比较容易被人接受。心理互换可以消除教育对象的心理隔阂和心理障碍，使其能够以积极的情绪和兴奋的心态接受教育，从而提高思想政治教育的有效性。

（二）实现思想政治教育心理互换原则的途径

在思想政治教育中，心理互换的主动方是思想政治教育者。因此，教育者要把握思想政治教育时机，通过各个环节、创造各种机会进行心理互换。

1. 在日常生活中进行心理互换

思想政治教育者只有充分了解教育对象的心理状态，才能真正实现心理互换，而心理的形成、发展、变化受各种因素的影响。在日常生活中，每个人的心理特点、思想方法和行为方式都是在特定的社会生活条件下形成的，受其具体生活环境的制约。同时，人们的心理活动无时无刻不在发生变化。思想政治教育者要想真正体验教育对象的心理状态，实现心理互换，就必须抛开自身以往的认知、情感、态度和行为方式，深入教育对象的日常生活，了解其所处的生活环境，了解各种环境因素对教育对象的心理影响。思想政治教育者要在日常生活中与教育对象多接触，从教育对象的行为表现上了解其心理变化的过程和特点，了解其心理需求和心理状态。以此为基础，思想政治教育者就可以主动与教育对象进行心理互换。

2. 在共同活动中进行心理互换

一般性教育活动是思想政治教育的重要载体，教育者要善于通过文体活动、考察活动、参观活动、调研活动、实践活动等，与教育对象打成一片。在教育活动中共同策划，共同参与，做到与教育对象同思、同做、同行、同乐，获得亲身体验。在活动过程中，教育者与教育对象扮演相同的角色，就会有共同的心理体验，容易进行心理互换。

3. 在面对问题时进行心理互换

在生活、学习、工作过程中，每个人都会遇到困难和挫折，产生不同程度的心理困扰，如因失恋导致情感问题，因经济紧张导致生活困难，因交往障碍导致人际关系紧张，因工作压力大导致情绪焦虑等。教育者要善于站在教育对象的立场上考虑问题，充分认识教育对象的处境，深刻理解教育对象的心理问题，真正体会教育对象的苦衷。在此基础上，要设法给教育对象以必要的帮助，开展心理疏导与思想引导，在排忧解难中以心换心、以情换情，完成心理互换。

阅读书目

1.《思想政治教育学原理》编写组．思想政治教育学原理．2 版．北京：高等教育出版社，2018.

2. 王仕民．思想政治教育心理学概论．广州：中山大学出版社，2015.

3. 米策尔．心理学入门．北京：中央编译出版社，2011.

4. 秦在东．思想政治教育管理论．武汉：湖北人民出版社，2003.

5. 张云．思想政治教育心理学．上海：上海人民出版社，2001.

6. 檀传宝．学校道德教育原理．北京：教育科学出版社，2000.

思考题

1. 思想政治教育心理引导原则的实施策略有哪些？

2. 如何理解思想政治教育心理相容原则的实现途径？

3. 实现思想政治教育心理共振的方法有哪些？

4. 从哪些渠道可以实现思想政治教育的心理互换？

第六章

思想政治教育的心理学方法

关键词

认知改变　活动体验　行为训练

要点提示

1. 梳理各类心理学方法的理论线索，明确思想政治教育运用心理学方法的依据与基础。

2. 阐释各种常用心理学方法的条件、步骤、注意事项，以便应用在思想政治教育中。

思想政治教育过程是教育者对教育对象的认知、情感、意志、行为等心理因素施加影响，使之发生变化的过程。在此过程中，要针对教育对象的心理特点，遵循教育对象的心理规律，自觉运用相关的心理方法。

一、认知改变法

认知（cognition）是各种形式知识的总称，既包括内容，也包括过程。认知的内容指你所知道的概念、事实、命题、规则和记忆等，认知过程是你如何以一种让你能解释世界，并且为生活中的困难找到创造性解决方法的方式操纵这些心理内容。认知是行为的先导，人的行为不是无目的的，是受认知支配的。认知改变法是通过改变教育对象的认知观念，调整其思维方式以达到行为改变的一种方法。

（一）认知改变法的理论依据

认知改变法的理论依据主要来自认知心理学，从广义上说，就是关于认识的心理学。人类认识客观事物，主要是通过感觉、知觉、注意、记忆、思维、想象等认知过程来进行的。因此，凡是研究人的认识心理过程的，都属于认知心理学。认知心理学主要包括以下几种理论：

1. 以皮亚杰为代表的认知发展理论

皮亚杰是著名的哲学家、心理学家和教育学家。他在《发生认识论原理》和《儿童的语言与思维》等著作中提出了影响深远的认知发展理论。

（1）认知发展阶段。

皮亚杰把儿童的认知发展分为四个阶段：感知运动阶段、前运算阶段、具体运算阶段、形式运算阶段。他认为，教育过程必须与人的认知发展相适应，在各个不同阶段施以不同的教育。同时，人接受教育的过程也是人的认知发展过程。

1）感知运动阶段（0～2 岁）。

这时的儿童主要靠感觉和动作来认识周围的世界。他们对主体与客体还不能做出分辨，还没有达到运算的水平，所具有的只是一种图形知识，即仅仅是对刺激的认识。这个阶段的显著标志是儿童渐渐获得了客体永久性，即当某一客体从儿童的视野中消失时，儿童知道该客体并非不存在。儿童在 9～12 个月时获得客体永久性，在此之前，他们往往认为不在眼前的事物不存在了并且不再去寻找。客体永久性是后来认知活动的基础。

2）前运算阶段（2～7 岁）。

运算（operation）是皮亚杰从逻辑学中引来的一个术语，用作区分思维水平的标志，指一种能在心理上进行的内化了的动作。动作的内化是指这种动作不仅可以在物质上，而且可以在心理上或在思想上（头脑中）进行。如我们可以用手把瓶子里的水倒入杯子中，而我们也可以在头脑中想象完成这一动作的情形，那么这种心理上的倒水过程就是内化的动作。在此阶段，儿童还不能进行熟练的、合格的运算，但在逐渐掌握之中，所以其思维是前运算的。儿童在此阶段，认识开始出现象征功能，使得表象或思维的出现成为可能。但此时的儿童还不能形成正确的概念，他们的判断受直觉思维支配，表现出自我中心化和不可逆性的特点，而且尚未获得物体守恒的概念。

3）具体运算阶段（7～12 岁）。

此阶段的儿童能从一个概念的各种具体变化中抓住本质的东西，此时的思维具有守恒性，他们能够进行合格的运算，获得了长度、体积、重量和面积等方面的守恒，能够凭借具体事物或从具体事物中获得的表象进行逻辑思维。儿童能进行群集运算，对结构进行分析综合，能正确掌握逻辑概念的内涵和外延。但这种运算还离不开具体事物的支持和帮助，且是零散的，不能组成一个结构整体。

4）形式运算阶段（12 岁以后）。

此阶段儿童的思维已超越了对具体的内容或可感知事物的依赖，使形式从内容中脱离出来。儿童能对抽象和表征性材料进行逻辑运算，主要特征是儿童有能力处理假设和条件，并进行复杂的推理活动。

（2）人的认知学习过程。

图式（schema）是皮亚杰认知理论的核心概念，是指人在认识周围世界的过程中，形成的自己独特的认知结构。图式是发展变化的基本单元。人类所有的心理反应归根到底都是适应，适应的本质在于取得机体和环境的平衡。适应包括两个基本过程的协同工作，以达到认知的发展，这两个过程是同化和顺应。同化过程是学习者将所感知和学习到的新东西纳入头脑中，使其成为自己的组成部分，从而丰富和拓展个体的认知图式，使认知发生量变的过程。顺应过程是个体为了适应外部环境，调整或改变已有图式，使认知结构发生质变或创造的过程。通过同化和顺应两种过程，个体和环境达到平衡，但平衡只是暂时的。当环境改变的时候，个体原有的认知结构不能很好地解释和适用新的环境，这种平衡就会被打破，须通过同化和顺应达到新的平衡。

皮亚杰认为，平衡过程是学习主体通过自我调节使认知发展从一个平衡状态转向另一个较高的平衡状态的演变过程，是一个使认知不断前进的高级思维过程。平衡是动态的，由旧的平衡转向新的平衡必然经过冲突和不平衡阶段，这是由某一水平的认知结构受到干扰或影响引起的，是一种企图同化与能够同化之间的矛盾和不一致。此时认知主体要依靠其自身的活动补偿失调，解决冲突，形成新的认知结构，从而进入新的平衡状态。人的认知就是在不断的冲突出现和冲突解决之中获得发展的。

（3）认知心理学的学习本质论。

皮亚杰将思维纳入学习活动之中，提出了以认识论与心理学为理论基础的学习本质论。首先，学习是一种能动认知结构的建构过程。学习活动并不是获得信息和知识的过程，而是学会认知事物的程序，建构新的认知结构的过程。这种建构过程需要学习主体积极主动地参与。正如皮亚杰所说："儿童越是积极，他的学习就越有可能成功。"① 其次，学习是一种服从于发展、受制于心理运算的知觉过程。儿童的发展制约着他们所能学习的范围，学习必须以发展为前提，从属于发展。学习是一种有目的、有计划、主动搜索的知觉活动，心理活动对知觉学习具有导向、制约作用。最后，学习是一种通过反复思考导致错误的缘由并逐步消除错误的过程。在学习中出现错误，不仅是正常的而且是必需的和有意义的。只有在错误中不断思考、探索，进而修正和消除错误，认知水平才能不断提高。

2. 以信息加工理论为代表的现代认知心理学

现代认知心理学是20世纪60年代兴起于西方的一种心理学理论，它采用当代科学技术，尤其是计算机科学和人工智能方面的研究成果，在近二三十年间获得了迅速发展，已成为当代心理学的一个重要学派和当代教育心理学的主要理论基础。其代表人物是美国心理学家乔治·米勒、尼塞和加涅等。

认知心理学有广义、狭义之分，广义的认知心理学是指凡是研究人的认识过程的，都属于认知心理学，而西方心理学界通常所指的认知心理学，是指狭义的认知心理学。狭义的现代认知心理学主要以信息加工理论为代表，其核心是以计算机信息加工的观点来研究人的心理活动，把人脑看作一种如同计算机的信息加工系统，认为人的认知过程就是信息加工的过程，包括感觉信息的输入、编码、贮存和提取的全过程，并将这一过程归纳为四种系统模式，即感知系统、记忆系统、控制系统和反应系统。按照这一观点，认知可以分解为一系列阶段，每个阶段是一个对输入的信息进行某些特定操作的单元，而反应则是这一系列阶段和操作的产物。信息加工系统的各个组成部分之间都以某种方

---

① 施良方．学习论：学习心理学的理论与原理．北京：人民教育出版社，1994：193.

式相互联系着。而随着认知心理学的发展，这种序列加工观越来越受到平行加工理论和认知神经心理学的相关理论的挑战。

现代认知心理学有以下两个重要概念：一是信息，是事物的属性、事物之间内在联系和含义的表征。信息的根本特性是它的表意性，它表示某种含义。信息分为自然信息和人工信息。比如：柳枝吐绿是春天到来的信息，属于自然信息；而城市里的各种交通标志、计算机软件中的指令等则属于人工信息。二是信息加工系统，即能够接收、贮存、处理和传递信息的系统，由感受器、效应器、加工器、记忆装置四部分组成。现代认知心理学的主要观点如下：

首先，用信息加工理论分析人的认知过程。信息加工理论把人认识事物的心理过程看作对信息的加工过程，认为人是一个信息加工系统，能够对信息进行接收、贮存、处理和传输。第一，人不是机械地接收刺激信息和做出反应的被动实体，而是有选择地获取和加工环境刺激的有机体。第二，人对刺激的反应不是一一对应的，需要一连串的心理转换活动。如信息由感知觉记录、过滤，由思维定式再认选择等。它将人的感知、记忆、思维、行动看作一个由输入、贮存、编码、输出等环节构成的完整的信息加工系统。第三，使用科学手段的目的不是观察、改变或塑造人的外部行为，而是分析认知程序和结构。通过适当的教育组织和维持学习者的内部活动和过程，最终了解、预见和指导人的行为。

其次，用信息加工理论研究教学。第一，根据人的信息加工过程把学习过程分为动机、了解、获得、保持、回忆、概括、作业和反馈八个阶段，每个阶段都要有一定的条件来维持。条件有内部和外部之分，外部条件主要是指输入刺激的结构和形式，包括刺激信息的整编，信息输入的次序、强度、时机的选择；内部条件即主体所需的知识技能准备或有关心理活动的顺利展开，包括注意、动机及再现同个人目前学习活动有关的已习得的知识、能力等。第二，认为教学是学习环境的创造。既然学习是有条件的，那么教学的组织者就应该提供这种条件，即创造学习环境。这样的环境充满了学习所需的信息（教学内容）、形式（教学方法）、结构（知识结构）、程序（教学过程）等。加涅曾列出了八条教师应向学生提供的学习条件，如注意的唤起与维持、增强记忆的条件、提高迁移的办法等。第三，认为教学应促进内部发展，如客观特征的提供促进了选择性知觉的发展，指导与建立了激活和选择适当策略的定式等。由于外部刺激可以激活、维持、促进、增强学习的内部活动，所以可以将教学视为按照学习条件而设计的符合学习过程的程序化系统。第四，认为反馈是沟通教与学双方的桥梁。在教学过程中，教和学双方都进行着信息加工，都要输出和输入信息。教师和学生联系的桥梁是反馈。反馈包括教师的教对学生的学的反馈和学生的学对教师的教的反馈。学生以答案的形式反映出来，给教师提供了教的反馈信息，教师又通过加工处理反馈信息得以调整自己的教法，使教师的主导作用与学生学习的主体作用得到充分发挥，有效控制教学向预定目标进行。

3. 社会认知理论

随着认知心理学与社会心理学的相互渗透，不少学者认为人的认知可能涉及两种不同的认知过程：一种是对客观存在的物体和自然因素的认知，即自然认知或客观性认知；另一种是对人和社会因素的认知，即社会认知，并形成了有关社会认知的一系列观点。

(1) 社会认知的主要特征。

社会认知是指个体在社会环境中对自我、他人或群体的心理和行为进行感知、判断、评价、推断和解释以做进一步反应的过程。与自然认知相比，社会认知有如下特征：

一是社会认知中包含着对主体、对自我的认识。自然认知是对客观世界的认知，更多运用智力因素。社会认知比自然认知更多地卷入个体的非智力因素，如情感、态度等。社会认知不局限于认知系统之内的信息加工，而是知、情、意相互作用的整体性信息加工，社会认知中更多地表现出个体的人格特征。

二是社会认知采用多种参照系。例如，由于人们的立场和观点不同，其社会认知的目标、标准、结果都不能像自然认知那样比较容易取得一致意见。自然认知采用比较固定的参照系统。

三是社会认知是一种相互作用的反馈性认知。当你观察他人的时候，他人也在观察你，他对你所提问题的回答，不仅反映了他对问题本身的看法，同时也包含着对你的看法与信任。自然认知就不是这种相互认知。自然认知是单向的，社会认知是双向的。

四是社会认知的对象更缺乏稳定性。社会因素错综复杂，变化的幅度和频率很大，时间和经验对社会认知的影响更为突出。自然认知的对象是物，物的自然属性相对稳定。

五是社会认知中“知”与“行”的关系比自然认知更为复杂。无论是“行”“知”的改变，或者是“知”对“行”的指导，都包含着更多的中间环节和中介因素。自然认知的“知”与“行”的关系相对简单。

(2) 社会认知图式。

图式是有关某一概念或刺激的一组有组织、有结构的认知。社会认知图式是社会认知理论中的重要概念，指个体经过对来自社会环境的信息进行选择加工后，在头脑中组织起来的认知系统。美国社会心理学家泰勒和克劳克将社会认知图式分为人的图式、自我图式、角色图式和事件图式四种类型。人的图式是一种心理上的认识类型，它描述了典型的或者特别的个体，如聪明者图式、自私者图式等。人们对认识对象的判断通常是套用典型图式的结果。自我图式指个体把自己加以分类和描述的方式，如我们关于自己的图式可能是“独立的”“开放的”等等，一旦形成了“图式化”的个人，就会按图式办事。角色图式是一种描述范围较宽的社会群体和角色的心理类型。从某种意义上说，它们是社会生活中的某种固定模式，如女性心肠软、南方人精明等。事件图式是指社会事件的心理分类，主要指社会事件发生的一定顺序和内容，包括社会事件在发生前后以及因果关系上的普遍特征，如结婚前要有订婚仪式并履行某种程序。

社会认知图式可划分为三个层次。在初级层次上，社会认知图式更多依赖一定的人际情境中个人的社会认知。在中级层次上，社会认知图式较少地依赖具体的人际情境中的社会认知，而是依赖个体在生活经历中形成的人际关系模式、倾向、态度、经验等，它是关于社会认知的一般知识构架。高级层次是个体整体的人性观、价值观、思维模式。它一经形成，不易受现实的人际情境左右，它是认知图式的深层结构。

人脑中已经形成的社会认知图式会对社会认知过程产生重大影响。首先，社会认知图式影响对信息的选择。人们往往更注意与图式一致的信息而忽视其他信息。其次，社会认知图式会对信息加工产生影响，当社会环境中新近产生的信息模糊不清或模棱两可时，先前存在于头脑中的图式将引导我们对其进行分类并做出相应的解释和判断。最后，社会认知图式也对信息的提取发生影响，对留在记忆中的某些信息在提取时会产生记忆的重构。有时以为自己记住了某些信息，但在提取这些信息时不知不觉地添加或改变成一些原来不存在的信息，这些内容趋同于我们头脑中已存在的图式，如英语单词的混淆。

（二）认知改变的基本方法

认知改变是一种从理性上使教育对象接受新的教育信息，并对自己原来的认知图式加以改变，形成新的认知图式的方法。在思想政治教育过程中，认知改变的基本方法包括：

1. 培养积极心态法

人们常说，心态决定命运，态度决定成败。美国著名心理学家威廉·詹姆斯说："我们这一代人最大的发现是人能改变心态，从而改变自己的一生。"因为心态变，则行为变；行为变，则习惯变；习惯变，则性格变；性格变，则命运变。因此，思想政治教育者要引导教育对象培养乐观心态、开放心态、自信心态和平和心态。

乐观心态是指对待事物的变化所具有的积极向上的人生态度，特别强调当遭遇人生挫折或厄运时，能够以积极的心态，从危机中看到转机和希望。人生不如意事十有八九，在每个人的人生经历中都会遇到困难和挫折。因此，与其怨天尤人，一蹶不振，不如多想让我们快乐、欣慰的事情，懂得珍惜拥有的一切，坦然面对失败，善于从逆境中奋起。一个快乐的人，不是他拥有得多，而是他计较得少。这话不无道理。

开放心态是指以积极的态度和勇气去汲取新知，创造希望，使自己的心胸开朗，精神常新，生命力源源不竭。开放心态不仅是一种智慧和勇气，更是一种自信，一种坚定，是一种敢于面对生活、面对未来的胆识与决心。我们处在一个变化的时代，要成就精彩人生就必须善于变化，不能因循守旧。开放可以给心灵打开一扇窗，博采众长，学无止境。因此，谁拥有开放的意识，谁就能先人一步赢得成功。要培养开放心态，一要开放观念，善于接纳新事物；二要开放视野，因为眼界决定境界，视野决定成功；三要开放行动，敢于做人之未做，行人之未行。

自信心态是对自身力量的确信，也是在自我评价上的积极态度。自信心态不仅是一种健康的心态，更是一种良好的个性品质，能够带给人以力量和希望。正是有了自信，个体才能不断接受挑战，超越自我。思想政治教育者要善于赏识、激励教育对象，挖掘教育对象的资源、优势和潜能，对教育对象充满关爱、信任和期待，不断提高教育对象的自尊心和自信心，培养教育对象良好的个性品质。

平和心态是一种从容、淡定、安宁、平静的状态，是一种不妄想、不盲从、不做作、不冲动的境界。一个心态平和的人，敢于面对自己的优点和弱点，坦诚面对人生，能在诱惑面前不随波逐流，在喧嚣声中不迷失方向。著名作家冰心是蜚声海内外的大文学家，她经历过战乱年代，在"文化大革命"中被抄家、批斗、关"牛棚"。但她经受住了苦难生活的考验，写下了几百万字的作品。她一直活到99岁，成为世纪老人。她在谈到长寿之道时说："对我来说保持健康的方法不是高营养，吃补药，而是一颗平和的心和一句'在微笑中写作’”。修炼平和心态需要拥有知足常乐之心、豁达宽容之道和换位思考之术。

2. 合理情绪调节法

合理情绪调节法即合理情绪疗法（简称 ABC 理论），是美国著名心理治疗家艾利斯于 20 世纪 50 年代在美国提出的。其基本认识是：人的情绪来自人对外界刺激的信念、评价、解释等认知因素，而非来自外界刺激本身，即人的情绪障碍是由不合理的信念造成的。换言之，事件本身的刺激情境并非引起情绪反应的直接原因，个人对刺激情境的解释和评价才是引起情绪反应的直接原因。

在 ABC 理论模式中，A 是指诱发性事件（activating events）；B 是指个体在遇到诱发事件之后相应而生的信念（believes），即他对这事件的看法、解释和评价；C 是指在特定情景下，个体的情绪及行为的结果（consequence）。通常人们会认为，人的情绪和行为反应是直接由诱发性事件 A 引起的，即 A 起了 C。ABC 理论则指出，诱发性事件 A 只是引起情绪及行为反应的间接原因，而人们对诱发性事件所持的信念、看法、解释（believes）才是引起人的情绪及行为反应的更直接的原因。因此，改变情绪的关键在于改变当事者原来的认知结构，改变其不合理的信念。

在 ABC 理论中，不合理信念是其核心概念，它被认为是产生心理障碍和心理问题的根源。艾利斯通过临床观察，总结出了日常生活中通常导致情绪困扰、神经症等心理障碍的 11 种主要的不合理信念，并分别对其进行了分析。1970 年代之后，美国心理学家威斯勒（Wessler）则进一步把这些主要的不合理信念分为三类：1）绝对化的要求。这是非理性信念中最常见的一个特征，从自己的主观愿望出发，认为某一事件必定会发生或不会发生，常用“必须”或“应该”等字眼，如“我必须考一个好成绩”，然而客观事物的发生往往不依个人的主观意志所转移，常出乎个人的意料，因此怀有这种看法或信念的人极易陷入情绪的困扰。2）过分概括化。这是一种以偏概全、以一概十的不合理思维方式的表现。如对人的评价，一方面表现在对自己的评价，常凭自己做某事所获结果的好坏来评价自己为人的价值，其结果常导致自暴自弃、自责自罪，认为自己一无是处、一钱不值而产生焦虑抑郁情绪；另一方面表现在对别人的非理性评价，别人稍有差错，就认为他一无是处，其结果导致一味责备他人，并产生敌意和愤怒情绪。按照艾利斯的观点，以一件事的成败来评价整个人，这无异于一种理智上的法西斯主义。他认为一个人的价值就在于其具有人性，因此他主张不要去评价整体的人，而应代之以评价人的行为、行动和表现。这也正是理性情绪治疗所强调的要点之一。因为在这个世界上，没有一个人可以达到完美无缺的境地，所以每个人都应接受自己和他人是有可能犯错误的。3）糟糕至极。认为事件的发生会导致非常可怕或灾难性的后果。这种非理性信念常使个体陷入羞愧、焦虑、抑郁、悲观、绝望、不安、极端痛苦的情绪体验中而不能自拔。这种糟糕透顶的想法常常是与个体对己、对人、对周围环境事物的要求绝对化相联系的。艾利斯指出这是一种不合理的信念，因为无限夸大事物的危害性会把自己引向极端的恶性情绪状态之中不能自拔，丧失战胜挫折的斗志。

在思想政治教育中，对教育者进行认知调节的过程就是帮助当事者用合理的思维方式代替不合理的思维方式，以理性信念代替非理性信念，通过信念改变消除情绪障碍的过程。具体步骤如下：

第一，通过与当事者交谈，澄清引起情绪困扰的不合理信念是什么，找准症结，对症下药。

第二，明确当事者的不合理信念，梳理不合理认知与情绪困扰之间的关系。

第三，与当事者的不合理信念辩论，通过辩论使他认清自己原有信念的不合理之处，促其认识发生改变，放弃原有的不合理信念。

第四，从当事者现有的不合理信念入手，帮助他替换原有的看法或态度，用理性观念代替非理性观念，重建功能性的、健康的认知体系。如改变绝对化的要求，把“我必须考一个好成绩”变为“我希望考一个好成绩”；改变过分概括化的想法，把“大家总是对我有成见”变为“有几个人对我有些成见”；改变糟糕至极的想法，把“失恋让我无法忍受”变为“失恋让我感到痛苦”。

合理情绪调节法对于思想政治教育具有较大的借鉴意义。在日常生活中，人们的很多情绪困扰并非源于社会事件或他人，而是由自己不合理的认知所致。在思想政治教育过程中，可以运用合理情绪调节法帮助教育对象纠正认知偏差，学会正确认知。

3. 转换认知视角法

认知是行为的先导，认知转变了，人的心态就会随之改变，行为的效果也会大不一样。积极心理学认为，过去的事情已经发生无法改变，但是可以改变这件事情对人们的影响。因此，转变认知视角法主要是通过改变消极的认知，从积极视角入手，通过认知视角的转换，获得积极的心态和高效的行为。

第一，从积极视角看问题。人生不如意事十有八九，但扣除八九成的不如意，至少还有一二成是如意的、快乐的、欣慰的，如果我们要过快乐的人生，就要常想那一二成好事，这样就会感到庆幸、懂得珍惜，不致被八九成的不如意所打倒。我国台湾有位女性叫黄美廉，是天生脑性麻痹患者，无法言语。但她非常乐观、坚强，凭着顽强的意志和不懈的努力，成为美国南加州大学的艺术博士，多次在台湾开画展。不仅如此，她还到各地“演讲”（不能讲话的她必须以笔代口），用亲身经历激励更多的年轻人。有一次，她应邀到一个场合“演讲”，在提问环节时，一个学生当众问她：“请问黄女士，你从小就长这个样子，你怎么看你自己？你没有怨恨父母吗?”黄女士在题板上写道：

一、我好可爱！

二、我的腿很长很美！

三、爸爸妈妈这么爱我！

四、上帝这么爱我！

五、我会画画！我会写稿！

六、我有只可爱的猫！

七、……

最后，她写道：“我只看我所拥有的，不看我所没有的。”

可见，当你用积极的视角看问题时，就会发现自身资源，感受自身能量，实现自身价值！

第二，培养积极的思维模式。积极是一种最可贵的心态，是一种看待问题的正向视角。一个心态积极的人并不否认消极因素的存在，只是不让自己长期沉溺在消极心态中，即使身陷困境，也会心存光明愿景，设法走出苦难。前南非总统曼德拉受种族主义迫害，在监狱中度过了漫长的27年，在被释放时他说："当我走出囚室，迈过通往自由的监狱大门时，我已经清楚，自己若不能把悲痛与怨恨留在身后，那样我其实仍在狱中。而自己年轻时性子很急，脾气暴躁，正是在狱中学会控制情绪才活了下来。牢狱岁月教我如何应对苦难！"可见，积极的思维模式帮助曼德拉战胜苦难，迎来人生的顶峰。思想政治教育者可以帮助教育对象培养积极的思维模式，将自己平时不喜欢做但又不得不做的事情，变成积极的思维模式："我愿意……，因为……。"当你为所做的事情赋予意义时，你会产生愉悦的心情，发现行为的价值。

4. 说理改变认知法

说理改变认知法是通过摆事实、讲道理、说真话、道实情启发教育对象的思维，开阔教育对象的视野，以达到改变教育对象认知的方法。有些教育对象由于人生阅历较浅，认识水平有限，对现实生活中的错误思想缺乏免疫力，因此，教育者应着力在理性认识上下功夫。事实证明，"理论只要说服人，就能掌握群众；而理论只要彻底，就能说服人"①。所谓彻底，就是能够抓住事物的根本，运用大量确凿的事实和深刻的分析，对教育对象进行耐心、细致、反复的说服教育。因此，思想政治教育者要善于用真理的力量影响教育对象，在说服上下功夫。

运用说理的方法启发教育对象时必须注意以下几点：一是说理要透彻，能够抓事物的根本。说理时要注意讲好大道理，用大道理统领小道理。讲大道理并不等于空洞的说教，而是要联系实际，由近及远、由小见大、由具体到抽象，将道理融于教育对象的日常生活之中。二是说理要真实，不脱离事实，不讲假话，避免教育对象产生心理阻抗。三是教育者对自己所述事理要有相当的信心和把握度。如果教育者自身底气不足、理论匮乏，讲起道理来必然照本宣科，难以说服教育对象。

说理改变认知法包括以下三种具体方法：

（1）心理启发法。

启发就是启迪、激发的意思。启发式教育方法是一种积极主动的教育方法，它符合人的思想发展规律。启发式教育的着眼点是引导和启发教育对象的积极思维，提高教育对象分析问题和解决问题的能力。正如孔子所说："不愤不启，不悱不发，举一隅不以三隅反，则不复也。"（《论语·述而》）就是说，经过启迪和诱导，举一能反三，触类而旁通。启发式教育的目的在于启迪、激发教育对象的上进心，充分发挥他们的主观能动作用，引导他们用积极因素战胜消极因素，用正确思想战胜错误思想，达到转变观念、提高觉悟的目的。常用的启发方式有质疑法、比喻法、对比法等。

质疑法是鼓励受教育者敢于并善于向书本上的知识或者权威提出疑问，从而求得对知识有更深刻的理解，甚至会发现一些新的东西。人的思维活动总是从问题开始，由疑问而产生。正如古语所说，"学起于思，思源于疑"，"学贵思疑，小疑小进，大疑大进"。提出问题是质疑，引出矛盾也是质疑，也是启发思维的一种方式。

比喻法是用具体的事物把抽象的道理形象地表达出来，借以增强语言的感染力。

---

① 马克思，恩格斯．马克思恩格斯选集：第1卷．3版．北京：人民出版社，2012：897.

人们在思维过程中，常常把一些事物和与之有类似点的另一事物联系起来，通过用另外的事物来比拟这一事物，并在比较中使人受到启发，得出新的结论。心理学上把这种具有启发作用的事物称为“原型”。“原型”具有启发作用，它能够激起人们广泛的联想，启发人们去寻找解决问题的新方法。根据“原型”的启发作用，在思想政治教育中，恰当地运用比喻，既巧妙委婉，又能启发思维、促进联想，往往能收到良好的教育效果。

对比法是指在思想政治教育中，通过两种事实或两种事物之间的对比，使人们受到启发和触动，更清楚地认识事物的本质，从而接受教育、改变观点。这种方法由于以事实为依据，因而具有较强的说服力。

（2）心理劝慰法。

劝慰就是教育者对教育对象给予劝导和抚慰，使教育对象在心理上感到温暖和安慰，逐步扭转消极情绪。劝慰的方法主要是开导和安慰。开导是通过分析、引导，帮助教育对象解开思想疙瘩、改变消极情绪、恢复心理平衡的一种方法。安慰是通过合理化解释，增强某种事物的可接受性，以缓解消极情绪、恢复心理平衡的方法。安慰的具体做法也很多，需要因人因事而异。常用的有比较法和比拟法。比较法是通过与境况更糟的人进行比较，产生“比上不足，比下有余”的心态，使受伤的心得到某些安慰，缓解消极、抑郁的心态的方法。比拟法是运用比拟的方式进行安慰，来平衡心态的一种方法。常见的有“酸葡萄式”和“甜柠檬式”两种。

（3）心理威慑法。

所谓心理威慑，是指思想政治教育者对教育对象进行晓以利害的规劝，使其在心理上产生震动、敬畏和恐惧，并随之改变自己的行为。心理威慑不是简单的惩罚、粗暴的恫吓、无情的训斥和挖苦，或对教育对象进行人格上的侮辱，而是建立在以理服人的基础之上，运用心理压力使接受者受到震动，并逐渐改变观念和行为的过程。心理威慑可以通过规劝和威胁两种方式来进行。

在运用规劝方法时应注意以下几个问题：一是规劝必须尖锐地指出利害关系；二是规劝要提出可供对方参考和选择的正确行为方向、模式，但不要强加于人；三是规劝应带有一定的超前性，使被劝者消除不良行为动机，避免造成不良的后果；四是为使规劝具有一定的威慑力，规劝者一般以长者，或是有一定地位、一定权威的人士为宜。

威胁是指通过一定的外部压力对人心理产生威慑作用，半强制性地改变其行为。在思想政治教育过程中，威胁不可常用，更不可滥用，其使用对象必须是那些放荡不羁、执迷不悟、屡教不改的人，目的在于引起他们对某些问题的足够重视，并下决心努力改正。

在使用威胁方法时也必须注意几个问题：一是应根据教育对象的具体情况决定是否采用威胁手段。二是威胁与耐心教育要并用，不宜单独一贯使用。三是威胁应辅以相应的行动，不要“干打雷，不下雨”。否则，会使威胁达不到应有的效果。

二、活动体验法

活动体验法是让教育对象通过参与活动过程，产生身心体验，形成情绪反应，促使认知改变，形成相应行为的教育方法。活动教育法基于体验式学习，强调由行导入，有助于引导教育对象在行为过程中激发情感体验，形成正确的认知。

（一）活动体验法的理论依据

活动体验法源于体验式学习理论。早在两千多年前，《荀子·儒效》曾指出："不闻不若闻之，闻之不若见之，见之不若知之，知之不若行之。学至于行之而止矣。"西方民谚也说："Tell me and I will forget. Show me and I will remember. Involve me I will understand."意思是说："告诉我，我会忘掉；做给我看我将记住；带着我做，我才会理解。"近年来，很多理论工作者对体验和体验式学习进行研究，为活动体验法奠定了扎实的理论基础。

1. 体验式学习的主要特征

20世纪80年代，体验式学习理论的代表人物美国著名学者大卫·库伯（Kolb）构建了一个体验式学习模型即"体验式学习圈"，提出有效的学习应从体验开始，进而发表看法，然后进行反思，再总结形成理论，最后将理论应用于实践当中。在这个过程中，他强调共享与应用。该理论给当时西方的教育管理者很大的启示。体验式学习强调"做中学"的学习理念，能够将学习者的潜能真正发挥出来，是提高学习效率的有效方式。库伯提炼出体验式学习的六个典型特征：

第一，体验式学习是一个过程，不是一个结果。体验贯穿于整个学习（成长）过程的始终，我们形成的观念、思维通过体验不断被建构。我们不能仅从学习结果的维度去评价体验式学习，不能只关注知识数量的积累，而应该更重视认识过程的重构和组合，即伴随着体验变化而变化的认知重构的过程。

第二，体验式学习是以体验为基础的持续过程。教育过程开始于学习者原有的观念和理论，通过检测新观点和新理念，使新的观念更精确地与个人原有观念系统相结合。在学习过程中，教育者需要协助学习者认识原有观念，输入新观念，引起新旧观念的冲突，打破原有观念的架构，使得新旧观念相互匹配、渗透，最终整合成为一种能被个体识别并掌握的适应性更强的观念。

第三，体验式学习是运用辩证方法不断解决冲突的过程。在库伯看来，学习本身充满了紧张与冲突，包括情绪冲突、角色冲突、价值观冲突、知识基础冲突，获得新知识的过程就是突破这些冲突的过程。库伯认为，在解决冲突的过程中，以下四个环节是必需的：具体体验、反思观察、抽象概括和行动应用。这四个环节构成了体验学习的完整周期，如图6－1所示。

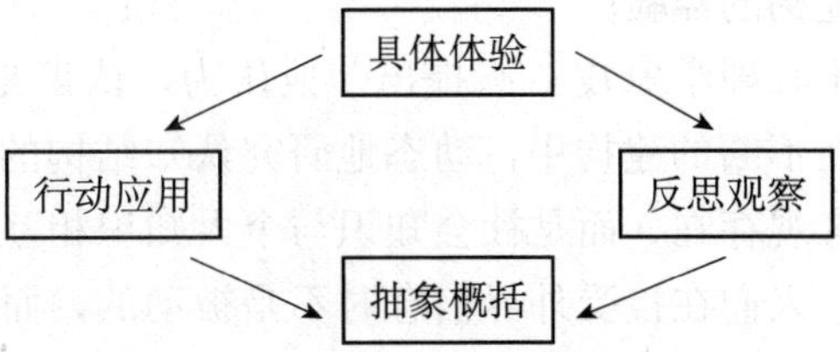

图 6-1　体验式学习的四个环节

具体体验通常是周期的开始，但这四个环节无须按次序发生，学习模式会随着个人取向及体验环境的需要而改变。

第四，体验式学习是一个适应世界的完整过程。它发生在所有人类环境中，体现在人生的所有阶段。学习即适应，是个体全部功能——思维、感受、理解与行为的整合。它包含了比其他概念更多的适应概念，如创造、问题解决、决策以及态度改变等。

第五，体验式学习是个体与环境之间持续交互作用的过程。体验一方面涉及个体的主观内部环境，另一方面也涉及客观外部环境。这两种环境进行着相互渗透、相互联系的互动。建构主义学习理论认为学习过程不是学习者被动地接受知识，而是积极地建构知识。学习过程应以学习者为中心，尊重他们的个体差异，注重互动的学习方式，力求充分发挥学习者的主体性，使学习者在学习的过程中自主、能动、富有创造性。

第六，体验式学习是一个创造知识的过程。知识不是一种客观存在，而是一种由客观知识转化为个体知识的过程。所谓客观知识是指历史上积累下来的客观存在的一些文化与意识形态。个体知识是个人生命经验的积累。知识是在学习过程中由客观经验与主观经验转换而产生的。库伯援引杜威的话说："社会知识是先前人类文化的结晶，而个体知识是个人主观经验的长期积累，体验式学习的关键在于实现社会知识和个人知识之间的转换。"

2. 活动体验的理论假设

活动体验法强调参与性与体验性，它以以下理论假设为依据：

（1）体验是学习和发展的源泉。

体验式学习强调亲身经历后能够产生对事物独特的、具有个体意义的情感和领悟，认为知识从体验中产生，并在体验中加以检验。学习始于体验，建立在体验之上，并且是体验的结果。体验和学习是相互交织、不可分割的。体验不可能被绕过，它是所有学习的核心事件。撇开体验来谈学习，是没有意义的。无论有多少学习的外部线索——教师、材料、有趣的机会等，学习只能在学生有卷入时才发生，至少是在某种程度上的卷入。学习可以被视作通过有意识或无意识地内化我们自身观察到的活动而获得的东西，这些都建立在体验和知识的基础之上。因此，体验被视为一种重要的学习方式。

（2）学习即人类的适应。

人类是独一无二的，人类专门化的基本适应能力不仅存在于其独特的身体形态、技能之中，也使其在生物进化过程中拥有一个适当的位置。更为重要的是，人类基本的适应能力与作为适应过程本身的学习过程是一致的。我们是学习的物种，生存取决于我们的适应能力，我们不仅顺应自然和社会，而且要对创造和改变这个世界做出积极的反应。

（3）知识是由主体建构的经验。

建构主义最早由瑞士心理学家皮亚杰提出。他认为，认识是一种连续的建构过程，只有把人的认知结构放在不断的建构中，动态地研究认知结构的发生和转换，才能解决认识论问题。知识并非客观存在，而是社会知识与个人知识相互转换的过程。学习是一个自主参与的构建过程，人们在接受外界信息时不是被动的，而是根据之前的认知结构主动地、有选择地感知信息并解构当前事物的意义。因此，学习过程是我们的认识结构和知识结构不断改变和更新的过程，他人无法代替，是由新旧经验的冲突产生的观念更新和结构重组。

（4）每个个体都有特定的体验式学习方式。

通过将体验式学习的四个环节（具体经验、反思观察、抽象概括以及行动应用）进行不同维度的综合及划分，库伯发现和论证了体验式学习的四种基本方法（见图 6－2）。

辐合式学习。主要是依赖抽象概括和行动应用，以此方法为主的学生表现为解决问题、制定决策和实际应用的能力很强，但易受情绪控制，不善于处理人际问题。

发散式学习。主要依赖具体经验和反思观察，以此方式为主的学生具有丰富的想象力和敏锐的观察力，感情丰富。

同化式学习。主要依赖抽象概括和反思观察，以此为主的学生推理能力和创造能力强，但不大关心人的问题。

顺应式学习。主要依赖具体体验和行动应用，以此为主的学生擅长寻找机会、冒险和行动，直觉性强。他们虽然容易与人相处，但缺乏耐心。

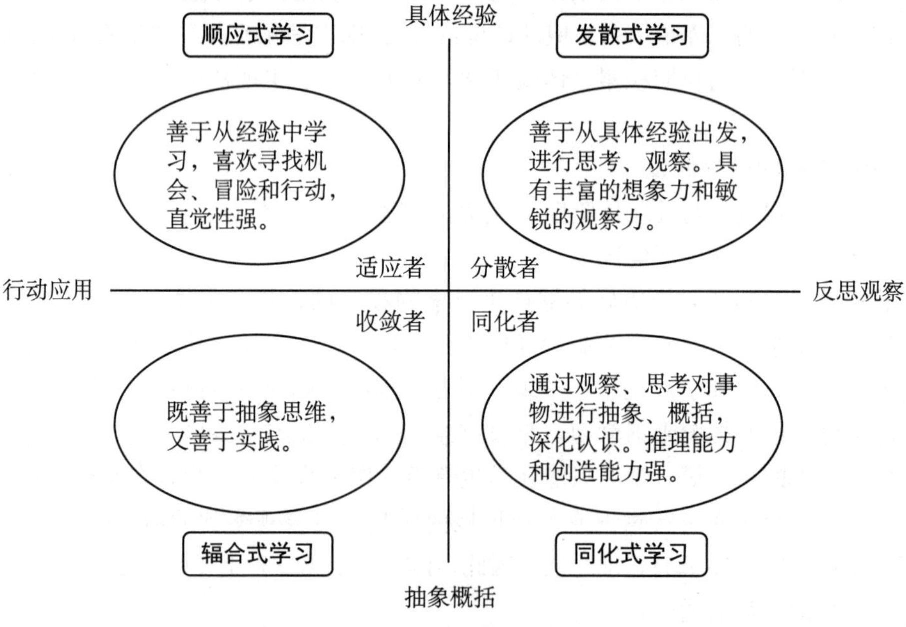

图 6－2　体验式学习的四种基本方法

事实上，每个个体都可能以某种或几种学习方法为主，教育者需要寻找到不同的学习领域、不同的知识结构与学习方式匹配，努力为学习者创设适合其学习方法的环境与氛围。

（5）个人获得整体发展才能完成自我实现。

当代社会，人类为了追求高效率，强调专业化、专门化，从大学专业的划分到职场的职业分工都出现了分化的倾向。与此同时，社会对个人能力的要求越来越趋向于整体发展的方向，要求学习者必须能够自主学习和不断完善自我。库伯认为社会专业化和个人全面发展的对立统一将在更高层次上形成新的综合，这是人类自身发展的革命。发展的最高层次是整体性，这可能是我们有意识或无意识地努力想达到的人类技能的最高水平，是人类的一种深层天赋，是对自我实现和成长的渴望。

（二）活动体验法的心理引导

在思想政治教育过程中，运用活动体验法需要教育者精心设计、精心指导。在活动体验中要注重对教育对象的心理引导，以符合思想政治教育目的。

1. 心理引导的重要作用

在体验式学习中，心理引导是不可或缺的重要环节，是促进活动产生价值的关键步骤。教育者运用恰当的解说，帮助教育对象梳理体验、反思经验，从中发现体验的意义，重新发现自己，获得新的知识和经验，并将获得的知识、经验运用到现实生活中。没有适当的心理引导，经验只能停留在活动本身。

心理引导渗透在体验学习的四个环节，即具体体验、反思观察、抽象概括和行动应用之中。在思想政治教育过程中，如果教育对象仅仅停留于某一两个环节，会导致片面的认识，只有联合起来使用综合模式，将四个环节看成一种循环过程，才能保证学习过程的良性推进。其中，反思观察、抽象概括环节尤其需要心理引导的介入。在体验活动时，思想政治教育者要根据教育对象的状态，从他们最有触动的环节入手，亦是心理引导的抓手所在。

2. 心理引导的核心内容

英国著名体验式学习专家罗杰·格林纳威（Roger Greenaway）经过长期的实践摸索，总结出解说的四个基本要素，这也是心理引导的核心内容，简称为“4F”。

事实（facts），是指教育对象运用其感受器官，如眼睛、耳朵、鼻子等所观察到的周围情境，即所见、所闻、所触摸到的。

感受（feeling），是指教育者引导教育对象对体验式学习所处的情境产生一种真实体会和情感反应，如快乐的、兴奋的、难过的等，即所感。

发现（finding），是指教育者引导教育对象在体验式学习过程中，在综合考虑事实和感受的基础上通过反思而得到的一种新认识、新发现、新收获，即所思所想。

未来（future），是指教育者引导教育对象把体验式学习中发现和获得的经验转化并迁移应用于未来的生活中。

心理引导应围绕上述四个方面，引导教育对象充分感知、感受、体验、反思，并在此基础上进行分享。在心理引导过程中，教育者要注意以下一些情况的发生：一是有时候教育对象会怀疑自己的体验，甚至会害怕自己所体验到的一切，于是便将这种体验“丢进了垃圾箱”，即进行了选择性的遗忘。这可能是因为一种新的体验挑战着教育对象原有的认知结构或者价值结构，使其启动了自身的防御机制，以消除新体验所带来的焦虑。事实上，一个人经历某种失败，并非因为其缺乏这方面的能力，而是由于缺乏培养这种能力的机会和展示这种能力的平台。因此，当一种新能力被需要时，最理想的方法莫过于为教育对象提供体验的机会和发展的舞台。二是在体验式学习过程中，引导教育对象进行体验后的反思尤为重要。在快乐原则的驱使下，教育对象往往更愿意停留在体验带来的情绪感受上，如好玩、兴奋、刺激等，而不愿意花费更多的时间和精力来反思这种体验对自身的积极意义。杜威强调，学习的真正过程是体验加反思。思想政治教育者需要引导教育对象从不同的角度去思考他们的体验，同时将体验沉淀为一种能被自己认识和领悟的资源，升华为改变自己行为的一种力量。

3. 心理引导的基本原则

活动体验中的心理引导过程也是开展思想政治教育的过程，因此，心理引导需要遵循一定的原则。

（1）正面取向原则。

在心理引导过程中，教育者要坚持正面引导的原则，以开放的态度接纳、鼓励教育对象。要做到以欣赏为主，积极辨别和确认正面信息，提升有意义的正面经验，借助教育对象的正面经验加以引导；言语中肯、真诚，避免使用攻击性语言，禁止任何形式的讥讽和嘲笑。

（2）积极倾听原则。

在心理引导过程中，要处理好"倾听"与"引导"的关系，教育者要表达关注和学会倾听，及时运用语言和肢体语言表达对发言人的鼓励、回应与理解，同时推进小组成员之间的回应与反馈，避免教育者的"一言堂"。

（3）尊重选择原则。

在小组活动中，小组成员有权选择发言或不发言，有权自己决定分享内容的多少与深浅。教育者应本着尊重选择的原则，切忌强迫小组成员发言。

（4）促进交流原则。

在思想政治教育活动中，教育者要面向全体教育对象，避免教育者或者一两名小组成员把控话语权的现象。美国体验教育专家里克·沃伦（Rick Warren）曾说，缺少表达体验会导致情绪沮丧。因此，在活动体验中交流的主角是教育对象，交流目的是获得彼此的支持与鼓励，而不是寻求标准答案。教育者的责任是促进组员深入沟通、积极交流，达到共同成长的目的。

（5）生成意义原则。

心理引导不是简单的总结与反馈，也不是一种形式上的附和或拔高，而是在教育对象参与各项体验活动的过程中，教育者围绕体验目标引导教育对象从多角度进行反思，梳理活动体验，整合生活经验，尝试探索未来，获得理解、体验和成长的过程。因此，心理引导是一种有意义的学习和教育过程。

（6）双重主体原则。

在活动体验中，教育者与教育对象都是学习主体。教育者的主体作用表现在鼓励、引导教育对象积极参与，帮助教育对象通过体验升华经验，获得新的感悟和认识，获得自我超越，而不是强迫教育对象接受教育者的观点。

（7）适时引导原则。

心理引导要想取得效果就需要遵循适时引导原则，勉强引导往往达不到预期的效果，孔子所说的“不悱不发”就是这个道理。不适合引导的场景包括：活动过程中没有值得整理的经验；团体之中缺乏相互信任的关系；参加者身体、心灵疲惫不堪，或者有紧急或更重要的事件需要先行处理，没有做好参加活动的身心准备；等等。

4. 心理引导的具体方法

（1）情绪宣泄法。

主要是通过情绪宣泄的方式，如倾诉、情绪调节功能等，引导教育对象将压抑在内心的负性情绪抒发出来，以使认知功能得以恢复。因此，情绪宣泄往往是心理引导的前提，心理引导需要在情绪平复状态下进行。

（2）脱离角色法。

此种方法主要是针对卡在人生发展的某个阶段或者某个角色出不来的教育对象而运用的方法。思想政治教育者要引导教育对象以现实身份、角色看待问题、分析问题，从而转换认知视角，获得新的体验和感悟，从以往的角色中走出来。

（3）分享讨论法。

分享讨论法是活动体验中必不可少的方法。在小组活动后，利用团体动力，引导成员共同分享感悟和体验，以获得情感支持和相互启发，学会处理问题的更多方法。

（4）角色扮演法。

角色扮演是一种情景模拟活动，通过扮演某种特定的角色来体验不同角色的内心活动与外在表现，以学习某种行为技能、提高对他人的理解和共情能力的方法。比如，在亲子冲突中，可以由亲子双方在特定情况下相互扮演对方，以更好地理解对方的想法和感受。角色扮演法的用途十分广泛，如亲子之间、师生之间、干群之间、恋人之间、医患之间等均可以运用角色扮演法改善双方的关系，增强彼此间的理解与信任。

（5）现实勾连法。

引导教育对象将在体验活动中获得的感悟、经验、方法与现实联结，探讨如何运用到现实生活中，指导未来的人生发展，达到学以致用的目的。

（三）活动体验法的操作指导

在运用活动体验法的过程中，思想政治教育者既要精心设计活动内容，吸引教育对象积极参与教育活动，又要积极引导活动准备和活动过程，使各种思想政治教育活动有序开展。

1. 精心安排场地

思想政治教育活动场地看似是无声的、物化的，但如果利用得当，完全可以成为促进活动体验的有利因素，发挥出意想不到的功效。

首先，活动空间应宽敞舒适，光线明亮，温度适中，空气通畅。一般来说，50 人的团体应有一个 100 平方米左右的活动空间，还要为每人准备一把折叠椅，便于活动和讨论分享。活动场所要准备几张桌子，用于放置活动材料或完成书写、绘画等任务。

其次，环境布置应围绕活动主题，营造出良好的教育氛围。可以利用室内墙壁、黑板、窗台等硬件设施进行环境创造，使其成为无声但有影响力的教育资源；也可以充分利用现有资源，如教育对象的胸卡可以加入设计环节，教育者只提供空白卡片，鼓励教育对象自己设计、装饰胸卡。通过设计胸卡，既可以让教育对象展示自己的才华，也可以强化教育对象的思考，深化教育内容。此外，活动中的其他物品也可以让教育对象自行设计、美化和创造，这些都是体验的重要过程，有利于教育活动的开展。

最后，要充分利用当地的人文资源。体验要充分挖掘当地的人文资源，利用本地区的人文资源、旅游资源、名胜古迹、教育基地等，与活动主题巧妙结合、有机链接，使教育对象在丰富多彩的活动中获得深刻的人生体验。

2. 善于营造情境

思想政治教育是在特定情境下进行的，情境因素将直接影响思想政治教育的效果。因此，充分运用情境因素，有助于创设良好的思想政治教育氛围，提高思想政治教育的有效性。

音乐的妙用。音乐可以出现在活动体验过程的许多环节。开场音乐可以吸引调动教育对象的注意力，调节教育对象的心理状态，使教育对象在愉快和期待中开始思想政治教育的体验活动。间歇曲主要用于活动的串场，有利于营造不同的活动场景。背景音乐主要用于教育者讲授，有助于围绕主题、烘托气氛，将教育对象带入真实的情境中。主题音乐一般放在大型活动中，是活动的组成部分。主题音乐既能营造体验活动的逼真效果，又能催化教育对象的情感进程。

故事的渲染。讲故事是思想政治教育者引出主题、呈现观点、升华思想的重要载体。思想政治教育者要针对不同的活动主题，选用不同的故事。故事的形式需要丰富多样，或是自身经历，或是经典美文，或是历史典故，或是百姓趣事。总之，讲述的故事务必精致、深邃、隽永、感人，能引起教育对象的心理共鸣，听后令人难以忘怀。思想政治教育者在讲述的时候，应声情并茂，富有感染力。在活动进行中，如果发现教育对象有丰富的人生阅历和社会感悟，又善于表达，可以让他们参与其中，与其他教育对象分享自己的亲身经历，这样可以起到更好的教育效果。

视频的运用。视频以其图像、声音、背景并用，制造出立体、逼真、情境化的活动场景而受到教育对象的青睐。在体验过程中，视频资料的运用不可忽视，但要贴近主题，精雕细琢，引导升华，发挥功效。否则，过多使用视频刺激感官，容易使教育对象满足于感官享受而忽略了理性思考。因此，在体验过程中，思想政治教育者要处理好视频材料与理性引领的关系，以视频材料为载体，在传递思想、启发反思、实现升华上下功夫，以促进教育对象的人格完善与生命成长为最终目标。

沟通的掌控。沟通无止境，体验的关键是促进沟通，但沟通不仅仅是言语的交流，更是心灵的交融。沟通可以通过语言，也可以通过文字、绘画、色彩、动作、姿态等，充分调动一切可以利用的资源。总之，凡是能够令人感觉到的环节都要精心设计、巧妙利用。

3. 巧妙把控过程

体验教育犹如一项工程，由一系列环环相扣的环节组成。各环节之间要承转自然、动静适度，就需要思想政治教育者准备充分，把控好以下环节。

（1）组建团队。

在绝大多数情况下，活动都会面临小组组建。团体体验活动的教育对象规模在 50 人左右是比较常见、适宜的情况。为了保证参与体验的成员都能得到充分的关注，使团体动力更加明显，可以将大组分解为若干小组。8～10 人的小组最为适合，既能形成团体动力，又能发出各自的声音，还能得到应有的关注。分组的具体方法很多，要视组员的状况而定。组员的熟悉程度、年龄、性别、参与愿望、体验经验、性格状况等，都会影响分组的成败。比较常见的分组方法有随机报数、抓阄分组、滚雪球法等。此外，为了使组员之间充分交流，也可以通过干预的方式避免相近、熟悉、要好的组员进到同一小组。

小组分好后，还要为小组配备导师。一般来说，5 人以下的小组，需要配备 1 名导师；5 人以上的小组，最好有 2 名导师。导师应具备较高的素质，包括清晰的专业价值观、积极的人生态度、丰富的生活积累、宽容的胸怀、善解人意并具有亲和力和影响力等。导师要分工明确，相互配合。指导技术包括善于共情、懂得倾听、待人真诚、表达清晰、具有基本的理论功底和专业能力。

（2）程序控制。

程序控制是大组团队带领者的职责，为了使体验过程有机统一、张弛有度，程序安排要考虑以下几个环节：

第一，热身活动。安排一两个小型热身活动，激发组员兴趣，调动组员热情，活跃现场气氛，使进入现场的组员不仅身到而且心到，使体验具有一个良好的开端。热身活动又叫破冰活动，二者之间有着细微的区别。前者主要用于比较熟悉、比较了解的团体；后者还担负着更关键的作用，对于新组建的团体具有融化隔阂、促进交流、建立关系的作用。大风吹、天气预报、松鼠与大树、滚雪球等活动都可以作为热身活动。

第二，小组活动。小组活动是所有体验的主体，通过丰富多彩的小组活动，使体验和感受得以表达、传递和升华。小组活动一般分为小型热身活动、中型互动活动和大型心理习作三种。小型热身活动适用于激活状态、调动热情，如有缘相识、信任大拷问等，这些活动适合在陌生团队的小组成员间运用。中型互动活动重在团队锤炼、促进沟通，从而达到凝聚人心、巩固动力、形成有战斗力团队的境界，如动力火车、球行千里、十人九足等。大型心理习作富含深刻的心理导向，借助习作的展开，引导组员打开心扉、探索人生、发现问题、修补伤痕、超越自我、获得成长。无敌车轮、人生透视、洞口逃生等活动可以作为这类活动。

小组活动时需注意的问题：成员围成圆形就座；最好不是每个环节都要轮流发言，会让成员产生被强制的感受；团队带领者引导成员要注意小组中的每一个人，给每一个人以安全感，让每一个人体会到自己的重要；成员制定小组契约，如“保密”“真诚“友爱”等；带领成员参加小组活动，获得亲身体验。

此外，要妥善应对各种类型的团体成员：

保姆：有很强的服务意识，但是注意力没有完全集中在团体活动上。对于这样的团员，团队带领者一方面要表扬他们的这种服务意识、助人为乐的精神；另一方面，也要提醒他们把专注力放在小组活动上。

防卫者：有比较强的心理防卫机制，随时准备应对别人对他们的提问或者质疑，在团体中自我封闭、不会完全开放自己，对人有很强的戒备心理。需要团队带领者营造安全保密和温暖、自由的氛围，如签署保密协议或者做保密、不批评等承诺。

攻击者：逆性思维、批判性思维比较强；容易挑别人的毛病，从相反的视角去考虑问题；会让团体氛围变得充满火药味，使得原本平和、自由、宽松的氛围受到影响。需要团队带领者要有意识地去关注和提醒。

退缩者：采取逃避的姿态去参与小组活动，表明自己对团队活动不感兴趣或者排斥，甚至带有逆反心理。对于这样的成员，团队的带领者一定要鼓励、督促他们参加团队活动。

大嘴巴：说话比较随意，导致小组成员的注意力或话题容易被转移，这时就需要团队带领者及时提醒。

批评者：对任何人的态度都不屑一顾，只能看到别人的短板、弱点，容易挑别人的毛病，会导致团队的氛围紧张，也不被团队所接纳，得不到大家的鼓励。对于这样的人，团队带领者也要给予格外的关注并进行引导。

大头脑：跳跃性思维，思维特别活跃，会把团队活动主题带偏。团队的带领者要随时关注这样的人，进行纠偏，把握主题。

盲从者：没有自己的见解，类似于“墙头草”，从众心理比较强。有的可能是不敢说，有的可能是没有自己独立的见解。对于这类成员，团队带领者也要鼓励他表达自己的观点。

沉默者：沉默者的沉默情况是比较复杂的。可能是一种无声的对抗，也可能是性格使然，比如性格特别内向，不愿意在小组中发表意见。不管是什么情况，团队带领者也都要鼓励他发言。

玩笑者：可以活跃小组的气氛，但是如果在比较认真、严肃的氛围中讨论，玩笑者开玩笑会影响整个团队活动的进行，所以团队带领者也要及时提醒和引导。

参与者：既有积极的态度，认真地对待每一项小组活动，又能有自己的观点，能够用包容的态度接纳别人的观点，所以团队的带领者最好能够引导团队成员去做参与者。

第三，活动组合。活动一般涉及几个主题，如自我探索、亲情联结、人际互动、团队熔炼、理想绽放、开拓创新、价值选择和承担责任等。每个主题下面可以组合若干个活动。各专题之间具有一定的融通性，活动间的过渡与线索需要团队带领者努力挖掘，有效提升。

第四，主题短讲。体验不是课堂教学，更不是报告会，也不是生日聚会，不是活动大全。体验是富有思想内涵的学习，是学习者以自己的切身实践、亲身体验感悟成长的过程。主题短讲往往放在体验的高潮处，当组员经过体验与感悟，对人生、价值观、生命意义等重大主题有思考、有探索、有发现时，团队带领者要适时适度地给予跟进，加以强化，促进升华。通过 10 分钟左右的讲解、回应、分享和解说，使体验的思想性、深刻性、内在性得以体现，得以表达。

第五，美好回忆。体验的影响力可以持续，可以延伸到团体结束之后。任何体验都是有时间限制的，任何人的成长都不可能永远借助别人的搀扶，帮助组员在体验的基础上自我反思、自我锤炼、自我成长是一切体验的最终目的。“美好回忆”环节要挖掘体验进程中呈现的美好瞬间、感人故事、动人场景、深刻表达、经典语句、重要探索、巨大突破等内容，用视频、记录、交换礼物、歌声传递等形式，实现体验的深远影响。心心相印、真情告白等活动可以配合这一环节使用。

（3）材料使用。

活动体验离不开使用各种材料，材料既是实施活动的物品，又是营造氛围的手段，巧妙、恰当、灵活地运用材料，能对体验起到画龙点睛的效果。活动材料以实用、安全、简便为标准。特别鼓励“一料多用”，即一种材料能够在多种活动和活动中发挥作用。导师要发动组员自行设计，因地制宜，变废为宝，充分利用各种生活用品作为活动材料。同时，导师也需要根据活动主题配发一些活动材料，但要选择好发放材料的时机，一般不要在讲解时发放，以免影响小组成员听讲。如果需用材料较多，不要一次下发，要依据活动的进程逐渐派发，避免引起活动进程的混乱。

（4）时间掌握。

在活动体验过程中，要预先设计好活动体验的时间，即每个环节都预先规划好时间，实行“结构化”的时间管理，按照预定的时间推进并完成每个环节。时间掌控的基本原则是：一切服务于体验目的，对体验目的有益，即使时间有所拖延也要保证；如果背离或有害于体验目的，即使还有剩余时间，也要当机立断，迅速结束。体验的时间需要灵活掌控，不可机械、僵化。当然，灵活并不意味着随意和无序，而是要在主题鲜明、思想端正、设计严谨、促进成长的前提下，适时适度地随机应变。

4. 重在巩固影响

在活动体验过程中，教育对象往往当时感悟很多，但随着时间的流逝就会出现影响渐弱的现象。因此，在体验结束前，强化体验、巩固作用是非常必要的。

（1）注重活动体验的升华。

活动体验接近结束时，往往也是小组关系建立得最为紧密的时期。此时，想到体验活动即将结束，大多数组员会流露出失落、无助、伤心等情绪。这是因为体验过程营造的气氛与关系令组员深受感动，满足了他们被爱与被关注、被理解与被尊重的情感需要。导师要保护组员的情绪与情感，并设计告别活动让组员表达情感、强化体验、升华认识，如交换纪念品、告别留言、T 恤签名、编辑成长光盘（记录整个体验过程的光盘，需提前录好）、演绎成长秀等。成长秀是一种建设性的方式，一般安排在体验最后一天的下午，让各小组围绕体验中的所思所想、所知所获，通过哑剧、小品、诗歌、歌唱、舞蹈等多种表现形式，表达情感，总结升华，强化自我教育、自我激励、自我成长的动力。

（2）完善活动体验的评估。

对活动体验的效果、目标达成情况的评估，不仅是对活动体验的总结，也为今后的工作提供参考。因此，要不断完善活动体验的评估环节。可以采用前测与后测问卷、焦点小组等方法收集反馈，还可以安排组员写成长记录、反思日记、思想总结等，启发组员将感性触动提升为理性思考，将具体事件加工为抽象认识。这是体验的目标所在。

（3）延续活动体验的效果。

活动体验过程结束后，帮助教育对象维持活动体验过程中获得的改变，有助于延续活动体验的效果，促进教育对象不断成长。因此，活动体验结束后，导师和组员可以一起讨论维持新行为的策略，保持已经出现的改变，并应用到日常生活、工作、学习中。可以使用的方法有：模拟练习、寻求外部环境支持（如家校合作等）、肯定组员正面感受、加强组员自信、协助组员制订行动计划、适应外界情境等。

三、行为训练法

行为训练法是指以行为主义的学习理论为指导，通过特定程序，学习并强化适应行为，纠正并消除不适应行为的一种心理训练方法。行为训练的原则是由易到难，提供示范，及时强化。

（一）行为训练法的理论依据

行为训练法的理论来源有经典条件作用理论、操作性条件作用理论和社会学习理论。这三种理论的共同特点是行为学习。在行为主义者看来，除了遗传和成熟的有限作用外，学习是获得行为和改变行为的主要途径。无论是适应的行为还是不适应的行为，都是学习的结果。行为训练就是要消除和改变不适应性行为，获得适应性行为。

1. 经典条件作用理论

经典条件作用理论又叫应答性条件作用理论或巴甫洛夫条件作用理论，它的创始人是俄国生理学家巴甫洛夫。巴甫洛夫在研究消化现象时，观察了狗的唾液分泌，即对食物的一种反应特征（见图6-3）。经典条件作用理论是以无条件反射为基础形成的，狗看到食物会分泌唾液，这是一种无条件反射（见图1）。食物被称为无条件刺激，分泌唾液被称为无条件反应。给狗听铃声，狗不会分泌唾液，铃声是一个中性刺激（见图2）。一个中性刺激（摇铃）通过与无条件刺激（食物）多次配对（见图3），引起原来只有无条件刺激（食物）才能引起的反应（唾液分泌），这就是初级条件反射的形成（见图4）。在初级条件反射的基础上又可以引入新的中性刺激（如灯光）建立次级条件反射。

由于人具有概念和词语能力，可以用概念和词语替代具体刺激物，所以人能够用词语建立极其复杂的条件反射系统。经典条件作用理论包括以下主要概念：

（1）强化。强化指使无条件刺激与条件刺激相结合，用无条件刺激强化条件刺激。例如，在小阿尔伯特实验中，在“白鼠出现”（条件刺激）的同时，给予一个“打雷声”（无条件刺激），结果使“白鼠出现”这一中性刺激得到了强化，使小阿尔伯特见到白鼠后产生条件反射，产生恐惧感。强化是形成条件反射的基本条件。

（2）泛化。对一个条件刺激形成的条件反应，可以由类似的刺激引起。反过来说，条件反应可以迁移到类似原条件刺激的刺激上。俗话说的“一朝被蛇咬，十年怕井绳”

图 6-3　巴甫洛夫经典条件作用实验图

就是泛化的表现。临床症状上许多恐惧症都是泛化情形，如一位妇女可能由一次外出偶然受惊而逐渐演变为害怕一切公共场所（广场恐惧症）。

（3）分化。分化是与泛化相对的过程。在泛化发生后，继续进行条件作用训练，但只对特定条件刺激予以强化，对类似刺激不予强化，会导致有机体抑制泛化反应，只对特定条件刺激发生反应，这就是分化。分化意味着有机体逐渐能够分辨刺激物之间的性质差异。分化的形成是选择性强化和消退的结果。

（4）消退。已形成的条件反射由于不再受到强化，反应强度趋于减弱乃至该反应不再出现，称作条件反射的消退。消退概念对实际训练有两个意义：一是如果一个异常行为得以维持，个体环境中一定存在使之得以维持的强化条件。因为如果不存在这种条件的话，该异常行为应该已经自行消退了。二是可以改变环境变量，使之不再包含强化异常行为的条件，促使异常行为减少甚至消失。但是消退并非全面、永久性的遗忘。实验表明，如果对已消退的条件反射重新训练的话，所需训练次数要比原来建立该条件反射的次数要少，这一“节省”现象说明原来的条件作用训练残留了某种永久性的后效。巴甫洛夫认为消退不是一种消极过程，而是一种对已形成的条件反应的积极的抑制过程。

（5）颉颃条件作用。如果对一个已形成的条件反应进行这样的操作：一方面撤除原来的强化物，例如在白鼠出现时不伴以雷声（就是前述消退训练的程序），同时设法使一个不能与原来的条件反应共存的反应与原来的条件刺激建立联系，例如在白鼠出现时让小阿尔伯特吃他喜欢的食物（一种放松的、积极的反应）。结果，原来的条件反应会更迅速地被消除（与单纯消退训练比较）。这样一种操作程序称为“颉颃条件作用”。

2. 操作性条件作用理论

操作性条件作用又叫工具性条件作用，是指在一定的刺激情境中，有机体的某种反应结果能满足其某种需要，以后在相同的情境中其反应概率就会提高的现象。它是以学习的强化原则为基础的关于理解和修正人的行为的一种学说，是由美国心理学家斯金纳根据动物学习实验提出来的。斯金纳认为，所有行为可以分为两类：应答性行为和操作性行为。应答性行为是由已知的刺激引起的，正如巴甫洛夫的经典性条件作用的行为，有机体被动地对环境刺激做出反应。而操作性行为则是由有机体自发做出的，如小孩丢掉一个玩具又拿起另一个玩具，这些行为由于受到强化而成为在特定环境中随意的或有目的的操作。有机体主动地对环境产生这些操作以达到对环境的有效适应。相应的，斯金纳把条件作用也分为两类：应答性条件作用（经典性条件作用）和操作性条件作用（反应性条件作用）。

斯金纳关于操作性条件反射作用的实验，是在他设计的一种动物实验仪器——斯金纳箱中进行的。箱子内放进一只饥饿的白鼠，并设一按压杆，箱子的构造尽可能地排除一切外部刺激。动物在箱内可自由活动，当它偶然触碰到按压杆时，这时自动装置就送来食物对其适应性反应进行强化（奖赏）。白鼠从这一过程学会了操纵按压杆以取得食物的反应，操纵按压杆变成了其取得食物的手段或者工具，操作性条件作用故而又被称为工具性条件作用。如图 6-4 所示。

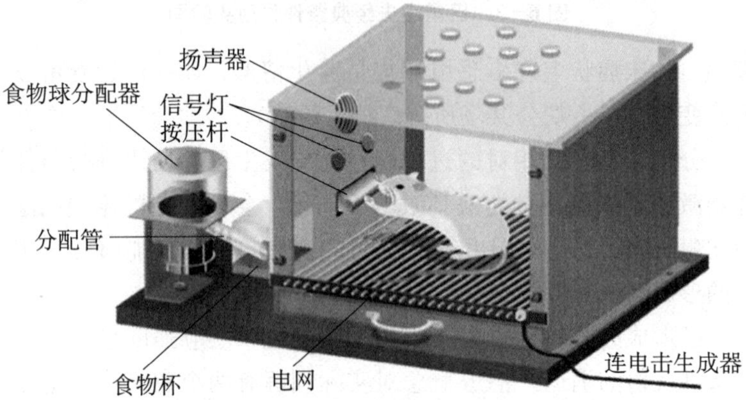

图 6-4 斯金纳箱示意图

该实验的关键之处在于有机体（动物或人）做出一个特定的行为反应，这个行为反应导致环境发生某种变化，即发生了一个由有机体引起的事件。这个事件作为行为结果，对有机体可能是积极的、有适应价值的，也可能是消极的、有负面适应价值的。不管是哪一种，这个事件都会对有机体后继的反应有影响。如果事件具有积极价值的话，有机体会倾向于做出同样的行为；如果具有消极价值的话，则会抑制该行为。操作性条件作用理论有如下一些重要概念：

（1）强化。强化是操作性条件作用的核心概念，它涉及的是行为获得机制。强化分为正强化和负强化两种。正强化是指当个体做出一个行为后，给予一个积极强化物，这会增加个体做出该行为的频率。正强化的方法包括物质奖励和精神奖励，如发奖品、发奖金、表扬、提升、改善工作条件、安排挑战性的工作等。负强化指当个体做出一个行为后，取消厌恶性刺激，这也会增加该行为的出现频率。负强化的方法包括撤销批评、处分、降级等，有时恢复减少的奖金也是一种负强化。按照强化物的来源，还可分为一级强化和二级强化。一级强化是由于直接满足有机体基本生理需要的刺激物（如食物、水、安全、温暖）的出现，而对反应所起的强化作用。二级强化是任何一个中性刺激与一级强化反复结合后，自身获得了强化效力。比如金钱，对婴儿它不是强化物，但当小孩知道钱能换糖时，它就能对儿童的行为产生效果。再如分数，也是在受到教师的注意后才具有强化性质的。二级强化物可以分为社会强化物（如表扬、微笑、鲜花、关注、社会地位等）、活动强化物（如自由地玩耍、做游戏、旅游或者从事其他有趣的活动等）、代用券强化物（如小红花、分数、钱等）。

（2）惩罚。惩罚是和强化相反的概念，它涉及的是行为的消除机制。惩罚指当个体做出一个行为后，受到某种惩戒、责罚或处罚，引起不愉快的体验，以后个体就会减少做出该行为的频率。值得注意的是，不少人容易将负强化混同于惩罚。其实，负强化涉及的是行为获得机制，而惩罚涉及的是行为的消除机制，二者具有质的区别。

（3）消退。操作性条件作用的消退概念与经典条件作用的消退概念很接近。它指的是在特定情境下，如果某人做出以前被强化过的反应，而现在这个反应没有得到通常的强化，那么此人下次遇到类似情境时，较少可能再做同样的事。换言之，如果通过积极强化使一种反应的出现概率增加了，那么完全停止强化将导致这种反应出现的频率下降。要使一种反应完全消退，需要进行多次消退训练。如果反应在消退期间不时受到偶然强化，则不仅不会出现消退，反而会使该反应更加牢固，这种情况已是一种特殊的强化程序。

3. 社会学习理论

社会学习理论是由美国心理学家阿尔伯特·班杜拉（Albert Bandura）于1971年提出的，它着眼于观察学习和自我调节在引发人的行为中的作用，重视人的行为和环境的相互作用。社会学习理论着重探讨个人的认知、行为与环境因素三者及其交互作用对人类行为的影响。按照班杜拉的观点，以往的学习理论家一般都忽视了社会变量对人类行为的制约作用。他们通常是用物理的方法对动物进行实验，并以此来建构他们的理论体系，这对于研究生活于社会之中的人的行为来说，似乎不具有科学的说服力。由于人总是生活在一定的社会条件下的，所以班杜拉主张要在自然的社会情境中而不是在实验室里研究人的行为。社会学习理论的主要观点如下：

（1）对人类行为的解读。

班杜拉认为，人的行为尤其是人的复杂行为主要是后天习得的。行为的习得既受遗传因素和生理因素的制约，又受后天经验环境的影响。生理因素的影响和后天经验的影响在决定行为上微妙地交织在一起，很难将两者分开。人类行为习得的过程包括两种，第一种是通过反应的结果所进行的直接经验的学习，第二种是通过观察或者模仿示范者的行为而习得行为的间接经验的学习，这就是班杜拉提出的社会学习，又称为替代学习。社会学习理论认为，人类大量的行为获得并不是通过直接经验的学习，而是通过示范、观察、模仿。按照社会学习理论的观点，构成人的模仿对象的范围极其多样，不仅有别人的行为，而且像书籍、电影、电视、图画等一切信息载体都可能成为被观察、被模仿的载体。因此，教育者要帮助和引导学生学习正面、积极的榜样。

对于观察学习的过程，班杜拉认为应包括注意过程、保持过程、运动再现过程和动机确立过程。注意过程，即学习者集中注意观察所要模仿的行为示范，它决定着观察学习的方向及对榜样示范信息的筛选和吸收，是后面过程的基础。保持过程是指学习者把观察得到的信息进行编码并储存在记忆中。运动再现过程即学习者通过自己的动作组合再现被模仿的行为。动机确立过程即学习者确立自己的行为动机。这是观察学习过程的关键因素，决定着学习者学习到的行为能否在现实生活中发生。观察学习的具体过程如图6-5所示。

社会学习理论对行为的习得和表现做了区分，习得的行为不一定都表现出来，学习

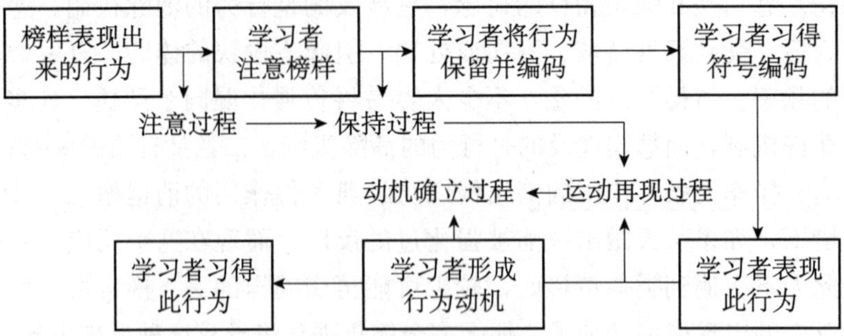

图 6-5　观察学习的具体过程

者是否会表现出已习得的行为，要受强化的影响。行为结果包括外部强化、替代性强化和自我强化。首先是外部强化，如果按照榜样行为导致有价值的结果，而不具有无奖励或惩罚的结果，人们便倾向于表现这种行为。其次是替代性强化，替代性强化是指观察者因看到榜样受强化而受到的强化。观察到的榜样行为的后果，与自己直接体验到的后果，是以同样方式影响个体是否表现出榜样行为的。学习者如果观察到别人的行为受到奖励，就会倾向于表现出这种行为；反之，如果观察到他人的行为受到惩罚，就会倾向于抑制这种行为的表现。最后是自我强化，学习者对自己做出所观察的行为而产生的自我评价，也会影响对这个行为的表现，一般来说，人们倾向于做出感到自我满足的反应，而拒绝做出自己不赞成的行为，这是一种自我强化。班杜拉把这三种强化作用看成学习者再现示范行为的动机力量。

（2）自我调节理论。

班杜拉认为自我调节是个人的内在强化过程，是个体通过将自己对行为的计划和预期与行为的现实成果加以对比和评价，来调节自己行为的过程。人能依照自我确立的内部标准来调节自己的行为。按照班杜拉的观点，自我具备提供参照机制的认知框架和知觉、评价及调节行为等能力。他认为人的行为不仅受外在因素的影响，也受通过自我生成的内在因素的调节。自我调节由自我观察、自我判断和自我反应三个过程组成，经过上述三个过程，个体完成内在因素对行为的调节。

（3）自我效能理论。

自我效能指个体对自己能否在一定水平上完成某一活动所具有的能力判断、信念或主体自我把握与感受。也就是个体在面临某一任务活动时的胜任感及自信、自尊等方面的感受。自我效能也可称作“自我效能感”“自我信念”“自我效能期待”等。

班杜拉指出：“效能预期不只影响活动和场合的选择，也对努力程度产生影响。被知觉到的效能预期是人们遇到应激情况时选择什么活动、花费多大力气、支持多长时间的努力的主要决定者”。班杜拉对自我效能的形成条件及对行为的影响进行了大量的研究，指出培养自我效能感的以下途径：（1）行为的成败经验。成功经验会提高自我效能感，反之则否。（2）替代性经验。与自己相当的示范者成功时，会增加其自我效能感，反之则否。（3）言语说服。通过说服或自我指导可改变人们的自我效能感。（4）情绪和生理状态。积极与稳定的情绪和生理状态会提高自我效能感。班杜拉认为自我效能感有以下功能：（1）决定人们对活动的选择及对该活动的坚持性。（2）影响人们在困难任务前的态度。(3) 影响新行为的习得及习得行为的表现。(4) 影响活动时的情绪。

社会学习理论对思想政治教育具有重要的借鉴意义。

首先，社会学习理论强调观察学习在人的行为获得中的作用，认为人的多数行为是通过观察别人的行为和行为的结果而习得的。因此，依靠观察学习可以迅速掌握大量的行为模式。这就启示思想政治教育要营造良好的社会环境，向教育对象传播真善美，输送正能量，引导教育对象在社会生活中习得正确、健康的社会行为。

其次，重视榜样的作用。正因为人的社会行为可以通过观察学习获得，因而社会学习理论强调榜样的作用，认为榜样是否具有魅力、是否拥有奖赏、榜样行为的复杂程度、榜样行为的结果和榜样与观察者的人际关系都将影响观察者的行为表现。因此，思想政治教育要善于运用榜样教育法，在各行各业树立榜样人物和先进典型，通过榜样人物的模范行为为教育对象起到示范作用。

再次，强调自我调节的作用。社会学习理论认为，人的行为不仅受外界行为结果的影响，而且更重要的是受自我引发的行为结果的影响，即通过设立目标、自我评价从而引发动机功能来调节自己的行为。因而，思想政治教育要善于发挥教育对象的主观能动作用，引导教育对象开展自我教育，通过设立行为目标、客观自我评价、增强自我控制力等方法不断完善自我、超越自我。

最后，社会学习理论主张提升人的自信心。一个人对自己应付各种情境的自信程度，将决定其应付困难情境的能力及持久性。如果一个人对自己的能力有较高的预期，在面临困难时往往会勇往直前，愿意付出较大的努力，且行为具有持久性；相反，如果一个人对自己的能力缺乏自信，往往会产生焦虑、不安和逃避行为。因此，思想政治教育要把提升教育对象的自信心作为工作目标，引导教育对象发现自身潜能，实现自身超越。

总之，社会学习理论并不排斥条件作用理论，它在解释观察学习的条件时，仍然承认强化的作用。但社会学习理论不把强化看作学习的充分必要条件，换句话说，有强化会促进模仿学习，没有强化，学习也能发生。经典性条件作用和操作性条件作用都排除了中间过程（大脑的加工），班杜拉的社会学习理论则承认内部加工过程，并认为行为要受刺激事件、外部强化和中间认知过程的影响，强调环境、个人因素（信念、偏好、期望、自我知觉等）和个体行为三者之间的交互作用。

（二）行为训练的具体方法

行为训练是一种磨炼人的意志、改善人的行为的训练方式。通过行为训练可达到养成良好行为、克服不良习惯、提高意志品质、挖掘自身潜能的目的。常用的行为训练方法包括以下几种：

1. 意志锤炼法

意志力是人类精神领域的重要组成部分，是人克服困难、战胜挫折、实现既定目标的精神力量。马克思写《资本论》用了近 40 年，歌德写《浮士德》用了近 60 年。苏格拉底曾经给他的弟子们布置了一道作业，让他们每天把手甩一百下，结果 90%的人坚持了一个星期，50%的人坚持了一个月，一年后只剩柏拉图一个人在坚持。他们所表现出来的是意志的持久性。爱迪生曾花了整整十年去研制蓄电池，其间不断遭受失败，但他一直咬牙坚持，经过了五万次左右的试验，终于取得成功，发明了蓄电池。爱迪生用行动诠释了意志的坚韧性。邱少云在抗美援朝的一次战役中，为避免暴露目标，坚持在熊熊烈火中一动不动，放弃自救（在他不远处就有水坑），直至壮烈牺牲，表现出了高度的自制性。这些都是优良意志品质的体现。然而良好的意志品质不是天生的，而是通过培养和锻炼不断养成的。

意志锤炼法是通过创设情境，使教育对象通过亲身经历和实践，体验挫折、积累经验、磨炼意志、重树信心、学会坚持、战胜自我的行为训练方法，如素质拓展训练、野外生存训练等都是锤炼意志的好方法。

素质拓展训练，是指在野外或者室内环境中通过器械训练、野外生存能力训练，不断挖掘潜能、培养意志力、超越自我的行为训练方法。这个过程既可以锻炼个人的意志力、勇气和自信，又可以锻炼团队沟通能力和团队协作能力。素质拓展不仅仅能增加人的本领，使人获得野外生存的能力，还可以增强人的自尊、自信。另外，在素质拓展训练中，能够学会关心他人，增强交往能力。在素质提升后，助人能力得到提升，也可以更好地服务社会，拓展眼界。但要注意的是，素质拓展必须要到专门的基地进行训练，以保障人身安全为前提，不能盲目进行。美国前总统肯尼迪的夫人杰奎琳是位坚强而独立的女性，她的儿子约翰自幼羞怯、自卑、优柔寡断，依赖性很强。杰奎琳认为儿子之所以有这样性格上的弱点，与缺少锻炼有直接关系。于是她在约翰 11 岁的时候，把他送到英国的德雷克岛“勇敢者营地”去受训，学习驾驶帆船、划独木舟、爬山。13 岁时，她又送儿子到缅因州的一个孤岛上学习独立生活的技能。在 20 天的训练中，不给食物，只给一加仑水、两盒火柴和一本在野外如何谋生的书。当约翰 15 岁时，母亲又送他去肯尼亚的荒野里自求生存。在约翰读中学放暑假时，她还把儿子送到“国家户外学校”，接受为期 70 天的训练。为了进一步强化约翰独当一面的能力，她让儿子参加和平卫队赴危地马拉从事地震救灾工作。在一次次训练中，约翰的表现越来越出色，他终于锤炼出了刚毅果断的独立人格，成为一个自信潇洒、求实向上、理性节制、圆通练达的有为青年。

在使用意志锤炼法的过程中，要求教育者注意以下问题：

第一，使教育对象明确树立崇高的理想是培养良好意志品质的决定条件。人的行动目的是受动机刺激产生的，而动机的产生又受个人思想的影响。只有形成崇高的理想，才能有远大的目标，有了远大的目标，才能培养出为达到这一目标所需要的意志。

第二，要脚踏实地从点滴做起。惊天动地的大事业能锤炼人的意志，同样，小事也能培养人的意志。一个人对待小事能够严谨认真、持之以恒，他的意志必然会得到很好的锻炼。

第三，要在克服实际困难中锻炼和培养意志力。意志与抵制诱惑和克服困难的过程相联系，人们要做成任何事情，都需要表现出为达到目的而必须具备的坚毅、顽强、果断的精神和勇气，特别是参加那些不感兴趣或感到困难的活动，更能锻炼人的意志品质。

第四，要创设情境来磨炼教育对象的意志品质，使其养成良好的行为习惯。磨炼意志品质的方式方法很多，如参加冬泳和高强度的体育锻炼，挑战人体极限；运用延迟满足的方式锻炼自控能力；接受具有挑战性的任务，提高心理承受力；等等。

2. 榜样示范法

榜样示范法也称典型示范法，它是通过各行各业具有典型、榜样意义的人或事（正面的、先进的抑或反面的、落后的）的示范引导作用，教育人们提高思想认识、规范自身行为的方法。大多数人类行为是通过对榜样的观察和模仿而获得的，人生榜样、道德榜样是人们在生活世界里、成长过程中不可或缺的重要元素。

榜样对人们思想行为的影响，是一个连续的心理活动过程。榜样的典型性、权威性、可信性及感染性的程度等，都会影响榜样的示范效果。思想政治教育的榜样，既指具体的人和事，也包括文字符号、图像、信息、语言描述、艺术形象等。但无论是个人或集体典型，还是通过其他形式塑造、呈现出的榜样形象，都应该具有可借鉴性、易辨识、权威性、可信任、有吸引力等基本特征，这是榜样教育的科学基础与客观要求。

第一，榜样要真实，切忌无限拔高。经过包装的“高、大、全”式的英雄人物、道德榜样，往往脱离教育对象的生活实际，给人以“假大空”、可敬不可亲之感，难以得到人们的普遍认同，从而难以对人们的行为起到示范作用。每年评选的“感动中国”十大人物之所以能够打动人心、产生共鸣，就是因为他们虽然是平凡的人但却做着不平凡的事，有着崇高的精神境界。比如，有立志让“杂交水稻覆盖全球”的杂交水稻之父袁隆平；有“肝胆相照济苍生”的中国肝胆外科之父吴孟超；有改变山区女童命运的公益校长张桂梅；有身患绝症坚守抗疫一线的人民英雄张定宇；有在疫情中志愿服务、守护医护的快递员汪勇；有与时间赛跑的北斗三号卫星首席总设计师谢军；有放弃国外的优厚待遇报效祖国，用生命叩开地球之门的海归教授黄大年；有带领贫困县实现脱胎换骨蜕变的时代楷模廖俊波；有第一位驾驶轰-6K飞向远海为国仗剑、巡天掠海的空军飞行员刘锐；还有一生甘于清贫，却在耄耋之年将毕生积蓄880多万元全部捐献给学校，用于奖励贫困学生与优秀青年教师的老教授卢永根……他们的事迹让亿万人在感动与震撼中经历了一次次心灵的洗礼和情感的升华，感受到正义、勇气、平凡和伟大的力量！

第二，要尽可能让先进人物现身说法。让有理想的人讲理想、守纪律的人讲纪律、有牺牲精神的人讲牺牲精神，这样就会产生较强的感染力和说服力，也更能打动人心，从而收到最佳的教育效果。

第三，大胆采用现代化的教育手段与操作方式，充分利用电视、广播、报刊特别是互联网等大众传播媒体宣传典型，采用多媒体技术塑造、呈现生动的榜样形象，强化榜样示范的效果。比如，在“感动中国”人物评选活动中，中央电视台联合全国30多家地方媒体（电视台、电台、报纸等）和中国网络电视台、新浪网、腾讯网等门户网站，合作成立了“感动中国媒体联盟”，形成了媒体联合行动，覆盖受众超过10亿人次，让“感动中国”从一个评奖活动，逐步变成一个带动全国人民参与并改变国民精神面貌的大型媒体公益活动和道德教育活动，产生了广泛的社会影响和很好的示范效应。

3. 行为矫正法

行为矫正法是指运用学习心理学的原理，特别是条件反射的规律，如强化消退、榜样示范等，帮助心理与行为异常者改变异常的行为，形成新的适应性行为的一种方法。行为矫正法包括正向行为训练法和负向行为消退法。

（1）正向行为训练法。

正向行为训练法是指教育者按照一定要求，有计划、有目的地训练教育对象的行为，使之形成符合教育目标要求的良好行为习惯的方法。这种方法的最大特点是着眼于知行转化和培养教育对象言行一致的优良品质。

良好行为训练法一般可分为两种：一种是基本行为规范的训练，即常规训练，如文明礼仪训练、职业规范训练等，通过反复训练使教育对象形成良好的行为习惯。另一种是素质训练，包括自信心训练、人际交往能力训练、勇气与生存能力训练、领导力训练等。

运用正向行为训练法要将行为训练与说服教育相结合，行为训练的要求既要严格，又要适当、合理。行为训练要由易到难，循序渐进；要及时反馈，不断强化；要把通过练习和训练形成新的良好行为习惯与纠正和改造过去遗留下来的不良行为习惯结合起来；要长期坚持，持之以恒。

自信心训练主要包括学会坚持自己的立场和学会拒绝。具体心理指导过程如下：

第一，学习肯定的拒绝。肯定的拒绝就是指当你想拒绝时，可以说“不”，而不会觉得不舒服。训练方法是两人一组，利用一些假设情境或成员模拟自己遇到过的情境，向对方清楚地说出“不”。比如，拒绝借钱给别人、拒绝别人劝酒、拒绝推销员的推销、拒绝超量募捐等。

第二，学习肯定的请求。肯定的请求就是向别人要求你所需要的或是本来就属于你的东西。肯定的请求常常以询问的方式出现，而不是用叙述或命令的口气。训练方法是两人一组，根据成员自己提供的情境，或指导者提供的情境，相互对应练习。例如，请求别人停止抽烟、请求别人减小说话声音、请求别人帮助你做事情、请求别人还钱、请求别人离开你家等。

第三，学习表达自己的感受。表达自己的感受可以帮助你了解自己的感受，同时也让别人了解你的真实感受，从而促进有效的沟通。训练方法是两人一组，练习表达你的真实感受，可伴以体态动作，如拍肩、拉手等，然后互换角色。

（2）负向行为消退法。

负向行为消退法是针对一些不良行为习惯，通过对其负向行为的惩治，使其不良行为减少或消退的方法。常用的方法有冲击法和厌恶疗法。

冲击法也称满灌疗法，是心理咨询和心理治疗中常用的行为疗法之一，是指运用强心理刺激的方法，使人接受他最不愿意接受的现实，使心理受到强烈的冲击和震撼，从而增强心理承受能力和行为适应能力，改变不良心态和行为的方法。冲击法和循序渐进的方法是一个相反的过程，但二者并不矛盾。在有些情况下，冲击法比循序渐进的方法更有效；而有时，循序渐进的方法更适合。在现实生活中，思想政治教育者要根据不同的情况、不同的对象采取不同的方法。

厌恶疗法也是行为疗法的一种，是指通过心理刺激将某种不良行为同令人厌恶的情景联系起来，从而对自己的不良行为产生厌恶之情，达到抑制、消退不良行为的目的。厌恶疗法可对人的行为起到抑制的作用。在思想政治教育中，平时我们常用的分析行为危害、指出严重后果的方法，实际上就是一种厌恶疗法。

阅读书目

1. 陈琦，刘儒德．教育心理学．3版．北京：高等教育出版社，2020.

2. 林孟平．心理咨询与治疗．北京：生活书店出版有限公司，2022.

3. 郑永廷．思想政治教育方法论．修订版．北京：高等教育出版社，2018.

4. 田国秀．团体心理游戏实用解析．北京：学苑出版社，2010.

5. 乔塞尔森．在生命最深处与人相遇：欧文·亚隆思想传记．北京：机械工业出版社，2010.

6. 库伯．体验学习：让体验成为学习和发展的源泉．上海：华东师范大学出版社，2008.

7. 陈万柏．思想政治教育载体论．武汉：湖北人民出版社，2003.

8. 高峡．活动课程的理论与实践．上海：上海科技教育出版社，1997.

思考题

1. 促进学生认知改变的关键是什么？为什么？

2. 体验式学习的几个环节之间具有怎样的关系？在实际教育过程中如何体现与处理？

3. 行为训练方法的具体操作中都会涉及强化的运用，请你结合生活实例，谈谈强化的使用技巧与原则。

第七章

思想政治教育对象的心理分析

关键词

教育对象　个性心理　气质　性格　群体心理

要点提示

1. 分析教育对象的个性心理差异，阐述思想政治教育因材施教原则的具体运用。

2. 分析群体对个体心理的影响，揭示思想政治教育应借鉴的群体心理规律。

“思想政治教育对象是思想政治教育活动的出发点和落脚点”[①]。教育对象的心理状况、心理特征和个性差异对思想政治教育过程及效果具有重要影响。因此，加强对教育对象的心理分析，研究教育对象的心理特征、个性差异以及群体心理是思想政治教育心理学的重要任务。

一、思想政治教育对象的个性心理

虽然人的心理错综复杂，但仍可以分为心理过程和个性心理两大部分。人的心理过程为人的共性，每个人均经历过这些心理过程。人的个性心理为人的个性，每个人各不相同。个性心理是在完成一般心理过程后发展起来的，没有一般的心理过程的发生、发展，就不可能有个性心理的发生、发展。了解教育对象的个性心理是开展思想政治教育的前提，优化教育对象的个性品质是思想政治教育的重要任务，开发教育对象的潜能是思想政治教育的不懈追求。

① 《思想政治教育学原理》编写组．思想政治教育学原理．北京：高等教育出版社，2016：212.

（一）个性的内涵及结构

个性是一种比较复杂的心理现象，其内涵、外延十分丰富，心理学界对个性的概念和定义尚未有一致的看法。

1. 个性的内涵

美国著名心理学家奥尔波特（G. W. Allport）认为，个性是决定人的独特的行为和思想的个人内部的身心系统的动力组织。我国的《心理学大辞典》对个性的定义是："个性，也可称人格，指一个人的整个精神面貌，即具有一定倾向性的心理特征的总和。"① 可见，个性是指一个人在其生活、实践活动中经常表现出来的、比较稳定的、带有一定倾向性的个体心理特征的总和，指一个人区别于其他人的独特的精神面貌和心理特征。个性对于一个人的活动、生活具有直接的影响，对于一个人的命运、前途有直接的作用。

个性具有整体性、稳定性、独特性和社会性的特点。个性的整体性是指个性是一个人的个性倾向和个性特征的有机结合，这些成分或特征并不是孤立地存在着，也不是机械地结合在一起，而是错综复杂地相互联系、交互作用组成一个完整的个性，体现出个体的精神面貌。个性的稳定性是指构成个性特征的是那些稳定的，具有一贯性和持久性的心理特征，那些偶然出现的、不稳定的心理特征不能称为个性。个性的独特性是指每个人的个性都体现出一个人区别于其他人的心理特性。个性的社会性是指一个人的个性是在先天禀赋的基础上经由社会文化的影响而形成的动态复合系统，是自然性与社会性的有机结合。

2. 个性的结构

个性结构是多层次、多侧面的，是由复杂的心理特征的独特结合构成的整体，包括个性倾向性和个性心理特征两个方面。

（1）个性倾向性。

个性倾向性是决定一个人的态度、行为和积极性的动力系统，包括需要、动机、兴趣、理想、信念、世界观等。个性倾向性中的各个成分并非孤立存在的，而是互相联系、互相影响和互相制约的，共同对人的行为进行调节和控制。其中，需要是个性倾向性乃至整个个性积极性的源泉，只有在需要的推动下，个性才能形成和发展。动机、兴趣、理想、信念等都是需要的表现形式。而世界观处于最高指导地位，它指引和制约着人的思想倾向和整个心理面貌，是人的言行的总动力。由此可见，个性倾向性是以人的需要为基础、以世界观为指导的动力系统。个性倾向性是人的个性结构中最活跃的因素，是一个人进行活动的基本动力。个性倾向性较少受生理、遗传等先天因素的影响，主要是在后天的培养和社会化过程中形成的。

（2）个性心理特征。

个性心理特征指个人带有倾向性的、稳定的心理特征的总和，包括能力、气质、

---

① 林崇德，杨治良，黄希庭．心理学大辞典．上海：上海教育出版社，2003：410.

性格。

尽管“能力”一词人人皆知，但要给能力下一个科学的定义并非易事。西方心理学界为定义能力差不多已经做了近百年的努力，他们较为普遍地把能力看作一种对环境、对社会的适应力。我国学者认为，能力是人完成某种活动所必备的个性心理特征，是影响活动效果的基本因素。能力多分为一般能力（智力）和特殊能力（绘画、音乐等）。一般能力指具有广泛适应性的能力，包括观察力、想象力、注意力、记忆力、思维力等，就是平时我们所说的“智力”。特殊能力是指从事专门活动所特殊需要的能力，如数学能力、音乐能力、表演能力、绘画能力等。一般能力和特殊能力之间是辩证统一的关系，一般能力是特殊能力的基础，特殊能力的发展也会促进一般能力的提高，二者相互渗透、相互作用、相互促进。此外，从能力所涉及的心理和行为的领域上看，还可以将能力分为认知能力、操作能力和社交能力。

气质是一个古老的概念，在古希腊时代，医生兼学者希波克拉底提出体内四液说，认为人体内有四种液体，即黏液、黄胆汁、黑胆汁和血液。黏液生于脑，黄胆汁生于肝，黑胆汁生于胃，血液生于心脏。他在《论人的本性》一书中说，四种体液是形成人体体质的来源。四种体液调和人才健康，如果失调人就会生病。大约500年以后，希波克拉底的学说被罗马医生盖伦发展，并用拉丁语“temperamentum”表示由体内液体配合所产生的心态特点。这就是气质（temperament）概念的来源。当然，按照体液的不同配合对气质进行分类是不科学的，没有什么客观依据。但是，气质及四种气质类型的名称一直被沿用。心理学家冯特在其所著的《生理心理学纲要》一书中，以情绪反应的强烈、快慢因素分析四种气质类型。他认为，胆汁质者情绪反应速度快，强度强；多血质者情绪反应速度快，但强度较弱；抑郁质者情绪反应强，但比较缓慢；黏液质者情绪反应弱且缓慢。后来，俄国生理学家巴甫洛夫运用条件反射理论揭示了高级神经活动的规律性和神经过程的基本特征，对人的气质做了科学的说明。

现代心理学一般认为，气质是不以活动目的和内容为转移的典型的、稳定的心理活动的动力特性。可从以下三方面理解气质概念。

第一，气质是表现在心理活动的速度、强度、稳定性、灵活性方面的动力特征。在现实生活中，人们各种心理活动的速度、强度、稳定性、灵活性方面是有明显差异的。

第二，气质表现出明显的“天赋性”，受遗传因素影响很大。相关的研究发现，即使把同卵双生儿和异卵双生儿分别放在两种不同的生活环境和教育下培养，他们仍保持原来的气质特点，变化不大。这说明了气质的“天赋性”。

第三，气质的稳定性和可变性。气质与能力、性格等其他个性心理特征相比，更具有稳定性，更不易根本改变。但由于人的神经系统并不是一成不变的，因此由神经系统类型决定的气质也不是不可改变的。随着社会生活条件的变化和教育的不断影响，气质也会发生变化。当然，气质的改变是相当缓慢和困难的。

按照人的高级神经活动的强度、平衡性和灵活性，人的气质可以分为四种类型：

胆汁质，又称兴奋型，是高级神经活动强烈和不平衡的结合。其特点是思想容易高度兴奋，感情发生迅速强烈；精力旺盛，热情奔放；自信心强，但自控能力差；脾气暴躁，易冲动，行动具有外倾性，俗称“火暴脾气”。《三国演义》中的张飞、《水浒传》中的李逵等，就是典型的胆汁质气质。

多血质，又称活泼型，是高级神经活动强烈与平衡性、灵活性的结合。其特点是认识敏感，兴趣广泛，易于接受新事物；感情变化快，善于言谈；富有同情心，乐于与人交往；活泼好动，不甘寂寞。但感情常常不稳定、不持久，缺乏毅力和耐力，行为具有外倾性，有时显得肤浅、轻率。《水浒传》中的孙二娘、《红楼梦》中的王熙凤等，属于多血质气质。

黏液质，又称平衡型，是高级神经活动强烈与平衡型、不灵活性的结合。其特点表现为各种心理活动和外部动作相当迟缓而又非常稳健。这种人温和宁静，沉着坚定，忍耐力、自制力强，行为具有内倾性。《西游记》中的沙和尚、《水浒传》中的宋江等，具有黏液质的特征。

抑郁质，又称抑制型，是高级神经活动弱型的表现。这种气质类型的人往往感情体验深刻，沉默寡言，多愁善感；观察问题细致，敏感多疑，易发现消极面，意志比较薄弱；言行孤僻，不善交往，行为具有较强的内倾性。《红楼梦》中的林黛玉就是典型的抑郁质气质。

在日常生活中，有些人的气质属于典型的某一种类型，但大多数人是兼备两种或两种以上气质的混合型。气质没有好坏之分，每种气质类型既有积极的一面，也有消极的一面。

性格是个性心理特征的重要方面，是个性的核心，人与人之间的个别差异首先表现在性格上。我国的心理学教材多把性格定义为：性格是表现在人对现实的态度和行为方式中，比较稳定的、独特的心理特征的总和。

性格一方面反映人的行为方式，另一方面反映人的动机和态度。性格在人的实践活动中具有重要作用，它直接影响着人际关系和活动效果。性格贯穿于人的全部行为之中，既表现出一个人对人、对事、对己的态度，又反映着他习惯性的行为方式。良好的性格有助于个体身心健康、全面发展，不良的性格则阻碍个人发展、事业成功。

人的性格是一个十分复杂的构成物，它包含着丰富的内容。一般来说可由以下四部分组成：

其一，性格的态度特征。它是人的性格中表现出来的对现实的思想主张和好恶倾向。主要指个人对待社会、集体、他人的态度和行为，个人对待工作、学习、劳动的态度和行为，个人对待自己的态度和行为。性格的态度特征主要反映个人在处理社会、集体和他人之间关系和联系方面的个别特点。

其二，性格的意志特征。它是人的性格中表现在对自己的行为如何调节方面的特征。主要表现为在意志活动中是否有明确目的，在实现目标过程中是否坚定，在紧急情况下是否勇敢沉着，在遇到困难挫折的情况下是否能坚持到底。

其三，性格的情绪特征。它是人的性格中表现在情绪状态对行为的支配程度方面的特征。主要指在情绪情感活动中的强度、稳定性、持久性及主导心境等方面的性格特征。

其四，性格的理智特征。它是人的性格中表现在认识过程、理智活动中的个别差异方面的特征。主要指在感知觉、记忆、思维、想象、注意等认识过程中表现出来的性格特征。例如，一个人是明察秋毫还是感觉迟钝，是想象丰富还是头脑闭塞，是思维活跃还是墨守成规，等等。

按照不同的划分标准，性格可分为以下几种类型：

第一，按照个体心理活动的倾向性可分为内向型和外向型。这是最有名、最常见的性格划分的理论，是瑞士心理学家荣格提出的。心理活动倾向于外表的称为外向型，心理活动倾向于内部的则称为内向型。外向型的人的性格特点是开朗、活泼、直率，善于交际，常对外部事物表示关注和兴趣；内向型的人的性格特点是安静、稳重、缺乏勇气、反应迟缓。绝大部分人内外倾向不明显，属于中间型。

第二，按照个体的独立程度可分为独立型和顺从型。这种划分是根据人的认知特质进行的，即根据人在认识活动中所表现出来的场独立性和场依存性的强弱进行划分。凡是在认识过程中，以其本人的储存信息为参照体系的人，属于场独立型，而那种以认识对象所处的客观场合为参照系的人，则属于场依存型。

第三，按知、情、意三种特质在个人活动上的表现可分为理智型、意志型和情绪型。这是最早对性格进行分类的理论。

性格和气质作为人的个性特征，二者既有区别又有联系。

首先，气质是个体心理活动的稳定的动力特征，高级神经活动是气质的生理基础，故气质受先天因素影响大，变化难而且慢；性格是高级神经活动类型与后天生活环境影响的“合金”，稳定性比气质差。

其次，性格可以在一定程度上掩盖或改造气质，使之符合社会实践的要求。同时，气质影响性格的动态，使性格“涂上”一种独特的色彩。譬如，具有勤劳性格特征的人，多血质的人表现为情绪饱满、精力充沛，黏液质的人表现为操作精细、踏实肯干。

再次，气质影响性格形成和发展的速度。黏液质和抑郁质的人比多血质和胆汁质的人更容易形成自制力这种性格特征。具有不同气质类型的人可以形成同样的性格特征，具有同一气质类型的人可以形成不同的性格特征。例如，胆汁质和黏液质的人均可能形成进攻好斗的性格，只不过前者更容易形成，后者相对困难。

最后，气质和性格的形成和发展均离不开大脑的活动，它们有共同的生理基础，也离不开人的社会实践活动。气质无好坏之分，每种气质类型既有优势又有不足，而性格则有优劣之分。

二者的关系如图 7－1 所示（外圈可转动）。

（二）个性的形成与发展

人的个性是在生命成长过程中通过婴幼儿、童年、青少年、青年等阶段的心理发展，最终培育形成的独具特色的个性品质。个性的形成与发展既受先天遗传因素的影响，也受后天环境、教育因素的制约。

人的需要、兴趣、爱好、理想、信念等是在后天通过学习、熏染、模仿，逐渐潜移默化培育形成的。人的能力和性格的形成与发展与先天素质和环境因素都有关系，而气质具有天赋性，受遗传因素影响最大。先天素质是人能力、性格发展的生理基础和自然前提，离开先天素质这个物质基础，能力、性格的发展就要受挫。例如，天生五音不全

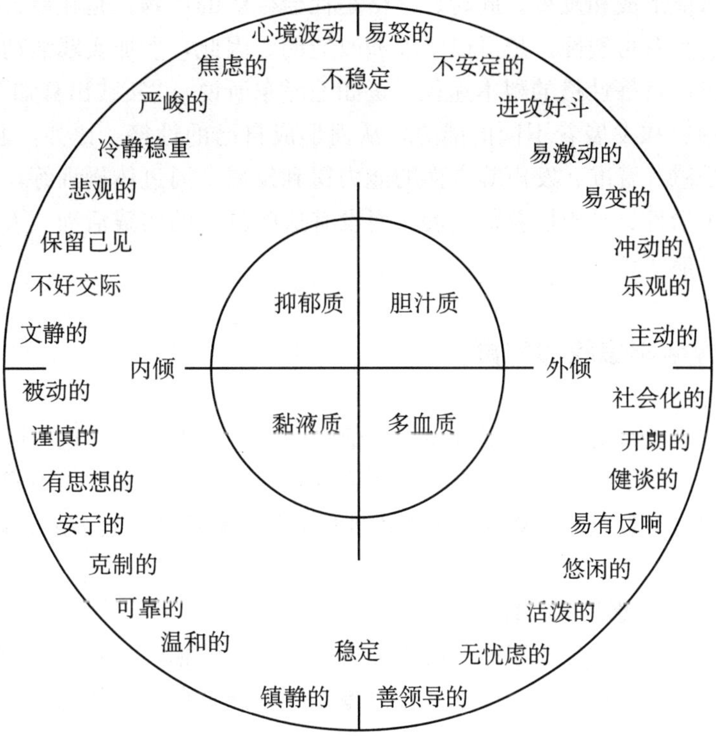

图 7－1　气质与性格的关系

的人是很难培养成为歌唱家的。因此，先天素质可以说是能力、性格发展的必要前提，但能力与性格的发展必须与环境、教育相结合才能实现。人的能力、性格不是天生的，它是在个体先天素质的基础上，通过环境、教育和实践活动逐渐形成的。环境、教育对能力的发展和性格的形成起决定作用。大量事实证明，离开人类社会环境，即使有健全的大脑，也不能产生人的心理。“人创造环境，同样环境也创造人。”① 人的能力和性格正是在人与社会环境的相互作用过程中形成和发展的。

对人的能力和性格起重要作用的社会生活环境主要包括：

第一，早期经验。家庭是社会的细胞，是儿童最早接受教育的场所，也是社会中各种道德观念的集合点。因此，人的早期生活经历，特别是家庭环境、家长的教育态度及方式，对智力开发及能力的培养和性格的形成有非常重要的影响。

第二，教育。教育对人的性格形成和能力发展起主要作用。教育是以培养人为目的的有计划、有组织的活动。人们通过接受各种教育，可以学习知识、掌握技能，从而为能力的提高和优良性格的形成奠定理论基础和实践基础，特别是能力的发展与系统学习和掌握知识技能密不可分。掌握知识多少，影响能力表现的强弱。比如，一个写作能力强的人面对他不熟悉的知识领域也难以施展才华，写出好文章。同时，丰富的知识面在培养能力过程中有助于学习迁移，对于发展能力具有巨大的促进作用。

第三，实践活动。能力是和人的实践活动紧密联系在一起的，没有一定的实践活动，

① 马克思，恩格斯．马克思恩格斯全集：第 3 卷．北京：人民出版社，1960：43.

人的能力就不可能形成和发展。同时，性格是社会生活的产物，是在后天的生活实践中逐渐形成的，它具有可塑性，是可以培养和改造的。因此，参加实践活动是人的知识转化为能力以及形成良好性格的根本途径。正如毛泽东所说，“实践出真知”。人们在不同的实践活动中形成和发展着不同的能力，从而形成自己的性格。比如，通过声乐学习，可以使个人的乐感、音准、发声等方面的能力得到发展。通过体操训练，可以使个人的身体柔韧性、灵活性、平衡性获得发展。而没有这些具体的实践活动，人的能力发展和性格培养是不可能实现的。

（三）个性差异与思想政治教育

由于思想政治教育对象的生活环境、生活经历、受教育程度和遗传因素不同，因而他们具有不同的心理特点和个性差异，主要表现在智力因素和非智力因素两个方面。因此，要提高思想政治教育的有效性，就要正确把握教育对象的心理差异，做到因材施教，一把钥匙开一把锁。

1. 智力差异与思想政治教育

人与人之间的智力差异是客观存在的，如有人记忆力强，过目不忘；有人思维敏捷，分析透彻；有人善于联想，举一反三。智力差异一部分来自先天遗传，一部分是由后天环境、受教育程度和个人努力程度决定的。

（1）智力与智力结构。

在心理学中，智力是一个非常重要又争议颇多的概念。在20世纪初期，心理学家大都认为，智力由思维、推理和问题解决能力构成。20世纪70年代至今，越来越多的研究表明，传统的智力概念只涉及智力的极小部分。不少心理学家认为，应当重新认识智力的内涵，它包含着一些意义更为广泛的认知和理解能力。目前，尽管对智力缺乏一个确定而统一的定义，但总的趋势是把智力的含义加以扩大。如著名心理学家斯腾伯格就把智力定义为“分析性能力、创造性能力和实践性能力之间所达成的一种平衡”①。我国大多数学者对智力的界定比较宽泛，认为智力是人在认识客观事物的过程中所具有的稳定的心理特性，集中表现在反映客观事物深刻、正确、完全的程度上以及应用知识解决实际问题的速度和质量上，包括观察能力、记忆能力、思维能力、想象能力和注意能力五种基本能力。

以上五种能力之间互相联系、互相制约，它们在智力结构中各起一定的作用。其中，观察能力是智力结构的眼睛，记忆能力是智力结构的储存器，思维能力是智力结构的中枢，想象能力是智力结构的扩大器，注意能力是智力结构的维持器。

在心理学中，对智力的看法有一个不断深化和扩展的过程。早期的智力结构理论偏重于语言、数理逻辑等方面。现在的智力结构理论则扩大了智力的内涵。具有代表性的智力理论有以下几个：

第一，双因素理论。

---

① 斯腾伯格．成功智力．上海：华东师范大学出版社，1999：中文版序．

双因素理论是由英国心理学家斯皮尔曼（Charles Spearman）于1904年提出的。斯皮尔曼认为，人的智力由一般因素（G因素）和特殊因素（S因素）构成，个体完成任何一项任务都需要这两种因素的参与。

一般因素是指人的一般能力，如观察能力、理解能力、记忆能力等；特殊因素是指人在某方面的特殊才能，如音乐、绘画或体育天赋等。其中，一般因素是第一位的、重要的因素，是智力结构的关键和基础。每个人的一般因素和特殊因素都存在不同程度的差异，而不同的一般因素和特殊因素会表现出不同的才能特征。

第二，多因素理论。

美国心理学家瑟斯顿（Louis Thurston）于1938年提出了多因素理论。他认为智力由七种原始因素——记忆、推理、空间知觉、知觉速度、计算、语词的流畅性、言语意义——构成。这七种因素被称为七种基本心理能力，这些基本心理能力的不同搭配，便构成每个个体独特的智力结构。

第三，多元智力理论。

1983年，美国心理学家加德纳（H. Gardner）出版了《智力的结构》一书，向传统偏向认知的智力理论提出了挑战。1993年，加德纳又出版了《多元智能》一书，对多元智力的理论和实践进行了总结。他认为，智力（智能）是“在一个或多个文化背景下，被认为是有价值的、解决问题或制造产品的能力”[①]。根据对智力的新的理解，加德纳提出了多元智力理论。他认为，人的智力结构中存在着七种相对独立的智力，每种智力都有其独特的解决问题的方法，都有其自身的符号系统。这七种智力在每个人身上的组合方式是各不相同的，有人可能在某一两个方面是天才，而在其余方面却是蠢材；有人可能各种智力都很一般，但如果他所拥有的各种智力被巧妙地组合在一起，则可能在解决某些问题时会显得很出色。

加德纳所提出的七种智力包括语言智力、逻辑-数学智力、视觉-空间智力、音乐智力、身体-动觉智力、人际智力和自知智力（自我内省智力）。1999年，加德纳又提出了第八种智力，即认识自然的智力，它是指我们认识自然并对周围环境中的各种事物进行分类的能力。

哈佛大学的另一位心理学家科尔斯（R. Coles）在1997年还提出了道德智力，它是指进行公平道德判断的能力，至此智力的内涵更加扩大了。

第四，五要素理论。

我国心理学界一些学者提出，智力结构主要是由观察能力、记忆能力、思维能力、想象能力、注意能力五种基本能力构成，各种能力相互联系、相互制约，在智力结构中起着不同的作用，共同组成了人的智力结构。其中，注意能力是智力结构转化为物质力量的转换器。

（2）智力差异。

人的智力的形成和发展离不开先天条件和后天条件。先天条件主要包括人的生理素质和遗传素质。后天条件主要是个人所处的社会历史条件，包括一定的社会经济发展水

---

① 加德纳．多元智能：7种智能改变命运．北京：新华出版社，2004：92.

平、社会制度、科学文化教育的发达程度，以及个人在社会历史条件下的实践方式等。其中，人的生理素质是智力发展的物质前提。与智力有关的生理素质主要包括感觉器官、运动器官和神经系统，主要是人的大脑。但先天条件再优异，没有后天的教育和开发，人的智力也不可能获得高度发展。可以说，人的智力是先天条件、社会历史发展和教育的影响，以及个人努力三方面因素相互作用的产物，是在人类掌握知识经验和从事实践活动的过程中发展起来的。

智力发展的一般趋势为：智力水平随个体年龄的增长，分为增长、稳定、衰退三个阶段。从出生到15岁左右，智力的发展与年龄的增长几乎是等速的，之后发展速度逐渐减慢。一般在18岁至25岁之间，智力的发展达到高峰。人的智力在成人期可以保持较长时间的稳定期，到60岁左右进入老年衰退期后智力迅速下降。

人的智力是相对稳定的，但不是一成不变的。美国心理学家布朗认为：一个人的智力测验分数是他的遗传特性、测量前的学习和生活经历以及测验时情境的函数。因此，在人的不同发展阶段，智力发展水平是不同的。不同人之间也存在着智力差异。个体间的智力差异可以用智力水平常态分布图表示（见图7-2）。

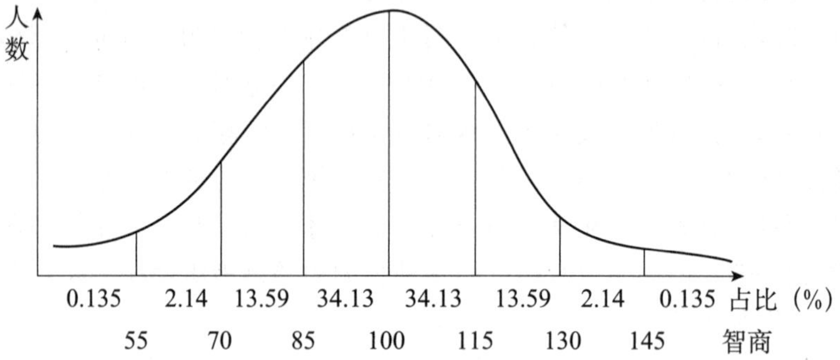

图7-2　一般人口中的智商分布

从图中可以看出，约68%的人的智商在85～115之间，他们属于智力程度中等。智商分数极高与极低的人很少。一般认为，智商超过140的人属于天才，他们在人口中的占比为1%～2%。

具体来说，个体智力差异主要表现在以下几个方面：

第一，智力特点不同。

人的智力特点各不相同，有人观察力敏锐，善于发现问题；有人记忆力较强，达到过目不忘；有人善于分析，思维能力较强；有人想象力丰富，富有创造精神。即使是智商相同的人，也可能会表现出智力特点方面的差异。比如，有人的语言测试分数高，有人的操作测试分数高。不同的智力特点，是人们从事不同职业的理论依据，也是选择思想政治教育方法的重要依据。

第二，智力发展水平不同。

智力不是先天就有的，而是在后天社会实践中发展起来的，并在人的活动中表现出来。不同人的智力发展水平有很大的差异。有人视觉特别突出，有人嗅觉特别灵敏，有人记忆力出众，有人想象力超群，还有人思维能力优异。比如，美术家能够辨别各种颜色的细微差异；酿酒工人能够嗅出酒的等级；有人能背诵圆周率小数点后 100 位以上的数字；作家能够凭想象构思出情节复杂、曲折生动、催人泪下的故事和栩栩如生的人物形象；哲学家可以靠严密的逻辑思维和科学论证，揭示事物发展的规律；发明家靠丰富大胆的想象，不断发明创造，推动社会的发展和科学的进步。由此可见，每个人在智力发展水平上是存在着差异的，这是客观事实，但每个人的智力又是有很大的发展潜力的。

第三，智力发展速度不同。

人们在智力发展的速度上也不尽相同，就像赛跑一样，有的人从起跑就冲刺，有的人在临近终点时冲刺，也有的人分段冲刺。在人们智力发展过程中，智力发展的速度是有差异的。据一位日本学者的研究，在 7 岁的儿童中，智力年龄正好 7 岁的仅占总数的 36.75%，其余儿童的智力年龄皆高于 7 岁或低于 7 岁。这说明人的智力发展水平有高有低，智力发展速度有一定的差异。但是，智力发展的速度不能完全说明人的智力水平，有些早期智力优异者，即我们所说的“神童”，到成年以后未必还是超群出众的，古文《伤仲永》描述的就是这种情况。而有些智力发展缓慢、成熟较晚的人，并不一定智力水平低下。美国大发明家爱迪生曾经是一个被学校开除的“低能儿”，但他后来靠勤奋自学，终于完成了电灯、留声机、蓄电池等上千种科学发明，成为世界一流的发明家。可见，智力发展有先有后，成就获得有早有晚。这些都表明人在智力发展的速度上不是完全同步的。

第四，智力的性别表现不同。

男女在身体结构、体质和生理方面都存在着较大的差异，在心理方面也各具特点，那么在智力方面是否也存在差异呢？心理学研究表明，男女在一般智力上的差异表现在数量上是微不足道的，即男女的智商水平总体上是均等的，只是表现在智力发展速度和智力特点上有所不同。比如，在幼年时期，同龄的女孩比同龄的男孩智力发育要快。并且，女性在语言发展方面较男性更为出色，表现为语言丰富、流利、准确，叙述能力强等。而男性则在空间关系理解能力上比女性更为出色。值得注意的是，无论在言语领域还是在数学领域，男女间的差异正呈日趋缩小的趋势。其原因可能在于社会对性别的限制越来越少。

此外，男女在认知风格方面存在着差异。美国心理学家哈曼·威特金通过“棒框测验”（测量个体的空间能力）发现：女性的认知方式是场依存型的，男性是场独立型的。女性更多地依赖背景做出判断，而男性一般能摆脱背景的干扰做出正确判断。

（3）智力差异对教育对象接受思想政治教育的影响。

教育心理学的研究发现，个体的智力差异（认知差异）对教育对象接受思想政治教育的影响不仅体现在程度上，而且也体现在教育对象接受思想政治教育信息的方式上，具体表现为对信息加工的方式和学习方式的不同。比如，不同的教育对象对所用感觉通道的选择不同，有的习惯于听觉学习，有的习惯于视觉学习，有的则喜欢通过触摸和各种感觉的结合来学习；不同的教育对象对学习环境的偏好不同，有的喜爱在宁静的环境中学习，有的则喜欢在有背景声音的环境中学习；不同的教育对象对学习内容组织程度的偏好不同，场依存型的教育对象喜欢别人向他们提供结构严谨的教学，场独立型的教育对象则讨厌“菜单式”的指导，喜爱自由自在地学习。总之，智力是影响人们学习和接受思想政治教育的一个重要因素。然而，智力并不影响接受活动的发生，它主要影响教育对象接受活动的速度、数量、巩固程度和学习的迁移。

以上个体的智力差异对学习和接受思想政治教育的影响启示教育者，必须根据教育对象的智力差异以及差异的特点组织设计思想政治教育活动。比如，可以组织多种形式的思想政治教育活动，供教育对象选择、参与；可以采用同质分组教育的方法，让能力和认知水平、认知特点相近的学生组成团体或小组，开展思想政治教育活动。此外，个别谈心、小组心理辅导等方式也是遵循智力差异、因材施教的好方法。

2. 非智力差异与思想政治教育

非智力因素包括人的情商、动机、兴趣、意志、性格、气质、能力等方面的人格特征。非智力因素不直接参与对客观事物的认识以及处理各种内外信息等具体操作过程，但却对智力活动起着发动、维持、强化、定向调节等作用。非智力因素不能体现一个人的智慧水平，但它对人的智慧活动具有动力和调节机能，并对人们成才具有极其重要的作用。现代心理学研究表明，一个人的成功，20％依赖智力因素，80％依赖非智力因素。思想政治教育者要研究教育对象的非智力差异，解决好因材施教的问题，提高思想政治教育的针对性。

（1）气质差异与思想政治教育。

气质主要体现在人的心理活动的速度、强度、稳定性、灵活性方面。在现实生活中，人们各种心理活动的速度、强度、稳定性、灵活性方面是有明显差异的。比如，有的人心理活动发生得敏捷迅速，有的人却缓慢迟钝；有的人心理活动进行得坚强有力，有的人却松弛无力；有的人心理活动进行得稳健有序，有的人却动荡不定；有的人心理活动变化得机动灵活，有的人却迟缓不灵。这些心理活动的动力特征给个体的全部心理表现涂上一层个性化色彩，体现出人们不尽相同的气质特征。教育者要针对教育对象不同的气质类型开展教育工作，方能使思想政治教育内容入脑、入心。

首先，扬长避短，发挥气质优势。气质对人的工作、学习和生活具有重要影响，在职业选择、工种分配、处世交友和恋爱婚姻等问题上，都会涉及气质问题。这就要求我们在处理这些问题时，应根据不同人的气质特点，发挥其气质积极性的方面，做到知人善任、扬长避短。有人说：庸人是放错了地方的人才，垃圾是放错了地方的宝贝。这句话不无道理，它说明了量才适用的重要性。比如，需要力量、魄力、勇气和速度的工作，应由胆汁质气质的人承担；需要社交广泛、灵活应变的工作，可交给多血质气质的人完成；需要意志、耐力和稳妥的工作，黏液质气质的人是最佳人选；需要安静细致、全力投入的工作，又以抑郁质气质的人最为出色。只有这样，才能充分发挥每个人的积极性，使他们找到自己的最佳人生位置，实现自己的人生价值。

其次，克服气质劣势，培养优良气质。虽然人的气质类型难以改变，但人们可以克服自己气质中的消极方面，发扬积极方面，塑造优良的个性品质，实现全面发展。这也正是思想政治教育的重要任务。比如，对胆汁质的人，要发扬其思维敏捷、勇于进取、自信心强、热情奔放的特点，重点培养其自制能力，使其学会辩证地分析问题，克服简单、莽撞、粗暴的弱点；对多血质的人，要发扬他们机智灵活、兴趣广泛、善于交往、适应性强的特点，重点培养扎实、专一的精神，锻炼其毅力和耐力，使其克服草率、轻浮的弱点；对黏液质的人，要引导他们以踏实、顽强、认真的作风去弥补迟疑、不够灵活的弱点，防止墨守成规、谨小慎微等不良品质的形成；对抑郁质的人，要给予更多的关怀，使他们以细心、踏实、持久的特点，补偿怯懦、迟疑等不足，引导他们增强自信、开阔胸怀，避免焦虑、多疑、孤僻等消极心理品质的发展。总之，思想政治教育者应引导教育对象正确认识自己的气质，并在实际生活中，有意识地发挥气质的积极方面，抑制消极方面，实现气质优化。

最后，针对不同气质类型施以不同的教育方式。因材施教的实质就是针对教育对象的不同心理特点，施以不同的教育方法。就拿气质类型来说，对于胆汁质的人，要特别注意方式方法，一定要采取心平气和、和风细雨的谈话方式和温和婉转的批评方式，切不可给火暴脾气的人火上浇油。对于多血质的人，可以开诚布公、坦率直言，重在启发且留有余地。对于黏液质的人，要稳重耐心、循序渐进、指明利害、把理说透，给对方留有思考问题的时间和空间，不可急于求成。对于抑郁质的人，要给予更多的关怀、理解和耐心，要首先打动人心，消除他们内心的种种疑虑和误解，以正面教育为主，重在提高他们的自信心和增强其克服困难的勇气；语气要轻柔委婉，不要给他们造成心理压力；语言运用要准确、恰当，防止产生误解。教育者只有在实践中不断摸索，才能找到对不同教育对象行之有效的教育方法，从而使思想政治教育收到事半功倍之效。

（2）性格差异与思想政治教育。

因为人的先天条件、生活环境、受教育程度以及社会实践的情况不同，所以其性格的类型、特点、结构、优劣等方面都有较大的差异，从而形成了千差万别的性格表现。心理学和教育学的研究表明，不同性格的教育对象在学习方式、认知特点、单位时间内的信息摄取量等方面都有较大的差异性。比如：性格外向的教育对象对接受新的难度较大的外界信息感兴趣，接受信息迅速，思维敏捷，愿意与教育者形成互动，但缺乏长时间的学习注意力，兴趣点容易转移；性格内向的教育对象往往在接受信息时反应缓慢，缺乏主动参与意识，但能够长时间专注于某一教育主题；性格独立的教育对象喜欢参与竞争性学习；性格顺从的教育对象在学习中表现出明显的依赖性，学习的主动性、创造性不足。同时，性格也作为动力因素影响教育对象学习的速度和质量。良好的态度、情绪、意志和理智等性格特征有助于增强教育对象的学习信心，使其获得情感上的满足，提高其对未来学习的志向水平。而不良的性格特征则容易使教育对象产生消极、羞愧、恐惧、沮丧的情绪体验，使其产生退缩行为，有损教育效果。

在思想政治教育中，一方面，教育者要根据教育对象的不同性格，采取不同的教育方法，以使教育和管理取得最佳效果。比如，对待外向型的教育对象要培养他们持之以恒的学习习惯，使其养成细心、严谨的学习品质；对待内向型的教育对象要减小知识信息的灌输量，减慢教育节奏，给他们留下充分的思考空间；对待自卑感强的人，要善于发现其积极因素和闪光点，及时肯定、鼓励他们的每一个微小进步，通过表扬、激励的方法，激发他们的自信心，引导他们正确看待自我；对于骄傲自满、自高自大的人，则要严格要求，及时指出其身上的弱点和不足，并通过深刻的分析和耐心的教育，启发他们看到别人的优点和长处，认识到自身的不足，摆正自己的位置。另一方面，教育者还要通过各种教育活动使教育对象形成正直、诚实、谦虚、善良、热情、宽容、无私、勤奋等良好的品质。

（3）能力差异与思想政治教育。

在日常生活中，人们在能力上千差万别。根据人的能力差异理论，教育者在对人进行教育和管理时应注意以下两点：

第一，正确认识和分析教育对象具有的能力结构和能力特点，把握教育对象的能力优势和不足，在此基础上做到扬长避短、人尽其才，最大限度地发挥每个人的主观能动作用。

第二，根据教育对象接受能力上的差异，采用不同的教育方法，增强教育的针对性。比如，对于逻辑思维发达、理解力强、悟性高的人，可采取点到为止、重在启发的教育方式，说话要委婉、和缓；对于情感丰富、形象思维发达的人，则要声情并茂，用形象的、丰富的、富有感染力的语言打动对方；对于反应迟缓、领悟力较弱的人来说，则要开门见山，一针见血，把道理讲清、讲透。只有这样，才能充分体现因材施教，获得好的教育效果。

二、思想政治教育对象的群体心理

无论是在思想政治教育过程中还是在社会生活中，教育对象都不是孤立存在的，而是以群体的方式存在，都需要与教育者和其他教育对象及社会成员之间建立社会联系，发展人际关系，产生人际互动。因此，研究教育对象的群体心理，了解人际互动及群体对个体心理和行为产生的影响和作用，有助于充分发挥群体心理的积极作用，抑制其消极作用，提高思想政治教育的效果。

（一）群体心理的特点及功能

人是社会动物，任何人都在特定的社会中占据一定的位置，是社会群体的一员。因此，个体必然受到社会其他成员及社会群体的影响，同时也反过来影响群体及其他成员，并由此对社会产生作用。所以，思想政治教育心理学不仅要研究个体的心理和行为，还要研究群体心理及其对个体的影响。

1. 群体心理的概念

群体（group）是指为了达成共同的目标，相互依赖且彼此间互动的二人以上的集合体。群体也称为团体。群体虽然是由个体组成的，但并不是所有个体聚集的人群都是群体。比如，电影院里的观众、商场里的购物者等都不是群体，因为其成员之间不存在依附关系，不发生互动。

群体心理是指群体成员在群体活动中共有的，有别于其他群体的价值、态度和行为方式的总和。群体成员在心理上具有依存关系和共同感，群体成员能够意识到彼此的存在和相互依存的关系，并在心理和行为上相互作用、相互影响。

2. 群体心理的特点

群体心理具有三个特点：其一，群体心理的共有性。群体心理虽来源于个体心理，但它绝不是个体心理的简单叠加。其在群体成员的相互作用中一旦形成，就为全体成员所共有，成为群体成员心目中共有的评价、情感等。它代表或体现群体成员共同的心态。其二，群体心理具有区别于其他群体心理反应的特点，是本群体成员所特有的。其三，群体心理根源于成员的共同活动，不参加群体活动，就难以体验到群体成员的心理感受。

3. 群体心理的功能

群体心理一旦形成，便会作用于群体成员，体现在群体成员的知、情、意、行等各个方面。

(1) 使成员产生认同感。

群体的认同感是指群体成员明确意识到自己是群体中的一员，在重大事件和原则问题上，都能保持和群体一致的认识和评价。群体心理会作用于群体成员的认知层面，使群体成员在认知上与群体保持一致。群体成员对群体的认同感使得群体规范对成员具有约束作用。

(2) 使成员产生归属感。

归属感是指个体在行动中表现得和群体要求协调一致，个体对群体有强烈的依恋感，在群体取得成就或遭遇失败时，个体会有相应的情感体验。群体心理作用于群体成员的情感层面表现为使群体成员获得心理上的安全感和归属感，摆脱孤独感和恐惧感，感到自己是群体中的一员，满足自我确认的需要。群体归属感由于群体内聚力的程度不同而不同。心理学家的研究发现，在两种情况下个体对群体的归属感最强：当群体取得荣誉时，激发成员的自豪感，而增强其归属感；当群体遇到外界压力时，成员团结一致，共同对外，此时归属感也会大大增强。

(3) 使成员产生力量感。

个体在群体中通过与他人交往，可以获得友情，得到心理支持和慰藉。同时，当群体成员表现出符合群体规范和群体期待的行为时，群体就会给予鼓励、赞许，使个体体验到来自群体的支持，并把这种支持转化为强化行为的力量。群体的支持力量可以鼓舞个体的勇气和自信，唤醒个体的内在潜力，使个体做出一个人独处时难以完成的事。特别是在复杂的社会环境和恶劣的自然环境面前，群体可以增加个体的力量感，为其带来战胜困难的勇气和力量。而离开群体的支持，任何个体力量都显得十分渺小和微不足道。

(4) 满足成员尊重的需要。

个体在群体中，通过与他人互动，来调整自己的观点和行为，获得与群体成员的一致性。这样，一方面可以增加个体自信，减少心理冲突；另一方面，可以获得他人的认可和良好的评价。个体在群体中所获得的地位和评价皆可以满足其自尊的心理需要。

总之，群体的认同感可以促使群体成员对群体观念加以理解和认同，群体归属感给个人情感上的满足和安慰，群体的支持能够给人以力量使个体的活动坚持不懈。同时，群体能够满足成员尊重的需要，提升成员的自尊心和自信心。

（二）群体对个体行为的影响

马克思在《资本论》中指出："这里的问题不仅是通过协作提高了个人生产力，而且是创造了一种生产力，这种生产力本身必然是集体力。”[①] 这里，马克思指出了群体对个体活动的积极影响。当然，群体也会对个体行为产生消极影响。群体对个体行为的影响主要体现在以下几个方面：

1. 社会助长和社会干扰作用

早在 1897 年，美国心理学家特里普利特（N. Triplett）就做过系统的群体效应研究。他发现，自行车运动员在比赛时的成绩总是好于个人单独练习的成绩。后来，F. H. 奥尔波特于 20 世纪 20 年代在哈佛大学进行了一系列有关社会助长作用的研究。他们发现，社会助长作用的确广泛存在。因此，人们就把他人在场对个体活动所产生的积极影响称为社会助长作用。那么，为什么他人在场能提高个体活动的效率呢？他们通过研究认为，他人在场对于个体来讲是一种社会刺激，这种刺激唤起了个体的竞争意识和被别人评价的意识，成为个人行为的内驱力，促使其活动效率的提高。

但是，后来的研究出现了相反的结果。1933 年，培森在实验中发现，他人在场反而促使工作效率下降。这种现象叫社会干扰作用。那么，群体背景究竟对个体的行为起社会促进作用还是社会干扰作用呢？社会心理学家通过研究得出结论：他人在场对个人活动是促进还是抑制，与工作性质有关。如果个人从事的是简单活动，那么他人在场将起到促进作用。而如果个人从事的是复杂活动（需要一系列判断、推理等复杂的思维活动），他人在场则会分散其注意力，造成精神不集中而使效率下降。他人在场对个体活动影响的过程如图 7－3 所示。

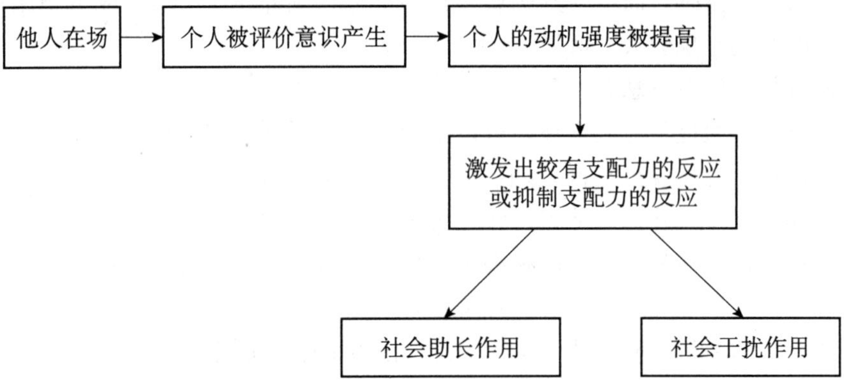

图 7－3　他人在场对个体活动影响的过程

根据这一原理，思想政治教育者和管理者要最大限度地激发个体的主观能动性，克服社会因素的干扰，提高个体的行为效率和群体的工作效率，根据教育目标和任务性质做出适当的安排。例如，旨在提高群体凝聚力的简单活动（如拔河比赛），可利用社会助长作用，安排人员观摩；旨在提高群体思想政治理论素养的复杂活动，则尽量避免社会干扰作用。

2. 社会标准化倾向

美国心理学家谢利夫（M. Serif）为了研究群体情境下人的行为效果与单个人情境下

① 马克思，恩格斯．马克思恩格斯全集：第 23 卷．北京：人民出版社，1972：362.

的差异，曾经在大学生中做过许多有关知觉判断的实验，比如判定线段的长度、矩形的大小，推测壶中豆子的多少等。他发现，被试者单独受试时，被试者与被试者之间，判断有明显的差异；而多数人一起受试时，被试者的答案则倾向于一致的意见。他把这种倾向一致的意见叫作标准化。他认为，人们在共同活动中，心理上存在一种标准化的倾向，即人们在对外界事物的共同认识和判断上发生类化现象，彼此接近，趋向一致，从而导致模式化、固定化。

其实，社会标准化倾向就是一种从众行为，即当个体在群体中受到群体的压力时，常常会不知不觉地在知觉、判断及行为上表现得与群体中多数人一致的现象。美国社会心理学家弗里德曼认为，对他人的信任和对偏离的恐惧是人们从众的重要原因。比如，一位口渴的旅行家在撒哈拉大沙漠的绿洲上，看到阿拉伯人从这口井里打水喝，而避免喝另一口井的水，他同样也会只喝这口井的水。这是一种对他人的信任，因为这样做更安全。

一个人是从众还是保持独立性，与群体特征和个人特征有关。社会心理学研究表明：群体的规模大小、群体意见是否一致、群体的凝聚力程度的高低以及个体在群体中的地位等因素都会影响从众行为。同时，个人的年龄、智力、性别、情绪、自我意识、个性特征等也会影响从众行为。一般认为，儿童容易从众；智力较低的人接受信息较慢，自信心低，容易从众；女性比男性容易从众；独立性差的人比独立性强的人容易从众。

在思想政治教育过程中，这种从众现象具有双重性。一方面，由教育者所掌握和控制的群体氛围，有利于教育对象转变观念，把社会意识转变为个体意识，实现思想政治教育的目标；另一方面，在群体中如果局势失控，这种从众现象也会导致个体行为的盲目性和反理性，甚至违反社会规范，危害群体利益，进而影响思想政治教育的有效进行。因此，教育者要营造良好的群体氛围，通过群体规范、群体压力和群体凝聚力使教育对象接受群体的积极影响。

3. 社会惰化作用

社会惰化作用是指群体共同完成一件事情时，个人所付出的努力比单独完成时偏少的现象。这种现象是由德国心理学家林格尔曼（Ringelman）最早发现的。他在实验中要求被试用力拉一根绳子，三名被试各自单独拉时平均拉力为 63 公斤。然后要求被试共同拉这根绳子。照理，他们三个人的合力至少应为每个人单独拉时平均力的 3 倍，但是实际结果却只有 2.5 倍。

这则实验说明，如果是群体一起参与拔河活动，则参加人数越多，每个人所贡献的平均拉力越小。为什么会出现社会惰化现象呢？社会心理学家从不同的角度解释了这个现象产生的原因。

第一，当群体共同面临某种任务时，每个成员所受到的压力就会减轻，这种压力减轻的现象同群体中的个体数量成反比。压力减轻，行为的动力也必然随之减小。

第二，在群体行为中，个体具有“付出公平”的意识，即个体在活动中会调整自己的付出，使之和他们认为的群体中其他人的付出相等。也就是说，群体中的成员由于担心他们的伙伴会偷懒，于是他们自己也减少付出，以免个人付出太多而吃亏。

第三，群体中其他成员的存在，为那些不作为的个体提供了有效的遮蔽，使其减轻了不作为所带来的心理压力，因而出现了出人不出力的现象。滥竽充数就是这种心理的典型表现。

第四，在群体行为中，个人的被评价意识大大减弱，评价焦虑降低，使得个人在群体中的行为责任意识下降，行为动力也相应降低。

社会惰化现象是思想政治教育及管理工作中应尽量减少和避免的现象，这就要求教育者或管理者采取以下有效措施，减少社会惰化现象的出现。其一，在群体活动中，尽可能对个体行为单独进行测量，以激发个体的行为动机和竞争意识。其二，增强群体的感召力和凝聚力，培养群体成员的团队精神，使他们在群体中产生归属感，形成与群体同呼吸、共命运的意识。其三，以群体整体成功为目标进行激励引导，鼓励个人为群体的发展贡献力量。其四，加强群体成员间的交流和沟通，使成员相信其他成员也像自己一样努力。

（三）人际吸引与思想政治教育

人际吸引是指在人际交往过程中所形成的对他人的一种特殊形式的态度，是个人对他人给予积极和正面评价的倾向。简言之，就是彼此之间相互吸引，其主导成分是人的情感因素。人际吸引是人际互动的重要表现形式。

1. 人际吸引的规律

人与人之间是吸引还是排斥，是喜欢还是厌恶，除了受深刻的社会、经济、政治等因素影响之外，从社会心理学角度看，还受其他一些更为直接、具体的因素影响。这些因素构成了人们之间吸引或排斥的基本规律。

（1）邻近律。

邻近律是指人们生活空间上的距离越小，双方越容易接近，彼此越容易相互吸引，这一规律也称为时空接近原则。“远亲不如近邻”就是邻近律的具体体现。

邻近律的发生不是无条件的，只有在以下两个条件的作用下，邻近律才能发挥作用。第一，交往频繁。一般来说，空间距离近为交往提供了良好的条件，使彼此交往更为便捷。比如，同桌、同寝室、同小组、同班同学之间由于空间距离近，共同参与的活动多，因而容易建立友谊，彼此吸引。但是，空间距离不是绝对的因素，如果只是空间距离近，但“老死不相往来”，缺乏交往频度，邻近律就会失去作用。第二，产生积极的交往体验。如果两个人朝夕相处，但彼此格格不入、冲突不断，那么这种消极的情绪体验就会阻碍二者友谊的发展。此时，邻近律也会失效。

邻近律在人际关系建立之初，所起的作用较大，但是随着交往的深入和彼此了解的加深，邻近律对人际吸引的作用将逐渐减弱。

（2）相似律。

相似律是指在人际交往中，人们身上的相似性因素和一致性因素会成为彼此吸引的条件。比如，共同的年龄、兴趣、职业、民族、地域、社会地位等因素，特别是认知态度上的一致性和相似性，更容易相互吸引。

相似性之所以能够增强人际吸引，实际上体现了人们心理上对平衡和协调关系的需求，即当一个人对某一事物持有一定观点和态度时，看到另一个人与自己相似，自己的观点和态度就会得到强化，从而有助于个体的心理平衡，因而就会喜欢他，彼此相互吸引。

（3）互补律。

互补律是指交往双方的个性、需要和满足需要的途径正好成为互补关系时，彼此更容易互相吸引。能力、需要、性格、气质等都可以形成互补。比如，一个性格内向、沉默寡言的人如果同一个性格开朗、热情活泼的人在一起，会受其感染而活跃起来，从而产生积极的情绪体验。相反，如果他同一个与自己性格相似的人相处，就会增加沉闷气氛，双方均有压抑的感觉，从而产生消极的情绪体验。

互补律与相似律并不矛盾，只不过它们在不同的场合和领域发挥作用。一般来说，在人际关系建立的最初阶段和人际关系处于较低水平时，人们更注重相似律。但在人际关系发展的高级阶段，互补律则占优势。比如，感情深厚的朋友之间、夫妻之间以及异性朋友之间多是互补型的搭配，这样他们在共事和发展中，可以相得益彰。

（4）对等律。

对等律是指人们在交往中，往往喜欢那些同样喜欢自己的人。因为那些喜欢自己的人，往往能给自己带来愉快的情绪体验。对等律告诉我们，在人际交往中，责怪、指责、抱怨只能使别人以同样的态度回敬于自己，廉价的恭维并不能引起别人的好感。只有在充分了解的基础上，发自内心地喜爱别人，才能产生人际吸引。

对于不同的个体来说，由他人的喜欢所激发的回报并不完全相同。自尊心和自信心强的个体，他人的喜欢或排斥对其自我评价影响不大，即所谓的荣辱不惊；而缺乏自信心，特别是受过挫折的个体，对他人的喜欢或排斥的反应则强烈而敏感。缺乏自信心的个体无法从自己那里获得尊重的满足，所以非常需要他人报以尊重，以获得心理上的满足。同时，个体也会因为这种心理的满足与否而十分强烈地喜欢或厌恶他人。因此，在交往中，以热情、信任、尊重的态度对待那些受过挫折、犯过错误的人，就会引起他们比常人更强烈的情感共鸣与回报。

（5）个性特征吸引。

在人际交往中，除以上四条规律外，个人优良的个性品质也可以构成人际吸引的因素，如良好的气质、性格、能力等。很多研究发现，在人际交往中，个人吸引力的核心因素是具有使人喜爱、仰慕并渴望接近的个性品质。

美国心理学家安德森（N. H. Anderson）于 1968 年曾经进行了一项研究，将 555 个描绘个性品质的形容词列成表格，让大学生被试者按照喜欢程度由高到低顺序排列。结果被大学生列为最令人喜欢的个性品质、最令人不喜欢的个性品质和中间品质的前 19 个个性品质排列如表 7-1 所示。

表 7-1 影响人际吸引力的个性品质

最令人喜欢的个性品质	中间品质	最令人不喜欢的个性品质
真诚	固执	古怪
诚实	刻板	不友好

续表

最令人喜欢的个性品质	中间品质	最令人不喜欢的个性品质
理解	大胆	敌意
忠实	谨慎	饶舌
真实	易激动	自私
可信	文静	粗鲁
智慧	冲动	自负
可信赖	好斗	贪婪
有思想	腼腆	不真诚
体贴	易动情	不善良
热情	羞怯	不可信
善良	天真	恶毒
友好	不明朗	虚假
快乐	好动	令人讨厌
不自私	空想	不老实
幽默	追求物欲	冷酷
负责	反叛	邪恶
开朗	孤独	假装
信任	依赖别人	说谎

以上是美国学者在20世纪60年代的研究成果，与我国当代人的选择具有较大的一致性。这意味着人们在人际交往方面的倾向具有一定的跨社会、跨文化和跨时代的一致性。由此可见，培养良好的个性品质对于人际吸引具有重要的作用。

同时，一个人的能力大小与使他人喜欢程度的高低也有密切的关系。一般来说，人们比较喜欢聪明能干的人，特别是有某些特长的人。追星族就是典型的对他人某方面能力和特长极度崇拜的人群。同时，能力或才华与外貌具有互补性。一个长相一般甚至丑陋的人，如果才华出众，其能力因素就会起主导作用，从而产生人际吸引。

但是，能力与吸引力之间并不总是成正比。有些能力超强的人，反而在人际交往中受到孤立和排斥。这是因为人对于别人有两种需要：一方面希望自己周围的人有才华和能力，有强有力的人脉；另一方面，出类拔萃的人对自己也会形成一种无形的压力，使人们感到有威胁。因此，人们在建立人际关系时，反而会远离这种人，以减轻心理压力。同时，过于完美、高大的人，让人有可望而不可即之感，很难让人产生人际吸引，彼此间的心理距离较远。

2. 运用人际吸引规律开展思想政治教育

根据人际吸引规律，教育者在实施思想政治教育的过程中，要从以下几个方面入手：

（1）深入教育对象，加大感情投入。

根据人际吸引规律中的邻近律，缩短空间距离、增加交往频率可以增加人际吸引的程度和概率。据此，教育者要深入教育对象之中，加大思想政治教育过程中的情感投入，以真挚的感情，关心、爱护、尊重、理解教育对象，使双方在感情交流中沟通思想、增进理解、加深感情、形成共识。同时，人际吸引规律的对等律也指出，在人际交往中，人与人之间的情感交流和付出是对等的，即你对我付出真情，我也会用真情回报于你。因此，教育者要把情感渗透到平时的工作中，注重感情投资。教育者只有对教育对象付出真情，关心其疾苦，多做得人心、暖人心、稳人心的工作，才能感染教育对象，激发其积极情感，使他们心悦诚服地接受思想政治教育。

（2）掌握交往技巧，引起情感共鸣。

在人际交往中，根据相似律的作用，寻找双方的共同点、引起对方的情感共鸣是产生人际吸引的重要前提。因此，教育者在与教育对象交往过程中，要掌握必要的交往技巧，设法引起教育对象的情感共鸣。

首先，要善于寻找双方的共同语言。没有共同语言，就不能沟通感情，也不可能产生情感上的共鸣。因此，教育者在与教育对象的交往过程中，要善于寻找双方的相似性因素，如共同的地域、共同的爱好、共同的生活经历、共同关心或面临的问题以及相似的年龄等，这些都可以成为引起对方情感共鸣的切入点。这样，可以调动教育对象的积极情绪，激发他们的交谈欲望，使教育对象在不知不觉中敞开心扉，从而有助于思想政治教育的开展。

其次，要找准情感共鸣的连接点，做到情理交融。寻找共同语言的目的是做好教育对象的思想转化工作。因此，教育者就不能将思想政治教育只停留在寻找共同语言阶段。要在动之以情的基础上，抓住思想问题的症结，晓之以理，做到情理交融。这种先情后理的做法，有利于教育对象接受教育者提出的思想观点。此外，教育者要敢于接触问题的实质，敢于进行思想碰撞，在思想碰撞中触及教育对象的灵魂，使其有所反思和领悟，从而使双方在新的基础上达到新的统一。否则，回避矛盾，只能是隔靴搔痒，难以起到触动思想、转变观念的作用。

最后，要用积极情感影响教育对象。情感最重要的一个特点就是感染性。人们之间的情感可以相互感染，当一个人产生某种情感时，就会感染别人，使别人产生相同的情感。思想政治教育的过程就是一个情感交融的过程。在思想政治教育过程中，教育者要以积极乐观的情绪、深厚真挚的情感感染教育对象，引起他们情感上的共鸣和共振，使他们的心理呈现出接受的心理态势，心悦诚服地接受思想政治教育。相反，如果教育者缺乏情感、态度冷漠，就会引起教育对象的反感和排斥，使教育对象形成心理阻抗，思想政治教育就难以奏效。

（3）培养移情能力，满足心理需要。

人际吸引规律的互补律告诉我们，人际交往的过程，也就是交往双方获得各自的心理满足的过程。因此，人际吸引总是同个体心理需要的满足联系在一起。而要满足对方的心理需要，就必须提高自身的移情能力。

移情能力在心理学上是指站在别人的角度考虑问题的能力，实际上就是洞察别人、理解别人的能力。移情能力可以通过感受性训练和角色扮演等方式获得提高。比如，可以模拟某些现实的场面，让人们扮演不同的社会角色，尝试站在不同的立场和出发点来考虑问题、处理事务，了解、领会和体验别人的内心世界，提高移情能力。比如，医患之间、师生之间、领导和群众之间、夫妻之间等都可以进行角色扮演。特别是思想政治教育中的教育者和教育对象，更可以通过角色扮演互易其位，彼此站在对方的角度考虑问题，体验对方的心态、情感和需要，以增加对对方的理解和接纳，提高思想政治教育的效果。

（4）加强个性修养，提高人格魅力。

根据人际吸引规律中的个性特征吸引原则，良好的个性特征是人际吸引最重要的因素。因此，在思想政治教育实践中，教育者要加强个性修养、提高人格魅力，不仅要善于用真理的力量来说服教育对象，还要用人格魅力来感染教育对象。教育者的人格魅力体现在专业素养、个性修养和能力素质三个方面。在专业素养方面，教育者要熟知马克思主义理论和思想政治教育专业知识，且要努力宣传社会所要求的思想政治观念并自觉践行，努力成为思想政治观念的倡导者和践行者，力求身教与言教相结合。在个性修养方面，教育者要具备真诚、友善、平和、宽容的个性品质，积极、乐观、开朗、豁达的人生态度，自觉、自制、坚韧、果断的意志品质以及灵活、敏锐、深刻、创造的认知能力。在能力素质方面，教育者要善于将阶级、政党意识形态要求的“一般原理”与教育对象思想政治品德的“具体实际”结合起来，制订符合教育对象认知规律和接受特点的教育方案，切忌“假大空”。习近平总书记指出：思政课教师的“人格要正，有人格，才有吸引力。亲其师，才能信其道。要有堂堂正正的人格，用高尚的人格感染学生、赢得学生，用真理的力量感召学生，以深厚的理论功底赢得学生，自觉做为学为人的表率，做让学生喜爱的人。”[①] 可见，教育者的“人格魅力”有着“言教”不可替代的作用，所谓“桃李不言，下自成蹊”就是这个道理。

阅读书目

1. 让．教育科学与儿童心理学．北京：教育科学出版社，2018.
2. 侯玉波．社会心理学．北京：北京大学出版社，2013.
3. 燕国材．非智力因素与学习．上海：上海教育出版社，2006.
4. 袁振国．教育新理念．北京：教育科学出版社，2002.
5. 李宁．群体心理学．广州：暨南大学出版社，2001.
6. 傅安球．男女智力差异与教育．北京：北京出版社，1983.

思考题

1. 在思想政治教育过程中，如何根据教育对象的个性差异因材施教？
2. 群体对个体心理具有哪些影响？
3. 如何根据群体心理理论开展思想政治教育？

① 习近平．用新时代中国特色社会主义思想铸魂育人 贯彻党的教育方针落实立德树人根本任务．人民日报，2019-03-19（1）．

第八章

思想政治教育中的心理效应

关键词

心理效应

要点提示

1. 阐述心理效应的内涵、特点和作用。
2. 分别揭示识人、育人、用人、管理中存在的一系列心理效应。

在社会生活中存在着各种各样的心理效应。许多心理效应都会在思想政治教育中有所体现，对思想政治教育效果产生影响。认识和运用心理效应并通过心理效应提高思想政治教育效果，是思想政治教育心理学的研究课题。

一、心理效应的含义及特点

心理效应是社会生活中常见的心理现象和规律，是某种人或事物的行为或作用引起其他人或事物产生相应变化的因果反应或连锁反应。同任何事一样，它具有积极与消极两方面的意义。认识和掌握心理效应，对人的生活、学习、工作具有重要意义。

（一）心理效应的含义

所谓心理效应是指大多数人在相同情境下或对某种相同的刺激，产生相同或相似的心理反应的现象。心理效应是一个普遍概念，它的外延包含许多具体的心理效应。每一种心理效应都有其特定的内涵和名称。在名称的使用上一般称作某某效应，有时也称作某某作用，如晕轮效应也称为晕轮作用。

心理效应大多是心理学家通过心理实验得到的有关人的心理活动的一般规律。心理效应往往体现的是心理学的基本知识或基础理论，所以从某种意义上可以说心理效应就是对心理学的应用，是人们为了适应环境而产生的心理反应。心理效应有积极和消极之分。积极的心理效应可以帮助人们运用规律、提高效率、化解痛苦，获得心理平衡；消极的心理效应则会使人产生不良的心理暗示，导致认知偏差和行为偏差。

（二）心理效应的特点

心理效应的种类很多，名称各异，但具有共同的特点。

1. 普遍性

心理效应存在于每个人身上，存在于各种场合，即心理效应具有普遍性。无论是在家庭、群体，还是在更大的社会环境中，人时时刻刻都在与周围环境发生作用，在与周围的人相互交往、相互影响。人的各种心理效应正是在这一过程中产生的。因此，心理效应是一种十分普遍的心理现象，具有普遍性。

2. 客观性

心理效应同其他一切心理活动一样，虽然是在头脑中进行的活动，但它是对客观现实的反映，是由外部刺激引起的，并通过一系列的神经生理变化，在人的外部活动中表现出来，即心理效应的源泉或者说刺激物是客观的，心理效应的器官也是客观的。离开一定的客观环境和客观刺激，心理效应是不会产生的。可见，心理效应作为一种客观存在的心理现象，不以人的意志为转移，具有客观存在性。

3. 差异性

心理效应的种类很多，表现在社会生活的各个方面。各种各样的心理效应具有共同性，更有差异性。其一，各种心理效应赖以存在的环境不同，心理效应是对各种不同刺激做出的不同心理反应。其二，心理效应表现的形式不同，有的作用在人的认知层面，有的作用在人的情感层面，有的作用在人的行为层面。其三，心理效应发挥的效用不同，有积极的，也有消极的。其四，同一种心理效应对于不同个体的作用程度具有差异性。有些人可能表现得比较激烈、明显，而有些人则可能表现得微弱、含蓄。同时，并不是每个人在相同的情境下面对相同的刺激都会产生同样的心理效应。比如同样是面对挫折，有些人可能产生升华作用，而有些人则可能产生合理化作用，还有人会产生退化作用。这些都说明心理效应具有差异性。

4. 不自觉性

心理效应的产生一般都与生理活动规律、心理活动规律、社会活动规律有关，是一个人生理、心理活动规律的自然流露，或是对社会活动规律的趋同。心理效应是一个人生理发育、心理发展以及社会化的结果，严格说来也是学习的结果。心理效应同一个人的年龄、经历、经验有关，同一个人的气质、性格有关，同一个人的社会地位、生活境遇有关。也就是说，心理效应的产生虽然是学习的结果、社会化的结果，但它并不是一种有意识的习得行为，而是在不知不觉中形成和稳定下来的。心理效应的形成是一种不自觉的形成过程。

心理效应的发生一般也是不自觉的、无意识的。当一个人处于某种情境之下，或受到某种刺激时，他会不自觉地产生与之相对应的心理效应，而且，只要这种情境出现，只要受到同样的刺激，就会自然而然地发生相同或相似的心理效应。也就是说，心理效应一般不受意识的支配，属于一种无意识的、不自觉的心理反应。当然，说它不受意识的支配只是相对而言的，不是绝对的。心理效应中意识的成分较少，并不是说绝对没有意识的成分。

二、心理效应的类型与作用

心理效应多种多样，且具有两重性，既有积极作用，也有消极作用。

（一）心理效应的类型

心理效应的种类很多，根据不同标准可以将心理效应归并为若干类。

根据作用范围归类，心理效应有个体性心理效应，如角色效应、标签效应等；有交往性心理效应，如首因效应、名片效应等；有社会性心理效应，如社会促进效应、明星效应等。

根据性质进行归类，心理效应有积极性心理效应，如期待效应、升华效应等；有消极性心理效应，如体貌效应、刻板效应等；有中性心理效应，如异性效应等。

（二）心理效应的作用

每一种心理效应都有它自己的表现形式和作用。概括起来，可以把心理效应的作用归纳为两大方面，即积极作用和消极作用。

1. 心理效应的积极作用

有些心理效应本身就属于积极心理效应，具有积极作用。但心理效应大多是中性的，关键在于如何运用。只有正确运用心理效应，才能发挥心理效应的积极作用。

第一，正确运用心理效应可以促进人的心理健康。个体在面对重大挫折时，常常表现为情绪激动、行为偏激，甚至出现破坏性的行为，害己、害人、害社会。此时，如使用合理化的方式进行自我安慰，或运用升华效应帮助自己用一种积极、理智的方法应对挫折，则会对个体的激动情绪与攻击行为起到缓和作用，不仅可以避免情绪失控和破坏性行为的发生，而且可以提高个体的心理适应与调节能力，缓解心理压力，促进心理健康。

第二，正确运用心理效应有助于提高行为效率。积极的心理效应可以调动人的积极性，激发个人潜能，对人的行为起到激励作用。如升华效应可以激发人的主观能动性，使人在厄运面前和逆境下奋发图强、卧薪尝胆，以更大的努力应对困难，从而提高行为效率。

第三，正确运用心理效应有助于改善人际关系。人际吸引规律中的邻近律、对等律告诉我们，感情来自接近，来自沟通。人与人之间多接近、多沟通，就可以增进理解、建立感情。而期待效应、名片效应等告诉我们该如何对待别人，如何建立良好的人际关系，教会我们尊重对方，并给予热情期待、充分肯定、由衷赞美，这样才能获得和谐的人际关系。

2. 心理效应的消极作用

心理效应不都是积极的，有些心理效应本身就属于消极的，具有消极作用。

第一，消极心理效应使人逃避现实。当遇到困难时，有些人产生否定、退缩、潜抑、隔离等心理反应，否定现实、歪曲事实，对现实产生反感或敌视情绪，从而逃避现实，把自己与环境隔离开来，使自己陷入孤立无援的境地。

第二，消极心理效应使人否定自己。当遇到挫折时，有些人产生转移、投射等心理反应，自我欺骗、自我轻视，对自己失去信心，从而使自己放弃远大的目标，缺乏奋斗的动力，丧失成功的机会。

第三，消极心理效应使人产生认知错误。有些心理效应，如刻板效应、体貌效应等，使人在看待人或客观事物时产生认知偏差，降低认识能力，造成判断失误。

第四，消极心理效应使人行为消极。有些心理效应属于消极心理防卫形式，如退行效应、反向效应等，如果使用过多就会形成消极的行为习惯，产生一种消极性的适应行为，可能使个人丧失解决问题的能力，妨碍个人的发展，影响个人的心理健康，使个人产生心理疾病。

第五，消极心理效应阻碍人际交往。有些心理效应，如成见效应、光环效应、奉承效应等影响对人的准确认识，阻碍人际沟通，在人际交往过程中要么固守成见、要么片面认识、要么退避三舍，影响人际关系的建立与发展。

可见，心理效应既有积极作用，也有消极作用，甚至每一种心理效应都具有两重性。因此，发挥心理效应的积极作用，克服心理效应的消极作用，是思想政治教育心理学的重要课题。在思想政治教育过程中，利用心理效应的积极作用，克服心理效应的消极影响，是提高思想政治教育效果的有效措施。

三、思想政治教育中心理效应的具体运用

在思想政治教育过程中充满了心理效应，无论是认识人，还是教育人，无论是使用人，还是培养人，每个环节都有心理效应的影响。正确认识和运用心理效应可以提高思想政治教育的效果。

（一）识人中的心理效应

所谓识人中的心理效应，是指在思想政治教育过程中，教育者与教育对象之间彼此相互认识、相互了解时经常发生的心理作用。

1. 首因效应

首因效应是由美国心理学家洛钦斯首先提出的，也叫“优先效应”或“第一印象效应”，指最初接触到的信息所形成的印象对认知活动和评价所产生的影响，也就是“先入

为主”带来的效果。社会心理学家琼斯曾经做过一个作业评定的实验。他让两个学生都做对30题中的一半，并且让一个学生答对的题目尽量出现在前15道题中，而让另一个学生答对的题目尽量出现在后15道题中。然后他让一些被试对这两个学生做出评价：两者相比较，谁聪明一些？要求被试估计这两个学生各做对了多少。结果发现，多数被试认为在解题开始时就做对了的学生聪明些，并且估计答对的题平均为20.6道，认为另一个不够聪明，正确答题平均为12.5道。这就是由首因效应造成的。

人们为什么会出现首因效应？认知心理学的研究发现，个体最先接收的信息所形成的最初印象，构成大脑中的核心知识或记忆图式。后输入的其他信息只是被整合到这个记忆图式中去，即这是一种同化模式，后续的信息被同化进了由最先输入的信息所形成的记忆结构中，因此后续的新的信息也就具有了先前信息的属性痕迹。此外，个体最先接收的信息往往没有受到任何干扰，得到了更多的注意，进入大脑后的信息加工精细；而后续的信息则容易受到干扰而忽视，且信息加工粗略。大脑处理信息的这种特点是形成首因效应的内在原因。

由于“第一印象”是人们在短时间内以表情、姿态、仪表、服装等片面的资料为依据而形成的印象，因而第一印象多是表面的、感性的、浅层的东西，更多是对人的仪容仪表、言谈举止等外在特征的认识，远未达到对人本质的把握。因此，第一印象不一定准确，有时甚至与实际相去甚远。尽管第一印象靠不住，但人们还是不自觉地受第一印象的影响。

作为思想政治教育者，在与教育对象接触时，一方面要注意克服首因效应的消极影响，不能只凭第一印象认识、评价和判断人，而应当全面、客观、辩证地考察、了解人；另一方面还要善于利用首因效应，在与教育对象第一次接触时，要注意自己的仪表、形象、谈吐、举止，体现出良好修养，争取给教育对象留下一个美好的第一印象，为今后深入开展思想政治教育、提高自己的人格魅力打下良好的基础。

2. 近因效应

近因效应是从系列位置效应中独立出来的心理效应。人们学习或记忆一系列事物时，由于每个事物在整个系列中所处的位置不同，学习速度和保持持久性方面也不相同，这种现象就是系列位置效应。一般位于系列开始部分的内容学习效果最好，位于末尾部分较好，而位于中间偏后部分的内容最不易被记住。开始部分产生好效果的现象称为首因效应，末尾部分产生较好效果的现象称为近因效应。

首因效应和近因效应在认识人的过程中同时发挥作用。如果关于某人的两个相互矛盾的信息，在时间间隔不长的情况下，进入一个人的意识中，人们往往认为前一个信息更真实可靠，对它印象更深，这是首因效应。如果关于某个人的相互矛盾的两个信息，间隔时间较长进入一个人的意识中，那么，人们往往相信后一条信息，对后一条信息记忆深刻，这是近因效应。

首因效应和近因效应都带有片面性。教育者不应当轻信任何一种关于某人的信息，而应当做深入的观察和了解，对某人给予恰当的评价，克服识人中的首因效应和近因效应的消极影响。此外，思想政治教育者还可以充分利用首因效应和近因效应的积极作用，在教育内容的安排上，利用首因效应和近因效应来提高教育效果。

3. 定式效应

定式是心理学中的一个概念，是指以前的心理活动会对以后的心理活动形成一种准备状态或心理倾向，从而影响以后的心理活动。定式效应是指人们因为局限于既有的信息或认识而影响后续的思维活动和行为的趋向。在现实生活中，当人们对某个人或某一类人形成一种比较固定的看法后，就会形成一种固定的思维模式，使人们习惯于从固定的角度来观察、思考事物，以固定的方式来接受事物。地域、职业、性别、年龄等都可能是思维定式效应产生的基础。在人与人接触时，人们往往不自觉地根据对方的年龄、性别、职业、民族、地域等，将其归入自己头脑中已经形成定式的某类，根据类的特征给对方下结论。比如，青年人"嘴上无毛，办事不牢"，老年人墨守成规、思想保守，南方人聪明、精明，北方人憨厚、粗犷，等等。这种笼统的印象不一定准确，加之总体不等于部分、个别不同于一般、个性不同于共性，两者结合在一起，其出入就会更大。

思想政治教育者要注意克服定式效应对自己的影响，应当做到具体人具体分析，不能把类的特征强加于个体身上；应当对人进行现实分析，不能用老眼光看人。世上没有两个完全相同的人，今天的他已经不是昨天的他，而明日的他又有别于今日的他。人的个性是千差万别的，人也处在不断的变化之中。因此，不能靠刻板印象认识人。

4. 光环效应

晕轮或光环是一种自然现象，指月亮周围有时出现的一圈光环，致使人们在看月亮时模糊不清，产生泛化。光环效应（也叫晕轮效应）最早是由美国著名的心理学家爱德华·桑代克提出的，是指在对人的认识上，人们往往根据人的一个或少数几个品质，对人做出总体评价的现象，"一美遮百丑"或"一好百好"、"一无是处"都是光环效应的作用。一个人的优点和缺点都可能产生光环效应。

光环效应是一种认知偏差，表现为在人际知觉中以偏概全的认知方式，其危害表现为认识中带有遮掩性、表面性、弥散性和绝对性的特点。遮掩性即在认识中表现为只见树木，不见森林，看不到事物的全貌，以偏概全，出现错误判断；表面性即只专注于事物的外在特性，被表面现象所迷惑，出现错觉，抓不住事物的本质；弥散性即表现为认知泛化，感情用事，做出错误推论；绝对性即看问题主观、极端，以非理性思维替代理性思维。

思想政治教育者在认识人的过程中，要注意避免光环效应的消极影响，不应当根据某人的某些优点或某些缺点就轻易做出总体评价，更不应当凭外貌来评判一个人。应当清醒地意识到，人都是既有优点又有缺点、既有长处又有短处的。看人要坚持一分为二的原则，避免以偏概全、以点代面。

5. 体貌效应

体貌效应是指人的身材、容貌等外在形象对他人的认知会产生重要的影响。在社交、求职、恋爱、择偶等过程中，体貌效应比较普遍。一般情况下，身材苗条，长相漂亮、英俊的人，在人际交往中具有一定的魅力，人们喜欢与之接近。相反，则容易受到冷遇。

社会心理学家兰德和阿让森在 1969 年曾做过假扮法官的实验。他们用同样的语言描述罪行，找一些假扮法官的被试进行判决，结果发现这些"法官"不是根据罪犯的罪过来判决，而是根据他们的"外貌"来判决，那些有魅力、漂亮的"罪犯"比起无魅力、丑陋的“罪犯”要少判几年。这个实验证明了体貌效应的存在。我国学者的研究也发现，貌美的求职者在劳动力市场上比外貌欠佳的求职者要更受欢迎，其被录用的概率是长相差者的 2～3 倍；貌美的求职者的平均工资高于外貌平平者 9%～13%；外貌欠佳的求职者被解雇的可能性高于外貌平平者 2～4 倍。之所以会产生体貌效应，是因为人们往往存在这样的认知：第一，漂亮的人才可爱，这是从电影、电视中学到的；第二，同漂亮的人在一起，自己也显得有光彩，这是虚荣心的作用；第三，人漂亮，其他方面也好，这是一种光环效应；第四，漂亮的人，看着舒服，可以获得美感，是一种美的享受，爱美之心人皆有之。

思想政治教育者必须防止陷入以貌取人的陷阱，应尽量克服体貌效应的消极影响。事实上，那些身材、容貌不好的人，更容易遭受冷遇，产生自卑感，所以，思想政治教育者应更多地关注、关心这些人。

6. 名片效应

名片效应是指在社交中通过交换名片，使双方彼此了解，有助于建立起相互信任的关系，使交往顺利进行。在现实生活中，陌生人见面后往往先递上名片，然后再开始叙谈，彼此之间就比较容易谈得来。这一现象说明，人们在最初的接触中，往往需要更多地了解对方的情况，只有彼此获得信任，交往才能顺利地进行下去。根据人的这种心理特点和心理需求，在初次交往时，主动介绍自己的情况，使对方在短时间内对自己有更多的了解，从而尽快建立起信任的关系，获得对方的信任和好感，这有利于交往的成功。反之，越是封闭自己，就越不容易获得信任和好感。

思想政治教育者要善于运用名片效应。首先，在交往中要争取主动，主动介绍自己，走近教育对象；其次，与教育对象真诚相待，坦诚交流，拉近心理距离；最后，掌握自我暴露的艺术，恰当地自我暴露，赢得教育对象的信任。总之，思想政治教育者要首先递上自己的“名片”，教育对象就会回送“名片”，形成教育双方的良性互动。

7. 增减效应

在日常生活中，人们总是喜欢那些喜欢自己的人，疏远那些不喜欢自己的人。然而，人是复杂的，其态度不是一成不变的，当对方对自己的态度在喜欢与不喜欢之间转变时，人们的心理也会发生变化。增减效应，即人们喜欢那些对自己的喜欢程度不断增加的人，讨厌那些对自己的喜欢程度不断减少的人。一个对自己的喜欢程度逐渐增加的人，比一贯喜欢自己的人更讨人喜欢。

增减效应告诉我们，任何人都希望对方对自己的喜欢能不断增加，而不是不断减少。这应该作为评价人的一种心理依据。思想政治教育者不妨运用增减效应来开展思想政治教育，这样会让教育对象喜欢自己、接纳自己、亲近自己。当然，对人的评价涉及的具体因素很多，仅靠褒与贬的顺序变化不能说明一切问题。倘若我们评价人时不根据具体对象、内容、时机和环境都采取先贬后褒的方法，往往也会弄巧成拙。因此，评价人应该真实、客观，该贬则贬，该褒则褒。

8. 异性效应

在自然界中有一条普遍规律，即同性相斥，异性相吸。异性之间具有极强的吸引力。

在日常生活中，我们经常可以看到女性对待男性，一般要比对待女性更热情、客气一些；男性对待女性，一般要比对待男性更热情、礼貌一些。这便是心理学上的异性效应。这种现象是建立在异性相吸的基础上的。人们一般对异性感兴趣，对外表讨人喜欢、言谈举止得体的异性更感兴趣。

社会上常见的异性外交、异性公关等做法，对于思想政治教育具有一定的借鉴意义。思想政治教育者可以利用异性效应来调动人的积极性，鼓舞人的干劲，如搞活动时男女混合编组，竞赛时组织异性啦啦队等。

异性效应常常影响对人的准确认知，也会影响对人的态度。思想政治教育者要注意克服异性效应的消极影响，防止出现异性之间不客观、不公平的现象。思想政治教育者如果只喜欢异性、接近异性、偏袒异性，对异性过于宽容，而对同性疏远、严格，不仅会让人感到有失公正，而且有时会造成误解，影响思想政治教育者自身的形象，从而影响教育效果。

（二）育人中的心理效应

所谓育人中的心理效应，是指在思想政治教育过程中，教育者在对教育对象进行教育、管理中经常发生的心理效应。

1. “自己人”效应

人们在交往过程中，一般总是容易和熟悉、亲近的人沟通，即当双方均把对方当作“自己人”时，就会关系融洽、来往频繁、有共同语言、无戒备心理，彼此的观点、思想、情感、态度等容易相互影响，形成共识。

思想政治教育者要善于运用“自己人”效应，善于“制造”自己人。在社会生活中，“自己人”的支点很多，如同乡、同学、同事、同龄、校友，甚至同兴趣、同爱好、同特长、同缺陷、同遭遇的人都可以成为“自己人”。作为思想政治教育者，如果能够使每个教育对象都成为“自己人”，那么，就拉近了与教育对象的心理距离，增强了自己的影响力、感召力，思想政治教育就容易取得成效。

2. 皮格马利翁效应

皮格马利翁效应又称罗森塔尔效应，亦称期待效应，是指教育者对教育对象的期待会对教育对象的行为产生强大的推动作用。

罗森塔尔是一名心理学家，他曾经对一所小学四年级到六年级的学生做过一个“预测未来发展的测验”。他从学生中随机抽出几十名作为实验对象，告诉老师们，这几十名学生是预测中发现将来有发展前途的好苗子。八个月以后再来调查，结果发现，这几十名学生的学习成绩有了明显的提高。罗森塔尔用古希腊神话中一位主人公的名字——皮格马利翁命名这种效应。皮格马利翁是希腊神话中塞浦路斯的国王，他性格孤僻，喜爱雕塑。一次，他在孤寂中用象牙雕刻了一座表现他理想中的美女的雕像，久久依伴，他竟对自己的作品产生了爱慕之情。他祈求爱神阿佛罗狄忒赋予雕像生命。阿佛罗狄忒为他的真诚所感动，就使这座美女雕像活了起来，皮格马利翁娶她为妻并过上了幸福的生活。皮格马利翁效应说明，不管是什么样的人，只要对他倾注心血、充满期待，就会激发出其内在潜能，使其获得显著进步，甚至会出现奇迹。

在思想政治教育过程中，当教育者把教育对象当作有发展前途的人来对待时，就会倾注更多的心血，给予更多的期待，就会及时发现、赞赏其优点和长处，并提供机会让其展示所长。于是，教育对象就会付出更多的努力，以实现教育者的期待。在思想政治教育过程中，如果思想政治教育者能像皮格马利翁对待自己的作品一样，对每一个教育对象倾注心血、充满期待，那么，教育对象的潜能就会被激发，就会取得显著进步，甚至产生奇迹。

3. 霍桑效应

霍桑效应起源于1924年至1933年间以哈佛大学心理专家乔治·埃尔顿·梅奥(George Elton Mayo)教授为首的研究小组在美国芝加哥西部电器公司的霍桑工厂所进行的一系列实验研究。他们试图通过改善工作条件与环境等外在因素，找到提高劳动生产率的途径。他们选定了继电器车间的六名女工作为观察对象，在七个阶段的试验中，不断改变照明、工资、休息时间、午餐、环境等因素，希望能发现这些因素和生产率的关系——这是传统管理理论所坚持的观点。但是很遗憾，不管外在因素怎么改变，试验组的生产效率一直未上升。后来，实验人员设计了“谈话试验”，请心理学家、管理专家、技术专家等各种专家，在约两年的时间内找工人谈话两万余人次，耐心听取员工对厂方管理的意见和不满，并做详细记录，让他们尽情宣泄。结果，霍桑工厂的工作效率大大提高。这种奇妙的现象就被称作“霍桑效应”，即由于受到额外关注和有效宣泄不满情绪而引起绩效提升的情况，也称宣泄效应。这是因为工人们长期以来对工厂的各种管理制度有诸多不满，无处发泄，“谈话试验”使他们的这些不满都发泄出来，从而感到心情舒畅，干劲倍增。

霍桑效应说明，人不仅仅受到外在因素的刺激，更有自身主观上的激励。当人们感到自己的一言一行受到了关注、自己的意愿受到了重视、自己的建议得到了认真对待的时候，往往会以积极的态度做出反应，以更加饱满的热情投入工作和学习之中。

思想政治教育者应当关注每一个教育对象，使每一个教育对象都能感到他是重要的、他所在的岗位是重要的、他提出的意见是重要的。这种内在激励产生的效果往往比多发一些奖金和实物更好。而要达到这种效果，教育者就必须深入群众，与群众广泛接触，认真听取群众的愿望和呼声，尊重每一个人的意见和建议，营造良好的心理氛围。

4. 跨门槛效应

美国社会心理学家弗里德曼曾做过一个实验。他以家庭主妇为被试，向一组被试提出在她家门口挂一块牌子的要求，完成以后又提出在她的院子里竖一个架子的要求。向另一组被试同时提出上述两种要求。结果发现，先提出较低要求，再提出进一步要求的方式，比一开始就提出较高要求的方式更容易被接受。心理学中称此种现象为跨门槛效应。

在思想政治教育过程中，应当重视这种心理效应。对教育对象提要求时，应当考虑到他们的接受能力，要求不能一次太多、太难，而应当从浅到深、从易到难逐渐进行，这个要求做到了以后，再提出下一个要求，目标也不能定得太高，应分阶段设定目标。总之，要像跨门槛一样，一个一个地跨过。否则，脱离教育对象的思想实际和客观实际，任意拔高的做法是很难收到良好效果的。

5. 角色效应

角色一词是戏剧用语，后被社会学和社会心理学所采用，广泛用于分析人的心理、行为与社会规范之间的相互关系。个人在戏剧中扮演某个角色时，总要力求使自己的言行尽可能地体现该角色的要求和特点。一个人在社会中生活，同样扮演着各种角色。无论是什么人，只要心理正常，都要力求使自己的行为合乎角色规范，这种因角色不同而引起的心理或行为变化就是角色效应。

思想政治教育者要善于利用角色效应的积极作用，通过赋予某人某个适当的角色来改变其思想和行为。比如，老师可以让行为散漫的学生担任纪律委员，通过角色规范的约束促使其严格要求自己，改变不良行为习惯。实践证明，这是一种行之有效的教育方法。另外，思想政治教育者还应当努力使自己的思想和行为符合自己所承担的社会角色，为他人做出榜样。

6. 超限效应

著名作家马克·吐温有一次在教堂里听牧师演讲，最初，他觉得牧师讲得很感人，准备捐款，并掏出自己所有的钱。过了十分钟后，牧师还没有讲完，他有些不耐烦了，决定只捐一些零钱。又过了十分钟，牧师还没有讲完，于是他决定一分钱也不捐。到牧师终于结束了长篇的演讲开始募捐时，马克·吐温不仅未捐钱，相反，还从盘子里偷了两美元。这个故事告诉我们刺激过多、过强或时间过久，会引起教育对象的不耐烦或逆反心理，形成心理阻抗，从而影响教育效果。心理学上称之为超限效应。

思想政治教育者在开展教育工作时一定要适度，要防止超限效应的出现。长篇大论、空洞乏味、简单重复的思想政治教育只能让教育对象产生反感情绪，非但收不到应有的效果，反而会产生负面作用。

7. 示范效应（维特效应）

两百年前，德国大文豪歌德发表了一部小说，名叫《少年维特之烦恼》，该小说讲的是一个青年因失恋而自杀的故事。小说发表后，引起极大的轰动，在整个欧洲引发了模仿维特自杀的风潮。维特效应也就是示范效应，指在群体中，人们会在情绪上互相感染，行为上彼此效仿。

示范效应对思想政治教育的启示包括两个方面：一是要善于树立模范典型，运用榜样的示范作用带动更多的人学习，为社会带入更多的正能量，形成良好的社会氛围；二是要避免不良风气和不良行为的蔓延，不让这种情绪上的病毒在社会和人群中流动和传染。

8. 南风效应

法国作家拉封丹曾写过一则寓言，讲的是北风和南风比威力，看谁能把行人身上的大衣脱掉。北风首先来一个冷风凛凛寒冷刺骨，结果行人为了抵御北风的侵袭，便把大衣裹得紧紧的。南风则徐徐吹动，顿时风和日丽，行人因为觉得很暖和，所以开始解开纽扣，继而脱掉大衣。结果很明显，南风获得了胜利。这就是“南风效应”这一社会心理学概念的出处。

“南风效应”给人们的启示是：在处理人与人之间的关系时，要特别注意讲究方法，温和的态度比暴怒更有效。

（三）用人中的心理效应

所谓用人中的心理效应，是指思想政治教育者在用人过程中经常出现并发挥作用的心理效应。

1. 多米诺骨牌效应

玩多米诺骨牌时，只要第一张牌倒下，其余的牌便会依次倒下去。用这种现象来比喻人，便指在群体压力下，个人放弃自己的意见，与大多数人表现出一致的态度和行为。"大家都这么做，所以我也这么做"，"大家都这么说，所以我也这么说"。这种随大流的心理现象就是多米诺骨牌效应，也就是从众心理效应。

多米诺骨牌效应说明群众之间相互影响、相互作用的现象不仅存在，而且具有较人的影响力。思想政治教育者要注意用正确的思想行为，引导群众产生多米诺骨牌效应，在群体中树立正气。同时，思想政治教育者要注意发现群体中的核心人物或关键人物，只有找准"这张牌"，并做好突破工作，才能产生多米诺骨牌效应。

2. 犯错误效应

阿伦森曾做过一个实验：准备好四个人的讲话录音，这四个人分别为犯了错误的能人、完美的人、平庸的人、犯了错误的平庸的人，然后让被试听录音。结果表明，犯了错误的能人被认为最有吸引力，犯同样错误的平庸的人被认为最无吸引力，完美的人吸引力居第二位，平庸的人处于第三位。可见，能力强的人富有吸引力，但犯了错误的能人与普通人更近了一步，缩短了彼此的心理距离，因而其吸引力又增加了一成。他把这种现象称为犯错误效应。

在现实生活中的确存在这种现象，平常人犯了错误有时难以得到原谅，而能人犯了错误不仅可以得到原谅、得到改正错误的机会，而且往往更能提高他在群众中的威信。可见，犯错误效应既有积极作用，也有消极作用，只要犯错误者勇于承担责任、改正错误，不仅不会影响其公众形象，反而会在某种程度上提高其公众信任度。思想政治教育者可根据这一效应对犯错误者给予正确引导，并在工作中敢于使用有某方面缺点的能人。

3. 共生效应

战国时代，齐国有位智者淳于髡，一天之内就向齐宣王推荐了七名贤士。齐宣王很奇怪，问道："都说人才难得，你一下子推荐这么多人，可靠吗?"淳于髡讲："物以类聚，人以群分，就像进山采药，找到一棵就可以发现一片，这没有什么可奇怪的。"人和植物一样，也有共生现象。这种共生效应在人才学上叫作人才成团现象，或人才连锁现象。这种现象古今中外普遍存在，如家族连锁、师徒连锁、传统连锁、集团连锁等。组织中的非正式群体，就可以看作一种共生效应的产物。人才共生当然是好事，坏人共生则破坏作用更大。

思想政治教育者应对共生效应予以充分重视，发挥共生效应的积极作用，以点带面，避免其对思想政治教育的负面影响。

4. 组合效应

恩格斯在《反杜林论》中曾引用这样一种说法：两个马木留克兵绝对能打赢三个法

国兵，一百个法国兵与一百个马木留克兵势均力敌，三百个法国兵大都能战胜三百个马木留克兵，而一千个法国兵则总能打败一千五百个马木留克兵。

这些都是对组合效应的形象表述。人员搭配与组合很重要，有些可产生正效应，即有效组合，而有些则产生负效应，即无效组合。

思想政治教育者在实施思想政治教育过程中，尤其是在组织教育活动时，一定要注意根据人的心理特点、思想觉悟、道德品质和人际关系状况等进行合理的搭配和组合，充分发挥群体优势，使之产生正效应，使群体成员配合默契，相互影响、相互教育、相互促进。

5. 奉承效应

奉承效应是指在现实生活中，那种善于奉承献媚的人往往容易得到赏识。因为人性中有个弱点就是爱听好听的话，于是人们对于那种专拣好听的话说的人便产生好感，有时明明知道他是在奉承自己，可还是喜欢他，而且心理上感到满足，这种比较普遍的现象就是奉承效应。

每个人尤其是领导者，一定要认真区分赞扬、称赞与奉承、谄媚之间的区别。发自内心的赞许是一种积极的态度和行为，可以帮助自己发扬优点和长处，便于以后发展。而那种口是心非、怀有不良心理的谄媚则是一种消极的态度和行为，它会使人看不清自己，使自己不能及时发现自己的缺点和不足，甚至出现把缺点当作优点来对待的恶果。奉承效应是群众自我教育的障碍和腐蚀剂。每个人尤其是领导者应当牢记哲人的教导，“别怕攻击你的敌人，提防谄媚你的朋友”。

6. 标签效应

在第二次世界大战期间，由于兵力不足，美国政府决定组织关在监狱里的犯人上前线战斗。美国政府特派了几个心理学家对犯人进行了战前的训练和动员，并随他们一起到前线作战。训练期间心理学家们对他们不过多地进行说教，而特别强调犯人每周给自己最亲的人写一封信。信的内容由心理学家统一拟定，叙述的是犯人在狱中的表现是如何得好、如何接受教育及改过自新等。专家们要求犯人们认真抄写后寄给自己最亲爱的人。三个月后，犯人们开赴前线，专家们要犯人给亲人的信中写自己如何服从指挥、如何勇敢等。结果，这批犯人在战场上的表现比起正规军来毫不逊色，他们在战斗中正如他们信中所说的那样服从指挥、勇敢战斗。后来，心理学家就把这一现象称为标签效应。

思想政治教育者要正确使用标签效应。要给教育对象多贴一些正向的、激励性的标签，如“你真棒”“你能行”“你很出色”等，这样可以激发教育对象的热情和潜力。万不可给教育对象贴消极的标签，如“你真笨”“你什么事都干不成”等，这样会扼杀教育对象的上进心、自尊心，会打击其积极性，使其自暴自弃。用人时不仅要用人不疑，更要善于给其贴上自信的标签。

7. 齐加尼克效应

法国心理学家齐加尼克曾做过一次实验，他将被试分为两组，让他们同时去完成20项工作。在工作过程中，齐加尼克让甲组的被试完成全部工作，而对乙组的被试进行干涉，使他们无法顺利工作而未能完成任务。虽然所有被试接受任务时都呈现一种紧张状态，但顺利完成任务者，紧张状态随之消失，而未完成任务者，紧张状态持续存在。未完成任务者的思绪总是被那些尚未完成的工作困扰，这种现象被称为齐加尼克效应。

实验还证明，脑力劳动容易产生齐加尼克效应。思想政治教育对于教育的双方来说都是脑力劳动，所以必须注意防止齐加尼克效应的消极影响。防止此种心理效应产生应注意两点：第一，安排任务时要考虑到教育对象的承受能力，不能给得过多或过重，以保证他们能够完成；第二，在完成任务的过程中不应横加干涉，而应当尽可能创造条件，帮助教育对象顺利完成任务。

（四）管理中的心理效应

有效管理是思想政治教育的重要任务。在管理过程中，同样存在一系列心理效应。善用这些心理效应，有助于提高管理效率，使思想政治教育管理事半功倍。

1. 蝴蝶效应

蝴蝶效应用来比喻一个微小的事件可能会引起一系列连锁反应，最终导致其他系统的极大变化。1960 年，美国麻省理工学院教授洛伦兹研究长期大气预报问题时，发现微小差异可导致巨大反差，他用一个形象的比喻来表达这个发现：一只小小的蝴蝶在巴西上空振动翅膀，它煽动起来的小小旋涡与其他气流汇合，可能会在一个月后的美国得克萨斯州引起一场风暴。

蝴蝶效应对思想政治教育管理的启示是：不要忽视细小的问题，一个小问题可能会酿成大灾难，一个坚固的堤坝可能会毁于蚁穴。因此，思想政治教育不能充当消防队，必须未雨绸缪、防微杜渐，提高工作的预见性和前瞻性。

2. 破窗效应

美国斯坦福大学心理学家菲利普・津巴多（Philip Zimbardo）于 1969 年进行了一项实验，他找来两辆一模一样的汽车，把其中的一辆停在加利福尼亚州帕洛阿尔托的中产阶级社区，而另一辆停在相对杂乱的纽约布朗克斯区。停在布朗克斯的那辆，他把车牌摘掉，把顶棚打开，结果当天就被偷走了。而放在帕洛阿尔托的那辆，一个星期也无人理睬。后来，津巴多用锤子把那辆车的玻璃敲了个大洞。结果呢，仅仅过了几个小时，它就不见了。以这项实验为基础，政治学家威尔逊和犯罪学家凯琳提出了一个“破窗效应”理论，他们认为环境中的不良现象如果被放任存在，会诱使人们仿效，甚至变本加厉。以一幢有少许破窗的建筑为例，如果那些窗户不被马上修好，可能将会有更多的窗户被破坏。一面墙，如果出现一些涂鸦没有清洗掉，很快墙上就布满了乱七八糟的东西。一个很干净的地方，人们会不好意思丢垃圾，但是一旦地上有垃圾出现之后，人们就会毫不犹豫地丢弃垃圾，丝毫不觉得羞愧。

破窗效应启示我们：在思想政治教育管理过程中，要注重环境氛围的营造，通过良好的环境氛围对教育对象的心理起到积极的暗示作用，而尽量避免环境中的不良因素对教育对象产生心理上的负面暗示。

3. 鲶鱼效应

挪威人喜欢吃沙丁鱼，尤其是活鱼。市场上活鱼的价格要比死鱼高许多。所以渔民总是想方设法让沙丁鱼活着回到渔港。虽然经过种种努力，但绝大部分沙丁鱼还是在中途因窒息而死亡。但是有一条渔船总能让大部分沙丁鱼活着回到渔港，船长严格保守着秘密，直到其去世，谜底才揭开。原来是船长在装满沙丁鱼的鱼槽里放进了一条以鱼为主要食物的鲶鱼。鲶鱼生性好动，进入鱼槽后，由于环境陌生，便四处游动。沙丁鱼见了鲶鱼十分紧张，左冲右突，四处躲避，加速游动。这不但避免了沙丁鱼因窒息而死亡，而且还能保证它们都活蹦乱跳地抵达港口。这种现象后来被人们称为鲶鱼效应。鲶鱼好斗，攻击力强，虽然数量不多，却是强势团体，几条鲶鱼就会让所有的沙丁鱼都游动起来。

思想政治教育者在管理上要善于运用鲶鱼效应。“鲶鱼”可以指那些素质高、业务精、能力强、作风硬、感召力强的人。“鲶鱼”会打破现有的平衡，给周围的人带来压力，使人产生危机感从而更好地工作，使群体形成竞争的局面，使周围的人在不知不觉中仿效并追随之，从而充分激活群体中每一个人的能量，提高群体效率。

4. 木桶效应

木桶效应又称短板理论，是由美国管理学家彼得提出的。木桶效应是指一个由多块木板构成的水桶的盛水量不是由其最长的木板所决定的，而是由最短的那块木板所决定的，该短板就成了这个木桶盛水量的“限制因素”。任何一个组织，可能面临的一个共同问题，即构成组织的各个部分往往是优劣不齐的，而劣势部分往往决定了整个组织的水平。所以在一个团队、群体中，劣者的危害极大。因此，思想政治教育者应关注团队的“短板”，并在如何尽早补足短板上下功夫。

5. 手表效应

手表效应源于一个寓言故事。森林里生活着一群猴子，每天太阳升起的时候它们外出觅食，太阳落山的时候回去休息，日子过得平淡而幸福。有一天，一名游客穿越森林时，把手表落在了树下的岩石上，被猴子猛可拾到了。聪明的猛可很快就搞清了手表的用途，于是，猛可成了整个猴群的明星，每只猴子都向猛可请教确切的时间，整个猴群的作息时间也由猛可来规划。猛可逐渐建立起威望，当上了猴王。做了猴王的猛可认为是手表给自己带来了好运，于是它每天在森林里寻找，希望能够拾到更多的表。功夫不负有心人，猛可又拥有了第二块、第三块表。但出乎猛可的意料，得到了三块手表的猛可有了新的麻烦，因为每块手表的时间显示的都不相同，猛可不能确定哪块手表上显示的时间是正确的。群猴也发现，每当有猴子来问时间时，猛可总是支支吾吾回答不上来。猛可的威望大降，整个猴群的作息时间也变得一塌糊涂。其实，只有一块手表，你可以知道准确的时间；但拥有两块或两块以上的手表往往并不能告诉你更准确的时间，手表越多，时间越无法准确确定，因为你无法知道哪一块手表更为精确。这就是手表效应，也称为手表定律。

手表效应对于思想政治教育管理的启示是：领导者之间既要有默契的协作，也要有明确的分工，每项工作都要有明确的负责人，让下属只听到一个声音，绝不能出现领导之间互相矛盾、互相拆台的现象。否则，就易出现多头领导、多种声音，下属就不知道该听谁的指挥，会感到无所适从，行为陷于混乱。

阅读书目

1. 卡耐基．领导的艺术管理的智慧．北京：中国华侨出版社，2012.
2. 书立方．奇妙的心理效应．重庆：重庆出版社，2011.
3. 郑小兰．改变一生的60个心理学效应．北京：中国青年出版社，2009.
4. 楼根良．青少年成长中的心理效应．杭州：浙江教育出版社，2007.

思考题

1. 如何理解心理效应的内涵和特点？
2. 心理效应在思想政治教育中有哪些作用？
3. 在思想政治教育过程中，如何运用心理效应来准确识别教育对象？
4. 在思想政治教育过程中，如何运用心理效应来教育、管理教育对象？
5. 在思想政治教育过程中，如何引导教育对象运用心理效应来进行自我教育？

第九章
思想政治教育的心理情境

关键词

情境　心理情境　创设　暗示

要点提示

1. 心理情境的内涵及特征。
2. 心理情境创设的理论依据及现实依据。
3. 心理情境创设的意义及原则。
4. 心理情境创设的具体途径。

思想政治教育是在特定情境下进行的社会实践活动，情境因素对思想政治教育具有重要影响，特别是直接作用于教育对象心理层面的心理情境直接影响着思想政治教育的效果。因此，在思想政治教育过程中如何充分运用情境因素，创设良好的心理氛围，刺激教育对象的感觉器官，激发教育对象的积极情感，促进教育对象的正确认知，提高思想政治教育的有效性，是新时代思想政治教育心理学研究的重要课题。

一、心理情境的科学意蕴

情境是与个体直接联系着的社会环境。情境对于人的心理活动和行为具有重要影响，同一社会刺激在不同的社会情境下，会产生不同的心理反应和行为活动。因此，情境对于理解、把握人的行为具有重要意义。认知社会学习论者罗特进一步提出了心理情境的概念，深化了人们对情境的理解和研究，为思想政治教育过程中的心理情境创设奠定了基础。

（一）心理情境的内涵

情境概念最早出现在美国社会学家 W. I. 托马斯与 F. W. 兹纳尼茨基合著的《波兰

农民在欧洲和美国》一书中。后来，情境一词频繁出现于语言学、哲学、美学、伦理学、社会学、心理学等不同学科中。不同学科对情境的使用和界定各异。作为影响人的心理活动的重要因素，心理学的情境有其独特的内涵，但与其他领域使用的情境又有某种内在联系。

《辞海》对情境的界定是“一个人在进行某种行动时所处的特定背景。包括机体本身和外界环境的有关因素”。在心理学中，情境被认为是“事物发生并对机体行为产生影响的环境条件”[①]，是“对人有直接刺激作用、有一定生物学和社会意义的具体环境”[②]。以上定义虽然强调的侧面或表述不同，但却具有某些共性。首先，把情境界定为具体的、与个体息息相关的社会环境；其次，多偏重情境的客观性，把情境定位于影响个体心理和行为活动的客观环境条件；最后，强调情境对行为的激发或促进功能，将情境作为促成个体具体行动的客观条件。

社会心理学则强调情境的社会性和主体性。我国社会心理学前辈沙莲香教授认为：“情境是从认知的角度说明行为者与环境、主体与客体的相互关系。行为者在行动和活动之前对于环境（客体的总和）的知觉和认知，不是纯客观的，而是多少加进了主观成分，从主观上给予规定和把握。这种从主观上予以规定和把握的环境，叫情境。”[③]社会学习理论也强调客观环境或情境的社会意义，认为由于个体的认知、动机等因素的参与，促使人的行为发生的客观情境被赋予了主观的意义。认知社会学习论者罗特进一步认为，人的行为主要取决于个体对客观环境的认知和体验，即心理情境，它是个体所直接体验到的环境。这意味着，情境不仅指客观的或自然的刺激环境，还包括个体对客观情境的认知、体验、期待、倾向；个体的行为取决于个体对特定情境的这种认知建构[④]。由此可知，心理情境包括客观和主观两方面要素：一方面，心理情境需要一定的客观物质条件，即个体所处的具体的物理环境或地理环境；另一方面，心理情境的形成还渗透了人的精神因素和心理因素，是个体对所处的客观情境进行某种主观加工后产生的认知和体验。如果个体对某种客观情境熟视无睹，缺乏主体知觉与意识，就无法形成心理情境。可见，心理情境直接作用于个体的心理层面，对个体的行为产生影响。个体在不同的心理情境下会产生不同的行为。例如，儿童在家跌倒时，当看到家人心痛与焦急的表情时，往往会觉得委屈而放声大哭；若在幼儿园里跌倒，看到、听到的则是老师鼓励的表情和话语，此时多半会自己爬起来，表现出坚强的一面。可见，个体的行为往往随着心理情境的变化而变化，心理情境是影响个体行为的直接因素。

（二）心理情境的特点

心理情境作为情境中直接作用于个体心理层面的要素，相对于情境而言具有以下几

---

① 荆其诚．简明心理学百科全书．长沙：湖南教育出版社，1991：372.

② 杨清．简明心理学辞典．长春：吉林人民出版社，1985：307.

③ 沙莲香．社会心理学．北京：中国人民大学出版社，1987：49－50.

④ 谷传华，张文新．情境的心理学内涵探微．山东师范大学学报（人文社会科学版），2003（5）：99－102.

个鲜明的特点：

1. 主观性

个体是心理情境的主动建构者，心理情境融入了个体的认知、动机等主观因素，这样促使个体行为发生的客观情境便被赋予了主观的意义。格式塔学者更为强调情境主体化的意义。考夫卡认为，行为的主要决定因素是个体的行为环境，即个体心理上意识到或知觉的环境，而非现实的、客观的地理环境。他曾举一人飞骑过冰雪封冻的康斯坦湖而不觉，在闻知事情真相后惊吓而死的例子说明这一观点。"杯弓蛇影"也是个体因错觉而疑神疑鬼，引起过度恐慌的反应。显然，情境更主要的是一种心理化的情境（心理情境），其实质在于个体对客观环境或情境所赋予的主观意义。勒温也十分重视人知觉到的环境的意义。他认为，决定行为的不是客观的或物理的环境，而是个体对物理环境的认知和知觉，包括个人的信念、感情和目的等①。可见，客观情境只有为个体所意识、所理解，才能更好地促成个体特定的行为活动。因此，心理情境更强调个体对客观环境的认知和体验，将客观环境赋予了心理意义和主观感受。

2. 互动性

心理情境是社会性的个体与情境互动的结果。心理情境对人的行为更具有决定作用。德国心理学家勒温在其物理-心理场的理论中进一步研究了心理环境问题，并用公式表示行为与心理环境的关系：$B=(P, E)$，其中 B 为行为，P 为个体，E 为心理环境。它们之间的关系为函数关系，即人的行为是个体与心理环境互动的结果。他认为，个体的行为取决于其特有的心理环境，心理环境是"决定个体在某一时间里的行为的全部事件的总和"②。个体趋向目标的人格、动机、理想、信念等是构成心理环境的核心。可见，心理情境具有互动性，是个体对所处客观环境的感知和认识，是个体的知、情与客观环境的相互作用，情因境生，境为情设，二者的互动构成心理情境。

3. 渗透性

心理情境对个体的影响不是强制的、有形的，而是无形的、潜移默化的。其表现形式具有非强制性、愉悦性、隐蔽性和无意识性的特点。正如杜甫《春夜喜雨》中形容的"随风潜入夜，润物细无声"。这种影响使个体在某种特定的情境氛围中不知不觉地受到心灵的感染、情操的陶冶、哲理的启迪，使心理、思想、观念发生变化，提升到新的认识水平。

4. 可控性

心理情境与情境相比更具主观性和可控性。如果说情境具有客观性，是引起个体行为的客观环境，那么，心理情境则由于个体主观认知、动机、情感等因素的参与而具有了更多的可变性和可控性。我们可以通过调节人的认知、触动人的情感、激发人的动机等方式改变人的心理情境，从而改变人的行为。在思想政治教育过程中，正是因为心理情境具有可控性，才使得心理情境创设显得极为重要。

---

① 谷传华，张文新．情境的心理学内涵探微．山东师范大学学报（人文社会科学版），2003（5）：99－102．

② 施良方．学习论：学习心理学的理论与原理．北京：人民教育出版社，1994：43．

（三）思想政治教育心理情境的含义

思想政治教育是教育者、教育对象、社会要求和社会环境四个因素相互作用的过程。思想政治教育心理情境特指在思想政治教育过程中，教育者为了实现其教育目标而有计划、有目的地运用各种教育资源来创设的具体的教育条件，是思想政治教育活动发生作用的精神氛围与物质条件的统一体。这一统一体有机地融合了主体外部的“境”和内部的“情”，渗透、体现了思想政治教育的目的和内容，以潜移默化的方式对教育对象起着引导、感染的作用。在思想政治教育过程中，教育者在社会环境的作用下，创设出思想政治教育的具体情境作用于教育对象，形成教育对象的心理情境，良好的心理情境可以激活教育对象的感觉器官，激发其积极的情绪情感，提高其认知能力，提升其行为效率。思想政治教育中心理情境的作用机制如图 9－1 所示。

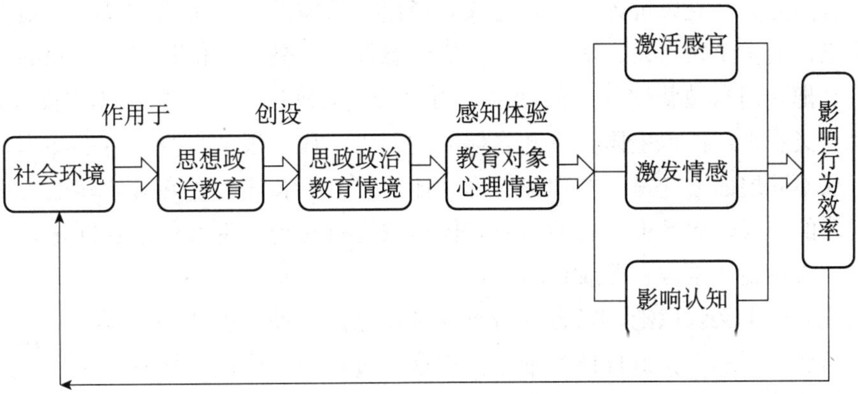

图 9－1　思想政治教育心理情境的作用机制

二、思想政治教育心理情境创设的依据

在思想政治教育过程中，良好心理情境的创设不仅是提高思想政治教育有效性的需要，而且有其坚实的理论基础和充分的现实依据。

（一）思想政治教育心理情境创设的理论依据

思想政治教育心理情境创设，是以马克思主义认识论为基础，借鉴心理学的相关理论提出来的。

1. 马克思主义认识论

马克思主义认识论是唯物主义认识论，肯定客观实在是认识的客体。马克思指出：“思想、观念、意识的生产最初是直接与人们的物质活动，与人们的物质交往，与现实生活的语言交织在一起的。”① 这就告诉我们，作为认识主体的人，不是生物学意义上的抽象的人，而是生活实践于具体的、历史的社会关系中的人，客观物质世界是人们认识产生的基础。

马克思主义认识论又是辩证的认识论，在它看来，客体不等于全部客观实在，而只是与主体相关联的那一部分物质世界。马克思指出：“被抽象地孤立地理解的、被固定为与人分离的自然界，对人说来也是无。”② 这表明主体与客体是相互联系的，不能把它们分割开来。而只有当客体进入主体认识的范围内，它们才会发生联系，形成主体的认识。

马克思主义认识论还是能动的反映论。马克思认为，认识的主体是人，认识的客体是客观物质世界，主体和客体的认识关系是反映与被反映的关系。但是，人对客观物质世界的反映同照镜子有着本质的区别。照镜子是消极被动的反映，而人的认识经过头脑加工改造，有一个对客体信息的选择、加工整理和创造的过程，是能动的反映，不是机械的直观反映。这不仅体现在对客观事物认识的初级阶段，而且体现在理性观念的形成过程之中。为此，马克思批评旧唯物主义，指出“从前的一切唯物主义（包括费尔巴哈的唯物主义）的主要缺点是：对对象、现实、感性，只是从客体的或者直观的形式去理解，而不是把它们当做感性的人的活动，当做实践去理解，不是从主体方面去理解”③。在马克思主义看来，认识主体在感知客体的过程中，往往根据自身已有的知识背景和认知图式，从不同层面上选择、整理和解释客体信息，将客体的存在方式转变为主体能够理解、说明的方式，而且更重要的是对客体信息进行建构，将客体信息同化到既有的观念体系中，进行整合重构，形成新的观念。

根据马克思主义认识论，思想政治教育过程也是一种认识活动过程。认识活动的一般规律是由感性到理性、由具体到抽象。在这个过程中，认识主体具有选择、建构等能动作用。人的认识不仅反映事物的表面现象，而且能够能动地揭示出事物的本质和规律。所以，我们在思想政治教育过程中要依据认识反映论的原理，努力进行物质情境和心理情境创设，使客观情境与教育对象的主观认识达成有机统一。

2. 暗示与无意识理论

保加利亚心理学博士洛扎诺夫是暗示法的倡导者。暗示（suggestion）是指在无对抗条件下，用含蓄间接的方法对人们的心理和行为产生影响，从而使人们按照一定的方式去行动或接受一定的意见、观念的过程。暗示有如下特征：其一，暗示是一种刺激，但并不是任何刺激都能成为暗示，只有那种能够引起被暗示者反应的刺激才是暗示；其二，暗示不是说服，无须讲道理，而是一种直接或间接的提示；其三，暗示的目的是让人接受某种观念，并按这种观念行事。暗示理论认为，暗示是环境和个人之间一个经常不息的、不知不觉的交流因素，对人的心理和行为能够产生巨大的“熏陶”作用。特别是在语言交流过程中，暗示的作用不可小视。暗示教学理论认为，说话的内容是思想交流的第一平面，说话的语调、节奏、表情、态度、周围的环境等是交流的第二平面。听人说

---

① 马克思，恩格斯．马克思恩格斯全集：第 3 卷．北京：人民出版社，1960：29.

② 马克思，恩格斯．马克思恩格斯全集：第 42 卷．北京：人民出版社，1979：178.

③ 马克思，恩格斯．马克思恩格斯选集：第 1 卷．3 版．北京：人民出版社，2012：133.

话时，注意其内容是对特定目标做出的特定心理反应；交流的第二平面是交流的背景，一般只做非特定心理反应。交流背景中的因素如艺术表现形式、色彩、节奏和韵律等诉诸无意识的知觉而产生的非特定心理反应可成为最有力的暗示因素。

根据暗示理论，教育者在对教育对象进行教育的过程中，除了要发挥语言的魅力，还要运用图形、色彩、声音、韵律等元素进行情境创设，以对教育对象产生强烈的暗示效果，即激发教育对象的学习动机，开发潜能，提高记忆力、想象力以及创造性地解决问题的能力，提高思想政治教育的效果。

在意识之外，还存在一个心理结构，即无意识。无意识也叫潜意识或下意识，无意识并不是说没有意识，它是未被主体意识到的、不自觉的潜在意识。比如，内心深处被压抑而无从意识到的欲望、秘密的想法和恐惧等。无意识大多表现为人的原始冲动和本能以及之后的种种欲望，由于社会标准不容许，得不到满足而被压抑到无意识之中，并在无意识中积极活动。因此，无意识是人们经验的大储存库，由许多遗忘了的欲望组成。弗洛伊德非常看重无意识，认为它是人类思想、情感和行为的重要决定因素。他认为，人的意识组成就像一座冰山，露出水面的只是一小部分意识（仅占 1/7），但隐藏在水下的绝大部分（6/7）无意识却具有能动作用，会在无形中对人的心理和行为产生影响，有些看起来微不足道的事情，如做梦、口误和笔误等，都是无意识作用的结果，只不过它是以一种伪装的形式表现出来。

总之，无意识理论认为人类的心理包括显现的意识与隐蔽在汪洋大海之下的无意识。意识是可以自我把握、已被认识的理性领域；无意识是没有被意识到的、无法把握的领域，包括生理本能、需要、欲望等原始生命力。无意识的心理活动虽然暂时没有被人们意识到，但它对人的心理和行为具有重要意义。其一，它能使人对自己的欲望、需要等有更多的觉察。其二，它能帮助人们与环境保持平衡。比如，当现实生活中一些无法满足的欲望通过无意识领域的梦境显现后，可以起到替代真实满足的功效，使人压抑、焦虑的心情得到缓解和释放。其三，无意识的心理活动为有意识的心理活动的产生奠定了基础，因为一切意识活动都是建立在无意识的基础之上的。个人的见解、动机和记忆等都受欲望以及其他无意识活动的影响。

创设思想政治教育心理情境，正是通过营造亲切、愉快、和谐的心理氛围和具有艺术表现力、情绪感染力和政治感召力的教育环境，运用渗透、感染等间接方式，对教育对象的心理（包括意识和潜意识）及行为产生影响，从而一步步达到既定的思想政治教育目标。

3. 情境认知理论

情境认知理论（situated cognition）产生于 20 世纪 80 年代，是继行为主义“刺激反应”学习理论与认知心理学的“信息加工”学习理论后，与建构主义大约同时出现的又一个重要的学习理论与研究取向。情境认知理论试图纠正认知学习的符号运算方法的失误，特别是完全依赖规则与信息描述的认知，仅仅关注有意识的推理和思考的认知学习，忽视了文化和物理背景的认知。

情境观认为，实践不是独立于学习的，而意义也不是与实践和情境脉络相分离的，意义正是在实践和情境脉络中呈现出来的。知识不是一件事情或一组表征，也不是事实和规则的集合，知识是一种动态的建构与组织；知识是个体与环境在交互过程中建构的一种交互状态，是一种人类协调一系列行为，去适应动态变化发展的环境的能力。由此可见，情境观倡导的情境学习不仅仅是一种使教学情境化的或与情境密切相关的建议，而且是有关人类知识本质的一种理论，它是研究人类知识如何在活动过程中发展的。以莱夫等人为代表的情境认知的社会学视野，强调了“社会实践与社会生活”、“合法边缘性参与”与“实践共同体”等要素。

情境认知理论主要有以下观点：

第一，认为知识是基于情境的行动。情境认知理论认为，知识是一种活动，而不是一个具体的对象，它总是基于情境的，而不是抽象的，知识通过活动不断向前发展；知与行是交互的，知识是个体与环境在交互过程中建构的，不是客观决定的，也不是主观产生的；参与实践促进了学习和理解，只有通过应用才能完全理解知识及意义。学习情境对知识的建构具有极大的影响。

第二，强调情境学习是一种“合法的边缘性参与”。“合法”是指随着时间的推移与学习者经验的增加，学习者合法使用共同体资源的程度。“边缘性”意味着置身于由某个共同体定义的参与领域中多元化的、多样性的、或多或少地投入和包含于其中的存在方式，关系学习者在社会世界中的定位。“边缘性参与”是指这样一个事实，即由于学习者是新手，他们不可能完全地参与共同体所有的活动，而只是参与共同体的某些活动。情景学习是一种“合法的边缘性参与”，合法的边缘性暗示着权力关系的社会结构。边缘性是一个授权的位置，合法的边缘性本身就是拥权和失权的源头。根据这一特征，基于情境认知的学习者必须是共同体的合法参与者，而不是被动的观察者，强调学习者应主动利用经验和知识参与实践活动。通过实践活动，培养学习者的多种能力，把知识和获得与学习者的发展、身份建构等统合在一起。

第三，提倡通过实践共同体的方式进行学习。实践共同体是情境学习理论的重要概念。莱夫等人把共同体定义为“一群追求共同事业，一起从事着通过协商的实践活动，分享着共同信念和理解的个体的集合”[①]。从这个意义上说，在空间上聚集在一起的任一群体并不一定都是实践共同体。它强调要有共同的任务，使用工具、利用资源并通过实践活动完成任务，有共同的历史、知识基础与假设，以及各自担负的责任。情境认知理论将社会性交互作用视作学习的重要形式，强调只有在社会和自然情境中通过实践的方式运用知识，有意义学习才可能发生。一个实践共同体有“共同的文化历史传统”、“相互依赖的系统”和“再生产循环”等重要特点。“共同的文化历史传统”是指共同体不是在特定时间应对某种特殊需要而进行的简单聚集。成功的共同体具有共同的文化历史传统，这种传统部分地获得了社会协商的意义。这包括了共享的目标、意义和实践。在实践共同体中，新成员从老成员的经验中承袭了大多数的目标、意义和实践，这些方面在老成员的经验中是经过假设和验证并一致同意的。“相互依赖的系统”是指个体在这种境脉中工作时是更大的集体的一部分，并与共同体有着相互联系，共同体也是一个更大的集体（社会，共同体的意义或价值是通过社会而获得的）的一部分。这有助于为个体和

① 张振新，吴庆麟．情境学习理论研究综述．心理科学，2005（1）．

共同体提供一种有共享目标的感觉，也有助于提供身份认同。“再生产循环”是指当新成员与身旁的同伴和成熟实践的示范者一起进入成熟的实践时，共同体就有了进行再生产的能力。随着时间的推移，在这些成员身上就会体现出共同体的惯例（和常规），甚至可能替代老成员。

情境认知理论对思想政治教育具有重要的启示。

第一，在思想政治教育过程中，应将由教育者与教育对象之间的交互状态形成的教育情境纳入教育的视野，重视情境因素的创设和挖掘，充分利用情境因素，使思想政治教育真正入脑、入心，益智、利行。

第二，在思想政治教育过程中，教育对象不是可有可无的旁观者，而是作为具有主体性的积极参与者而存在的，要充分挖掘教育对象的主体性。

第三，在思想政治教育过程中，教育内容与活动安排要与教育对象的具体实践相联系。因为教育目的不是让教育对象掌握抽象的概念，而是形成符合社会需要的思想意识和优良品德。教育对象只有在实践情境中亲身参与和体验，有意义学习才可能发生，教育对象才能真正形成道德认知，并培养道德情感，锤炼道德意志，践行道德行为，最终形成稳固的思想政治品德。

总之，情境认知理论启示我们：在思想政治教育过程中要重视情境因素的创设和挖掘，要以教育对象为主体，教育内容与活动安排要与教育对象的具体实践相联系，在真实的情境中，通过实践的方式开展教育，同时把思想政治教育与教育对象的个性完善和自我发展统合在一起。

（二）思想政治教育心理情境创设的现实依据

思想政治教育需要随着时代的发展与时俱进。现代思想政治教育已经改变了传统封闭、僵化、灌输等单向传递的特点，向着开放、多样、超越时空限制的双向交流的趋势发展。新时代的思想政治教育需要我们积极探索符合教育对象身心特点和发展需要的方法途径，使思想政治教育更有亲和力、说服力。因此，创设优良的思想政治教育心理情境，是提高思想政治教育的有效性、引导教育对象健康成长的需要。

1. 尊重教育对象主体性的内在要求

马克思指出：“全部社会生活在本质上是实践的。”[①] 而实践的主体是人。社会是由人组成的，历史是由人创造的，社会的活力来自人的活力，人是社会历史的主体。人的主体性使其在与自然和社会斗争中认识自然与社会规律，并按自身的尺度改造自然与社会，提升自身的主体价值，使自然与社会更加适合人的发展。

教育对象全面发展的基本前提是主体性的发展，而主体性发展主要靠教育。因此，思想政治教育不仅要以教育对象为主体，而且要把培育教育对象的主体性、促进教育对象的全面发展贯穿于思想政治教育的全过程。

在传统的教育方式中，教育对象在整个教育过程中犹如一只容器，思想政治教育者

---

① 马克思，恩格斯．马克思恩格斯选集：第 1 卷．3 版．北京：人民出版社，2012：155.

的职责就是不断地向这只容器灌输内容。这种方式忽略了教育对象的主体地位，忽视了调动教育对象学习的积极性和主动性，引导他们自己去发现知识，提出问题，这就造成了教育对象拒绝接受灌输甚至产生逆反心理的现象，在很大程度上影响了思想政治教育的效果。

德国教育家赫尔巴特说过："道德教育的首要事件，绝不是发展某种外表的行为模式，而是在儿童心中发展明辨的见识以及与它一起的相应的意志力"，"绝对清晰、绝对纯粹的善与正义的观念，成为意志的主要目标，按照这些观念，性格的内在中心——人格的核心——决定性格本身，并把所有任意的冲动推回去，这才是道德培养的目的所在"①。因此，在思想政治教育中，我们要着力培养教育对象的主体性，利用身边的教育资源，创设与现实相符合的教育情境来激发教育对象的学习动机，树立正确的价值导向。为此，思想政治教育心理情境创设应该在帮助教育对象确立主体性上下功夫，重视教育对象内在价值发展的需要，唤醒、激活教育对象的主体意识和生命潜能，使他们成为自我教育、自我管理，具有独立人格，对自己、对社会负责任的社会主体。

2. 改变传统教育方法的必然选择

当前，世界形势特别是我国经济社会发生了巨大的变化，教育对象的思想状况也随之发生了巨大的变化。社会转型的加速、人们价值观的多样化，使思想政治教育的实效性受到越来越严峻的挑战。面对这一挑战，我们必须改变传统的灌输式的教育方法，以新的视野、新的方式开展思想政治教育，以适应社会发展和教育对象自身发展的需要。

过去，受传统教育思想的影响，思想政治教育的全部任务被仅仅归结为"传道"，即向人们灌输社会的政治、思想和道德规范，不重视培养人们的能力和个性，甚至存在着否定和抹杀人的个性的倾向，受教育者仅仅被视为社会规范的接收器。事实上，社会规范的灌输与个人能力和个性的培养是有机统一的。个人的发展包括其思想品德的发展，既是一个社会化的过程，也是一个个性化的过程。没有社会化，人就不能适应社会；没有个性化，人也不可能成为一个独立的、自主的、富有创造性的主体。

当今，中国特色社会主义进入新时代，教育对象的主体意识、平等意识、民主意识得到普遍增强，他们越来越喜欢通过自己的独立思考和亲身体验来得出结论，而不像过去听由教育者支配。因此，为适应新时代中国特色社会主义发展的需要和学生自身发展的需求，传统的灌输方法体系必须加以改变，并代之以疏导型的教育方法体系。因为疏导型的教育方法体系不仅符合人们思想认识发展的规律，而且有利于调动教育对象在思想政治教育过程中的积极性和创造性。思想政治教育心理情境创设，遵循人本理念，注重教育对象的个性特点和现实需要，挖掘教育对象的潜能特质，尊重他们的人格主体地位，培养其自主创新精神，让教育对象在自主、探究、合作中学习。所以，思想政治教育心理情境创设有利于把社会规范与培养教育对象能力和个性相结合，使教育空间的气氛更加活跃，教育效果更加突出。

3. 满足教育对象参与需要的重要途径

苏霍姆林斯基认为："人的心灵深处，都有一种根深蒂固的需要，就是希望自己是一

---

① 张焕庭．西方资产阶级教育论著选．北京：人民教育出版社，1979：272－273．

个开发者、研究者、探索者。”① 只有让教育对象主动地去学习、去发现、去创造，他们对知识的理解才是最深刻的，也最容易掌握其中的规律、性质和联系。

现在的教育对象拥有较高的知识水平和认知能力，有着较高的价值追求。这种价值要求反映为教育对象具有较强的参与意识。思想政治教育心理情境创设的开放性和探索性，对教育对象具有一定的挑战性，能够满足教育对象的参与愿望和需求，并能引导他们进行观察、操作、思考，鼓励他们从多角度提出问题、思考问题和解决问题。思想政治教育心理情境创设正是以情境激发学生的求知欲，以情境营造体验氛围，并贯穿教育的全过程。皮亚杰指出：“教师不应企图将知识硬塞给儿童，而应该找出能引起儿童兴趣、刺激儿童的材料，然后让儿童自己去解决问题。”② 从心理学角度看，教育对象的学习过程也是一个将外部刺激内化为主体感受的心理体验过程。在这个过程中，教育者通过深入挖掘教材、创设符合教学内容要求的情境、引起教育对象的情感体验，来激发教育对象的学习动机、兴趣及意志情感，促进其思维、创造能力的发挥。

马克思指出，人“行动的一切动力，都一定要通过他的头脑，一定要转变为他的愿望的动机，才能使他行动起来”③。在思想政治教育心理情境创设过程中，只有让教育对象参与其中，充分调动他们的积极性，才能把外在的情境因素内化为教育对象自身的需求。情境创设的目的是为思想政治教育服务，所以思想政治教育者在设计教育情境之前，首先要对教育对象的基本状况有所了解，依据教育对象的知识、技能的差异设计合理的教育情境，使教育情境的创设体现出层次性，满足不同教育对象的参与需要，把不同层次的受教育者融入一定的情境之中，积极地对问题进行探寻。

总之，思想政治教育的过程总是在一定的情境中产生和发展的，良好的情境有利于激发教育对象的学习热情，形成主动学习的驱动力，使教育对象成为学习的主人。在思想政治教育情境创设中，让教育对象充分参与，通过情境体验、讨论分析、行为训练、心理陈述等方式，唤起教育对象的情感，激活其思维，开阔其视野，提高他们解决现实问题和践行思想政治品德的能力，才能提高思想政治教育的有效性。

三、思想政治教育心理情境创设的意义与原则

思想政治教育的过程不仅仅是知识、信息的传递过程，也是教育者与教育对象的情感交流和心理互动的过程。在这个过程中，心理情境的创设尤为重要。教育者只有精心设计客观情境（包括教育场所的布置与陈设），付诸真情创设出良好的教育氛围，并引导教育对象对教育情境用心感受、正确认知，使教育者与教育对象、教育情境之间和谐互动，才能使教育对象形成良好的心理情境，对教育内容和教育要求呈现开放的心理态势，从而实现思想政治教育的目标。

---

① 苏霍姆林斯基．给教师的建议．北京：教育科学出版社，1984：58.
② 格莱因．儿童心理发展的理论．长沙：湖南教育出版社，1983：146.
③ 马克思，恩格斯．马克思恩格斯全集：第21卷．北京：人民出版社，1965：345.

（一）思想政治教育心理情境创设的意义

创设良好的心理情境有助于调动教育对象的学习热情，激发其学习兴趣，促进其智力活动，使其形成开放的心理态势，对于思想政治教育的有效开展具有重要意义。

1. 激发学习动力

在思想政治教育过程中，教育对象能否接受教育，形成符合社会需要的思想意识，在很大程度上取决于教育对象是否具有内在需求，能否激发教育对象的学习兴趣，进而转化为学习动机。在思想政治教育过程中，创设心理情境，可以吸引教育对象的注意力，引发教育对象的好奇心，培养教育对象的学习兴趣，激起教育对象的学习需要和探究意识。可见，心理情境发挥作用的主要领域直接体现在对教育对象的需要、兴趣、动机等动力系统的激发上。

学习需要是教育对象形成学习动机的基本构成要素之一。学习需要是个体在学习活动中感到某种欠缺，而力求获得满足的一种心理状态，是个体追求社会认同的一种内心倾向，也是社会要求在个体头脑里的反映。当教育对象产生某种学习需要后，就会形成学习动机，表现出学习积极性，以主动、认真、专注的态度对待思想政治教育，具体表现在对待思想政治教育的高度热情及注意力、伴随教育过程而产生的积极情绪体验以及克服困难和坚持到底的毅力等方面。这种学习积极性是教育对象在接受思想政治教育过程中主动学习、积极思维、形成良好的思想意识和道德品质的重要保证。

2. 培养积极情感

人的各种情感总是在一定情境中产生的，并对人的认知和行为产生重要影响。正如马克思所说："激情、热情是人强烈追求自己的对象的本质力量。"① 在思想政治教育过程中，教育对象的情感因素虽然不直接参与对客观事物的认知过程，但对认知具有重要的调节功能。情感作为人对客观事物是否符合自身需要而产生的指向性心理体验，通常以肯定或否定、满意或不满意、热爱或憎恨、赞赏或厌恶等两极性心理状态表现出来，并转化为一定的情绪，对自身的认知活动起积极或消极的作用。积极的情绪情感可以使教育对象的大脑皮层处于兴奋状态，有助于教育对象开展联想、分析、综合、判断、推理等一系列逻辑思维活动，从而发展想象力，接受教育内容，提高教育效果。反之，如果教育对象情绪不高或心态浮躁，其大脑皮层就会处于抑制或半抑制状态，既不利于接受教育信息，促成思想政治教育目标的实现，也不利于教育对象优良个性的培养。

3. 形成学习期待

学习期待是个体在学习需要的基础上对学习活动可能达到目标的一种主观估计。学习期待与学习目标相联系，是对可能实现的学习目标的预期性反映。学习期待指向学习需要的满足，促使个体克服困难，实现学习目标。因此，学习期待也是促成教育对象学习和接受思想政治教育必不可少的成分。在思想政治教育过程中，通过良好的心理情境创设，激发起教育对象的求知热情，形成一定的学习目标，就会使教育对象对思想政治

① 马克思，恩格斯．马克思恩格斯全集：第42卷．北京：人民出版社，1979：169.

教育过程充满了期待，这种求知若渴的心态是教育对象接受思想政治教育的最佳时机。

4. 营造和谐氛围

思想政治教育不仅仅是传授知识、发展能力、提高觉悟的实践活动，同时也伴随着教育者与教育对象之间的情感交流。在思想政治教育过程中，创设良好的心理情境，营造轻松、愉快、和谐的教育氛围，不仅能够密切教育者与教育对象的关系，促进教育者与教育对象及教育情境之间达到和谐统一，而且有助于启迪教育对象的智力，使之处于最活跃状态，主动感知、记忆、想象、思维，接受知识，发展心智，凝练思想，从而实现教育者的教育意图。

（二）思想政治教育心理情境创设的原则

在思想政治教育过程中，良好的教育情境就像一个磁场，吸引着教育对象进入一个充满问题、引发思考、渴望探究的思维世界。因此，思想政治教育心理情境创设要为提高教育效果、实现教育目标服务，要围绕教育内容，遵循一定的原则，不能为了创设情境而创设。

1. 目的性

一个好的心理情境是为一定的教育目标服务的。如前所述，心理情境的创设包括客观情境和主观认知。在思想政治教育过程中，客观情境的创设需要思想政治教育者紧扣教育主题，教育者对为什么要设置情境，设置了情境后应该达到什么教育目标做到心中有数，避免情境创设走形式、赶时髦，偏离教育主题或冲淡教育内容。同时，心理情境的创设还需要教育者营造良好的软环境，通过情感的交流与互动引导教育对象进入思想政治教育的特定情境中。

2. 层次性

美国著名教育心理学家罗伯特指出，教学活动应是一种旨在影响学习者心理过程的外部刺激，教学活动必须与学习者的内部心理过程相吻合。因此，创设心理情境，应该符合教育对象的认知结构与心理水平，与教育对象的感觉、知觉、记忆、思维、想象等认知因素相符合。这样，才能引起教育对象对教育情境与教育内容的强烈关注，进而激发教育对象的求知欲和好奇心，使其产生主动探索的欲望。如果忽视了教育对象的认知水平和心理需要，心理情境缺乏层次、特色和新意，就难以引起教育对象的心理共鸣。

3. 感染性

传统的思想政治教育往往以说教为主，居高临下，空洞乏味，容易使教育对象产生厌烦情绪和逆反心理。思想政治教育要想产生实效，就要增强教育的感染性，提高教育的接受度，营造出主题鲜明、引人入胜、动人心魄、寓教于乐的教育情境，满足教育对象求新、求异、求变、求趣的心理需要，激发他们的学习兴趣。因而，在思想政治教育过程中，教育者首先要创设问题情境、激活思维，使教育对象要学；其次要创设生活情境、化难为易，让教育对象易学；最后要创设愉悦情境，让教育对象轻松愉快、灵感闪烁，使教育对象乐学。当教育对象进入这种情境时，就不会产生沉闷、压抑、厌倦之感，只会激起身心的愉悦体验，从而更容易接受思想政治教育。根据学习理论中的效果律和强化作用规律，凡是伴随着一定活动的使人感到满意、愉快的情绪体验，都能使这种活动得到强化，而不满意的情绪体验则使这种活动受到抑制。这就启示我们，思想政治教育过程中的心理情境创设要坚持感染性原则，不但要晓之以理，而且要动之以情。

4. 体验性

思想政治教育过程不是教育者的单向传输，而是教育者与教育对象互动、交流的学习过程。建构主义认为，知识获得不只是一种客观存在的结果，而是一种需要主观参与的过程，不是客观存在于某个地方等待着我们去发现的东西，而是要在参与中才能找到。在思想政治教育过程中，要想达到教育效果，就必须引导教育对象积极参与到思想政治教育过程之中。如果没有教育对象的积极参与，就不可能取得良好的教育效果。所以，思想政治教育者要创设活动情境，引导教育对象积极参与，使其在参与中获得体验和感受，再升华为正确的思想观念。正如苏霍姆林斯基在《教育的艺术》一书中所说的："课堂上一切困惑和失败的根子，在绝大多数场合下都在于教师忘记了：上课，这是儿童和教师的共同劳动。"[①] 可见，缺乏教育对象亲身参与、获得体验的教育注定是失败的教育。

四、思想政治教育心理情境创设的路径选择

创设思想政治教育的心理情境，要根据教育对象的身心特点和认知规律，运用不同的情境资源激发教育对象的求知欲和好奇心，增强他们的参与兴趣，调动其接受思想政治教育的积极性，从而促进思想政治教育目标的实现。

（一）服务主题的客观情境

在思想政治教育过程中，心理情境的创设离不开具体的物质条件，主要包括思想政治教育的场所、环境、设施、氛围等客观因素。社会心理学的研究表明，教育情境中的物质因素对教育效果可以起到强化的作用。教育场所的布置、营造的氛围可以对教育对象的心理产生触动，影响其认知形成和态度改变。比如，教育者与教育对象的交流环境、地点不同，产生的感受和效果也大不相同。在办公室、在花园、在饭桌上的谈话气氛都会出现一定的差异。监狱的审讯室更是典型的通过环境布置对罪犯产生威慑力，从而击溃其心理防线，促使其低头认罪的例子。在思想政治教育过程中，通过物质环境的创设，可以凸显教育主题、丰富教育载体、营造教育氛围，把教育对象带到特定的教育情境中，有助于教育对象更好地接受思想政治教育。

（二）生动形象的语言情境

在思想政治教育过程中，语言是心理情境创设最重要的资源。任何思想内容总要借

① 苏霍姆林斯基．教育的艺术．长沙：湖南教育出版社，1983：73.

助一定的物质手段才能恰当地表达和反映。语言作为思维的工具，始终与思想内容紧密相连。因此，语言描绘是创设情境最直接、最有效、最经济的方法和途径。在思想政治教育过程中，教育者不仅需要运用科学严谨的语言阐述抽象的理论，也需要运用生动形象的语言创设情境，通过语音、语调、语速的变化以及幽默、准确、优美的语言给教育对象以美的享受。心理学研究表明，优良的语言情境有利于排除、减弱与语言交流无关或起反作用的环境刺激，增加、强化语言交流需要的情感因素，形成和谐的教育情境，起到以境生情、以情助理、以理服人的作用。因此，创设良好的语言情境，是增加思想政治教育的说服力、感染力和渗透力的有效途径，对提高思想政治教育效果具有重要意义。

创设良好的语言情境要做到以下三方面：一是语言描述要生动。生动的语言能够调动教育对象的情绪，活跃教育气氛。而语言的生动性首先体现在情感上。白居易说得好："感人心者，莫先乎情。"（《与元九书》）唯有充满情感的语言才能打动人心。此外，生动的语言要求配合必要的肢体语言，要善于利用面部表情和手势，形成鲜明的立场观点和语境。二是语言描绘要具体形象。具体形象的语言描绘可以使模糊的道理清晰化、深奥的道理浅显化、生活常识哲理化，促进教育对象的思考和联想，使教育对象受到启迪。三是要注意语言描绘的方法。教育者要善于运用语言创设教育情境，可运用比喻法、对比法、解剖法等，以物喻理、借古喻今、以小见大，将有立体感的情境、活生生的形象绘制到教育对象的脑海中。

（三）启迪思维的问题情境

问题情境是引发教育对象学习需要的直接因素。问题情境对于教育对象而言是一种适度的疑难情境，这种情境使教育对象感到既有解决问题的可能性，又具有一定的挑战性，从而激起了教育对象迎接挑战、解决问题的学习需要。在学习需要的基础上，确定学习目标，形成学习期待，构成学习动机。

古人云，"学起于思，思源于疑"，"疑是思之始，学之端"。清代学者陈献章也说："学贵有疑，小疑则小进，大疑则大进。"（《白沙子全集》）孔子更是明确提出："事思敬，疑思问。"（《论语・季氏篇十六》）可见，质疑是思维的源头，也是学习的开端，质疑与思考问题密不可分。强烈的问题意识能够成为思维的动力，促使人们去发现问题，解决问题，直至产生新的思考乃至发明创造。罗杰斯也曾提出构建真实问题情境的具体建议，主张让教育对象置身于将来可能遇到的问题情境之中，让他们直接体验到面临的实际问题和社会问题，以便激发起他们渴望发现、渴望认识、渴望解决的探索精神，把被动学习变成主动求索。由此观之，有价值的教育情境一定是内含问题的情境。

情境中的问题要具备目的性、适应性、启发性和新异性。目的性指问题是根据一定的教育目标提出来的，目标是设问的方向、依据，也是问题的价值所在；适应性指问题的难易程度要适合教育对象接受能力、思维能力的实际水平，以保证多数教育对象都处于思维状态；启发性指问题的提出具有针对性，对教育对象具有启发、点拨的作用；新异性指问题的设计和表述具有新颖性、奇特性和生动性，最大限度地激发教育对象的思维火花，使教育对象在质疑、碰撞、思考中达到知识、能力、觉悟三者的有机统一。

（四）轻松和谐的教育氛围

苏联著名作家赞科夫曾经说过：我们要努力使学习充满无拘无束的气氛，使学生和教师在课堂上能够自由地呼吸，如果不能造就这样的教学气氛，那么任何一种教育方法都不可能发挥其作用①。思想政治教育者要善于营造教育情境，创设良好的心理氛围，运用教育对象喜闻乐见的教育方式和生动形象的信息传播形式施教，引导教育对象在轻松、愉快、和谐的教育氛围中学习知识，转变观念，提高认识。心理学研究表明，和谐、温暖、信任、探究的教育氛围，有助于形成支持性的心理氛围，使教育对象产生轻松、愉快、探究、创造等积极情感体验，进入求知向善的精神世界。与此相反，如果教育主客体间关系不融洽，教育气氛紧张、沉闷、呆板，教育对象就会感到心理压力，从而抑制思维的运转和理论的接受。因此，建立良好的主客体关系是创造愉悦和谐的思想政治教育气氛的基础。这就要求思想政治教育者要充分尊重和信任教育对象，保护他们的自尊心，鼓励他们积极思考，敢于质疑，畅所欲言。只有这样，教育对象才能真正投入思想政治理论的学习之中，阐述观点，分享经验，追求真理。

（五）真实可信的生活情境

思想政治教育回归生活世界是现代社会的呼唤和趋势。生活世界是德国哲学家胡塞尔提出的概念，其最基本的含义是指我们个人或各个社会团体生活于其中的现实而具体的环境。生活世界是一个主观、相对的世界，是一个日常的、非抽象的世界。我们生活、学习于生活世界之中，知识也来源于生活世界。这是优先于知识世界的一个先在世界。一个时期以来，思想政治教育在现实生活中存在着脱离社会和现实的现象，使得思想政治教育难以更好地为社会进步和个人发展服务。因此，在思想政治教育实践中，亟须解决理论向实际转化、教育向生活转化的问题，使思想政治教育回归生活世界。思想政治教育回归生活世界就是把人看作完整的个体，在个体的现实生活世界中，关注个体的生命幸福、强化个体的情感体验、提升个体的思想政治品质，使思想政治教育贴近教育对象的现实生活。

教育对象的生活情境包括政治生活、精神生活、社会生活、职业生活和虚拟生活等。在思想政治教育过程中，强调情境创设的生活性，其实质是倡导思想政治教育面向教育对象的现实生活，充分挖掘和利用教育对象的生活经验，在鲜活的生活实践中发现、挖掘思想政治教育资源，创设思想政治教育情境，解决教育对象在日常生活中遇到的现实问题。换言之，教育情境应当来自教育对象的生活世界。只有这样，才能充分体现思想政治教育在实际生活中的价值。

---

① 赞科夫．和教师的谈话．北京：教育科学出版社，1980：47－48．

（六）注重体验的实践情境

体验是主体内在的知、情、意、行的亲历、体认与验证。体验作为人的一种即时感受，会作为记忆长存于人的心中，成为人心灵财富的一部分，这正是体验的价值所在。在思想政治教育过程中，教育对象的体验如何直接影响教育效果呢？

一般来说，人的学习过程分为两类：一类是左脑式学习，另一类是右脑式学习。左脑式学习是传统学校教育的特点，即老师传授现成的理论和知识，让学生记熟会背；而右脑式学习则是强调身体经历的体验，即从亲身的感受中去学习及领悟。左脑式学习重理论，而右脑式学习重实践。所以，体验式学习也被看作右脑式学习。在国外教育中，右脑式学习越来越受到重视和倡导。美国、日本等很多国家的儿童教育家近年来都致力于开发儿童的右脑，他们认为只有右脑被开发好的儿童才有可能有一个更智慧和更美好的未来。通过左脑式学习获得的知识没有经过我们的身体力行，其印象不可能深刻。因此，在我们离开学习环境后，就逐渐淡忘了。但是，我们的身体是极有智慧的，当一些经验通过我们的身体发生作用之后，它就开始在身体里储存起来，并在需要的时候为我们所用。比如，如果你曾经学过骑自行车，虽然有十几年没再骑过，可是当你骑上车后，几分钟之内就可以正常行驶了，而这种学习正是一种右脑式学习，所以它不容易被遗忘。

思想政治教育的目的不是让教育对象会背一些抽象的概念和名词，而是培养教育对象形成良好的思想政治品德，并在日常生活中践行，因此，思想政治教育更应提倡右脑式学习。在思想政治教育过程中，创设体验式的实践情境，引导教育对象积极参与、主动投身到各种教育活动、实践活动之中，在活动中“以身体之，以心感之”，产生深刻的实践体验，并在此基础上进一步理解观点、建构知识、发展能力、激发情感、生成意义，这样的学习将使教育对象终身受益。

在创设注重体验的思想政治教育实践情境中，思想政治教育者应注意把握以下三点：

第一，少说多做，引导教育对象积极参与，重在实践，从活动中获得丰富的内心感受和体验。教育者是教育对象学习和成长的帮助者，而不是居高临下、夸夸其谈的权威者。只有在教育过程中设计更多的让教育对象亲身参与的主题活动，才会让他们得到收获，感受到求知的快乐。因此，及时准确地发现教育对象的需求并提供恰当的帮助，是教育者最重要的基本功。

第二，通过语言，唤醒教育对象的内心体验。当教育对象在心中积累起许多杂乱的感性体验后，这种体验需要沉淀、浓缩、升华，凝聚为人的大脑的无意识记忆。这种无意识记忆会在某种特定的情境下被激活，促进个体的学习与接受。因此，在思想政治教育过程中，教育者可以通过具有启发性的语言来唤醒教育对象内心深处的这些体验，使之变为真实的、现实的体验。

第三，引导教育对象表达自己的体验。体验并不是艺术，体验有时可能是薄弱的、片面的、易逝的，随时都可能消逝，因此，思想政治教育者应引导教育对象，让他们及时把自己的体验表达出来，强化他们的这种体验，以便达到更好的教育效果。同时，对体验的表达，也可以使教育对象对自己的感受更清楚、更明确，这样会加深教育对象对教育内容的理解。

总之，思想政治教育心理情境创设要符合教育对象的心理需求，唤醒教育对象的情绪情感，强化教育对象的心理体验。只有这样，才能使教育对象感同身受，如临其境，从而使其思想被触动、心弦被拨响、心灵被震撼，因此，良好的思想政治教育心理情境不仅要能传递信息，还要情足味浓、以情感人、以情传情。只有情境互动、情境一体、境中蕴情，才能使教育对象在思想政治教育中获取知识、转化思想、升华情感、完善个性。

阅读书目

1. 靳玉军．思想政治教育学原理．重庆：西南师范大学出版社，2015.
2. 董杰．思想政治教育情境论．武汉：湖北人民出版社，2013.
3. 沙莲香．社会心理学．北京：中国人民大学出版社，1987.
4. 谷传华，张文新．情境的心理学内涵探微．山东师范大学学报（人文社会科学版），2003（5）.

思考题

1. 试述环境、情境及心理情境三个概念的联系与区别。
2. 思想政治教育心理情境创设的意义是什么？
3. 思想政治教育心理情境创设需要遵循哪些原则？
4. 思想政治教育心理情境创设的具体途径有哪些？

第十章

思想政治教育的心理规律

关键词

心理规律　心理矛盾

要点提示

1. 心理规律的含义及内容。
2. 思想政治教育过程中的基本心理矛盾和具体心理矛盾。
3. 思想政治教育的基本心理规律和具体心理规律。

思想政治教育的心理规律是思想政治教育心理学研究的重要课题。研究思想政治教育的心理规律有助于揭示思想政治教育过程中人们心理现象和心理过程的内在联系和本质特征，使人们遵循心理规律开展思想政治教育，从而提高思想政治教育的科学性和有效性。因此，揭示思想政治教育的心理规律是思想政治教育心理学研究的最终指向。

一、心理规律的含义及内容

客观世界中任何事物的发生发展都是有规律可循的，人类的主观世界也不例外。在个体心理发展过程中，其心理现象和心理过程也是有规律的，个体心理发展的规律性是揭示思想政治教育心理规律的重要依据。

（一）心理规律的含义

心理规律是在规律的基础上形成的，是规律在心理发展过程中的体现，因此，要了解心理规律的含义，首先应了解规律及其特点。

1. 规律及其特点

规律是指事物之间所固有的，稳定、必然的本质联系。列宁指出："规律就是关系……

本质的关系或本质之间的关系。”① 规律是客观的，不以人的主观意志为转移；规律深藏于现象背后并支配现象，它决定着事物发展的必然趋向。总之，“规律是事物的内部联系，不是外部联系；是本质的联系，不是现象的联系；是必然联系，不是偶然联系；是区别于其他事物的联系，不是混同于其他事物的联系”②。

世界上的事物、现象千差万别，它们都有各自的规律，但就其根本内容来说可分为自然规律、社会规律和思维规律。自然规律和社会规律都是客观物质世界的规律，但它们的表现形式有所不同。自然规律是自然界中各种自然现象本身所固有的、本质的必然联系，在自然现象的运动中不自觉地表现出来，如太阳的东升西落、月亮的阴晴圆缺，都是按照自身固有的法则运行。因此，自然规律也叫自然法则。社会规律揭示的是人类社会发展的本质的、必然的、稳定的联系以及社会发展的必然趋势和推动力量，社会规律必须通过人们的自觉活动表现出来。比如马克思通过几十年的革命实践和潜心研究，揭示了社会发展的一般规律，以及社会主义必然取代资本主义的科学论断，为社会发展指明了方向。思维规律是人的主观的思维形式对物质世界的客观规律的反映，思维规律揭示了人的认知发展的一般规律，是心理规律在认知发展过程中的具体体现。规律具有必然性、普遍性、客观性和稳定性的特点。

其一，必然性。规律的必然性体现在以下三个方面：一是规律的存在、作用及规律作用的后果是不可抗拒的，如任何悬空的物体一旦失去支撑的力量则必然要以相同的加速度向地面下落，这是由有质量的物体之间存在着引力这个本质特性决定的；二是规律具有重复出现的特性，即无论何时何地，只要规律发生作用的客观条件没有发生变化，只要决定规律的本质原因没有消失，规律就必然会重复出现并发生作用，如一年四季的更替；三是事物之间存在着纵横联系，这种联系具有必然性，表现为一事物的发展变化必然引起相应事物的变化，比如，社会生产力的发展，必然带来生产关系的变化和社会制度的更替。

其二，普遍性。规律在一定条件与范围内具有普遍适用性，对于同一本质的事物和现象具有普遍的支配作用，如新陈代谢适用于所有生物，春华秋实适用于同一气候条件下的作物生长。正如恩格斯所说，“自然界中的普遍性的形式就是规律”③。社会规律也具有普遍性，骄兵必败、暴政必亡对于任何朝代、任何统治者都不例外。

其三，客观性。规律是客观的，它的存在和发生作用不以人的主观意志为转移；规律既不能被创造，也不能被消灭。人们只能发现、遵循、利用规律，即用客观规律来改造自然、改造社会，为社会谋福利，但不能创造、抹杀或违背规律，否则就会受到客观规律的惩罚。正如荀子所说：“天行有常，不为尧存，不为桀亡。”（《荀子·天论》）

其四，稳定性。规律是事物固有的和普遍的联系，是事物发展的必然趋势。它的出现与作用比较稳定，不会千变万化，让人无法捉摸。规律一经形成就具有一定的稳定性，这为我们探寻规律提供了可能。

---

① 列宁．列宁全集：第55卷．2版．北京：人民出版社，1990：128.
② 胡凯，荣复康．思想政治教育心理学．长沙：湖南科学技术出版社，2005：20.
③ 马克思，恩格斯．马克思恩格斯选集：第3卷．3版．北京：人民出版社，2012：938.

2. 心理规律的概念

心理规律是规律在人的心理发展过程中的体现。人的心理如同魔方一样千变万化，但人的心理发展和心理变化并非杂乱无章，而是遵循一定的规律性。研究、掌握这些规律有利于促进人的发展，对于人们现实生活、工作、学习具有推动作用，我们可以根据这些规律来设定人生目标、完善心理品质、提升个人能力，因此，探求心理规律是极其必要的。

根据规律的定义，我们可以将心理规律理解为：心理规律是人们心理发展过程中心理现象和心理过程的本质的、必然的、稳定的联系以及表现出的发展趋势。对于心理规律的理解和把握有以下三个要点：

首先，心理规律特指在人的心理发展过程中各种心理现象和心理活动的规律。心理规律是从人的心理现象、心理过程和心理活动中产生的，离开了人们的心理现象和心理活动就无所谓心理规律。同时，人的心理是对客观物质世界的主观反映，离开了客观物质世界就不会有人的心理。因此，心理规律与自然规律和社会规律都有着密切的联系。

其次，心理规律是心理现象、心理活动和心理过程中本质的、必然的、稳定的联系。正是这种本质的、必然的、稳定的联系，揭示出人的心理活动和心理发展的规律性。

最后，心理规律表现为心理活动和心理发展的必然趋势。这种发展趋势为我们认识人的心理特点、了解人的心理活动、把握人的社会行为提供了依据。因此，认识和掌握心理规律可以提高工作的预见性和主动性。

人们对规律的把握是一个不断发展的过程。随着人们对心理现象、心理过程和心理活动研究的深入，对心理规律的研究和把握也必将日益深化。

（二）心理规律的内容

心理规律是一个内容丰富、层次清晰的完整体系。有的专家把它分为宏观规律、中观规律和微观规律三个层次①。

1. 第一层次：宏观规律

心理规律的第一层次是心理的根本规律、总规律，或称宏观规律，它包括以下两个规律：

（1）心理依存于主体与客体矛盾的规律。

所谓主体与客体的矛盾，就是人与环境的矛盾。主客体之间既有对立、不协调的一面，也有统一、协调的一面。它们之间的矛盾斗争是人的心理赖以发生、发展的内在动力。正如潘菽所说：“人们的全部生活实践是一刻也离不开和周围的客观世界的交往的。……在人们和客观世界这样密切的不可分割的交往关系中，也就包含着继续不断的、随时随地产生的矛盾，这种矛盾就是人们作为主体和客观现实作为客体之间或多或少的不相适应以至完全相对抗所构成的矛盾。就心理学的角度看，这种矛盾表现为人们的主观状态或要求方面和现实存在的客观情况方面不相适应的矛盾。由于主观和客观之

① 燕国材．论心理规律．南通师范学院学报（哲学社会科学版），2002（2）：124-127.

间不断地产生这种矛盾，就不断地引起人们的种种积极的意向活动以及认识活动，以求能动地解决或克服这种矛盾。”① 人的各种心理活动都是这种矛盾的反映，离开了主客体的矛盾，就无任何心理活动可言。

（2）心理依存于先天与后天结合的规律。

任何心理都是在与生俱来的先天属性的基础上，在后天环境、教育的影响下，通过个体的学习、实践活动逐步形成、发展起来的。离开了人的先天素质，心理发展就成了无源之水、无本之木。比如，一个生来大脑就有缺陷的儿童，心理就不可能获得正常的发展。同样，环境是生长的条件，没有良好的社会环境和教育条件，个体的心理发展也是不可能的。可见，先天因素只能给个体心理发展提供可能性，并不能决定个体心理的发展。心理的发展是先天因素和后天环境的有机统一。

2. 第二层次：中观规律

心理规律的第二层次可称为中观规律，它包括两个心理规律：一个是心理与身体（特别是脑）活动、客观现实、实践活动等外部关系的规律，另一个是心理与内部关系的规律。

（1）心理与外部关系的规律。

首先表现为心理对身体活动的依存关系的规律。脑是心理活动的器官，心理是大脑的机能。心理与脑及身体活动密切相关。心理是大脑两半球既相对分工又协同活动的结果。同时，心理还是大脑边缘系统与网状结构活动的产物。此外，人的心理状态受身体活动的影响，比如，运动后可以产生多巴胺，使人处于兴奋和愉悦的心理状态。

其次表现为心理对客观现实的依存关系的规律。人的心理是客观现实作用于人的感觉器官而产生的，客观现实是心理活动的源泉，心理是对客观现实的感应。正如列宁指出的：没有被反映者，就不能有反映。因此，外部客观世界是心理产生的源泉，心理依赖于客观物质世界。

最后表现为心理与实践活动统一的规律。人的心理是在实践活动中发生和发展的，实践是人的心理活动产生的基础。这是因为实践是实现人的主观心理活动和外在客观世界相统一的中介。没有这种中介，人脑与客观现实就永远不可能有交集。同时，在实践中发生、发展起来的心理必然又会反作用于实践活动的方向、水平和效率，指导人们的实践活动。因此，心理与实践活动具有辩证统一的关系。

（2）心理与内部关系的规律。

心理与内部关系的规律表现为心理要素中认识与意向矛盾的规律、认识与认识矛盾的规律以及意向与意向矛盾的规律。

首先，认识与意向矛盾的规律。著名心理学家潘菽将心理划分为认识与意向两大系列。他指出：“人们在生活实践中的整个心理活动，总是由认识活动和意向活动两方面所组成的。认识活动是人们对客观世界的反映活动，人们对客观事物的感觉、知觉、想象、唤起、联想、思考等都是认识活动。意向活动是人们对客观世界做出的对待活动，人们

---

① 潘菽．心理学简札：上册．北京：人民教育出版社，1984：10.

对客观事物的注意、观念、意图、情绪、谋虑、意志等都是对待或处理客观事物的活动。"[①] 认识与意向的关系表现为认识指导意向，意向主导认识。"意向总是认识指引之下的意向，而认识总是意向主导之下的认识。没有一定的认识活动指引的意向活动是没有的。……另一方面，不在一定的意向活动的主导之下的认识活动也是没有的。"[②] 因此，认识与意向互相依赖。但认识与意向之间也存在着矛盾和冲突。比如，对于网络成瘾者来说，绝大多数人能够认识到沉迷于网络是有害的，但总是不能摆脱网络的诱惑，控制不住自己的冲动而产生上网的意向及行为。

其次，认识与认识矛盾的规律。一种认识与另一种认识也表现为对立统一的矛盾关系。美国社会心理学家菲斯汀格提出的认知失调理论，就是以认识与认识矛盾的规律为基础的。这一理论认为，个体内部的认知矛盾是个体行为的动力。当两种认知失调时，就会在心理上产生压力，带来焦虑感，推动个体改变认知以消除此种不协调，获得心理平衡。比如，一名吸烟者一方面认为吸烟能够带来轻松、愉悦的感觉，使人缓解压力，获得灵感；另一方面又知道吸烟影响健康，增加肺癌的患病率。这两种对于吸烟的认知产生了冲突。这种冲突越强烈，吸烟者改变认知，使两种认知趋于协调的动机就越强烈，因而就越可能改变对于吸烟的态度。可见，认识与认识的矛盾是推动人的心理发展变化的动力。

最后，意向与意向矛盾的规律。一种意向同另一种意向也表现为对立统一的矛盾关系。当人们对于同一事物产生不同意向或对不同事物产生分别意向后，意向与意向的矛盾就会产生。比如，一名减肥者在晚宴上，既有减肥的意向，又禁不住美食的诱惑，产生进食的意向。此时，两种意向之间产生了冲突，导致了减肥者的心理矛盾，促成了矛盾运动。

3. 第三层次：微观规律

心理规律的第三层次是心理的具体规律，也可称为微观规律，是以上规律在各种具体心理现象上的反映，有纵向、横向之分。

（1）心理的纵向发展规律。

心理的纵向发展规律是指任何心理现象都是从低级到高级、从简单到复杂逐步形成和发展的，它反映心理现象内部的纵向层次性。例如，思维的纵向发展规律是：从具体形象思维到抽象逻辑思维。皮亚杰把人的思维发展由低到高分为四个阶段：感知运动阶段（0～2 岁）、前运算阶段（2～7 岁）、具体运算阶段（7～12 岁）和形式运算阶段（12 岁以后）。在感知运动阶段，儿童依靠感知运动适应外部世界，构筑动作模式，即思维与动作密切相连。在前运算阶段，儿童的思维得以从具体动作中摆脱出来，表象思维与直观形象思维成为该阶段的主导。在具体运算阶段，儿童的思维已不再简单地受客体知觉特征的影响，思维具有了内化性、可逆性、守恒性以及整体性等特性，但思维方式仍需要具体对象作为依托。在形式运算阶段，青少年开始运用抽象规则进行思维，采取系统化的方法而不是随机摘取的方法去寻找解决复杂问题的答案。与前一阶段相比，其最大

---

① 潘菽．心理学简札：上册．北京：人民教育出版社，1984：7－8.

② 同①13.

的特点是个体的思维已摆脱具体事物的束缚，而着眼于抽象概念。因此，这一时期的思维更具灵活性、系统性和抽象性。

（2）心理的横向联系规律。

心理的横向联系规律表明，各种心理现象内部的各成分之间具有密切的联系，它反映心理现象内部的横向联系性，如感知、记忆、想象、思维等心理现象都有着横向联系。感觉性与感觉阈限成反比例关系的规律，记忆对记忆材料数量与性质的依存关系的规律，都有着横向的内在联系。

二、思想政治教育过程中的心理矛盾

思想政治教育的心理规律是对思想政治教育过程中教育者和教育对象各种心理矛盾的内在联系和发展趋势的揭示。研究思想政治教育的心理规律必须分析思想政治教育过程中存在的各种心理矛盾，并探究其运动发展的规律性。

思想政治教育的过程是一个由教育者（教育主体）、教育对象（教育客体）、教育内容和方法（教育介体）、教育环境（教育环体）四个基本要素相互联系、相互作用构成的有机系统。在思想政治教育过程中，上述四个基本因素之间及其内部充满着一系列心理矛盾，如教育者与教育对象之间的心理矛盾，教育者及教育对象自身的心理矛盾，教育者、教育对象与教育介体和教育环境之间的心理矛盾等。这些心理矛盾之间的对立统一推动着思想政治教育目标的实现。

（一）思想政治教育过程中的基本心理矛盾

思想政治教育是教育者根据一定社会的思想政治品德要求，对教育对象施加有目的、有计划、有组织的教育影响，促使教育对象产生内在的思想矛盾运动，以形成一定社会所期望的思想政治品德的社会实践活动。思想政治教育过程中的基本心理矛盾表现为思想政治教育者所掌握的一定社会的思想道德要求和施教内容、方法及环境与“思想政治教育的受教育者的思想道德现状和心理水平所形成的接受心理之间的矛盾。简言之，即思想政治教育者为主导的施教系统与教育对象为主体的接受心理之间的矛盾”[①]。

1. 以思想政治教育者为主导的施教系统是推动基本心理矛盾发展的主要方面

以思想政治教育者为主导的施教系统成为思想政治教育过程中基本心理矛盾的主要方面，这是由思想政治教育者在整个教育过程中的主导地位决定的。思想政治教育者决定着思想政治教育的方向、内容、方法和施教进程，具体表现在以下三个方面：

首先，教育者是思想政治教育方向和社会要求的代表者。思想政治教育就是一定的阶级、政党、社会群体用一定的思想观念、政治观点、道德规范，教育、影响教育对象的思想意识和精神世界的社会活动。教育者作为社会要求的具体承担者，始终代表着一

① 胡凯，荣复康．思想政治教育心理学．长沙：湖南科学技术出版社，2005：28.

定的阶级、政党和社会群体，直接决定对教育对象施加影响的方向，主导着教育对象思想品德发展变化的方向。

其次，教育者是思想政治教育过程的组织者和实施者。在思想政治教育过程中，教育者以一定的社会要求为依据，针对教育对象所处的社会环境和思想实际，制定教育目标、确定教育内容、拟定教育计划、选择教育方法、实施教育方案、调控思想政治教育的全过程。

最后，教育者是教育对象接受动机的激发者。在思想政治教育过程中，教育对象是否具有接受动机是思想政治教育能否顺利进行并达到预定目标的关键因素。教育对象的学习积极性和接受思想政治教育的动机不是自发产生的，它在很大程度上需要教育者的激发。如果没有教育者的激发和引导，教育对象很难产生接受思想政治教育的需要。

2. 教育对象的接受心理是该基本心理矛盾的次要方面

如前所述，虽然在思想政治教育的基本心理矛盾中，以教育者为主导的施教系统是推动矛盾发展的主要方面，教育对象的接受心理是矛盾发展的次要方面，但教育对象在思想政治教育接受中的主体地位却是不容忽视的。因为在思想政治教育过程中，教育对象并不是被动地接受教育，而是经过头脑的加工改造，有选择地接受教育信息，从而完成思想政治教育的内化和外化过程。在这一过程中，教育对象的主体作用十分明显，具体表现在以下几个方面：

首先，教育对象是思想政治教育的出发点和归宿。2018 年 8 月 21 日至 22 日，全国宣传思想工作会议在北京召开。习近平总书记在讲话中强调："宣传思想工作是做人的工作的，要把培养担当民族复兴大任的时代新人作为重要职责。""做人的工作"，坚持以人为本，就是要把教育对象当作思想政治教育的出发点和归宿，在思想政治教育中做到以人为先、以人为重、以人为尊。反之，如果忽视教育对象的主体地位，违背其接受心理，思想政治教育的目标就不可能实现，思想政治教育过程的基本心理矛盾也将难以解决。

其次，教育对象是思想政治教育基本心理矛盾中的能动个体。在思想政治教育过程中，教育对象具有较大的主观能动性，具体表现在：一是教育对象在接受教育时作为认识主体具有选择性，对来自教育者及外界的信息不是全盘接受和盲目吸收，而是选择那些符合自身需要、自认为最有价值的内容，和自己原有的思想观念进行整合，形成新的思想观念；二是在思想政治教育过程中，教育对象能够调控自己的情绪和情感，以积极的姿态参与思想政治教育活动，促进思想政治教育认知过程的发展；三是在思想政治教育外化阶段，教育对象能够发挥意志的作用，自觉按照社会要求塑造自己，克服知行转化中的困难，努力践行正确的道德行为，最终实现思想政治教育的目标。

最后，教育对象的主体地位贯穿于思想政治教育过程的始终。思想政治教育的过程是一个矛盾运动的过程，矛盾的表现是多方面的，有教育者与教育对象的矛盾，教育对象与教育内容、教育形式和教育手段之间的矛盾，教育对象的知、情、意、行等心理要素之间的矛盾等。这些矛盾的表现，实际上是教育过程中各种矛盾相互运动、相互转化的反映。教育对象思想政治品德的提升，最终要通过自身的矛盾运动来完成，因此，其主体地位的发挥伴随着整个思想政治教育的进程。

（二）思想政治教育过程中的具体心理矛盾

在思想政治教育过程中，除了上述基本矛盾外，在教育者、教育对象、教育介体和教育环境之间及教育者与教育对象自身都存在着一系列具体矛盾，主要表现在具有心理活动的两大主体——教育者（教育主体）与教育对象（接受主体）这两大方面。这些矛盾的对立统一促成了思想政治教育活动的开展及思想政治教育目标的达成。

1. 教育者与相关因素间的心理矛盾

教育者与相关因素间的心理矛盾包括思想政治教育过程中教育者自身的心理矛盾以及教育者与教育过程中除自身以外的其他要素之间的心理矛盾。

（1）教育者与社会要求之间的心理冲突。

在思想政治教育过程中，教育者是社会意识和国家意志的代言人。作为一种社会角色，思想政治教育者的言行必须与统治阶级的思想意识相一致，同社会主导价值取向相吻合。但是，思想政治教育者是相对独立的个体，其思想意识虽受社会意识的影响和制约，但却具有一定的主体性。作为社会个体，其思想意识与社会意识之间存在着不同程度的差异和距离。这自然会导致思想政治教育者自身与角色要求之间的矛盾，表现为自身认知、情感等与社会要求之间的冲突，如认知上是否完全认同社会意识形态，情感上是否对思想政治教育充满热情，能否完全从心理上接受思想政治教育者这一社会角色，能否将认知自觉外化为自己的教育言行，等等。

（2）教育者与教育对象的心理矛盾。

教育者与教育对象的心理矛盾是由思想政治教育过程中的基本矛盾决定的，即教育者所代表的社会意识和道德要求与教育对象的思想意识和道德现状的矛盾。在思想政治教育过程中，教育者是社会利益和国家意志的代表者，处于主导地位，而教育对象是教育的客体，是受教育者。作为社会个体，教育对象有自己的思想意识、道德选择和利益诉求，自然会与教育者所代表的社会意识与社会要求之间发生一定程度的认知冲突、情感冲突、意志冲突、行为冲突等。教育者正是在不断面对这些矛盾和解决这些冲突的过程中，推动着思想政治教育的进行。

（3）教育者自身的心理矛盾。

在思想政治教育过程中，教育者常常遇到来自内部的心理矛盾，如果处理不好，会产生消极情绪，使自身陷入困惑和苦闷之中，影响正常工作、生活及思想政治教育的开展。教育者最常见的心理矛盾是各种动机冲突。动机冲突又称心理冲突，是指一个人在某种活动中，同时存在着一个或数个所欲求的目标，或存在两个或两个以上互相排斥的动机，当处于相互矛盾的状态时，个体难以决定取舍，表现为行动上的犹豫不决，这种相互冲击的心理状态，称为动机冲突。思想政治教育者常见的动机冲突表现为以下三种情况：

一是双趋式冲突，指两种对个体都具有吸引力的目标同时出现，形成强度相同的两个动机。但由于条件限制，只能选择其中的一个目标，此时个体往往会表现出难以取舍的矛盾心理，形成双趋式冲突。“鱼与熊掌不可兼得”就是双趋式冲突的真实写照。比如，由于思想政治教育的艰巨性和复杂性，需要思想政治教育者投入很多时间和精力，这就使得不少思想政治教育者在好干部、好老师和好子女或好父母之间无法兼顾，造成内心冲突。

二是双避式冲突，指两种对个体都具有威胁性的目标同时出现，使个体对这两个目标均产生逃避动机，但由于条件和环境的限制，也只能选择其中的一个目标，这种选择时的心理冲突被称为双避式冲突。“前遇大河，后有追兵”正是这种处境的表现。比如，有些教育者看到思想政治教育投入高、压力大、见效慢，产生逃避和退缩心理，想放弃却又缺乏其他专业知识和技能，结果左右为难，造成内心冲突。

三是趋避式冲突，指某一事物对个体具有利与弊的双重意义时，会使人产生两种动机态度：一方面好而趋之，另一方面则恶而远之。所谓“想吃鱼又怕鱼刺”就是这种冲突的表现。比如，有些思想政治教育者在工作中既想取得业绩，又不愿意付出艰辛努力，患得患失，造成内心冲突。

（4）教育者与教育环境之间的心理矛盾。

思想政治教育是在一定的教育环境中进行的，良好的教育环境会促进教育者的认知、情感、意志的发展，使思想政治教育者的行为更接近其社会角色，而不良的教育环境则会与思想政治教育者对教育环境的高期待形成落差，增加思想政治教育的难度，使思想政治教育过程中的各种矛盾更为突出，从而加重思想政治教育者实施教育的心理压力。比如，在思想政治教育过程中，教育环境中会出现一些不利于思想政治教育开展的因素，思想政治教育无用论、过时论等不良舆论氛围以及嘈杂、混乱的现场气氛等都会使思想政治教育者的信心动摇，对思想政治教育的效果和自身价值产生怀疑。

2. 教育对象与相关因素间的心理矛盾

教育对象与相关因素间的心理矛盾包括在思想政治教育过程中教育对象自身内部的心理矛盾以及教育对象与思想政治教育过程中其他要素之间的心理矛盾，具体表现在以下几个方面：

（1）教育对象自身的思想意识与社会要求之间的矛盾。

思想政治教育的过程就是教育者按照社会的要求对教育对象施加影响，促使其形成一定社会所期望的思想意识和道德品质的过程。在这一过程中，由于教育对象的内部矛盾状态不同、个体心理世界不同、原有的思想品德结构不同，以及对待外部环境影响的反应不同，因而社会要求的思想政治品德反映到教育对象的内心世界总要与其原有的思想意识、道德品质之间存在不同程度的差距，这种差距会引起教育对象内心的一系列矛盾，主要表现在教育对象认知、情感、意向等方面的冲突。比如，教育对象是否认同教育者所倡导的社会意识与社会要求，教育对象是否产生接受思想政治教育的心理需要，教育对象能否将社会意识和道德准则内化为自己的道德认知和价值判断并外化为行为，等等。这些矛盾集中表现为教育者所实施的教育内容与教育对象自身的思想意识及主体性之间的心理矛盾。

（2）教育对象与教育者之间的心理矛盾。

由于教育对象在接受思想政治教育之前就已经形成了一定的思想意识和道德品质，因而在思想政治教育过程中，必然对教育者、教育内容、教育方法及教育环境产生一定的心理矛盾。当心理矛盾协调发展时便产生接受心理，反之则产生不接受心理。教育对象与教育者的心理矛盾主要表现为教育对象在认知上是否认同教育者的思想观点和价值判断，在情感上是否喜欢教育者的外在形象和知识素养。一旦教育对象对教育者产生反感情绪，就会出现心理阻抗，影响其对思想政治教育的接受。

（3）教育对象自身的心理矛盾。

在思想政治教育过程中，教育对象对思想政治教育的内化与外化是其自身内在矛盾运动的结果。由于教育对象自身各种心理要素之间发展不平衡，必然导致各种心理矛盾，具体表现为认知间的冲突、认知与情感的冲突、意志与行为的冲突等。教育对象认知间的冲突表现为原有的观念、态度与新形成的观念、态度之间的冲突。教育对象原有的观念、态度是指其接受思想政治教育之前的思想状况。在接受思想政治教育的过程中，教育对象会将新接收的思想信息纳入自己的认知系统，与头脑中原有的思想观念进行整合。在这一过程中，新旧观念之间会出现认知冲突，产生一系列矛盾和斗争。为了维护自身的心理平衡，旧的观念会千方百计排斥新观念的进入，这也正是转变人的思想之艰巨性所在。只有新观念足够强大，足以打败旧观念，新观念才能占据教育对象的精神世界，形成新的认知图式和思想观念。

教育对象自身的心理矛盾还表现为认知与情感间的矛盾。在某些情况下，教育对象的认知已发生变化，认同教育者所传递的思想观点，但在情感上却难以抛弃自己的不合理认知和错误观点，影响了由知到行的外化进程。

此外，教育对象的意志与行为之间也存在着矛盾。有些教育对象虽然在认知与情感上能够认同思想政治教育信息，也愿意付诸行动，但由于意志品质薄弱，难以克服由认知到行为转化中出现的困难，因而半途而废，出现知行脱节的现象，不能践行正确的思想品德。

（4）教育对象与教育环境、教育介体之间的心理矛盾。

思想政治教育是在社会环境这个大背景下进行的，不能脱离社会影响而孤立存在。在思想政治教育过程中，教育对象无时无刻不受到来自外界环境的广泛影响。这些外界影响在目的性、性质、可控性等方面是有区别的，其中有积极的，也有消极的。这些影响通过各种形式、各种渠道对思想政治教育过程产生影响和作用。与教育目标相一致的教育环境有助于教育对象产生接受心理，相反，不符合教育目标的教育环境则使教育对象产生困惑、怀疑，甚至抵制、逆反等不良心理。

教育对象与教育内容、教育方法的心理矛盾表现在教育对象是否在心理上认同这些教育内容和教育方法，并在情感和意志的协同努力下，自觉地完成教育内容的内化过程，再外化为自己的行为。

三、思想政治教育过程中的心理规律

思想政治教育过程中充满着一系列心理矛盾，而各种矛盾的运动和发展都有其规律可循，不论是在教育者、教育对象自身的心理发展方面，还是在教育者与教育对象心理互动的过程中，都有众多的心理规律。探讨思想政治教育过程中的心理规律，有助于按照心理规律开展思想政治教育，提高思想政治教育的科学性和有效性。

（一）思想政治教育的基本心理规律

思想政治教育的过程就是教育者与教育对象的心理互动过程，也是教育对象内在知、情、意、行的辩证发展过程，在这一过程中有许多心理规律，但这些心理规律受制于思想政治教育的基本心理规律，即以思想政治教育者为主导的施教系统必须适合教育对象的接受心理的规律[①]。这一规律要求思想政治教育活动既要适合教育对象的接受心理，又要超越其接受心理和思想品德现状，体现出社会对人们思想品德的要求。这一规律反映了思想政治教育主要因素之间的本质联系，揭示了思想政治教育过程基本心理矛盾运动的发展趋势，因而是思想政治教育过程的基本心理规律。

1. 教育者的施教必须符合教育对象的接受心理

在思想政治教育过程中，教育效果必然受到教育对象接受心理的影响。因此，思想政治教育要想产生效果，就必须使教育者的施教过程符合教育对象的接受心理。具体表现为激发教育对象的心理需要，调动教育对象的接受热情，激活教育对象的认知系统，引导教育对象的社会行为。只有这样，教育影响才能真正作用于教育对象，促进其将社会所要求的政治观点、思想意识和道德品质内化为自己的观念系统，并外化为社会行为，最终形成良好的思想政治品德。反之，思想政治教育就有可能脱离实际，起不到它应起的作用。

首先，改变人的思想的艰巨性，要求教育者施教要适应教育对象的接受心理。改变人的思想是一个艰苦的过程，因为思想作为人们对客观事物的理性认识，是客观存在反映在人的意识中经过思维活动而产生的结果。人的思想不是感性认识的产物，而是在感性认识的基础上，经过头脑的加工改造和深思熟虑，使认识产生飞跃，上升到理性认识。因此，人的思想一经形成就具有一定的稳定性，不会轻易改变。而思想政治教育的过程，正是帮助人们树立起正确的世界观、人生观和价值观，形成社会需要的政治立场、政治态度、政治观念和思想品德的过程。这一过程会触及教育对象的思想、意识、信念等观念系统。因而这种接受过程与对自然科学成果的接受相比，具有更大的难度和挑战性，需要教育者的施教更加符合教育对象的接受心理。

其次，教育对象日益增强的主体性，要求教育者施教要适应教育对象的接受心理。在思想政治教育过程中，教育对象是能动的个体，其日益增强的主体性反映在思想政治教育过程中，表现为对教育内容的真理性、教育方法的科学性、教育途径的多样性及接受结果的价值性要求更高，否则，就会对思想政治教育产生排斥心理，影响思想政治教育目标的实现。这就要求思想政治教育者认真分析教育对象的接受心理，精心设计教育过程的每一个环节，使思想政治教育符合教育对象的接受规律，满足教育对象的心理需要。

---

① 胡凯．思想政治教育过程的心理规律初探．思想理论教育导刊，2005（3）：52－56.

最后，教育对象的心理现状也要求教育者充分考虑并适应其接受心理。随着互联网的迅速普及、新媒体时代的到来，西方资本主义思想、文化也不可避免地渗透进来，对我国的主流意识形态形成严峻挑战，加剧了思想政治教育的难度，使得教育对象对思想政治教育的需求和兴趣下降。这就要求思想政治教育者研究教育对象的接受心理，针对教育对象喜欢追求真理、对形象化的东西感兴趣以及对符合时代特征的榜样容易接受等特点，实施思想政治教育。

2. 教育者的施教应超越教育对象的接受心理

思想政治教育具有提高教育对象的政治觉悟、思想素养和道德水平的职能，因而，要实现思想政治教育的目标，教育者的施教不能仅是被动地适应教育对象的接受心理，还要善于调节并超越教育对象的接受心理，指明教育对象的努力方向。只有这样，教育活动才能满足教育对象精神世界长远发展的需要，推动其政治思想品德朝着社会要求的方向不断发展。

首先，教育者的主导地位要求其施教必须超越教育对象的接受心理。思想政治教育是一定的阶级、政党、社会群体用一定的思想观念、政治观点、道德规范对其成员施加有目的、有计划、有组织的影响，使他们形成符合一定社会、一定阶级所需要的思想品德的社会实践活动。在这一过程中，思想政治教育者起着主导作用，表现在他们将按照思想政治教育的目标，组织教育内容、制订教育计划、协调思想政治教育过程中的各种矛盾关系，对教育对象施加积极影响，以实现思想政治教育的目标。如果教育者不能有效超越教育对象的接受心理，只是一味适应，被教育对象牵着鼻子走，就会丧失在思想政治教育中的主导地位，放弃党对思想政治教育的领导，导致思想政治教育的失败。

其次，教育对象的思想实际要求教育者的施教超越其接受心理。在思想政治教育过程中，教育对象表现出来的接受心理，是由其政治觉悟、思想水平、道德素养和心理发展水平决定的。在接受思想政治教育之前，教育对象的政治思想状况与社会要求之间具有一定的差距，思想政治教育的过程正是不断缩短教育对象与社会要求之间距离的过程。教育者只有通过思想政治教育，实现对教育对象接受心理的超越，才能促使教育对象的政治觉悟、思想观念、道德水平不断提高。

最后，实现思想政治教育的目标要求教育者的施教超越其接受心理。思想政治教育目标是思想政治教育过程的起点和归宿，它概括了时代对受教育者的要求，体现着国家、社会和教育者的期望，规定了人的思想政治品德的发展方向，在整个思想政治教育过程中起着导向、激励、调控作用。思想政治教育的目标是一个有机系统。概括地说，因层次不同，思想政治教育的目标有根本目标和具体目标之分；因教育对象不同，有社会目标、群体目标和个体目标之分；因内容不同，有政治目标、道德目标、职业目标、生活目标之分；因时间不同，有长期目标、中期目标和近期目标之分；因隶属关系不同，则有总目标和分目标之分。这些目标相互联系、相互影响，共同构成思想政治教育的目标体系。在我国，思想政治教育的根本目标在于促进人的全面发展。但由于教育对象的政治觉悟、思想素养和道德水平与国家、社会要求之间存在着差距，以及教育对象的政治思想道德素质的个体差异，教育者的施教必须超越教育对象的接受心理，促使其思想政治品德不断提升，达到全面发展，进而实现思想政治教育的根本目标。

（二）思想政治教育的具体心理规律

思想政治教育的具体心理规律所揭示的是在思想政治教育过程中，人的认知、情感、意志、行为整个心理过程以及个性心理、接受心理各要素之间的内在本质联系。因此，揭示思想政治教育的具体心理规律可以从以下三个视角入手。

1. 从教育主客体的心理过程入手，揭示思想政治教育的心理规律

思想政治教育过程与人的心理过程息息相关。因此，思想政治教育的具体心理规律就体现在思想政治教育过程中教育主客体的认知、情感、意志和行为诸要素的相互作用和相互影响之中。据此，思想政治教育的具体心理规律可以概括为：一是认知方面的规律，包括感官协同规律、注意引导规律、认知平衡规律；二是情感方面的规律，包括情感激发规律、情理交融规律；三是意志方面的规律，包括意志能动规律；四是行为方面的规律，包括行为示范规律、知行统一规律、行为养成规律等。下面着重介绍以下四个规律。

感官协同规律。感官协同规律是指教育对象在感知思想政治教育信息过程中，如果多种感官同时被激活，协同运作，可以大大提高感知效果，促进思想政治教育认知过程的心理规律。教育对象在对思想政治教育信息的认知过程中，感觉是获得信息、形成观念的基础，而感觉是通过感官获得的。感官作为个体接收信息的器官在知识获得中具有基础性作用。然而，教育对象对思想政治教育信息的感知是有规律可循的。根据感官协同规律，在思想政治教育过程中，可以刺激教育对象的视觉、听觉、触觉，引导大学生眼观、耳听、手记，用身心感受，用大脑领悟，以达到启发思维，提高认知效果的目的。

认知平衡规律。认知平衡规律是指人具有认知平衡的内在需要，当个体的认知因素出现冲突时，就会导致心理失衡，出现心理上的紧张感和压抑感，成为内驱力，促使个体通过改变认知来减轻和消除这种不协调状态，使认知重新协调起来的心理规律。而个体认知协调过程就是态度、观念的转变过程。认知平衡规律的理论依据是美国心理学家菲斯汀格提出的认知失调理论。菲斯汀格认为，人的知识、态度、观点、信念等认知因素构成了整体认知结构，当人的认知因素发生冲突时，个体就会产生改变认知的动机，个体认知因素之间的矛盾越大，想要减轻或解除失调的动机也就越强烈。因此，认知矛盾造成的特定心理压力，是人们改变态度、缓解压力、实现心理平衡的内在动力。也就是说，这种“失调效应”促使个体的认知矛盾运动总是朝消除矛盾、减小失调的方向进行。认知平衡规律揭示了认知冲突是实现认知平衡的内在动因。根据这一规律，在思想政治教育过程中，教育者不要回避矛盾，害怕冲突，而要设法造成教育对象的认知冲突，引起其内在矛盾，从而促进教育对象深刻反思，改变态度、观念，实现认识上的飞跃和升华。

知行统一规律。知行统一规律是指在思想政治教育过程中，教育对象对思想政治教育内容的接受是认知与行为，即内化与外化的辩证统一的心理规律。从思想政治教育过程来看，思想政治教育实际上是教育者有目的、有计划、有组织地帮助和引导教育对象将社会所要求的思想意识和道德规范内化为自身的思想意识和道德观念，形成正确的道德认知，再外化为自己的道德行为，践行正确的思想品德的过程。在这一过程中，知主要指教育对象的思想意识和道德观念，行主要指教育对象的道德践履和实际行动。因此，知行关系，也就是思想意识和道德践履的关系。在思想政治教育过程中，认知与行为是辩证统一的。一方面，两者相互联系。认知是行为的前提和基础，没有认知，就没有行为。同时，行为是认知的目的和归宿，不去践行，认知也就失去了存在的意义。可见，在思想政治教育过程中，只有知行合一，才能完成思想政治教育的全过程，实现思想政治教育的根本目标。

行为养成规律。行为养成规律是指人的行为养成是一个不断重复的过程，通过重复就会使人的行为得到不断增强，从而养成行为习惯的心理规律。经常重复一种思想就会产生信念，进而变得坚信不疑；经常重复一个动作，就会养成行为习惯。重复可以在潜意识中输入一个程序，使难事变得容易、使感知更加敏锐、使鉴别力更加准确、使潜意识更加清晰、使人更具自信心。行为养成规律启示我们，在思想政治教育过程中，不要期望一蹴而就，追求思想政治教育的短期效应，而要抓反复，反复抓，反复重复正确的思想观念和价值取向，让它成为时代主旋律和社会主流意识形态，占据教育对象的观念领域和精神世界。不仅在教育对象的思维领域，在其行为过程中，也要引导教育对象不断重复正确的行为，从而使其养成良好的习惯。

2. 从教育主客体的个性心理入手，揭示思想政治教育的心理规律

思想政治教育不仅与教育对象的心理过程密切相关，还与教育对象的个性心理密切相关。比如：从个性倾向性的视角考察，有需要驱动规律；从个性心理特征的视角考察，有因材施教规律。

需要驱动规律是指在思想政治教育过程中，教育对象的内在需要是其是否接受以及在多大程度上接受思想政治教育内容的动力和依据的心理规律。教育对象对思想政治教育的接受活动是一种能动的活动。人们的一切心理活动都需要有动力支持。教育对象接受思想政治教育的动力来自何处？来自教育对象的接受需要和接受动机。任何心理都是客观现实在人脑中的主观反映。教育对象接受思想政治教育需要的产生，是社会对人们在政治态度、思想观念和道德品质等方面的要求在个体头脑中的反映。社会的这种需要，一旦为个体所认识和接受，社会向人们提出的要求与人们已有的思想水平和道德品质之间的矛盾，就会使个体心理处于不平衡状态，导致个体的接受需要的产生。个体对思想政治教育的接受需要一旦产生，就会成为其改造主观世界、接受思想政治教育的动力之源。可见，当社会需要转化为个人需要时，个人需要就会变得具有价值性、积极性、进步性、方向性，就成了推动个体接受活动的内在动力。比如，航海的需要，促使人们发明了指南针；传播文化的需要，促使人们发明了纸和印刷术；夜晚照明的需要，促使科技工作者发明了电灯。可见，需要是人们行为的推动力量。需要驱动规律启示我们，在思想政治教育过程中，要了解教育对象的内在需求，激发教育对象的接受动机，满足教育对象不同层次的心理需要，这样才能促进教育对象的需要层次不断提高，从而引导教育对象不断完善自我、超越自我。

因材施教既是教育教学中一项重要的教学方法和教学原则，也是一个重要的心理规律。因材施教规律指要针对不同对象的天资、性格、志趣、能力等采取有针对性的教育方法的心理规律。在思想政治教育过程中，教育者要根据不同教育对象的认知水平、学习能力以及个性特征，选择适合每个教育对象特点的教育方法来有针对性地开展教育，以发挥教育对象的长处，弥补不足，激发教育对象的学习兴趣，树立学习信心，获得最佳发展。《论语·先进篇》中记载了孔子因材施教的教学案例。有一次，孔子讲完课，回到自己的书房，学生公西华给他端上一杯水。这时，子路匆匆走进来，大声向老师讨教："先生，如果我听到一种正确的主张，可以立刻去做吗?"孔子看了子路一眼，慢条斯理地说："总要问一下父亲和兄长吧，怎么能听到就去做呢?"子路刚出去，另一个学生冉有悄悄走到孔子面前，恭敬地问："先生，我要是听到正确的主张应该立刻去做吗?"孔子马上回答："对，应该立刻实行。"冉有走后，公西华奇怪地问："先生，一样的问题你的回答怎么相反呢?"孔子笑了笑说："冉有性格谦逊，办事犹豫不决，所以我鼓励他临事果断。但子路逞强好胜，办事不周全，所以我就劝他遇事多听取别人意见，三思而行。"可见，孔子是因材施教的典范。

3. 从思想政治教育接受心理的视角入手，揭示思想政治教育的心理规律

教育对象对思想政治教育接受的过程就是对思想政治教育者所发送信息的选择、获取、整合和外化的过程，也是教育对象内在观念、认知图式的主动建构过程，是内化、外化相统一的过程。这一过程的具体心理规律包括认知建构规律、心理互动规律和内化外化规律。

认知建构规律是指在思想政治教育过程中，教育对象主动参与教育过程，通过接收外界信息使其认知图式不断丰富、完善，实现从"同化"到"顺应"的发展，即完成由量变到质变的转变过程，最终达到与环境相平衡的心理规律。根据皮亚杰的认知发展理论，教育对象对思想政治教育的接受活动并非单纯获得知识和信息的过程，而是一种认知结构的建构过程。在这一过程中，思想政治教育者要注重提高教育对象道德判断、价值选择和自主发展的能力，引导教育对象自觉把社会意识纳入认知图式中进行整合，通过分析、理解、比较、抽象等思维过程丰富原有认知图式，促进教育对象的政治认同、思想升华和道德发展。

心理互动规律是指在思想政治教育过程中，教育者与教育对象的认知、情感、意志和行为之间互相影响、互相制约，双向互动的心理规律。思想政治教育的过程是教育者和教育对象相互影响、相互作用的双向互动过程。一方面，教育者是一定社会的思想品德要求的表达者，是思想政治教育过程的组织者，也是教育对象积极性的激发者，因而在思想政治教育过程中发挥着主导作用。另一方面，教育对象在教育过程中也不是被动地接受教育影响，而是发挥着主体作用。教育对象既是能动地接受思想政治教育，践行思想道德规范，并影响教育者及其教育活动的主体，又是自我教育的主体。在思想政治教育过程中，教育者的主导作用和受教育者的主体作用是辩证统一的。一方面，教育者主导作用的实现，离不开教育对象主体作用的发挥。没有教育对象的主体作用，教育者所传导的教育要求就不可能为教育对象所真正认识和接受，教育目标就难以实现。另一方面，教育对象主体作用的体现，也离不开教育者主导作用的发挥。没有教育者的主导作用，没有教育者对教育对象思想品德的激发和引导，教育对象的主体作用就不可能得到充分体现，就无所谓思想政治教育过程。可见，在思想政治教育过程中，教育者与教育对象的心理影响是双向互动的过程。教育者的主导作用和教育对象的能动作用相辅相成、相得益彰。

内化外化规律是指在思想政治教育过程中，教育对象对思想政治教育内容的接受内化与外化辩证统一的心理规律。内化是指社会意识向个体意识的转化，是某种价值观、行为规范转化为个体内在的过程。外化是指受教育者将个体意识转化为外在的实际行动的过程，是由内在思想向外在行为的转化。其中，内化是外化的前提和基础，没有内化就没有外化。同时，外化是内化的目的和归宿，不去践行，内化也就失去了存在的意义。内化外化规律要求教育对象把社会意识和道德观念内化于心，再通过道德践履和实际行动外化于行。只有将内化与外化相统一，才能完成思想政治教育的全过程，达成思想政治教育的根本目的。

阅读书目

1. 周先进．高校思想政治教育前沿问题研究．北京：中国书籍出版社，2015.
2. 王来兴．你不可不知的80个心理定律．北京：朝华出版社，2009.
3. 胡凯，荣复康．思想政治教育心理学．长沙：湖南科学技术出版社，2005.
4. 潘菽．心理学简札．北京：人民教育出版社，1984.
5. 胡凯．思想政治教育过程的心理规律初探．思想理论教育导刊，2005（3）.
6. 燕国材．论心理规律．南通师范学院学报（哲学社会科学版），2002（2）.

思考题

1. 心理规律有哪些特点？
2. 如何理解思想政治教育过程中存在的心理矛盾？
3. 思想政治教育的基本心理规律是什么？
4. 思想政治教育过程中有哪些具体心理规律？
5. 如何根据心理规律开展思想政治教育？

第十一章
思想政治教育者的心理品质

关键词

心理品质　智力　非智力　情商

要点提示

1. 心理品质的含义与作用。
2. 思想政治教育者应具备的智力品质及其培养途径。
3. 思想政治教育者应具备的非智力品质及其培养途径。

心理品质是人的基础素养，思想政治教育者拥有良好的心理品质，不仅能够积极地影响自身在思想政治教育认知、决策、实施中的心理过程，而且能够对教育对象在接受教育过程中所发生的心理活动产生深刻而持久的影响。因此，思想政治教育者的心理品质，是影响思想政治教育效果的重要因素。

一、心理品质的含义与作用

心理品质是人的重要品质，对人的个性完善和自身发展具有重要意义。思想政治教育者良好的心理品质对于思想政治教育具有特殊的意义。

（一）心理品质的含义

心理品质是个人表现出来的稳定、一贯的心理特征，它是多种心理要素的高度凝结，体现了个体人格的优劣、个性的健全及心理素质水平的高低。心理品质包括个体在认知、情感和意志过程及个性品质中表现出来的记忆品质、思维品质、意志品质以及动机、态度、性格等方面的特性。良好的心理品质主要有自信、乐观、勤奋、坚韧、敏锐、豁达、灵活、乐群、开拓等。

心理品质并非先天而成，而是后天习得的。心理品质有两个方面的含义：一是个别差异，即人与人之间具有不同水平的心理品质；二是培养标准，即要求人们的心理应当达到的水平。几乎每一种心理现象都具有一定的品质，如记忆的敏捷性、持久性、准确性，思维的灵活性、深刻性、批判性，情感的倾向性、多样性、稳定性，意志的自觉性、果断性、坚忍性等。心理品质的优劣最能表现出心理素质的水平。

（二）心理品质的作用

当前，中国特色社会主义进入新时代，社会生活发生了深刻的变化。新时代要求社会成员不仅要有良好的思想素质、政治素质、道德素质、文化素质、专业素质和身体素质，还要有良好的心理素质。特别是思想政治教育者肩负着用马克思主义理论武装干部群众，培养符合社会需要的合格公民的重任，更需要培养自身良好的心理品质，提高社会适应力和工作胜任力。因此，良好的心理品质是时代发展的需要，是现代社会对人才的基本要求，对于思想政治教育者的认知发展、情感培育、和谐交往和个性塑造都具有特别重要的意义。

1. 正确认知的前提

心理学研究表明，心理品质影响智力功能的发挥与提高。如果思想政治教育者的认知品质低下，如注意品质、记忆品质、思维品质等不良，其智力的基本功能将受到影响，正常的认知活动和智能开发就会成为一句空话；如果思想政治教育者的非智力品质低下，如情绪、意志和性格等发展不良，也会对认知活动和智力发展产生消极影响。因为健康的情绪、坚强的意志、良好的性格，对人的认知活动和智力发展具有巨大的推动作用。其实，每个人都有一座潜能金矿，蕴藏着无穷的价值。当一个人自信乐观、积极向上、意志坚定时，能够最大限度地开发自己的潜能；当一个人自卑、颓废、冷漠时，对外界的感知能力就会下降，从而限制自己能力的发挥。因此，良好的心理品质是思想政治教育者正确认知的前提。

2. 积极情感的基础

良好的心理品质是思想政治教育者形成稳定的情绪、健康的情感、积极的态度的基础。如果思想政治教育者缺乏良好的心理品质，就会在遇到困难、挑战以及矛盾冲突时出现烦躁、焦虑、抑郁等消极情绪，进而影响整个心理状态，甚至造成严重的心理障碍。不仅如此，心理学和生理学的研究发现，心理长期处于焦虑、忧愁、悲伤、恼怒和压抑状态，有可能引发高血压、心脏病、溃疡、胃病和癌症等多种疾病。过去，人们对身心之间的关系缺乏辩证了解，往往重身体健康，轻心理健康。随着心理卫生学的发展，人们对身心关系的相互作用规律认识越来越深刻，对心理健康的关心程度也越来越强烈。因此，思想政治教育者拥有良好的心理品质，既是身心健康发展的需要，也是有效开展思想政治教育的需要。

3. 和谐交往的条件

思想政治教育过程也是教育者与教育对象的思想交流和情感交融的过程。在这一过程中，自始至终伴随着教育者与教育对象的交流和沟通。因此，二者间进行正常的交往，形成良好的人际关系，是思想政治教育取得成效的基本条件。良好的心理品质有助于思想政治教育者以爱心、耐心、热心和恒心对待教育对象，包容、接纳教育对象，形成亲和力和人格魅力，从而受到教育对象的尊敬和喜爱，与教育对象建立起和谐的人际关系，使教育对象由亲其师到信其道。

4. 优良个性的保证

个性是心理品质的核心，良好的个性是思想政治教育者健康生活、有效工作的基础。为什么有的人乐观、豁达、自信、进取、开朗、积极，而有的人悲观、自闭、冷漠、消极？这是人的个性品质差异所致。良好的心理品质是优良个性形成的关键因素，比如善良宽厚、豁达开朗、谦虚谨慎、乐观向上、坚毅勇敢等心理品质是构成优良个性的基础。可见，提高自身的心理品质，对于促进优良个性的形成具有重要意义。

二、思想政治教育者心理品质的基本要求

心理品质是一个内容丰富的系统，是多种心理要素的综合，可以将其概括为智力因素和非智力因素两大类。对思想政治教育者心理品质的基本要求也体现在这两个方面。

（一）智力因素方面的基本要求

智力是人在认识客观事物的过程中所具有的稳定的心理特性，由观察力、记忆力、思维力、想象力和创造力构成。其中，创造力是前四种能力的综合体现。思想政治教育者应具备的智力品质包括以下几个方面：

1. 敏锐的观察力

观察力是指有目的、有计划、有步骤而又比较持久的知觉能力。敏锐的观察力表现为观察的目的更明确、观察的时间更持久、观察的内容更精细、观察的结果更准确。敏锐的观察力是思想政治教育者的基本功，因为教育对象的思想是千差万别的，即使同一教育对象，由于不断受到各种内外因素的影响，其思想也处在不断的变化之中。况且，人的思想并不是可以直接看得见、摸得着的，这就更需要思想政治教育者具有敏锐的观察力。思想政治教育者只有勤于观察、精于观察，才能及时捕捉到来自教育对象的各种信息，把握住教育对象的思想脉搏，预测出某个时期可能发生的思想问题，增强思想政治教育的预见性和针对性。

思想政治教育者敏锐的观察力，主要表现在善闻其言、善观其行、善察其情三个方面。任何一个人的思想，都必须通过自己的言论、行为、表情表现出来，这就要求思想政治教育者善于从教育对象的言谈话语、行为表现以及喜怒哀乐中发现他们的思想倾向，了解他们对事物的态度以及心理活动的特点等，从而为思想政治教育的顺利进行打下良好的基础。此外，敏锐的观察力还包括对事物的感知完整而准确、获得的信息丰富而深刻。要既会观察事物的全貌，又会观察事物的各个组成部分；既会观察事物发展的全过程，又会观察事物发展的各个阶段；既会观察事物的相似之处，又会观察事物的细微差别；既会观察事物比较明显的特征，又会观察事物比较隐蔽的特征。只有这样，才能做到明察秋毫、目光敏锐，为思想政治教育取得实效创造条件。

2. 出色的记忆力

记忆是指过去经历过的事物在人脑中的反映。记忆力是指人记住和想起事物的形象或事情经过的能力。记忆力在智力结构中具有重要意义。如果把人的智力比作一个工厂，记忆力就是工厂的原料仓库。只有记忆力这个仓库中储存的知识和信息丰富充足，智力工厂才能生产出好的产品。可见，记忆力是智力活动的基础。没有记忆力，观察力、想象力、思维力等都无法发挥作用。古今中外很多卓有成就的人，无不具有出色的记忆力。

思想政治教育者出色的记忆力表现为记忆具有敏捷性、持久性、正确性和准备性。记忆的准备性是指人是否能及时地从记忆中提取所需要的知识经验的能力，这是将知识运用于实际的重要品质。记忆的准备性是记忆的敏捷性、持久性和正确性的有机结合。思想政治教育者有了出色的记忆力，就能博闻强记，从而为开展思想政治教育工作打下良好的基础。总之，机动灵活、勤奋好学、意志顽强、锲而不舍的品质，是获得出色记忆力的保证。

3. 强大的思维力

思维是指人脑对客观事物的一种概括的、间接的反映，是对客观事物本质和规律的认识。思维是人们对客观世界的主体把握的高级认识活动和形式，即理性认识。思维是人脑的机能和产物，是人类在劳动协作和语言交往的社会实践中产生和发展起来的。思维力是指个体在感性认识和实践活动的基础上，通过分析、综合、判断、推理等一系列理性认识而获得知识、解决问题的能力。思维力在智力结构中占有特殊的地位，它是智力活动的核心，智力结构中的各个因素都必须受思维力的支配，都必须围绕着思维力这根指挥棒转。这就是说，智力结构的其他诸因素必须有思维力的参与，才能有效进行。如果离开了思维力，将难以发挥其应有的作用。思想政治教育者较高的思维能力体现在思维素质的发展上，即思维具有针对性、广阔性、深刻性、批判性、独立性、敏捷性、创造性、开放性。思想政治教育者要努力提高自己的思维能力。

（1）培养较强的分析能力。

分析能力是思想政治教育者最为重要的智力品质之一。因为思想政治教育的对象是人，着眼于人的思想。在现实世界中，人的思想、情感、动机等心理要素最复杂、最易变。作为思想政治教育者，要全面、客观、准确、深刻地认识教育对象，把握其思想本质、情感归属、动机态度等，摸清其思想变化规律、情感认同与否、动机是否强烈等，就要具备较强的分析能力。较强的分析能力是指思想政治教育者要有通过对客观事物的去粗取精、去伪存真、由此及彼、由表及里的改造制作，客观、全面、深刻地认识事物的能力。具备这种能力，才能对客观事物既看到其正面，也看到其反面；既看到它的本体，也看到与它相联系的事物；既看到它的现象，也能透过现象看到它的本质；既能认识它的现状，也能比较准确地预见它的未来。

（2）形成科学的思维方式。

思维方式是历史时代的产物，是在一定历史时代的科学技术基础之上形成和发展的。现代社会正处在深刻的社会变革时期，人们的思维方式也随之发生了深刻的变化，呈多样化、复杂化发展的趋势。这就对思想政治教育者提出了更高的要求。思想政治教育者要想在纷乱复杂的社会环境中正确把握时代脉搏，准确分析教育对象的思想发展变化趋势，就必须使自己的思维方式发生根本的变革，形成科学的思维方式。具体表现在以下几个方面：

第一，思维方式从封闭型向开放型转化。中国封建社会自给自足的生产方式，使人们生活在狭小的生活空间和封闭的社会环境中，导致了人们思维方式的封闭性和保守性。现代化建设的实践和日益高速发展的科学技术，要求人们必须有海纳百川的胸怀与气魄，善于借鉴人类共有的先进经验和科学技术成果。

第二，思维方式从单维型向多维型转化。小生产经济和计划经济滋生的思维方式就是单维思维，表现为只有一个思维指向、一个思维角度、一个逻辑规则、一个评价标准、一个思维结果。在现代信息社会，面对瞬息万变、纷繁复杂的诸多新事物、新问题，原来那种单维型的思维方式已经落伍，现代化建设的实践要求思想政治教育者多方位、多角度、多层次、多变量地思考问题，开展思想政治教育。

第三，思维方式从静态型向动态型转化。在中国封建礼教传统中，对事物的评价标准除了“唯上”外，就是“唯经”，这造成人们遇事习惯于从经典、圣贤的言论中去寻找答案。这种静态的、保守的社会人文心态，具体到思维方面，就形成了静态型的思维模式。飞速发展的时代和全球化的浪潮要求人们的思维方式向动态型转变，在头脑中建立起科学的时间和空间坐标系统，提高在动态中处理信息的能力，既要善于对事物做纵向的分析和综合，把握事物在发展过程中的变化、差异和趋势，又要善于对事物做横向比较，在对比中找出自身长短优劣，明确进一步发展方向，寻求思想政治教育的最优方案。

第四，思维方式从经验型向科学型转化。人类在认识世界和改造世界的过程中积累了丰富的知识和经验，这无疑是人类文化宝库中的宝贵财富。在思维传统中，经验型的思维方式有着无可比拟的优越性。“老马识途”“老而为师”等都是人们重视经验思维的明证。长期以来，在思想政治教育者的思维定式上，往往偏重于过去，偏重于经验。随着社会的飞速发展，时代要求我们不仅要参照过去和把握现在，而且更要以变化和发展的眼光去预测未来，用科学的思维方式寻找事物发展的内在规律、把握事物的发展趋势。

（3）培养创造性思维。

创造性思维是人在主动探索与创新过程中形成并表现出来的一种思维形式，具体表现为通过思维不仅能揭示客观事物的本质及内在联系，而且能指引人们去获得新知识、新判断，从而产生前所未有的思维成果。创造性思维是人智力水平高度发展的表现，它要求思维具有广阔性、深刻性、灵活性和独立性。

思想政治教育者具有创造性思维，是思想政治教育的内在要求。从思想政治教育本身来说，社会的飞速发展和社会环境的纷繁复杂，使思想政治教育面临着前所未有的挑战。新旧体制的碰撞、新旧观念的冲突、中西文化的摩擦等社会转型时期的种种问题，增加了思想政治教育的艰巨性和复杂性。在这种情况下，要加强和改进思想政治教育，永葆它的生命力，首要问题就是创新。要随着时代的发展，不断研究新情况、解决新问题、探索新方法、开拓新思路，使思想政治教育的内容形式、方法途径随着时代的发展而发展。同时，教育对象的多样性和多变性，决定了思想政治教育者不能按照统一的模式开展工作，需要发扬创新精神，根据教育对象的不同特点，创造性地开展工作。由此可见，思想政治教育者的创造性思维能力，是思想政治教育生动活泼、行之有效的保证，是思想政治教育得到加强和发展的前提。

思想政治教育者要培养创造性思维能力，就要做到思路开阔，能发现事物间广泛的内在联系，把握事物的全局，在更广阔的领域里思考；思维深刻，认识事物的本质，抓住事物的核心，并能预见事物发展的趋势；思维敏捷，思路流畅，能立体式思维，善于举一反三，触类旁通；思维灵活，不钻牛角尖，不走死胡同，善于打破思维僵局；独立思考，不轻附众意、不墨守成规、不迷信权威，敢于向已有的结论挑战。立体思考法、超常规思考法、旁通思考法、逆向思考法都是培养创造性思维的具体方法。

4. 丰富的想象力

想象力是人在已有形象的基础上，在现实刺激物的作用下，在头脑中创造出新的思想或形象的能力。想象力在智力结构中起着重要作用，在人们认识世界和改造世界的活动中也具有十分重要的意义，它是人们形成创造性思维的精神源泉，人类的创造性劳动，无一不是想象的结晶。想象的作用在于，它可以补充事实链条中的不足或还没有被发现的环节，其魅力在于通过想象可以将你带入一个虚拟世界，让你享受快乐、惊奇、自由，实现现实生活中不可能实现的梦想。一个缺乏想象力的人，自然是一个目光短浅、偏于一隅，很难有什么发明创造的人。相反，一个具有丰富想象力的人，有一种强大的创造力量鼓舞着他去创新、去奋斗。思想政治教育者具有丰富的想象力，有助于发挥创造性思维，开展丰富多彩、具有感染力的思想政治教育活动，使教育对象在轻松愉快的氛围中接受思想政治教育。

（二）非智力因素方面的基本要求

20世纪30年代，美国心理学家亚历山大最早提出非智力因素概念。相对于智力因素而言，非智力因素是指那些除了感知、记忆、思维和想象等智力因素以外的其他因素，主要包括需要、兴趣、动机、情感、意志、性格等。非智力因素不直接参与对客观事物的认识和处理各种内外信息等具体操作过程，而是对智力活动起着启动、维持、强化、定向、引导和调节的作用，对人们的人生发展具有极其重要的影响。对于思想政治教育者来说，非智力品质如何，对于能否开展好思想政治教育具有决定性意义。

思想政治教育者应具备的非智力品质主要包括以下几个方面：

1. 高情商

情商即情绪商数，是衡量人们情绪智力高低的指标，它反映了一个人控制自己情绪、承受外界压力、把握自己心理平衡的能力。目前对于情商概念的表述还存在一些争议和分歧，但在以下几方面达成了共识：其一，情商是指情绪控制的能力或情绪智力的高低；其二，情商与智商不是对立的，有的人既有较高的智商，又有较高的情商，有的人只有其中之一；其三，在预测人的成功时，了解情商比测量智商更有价值；其四，情商是可以通过训练来提高的，它有利于提高工作效率，有助于个人事业的成功。

思想政治教育者需要高情商，这是思想政治教育的客观要求。思想政治教育是一项极其艰巨、复杂的社会系统工程，要求思想政治教育者具有较高的综合素质，不仅包括较高的智力水平，更需要较好的非智力因素，特别是高情商，而高情商的获得需要思想政治教育者具备以下条件：

（1）具有良好的自我意识。

自我意识是一个人对自己的认识、评价和期望，也就是对自己的心理体验。俗话说：人贵有自知之明。正确的自我意识是人获得成功的前提。一个自我意识水平高的人，能够正确地评价自己，摆正自己在社会和集体中的位置，对自己具有恰当的期望值；能够清楚地认识到自己的优缺点，并善于取长补短、扬长避短，从而最大限度地发挥自己的潜能，实现自己的人生价值。思想政治教育者只有具备良好的自我意识，才能不断在实践中学习，克服、弥补自己的不足，发挥自己的优势，提高自己的素质，充满自信地面对社会、工作和他人。

（2）善于自我激励。

思想政治教育的艰巨性和复杂性，决定了在思想政治教育过程中会遇到很多困难、责难和误解，需要思想政治教育者具有强大的内在动力、坚韧不拔的精神、旺盛的斗志和宽阔的胸怀。心理学研究表明，自我激励和得到他人的激励是产生内在动力的重要因素。人的一切行为都是受到某种激励而产生的，通过不断的自我激励，就会形成内在动力，朝向所期望的目标前进，最终达到成功的顶峰。因此，学会自我激励对于思想政治教育者具有特别重要的意义。自我激励的方法很多，有目标激励、任务激励、奖赏激励、情感激励等。

（3）学会控制情绪。

心理学的研究表明，在成功的道路上，最大的敌人不是缺少机会，不是资历浅薄、智力平平，而是情绪的失控。很多人在愤怒时，怒不可遏，使周围的人望而却步；消沉时，一蹶不振，与很多良机失之交臂；兴奋时，忘乎所以，乐极生悲；痛苦时，痛不欲生，难以自拔。因此，善于调控情绪是人获得成功的第一要素。所以，思想政治教育者应努力激发和维持自己的良好情绪状态，保持一种积极、乐观、自信的心境；避免和消除不良的情绪状态，随时调控自己的情绪，使自己不受不良情绪的影响，满腔热情地投入思想政治教育之中。

（4）提高人际交往能力。

人际交往是人类生存和发展的需要，也是思想政治教育者的基本能力之一。思想政治教育者在人际交往中，通过他人对自己的评价以及在与他人的比较中可以不断提高自我认知水平、不断完善自我，即古语所说的“以人为镜，可以明得失”。此外，人际交往还可以起到信息交流和信息互补的作用，有利于思想政治教育者启迪思想、开发智力、获得知识。

（5）增强挫折承受能力。

“天将降大任于是人也，必先苦其心志，劳其筋骨，饿其体肤，空乏其身，行拂乱其所为，所以动心忍性，增益其所不能。”《孟子·告子下》中的这段话，说明了凡是成就大事业的人，必先经历种种磨难和挫折，只有坚韧不拔、勇于从困境中奋起的人，才能到达成功的顶点。挫折具有两重性，即有利有弊。正确对待挫折，可以使挫折成为人生最好的老师，使挫折对人产生积极的作用。俗话说的“吃一堑，长一智”“失败是成功之母”就是这个道理。但是，如果缺乏挫折承受能力，就会使人内心痛苦、自信心下降、情绪消沉、思维混乱、行为失控，甚至引起躯体和精神疾病。因此，思想政治教育者在工作中要勇敢地面对挫折，使挫折成为一种激励机制，在挫折中正确地认识自己、把握自己、超越自己，从而战胜挫折。

2. 广泛的兴趣

兴趣是人积极探究某种事物的认识倾向。这种认识倾向使人对某种事物给予优先注意，并具有向往的心情。兴趣反映人的内心倾向，是心理特征的重要组成部分。兴趣在人的生活实践中具有重大意义，它使个性积极化，是构成动机的成分之一。兴趣的作用主要体现在以下几个方面：其一，兴趣可以提高人的认识速度和水平，从而使人获得渊博的知识；其二，兴趣可以激发人的积极情感，保持良好的心境；其三，兴趣可以增强人克服困难的勇气，形成良好的意志品质；其四，良好的兴趣对人即将要从事的活动起准备作用，对正在进行的活动起推动作用，对活动的成功起促进作用，对活动的结果起总结检查作用。由此可见，兴趣对于人们良好的个性品质的培养以及人的成长与发展具有重要的作用。思想政治教育者要有广泛的兴趣，并把思想政治教育当作中心兴趣，这是做好思想政治教育的重要条件。

思想政治教育的特殊性和教育对象的多样性决定了思想政治教育者必须具备广泛的兴趣。

首先，思想政治教育具有综合性的特点，它涉及哲学、政治学、伦理学、教育学、管理学、心理学等多种学科，需要运用多学科的知识共同研究。而且随着科学技术的飞速发展和社会生活的急剧变化，新事物、新情况不断涌现，客观世界对人们主观世界产生影响的因素越来越多，这就要求思想政治教育者要有浓厚的求知兴趣，掌握广博的科学知识，以适应时代发展和思想政治教育的需要。

其次，思想政治教育对象的广泛性，决定了他们兴趣的多样性。思想政治教育者要做好群众工作，就必须具有广泛的兴趣，这样才能深入群众之中，和群众找到共同语言，并在与群众的接触中，受到群众的认可和爱戴，从而提高思想政治教育的亲和力，继而增强其实效性。

最后，思想政治教育者要围绕思想政治教育这一中心兴趣，来培养和激发广博兴趣。广博兴趣和中心兴趣是一个人良好兴趣品质的两个方面。中心兴趣只有以广博兴趣为基础，才能稳定持久、富有生命力；广博兴趣只有以中心兴趣为出发点，才有方向、有价值。“兴趣是最好的老师”，思想政治教育者只有热爱思想政治教育，对教育人、塑造人、引导人、鼓舞人的工作感兴趣，并围绕它发展多种兴趣，使之为思想政治教育服务，才能在工作中倾注全部的智慧和心血，充分发挥主观能动性，以百折不挠、锲而不舍的精神对待工作，创造性地开展工作，以取得最佳工作效果。

3. 顽强的意志

意志是自觉地确定目的、选择手段、调节行动、克服困难、实现预定目的的心理过程。它在人主动和有效地变革某一客观过程的行动中表现出来，是人意识能动作用的体现，是人所特有的精神活动。建立在客观规律基础上的坚强意志是巨大的精神力量，是人们排除干扰、战胜困难、创造业绩必备的心理品质。古今中外一切有作为者，都具备顽强的意志。良好的意志品质对于思想政治教育者来说尤为重要，这是由于思想政治教育具有周期长、见效慢、难度大、易反复等特点。思想政治教育者应具备的良好意志品质包括以下几个方面：

第一，意志的自觉性。意志的自觉性是指有明确的行动目的，并深刻认识到行动的社会意义，从而调动自己的全部力量投入行动的一种意志品质。思想政治教育者只要具有意志的自觉性，就能以社会要求为准绳、以社会需要为动力来调节自己的行为；就能在工作中积极主动，克服困难，千方百计做好工作；就能发扬无私奉献精神，勇于牺牲个人利益。

第二，意志的果断性。意志的果断性是指善于明辨是非、不失时机地做出正确决断，并坚决执行的一种意志品质。果断性是将深谋远虑和当机立断结合起来的一种意志品质。果断性是以勇敢和深思熟虑、明辨是非为前提的，离开了这个前提，就无所谓果断性。同时，果断性又是迅速果敢和机动灵活的结合。总之，意志的果断性是思想政治教育者正确判断事物、进行科学决策、采取果断措施、坚决完成任务的重要品质。

第三，意志的自制性。意志的自制性是指在意志行动中，善于控制自己的情绪、约束自己言行的一种意志品质。它有两个基本特征：其一，高度的克制力和忍耐力。自制力强的人，当遇到突如其来或特别棘手的事情时，能够控制自己的情绪冲动，冷静地分析情况，找出解决问题的办法。在执行决定的过程中，不让恐惧、愤怒、悲哀、失望等消极情绪和懒惰、拖沓等消极行为产生，表现出应有的忍耐力。其二，排除干扰、执行决定的能力。一个具有自制力的人，不但情绪稳定，而且能够排除来自内外因素的干扰，坚持到底，实现目标。

第四，意志的坚韧性。意志的坚韧性是指为了达到一定目的而不屈不挠、克服困难的一种意志品质。它能使人长时间地保持充沛的精力和顽强的毅力，坚定不移，不达目的绝不罢休。思想政治教育是针对人的心灵和精神世界的工作，具有艰巨性和复杂性。法国著名作家雨果曾经说过："比陆地更广阔的是海洋，比海洋更广阔的是天空，比天空更广阔的是人的心灵。"可见，要做好人的工作并非易事。思想政治教育者要培养意志的坚韧性，就要克服意志薄弱、害怕困难、好高骛远、见异思迁等弱点。

4. 良好的性格

性格是人具有核心意义的稳定的心理特征，表现了人对现实的态度，并具体体现在人的行为方式中。性格不是生来就有的，是后天习得的结果，是在社会生活、教育影响和自身实践的基础上长期塑造而成的，人的能力、气质、需要、兴趣，特别是理想、信念和人生观、世界观对性格的形成具有重要影响。性格有善恶、优劣之分，比如有人正直、诚实、谦虚、善良、热情、宽容、节俭、无私，而有人则阴险、虚伪、骄傲、恶劣、冷漠、狭隘、浮华、自私，前者被称为良好性格，后者被称为不良性格。思想政治教育者要培养善良、宽容、自信、乐观、坚毅、热情、淡定的性格。

善良是良好性格的基础。思想政治教育者心存善良就会具有仁爱之心、恻隐之心，就会与人为善、扶贫帮困；心存善良就会心中常有愉悦、充盈之感，体会到生活的美好、工作的价值；心存善良就会光明磊落、泰然自若，不会屈服于权势、不会计较得失。

宽容是良好性格的润滑剂。宽容不仅包含着理解和原谅，更能显示出一个人的气度和胸襟。在思想政治教育过程中，教育者难免被误解，受委屈；教育对象也难免犯错误，有过失。面对这些，最明智的选择是宽容，容人之短，容人之过，接纳教育对象在成长中的缺点和行为中的反复。

自信是良好性格的核心，是事业成功的基石。自信是一种克服困难的勇气和自强不息的力量。思想政治教育者充满自信，就能充分发挥自己的优势，挖掘自己的潜能；就会对思想政治教育充满信心，用自己的正能量影响、带动教育对象。

乐观是一种积极向上的心态，是良好性格中必不可少的要素。乐观可以使人看到生活的希望，人生的美好；可以激发人的活力和潜能，化解生活和工作中的矛盾和困扰。思想政治教育者具有乐观的心态，有助于以积极的视角看人看事，增强克服困难的勇气和战胜困难的力量。

坚毅是良好性格中的意志特性，是人克服困难、获得成功的必要条件。人生难免有挫折，思想政治教育过程也充满了曲折和艰辛。只有磨砺坚强意志、勇敢面对挑战和挫折，才能在逆境中、在困难面前百折不挠、无所畏惧、从容应对，最终战胜困难、超越自我。

热情是对人、对事表现出来的热烈、积极、主动、友好的情感或态度。思想政治教育者在生活中富有热情，往往表现为主动关心、帮助他人，具有吸引力、感召力和亲和力，能够带给周围人温暖；思想政治教育者在工作中富有热情，则表现为对待工作满腔热忱，善于创造性地开展工作，用情感打动教育对象。与激情相比，热情更稳定一些，是一种更持久的心理动力。

淡定是良好性格中的宝贵素养。淡定是一种境界，不被世俗所左右，不被功名所诱惑；淡定是一种心态，不对身外之物大喜大悲，不对世事、他人牢骚满腹；淡定是一种勇气，从容冷静，宠辱不惊；淡定是一种风度，不温不火，亲而有度；淡定是一种修养，心怀坦荡，仁而无忧；淡定是一种力量，气定神宁，水滴石穿。思想政治教育者有了淡定的心态，就不会在世俗中随波逐流、追逐名利，也不会在工作中怨天尤人、轻言放弃，更不会因成功忘乎所以，因失败一蹶不振。淡定是一种化腐朽为神奇的力量，可以击溃人性的丑陋、超越私欲的狭隘，使人的精神获得自由与升华。

三、思想政治教育者心理品质的培养与提升

思想政治教育者的心理品质作为一种重要的教育手段，将直接影响思想政治教育效果和教育对象的人格发展。因此，思想政治教育者要自觉进行自身心理品质的培养，积极优化个人的心理环境，不断提升心理素质。

（一）培养健康情绪

情绪是我们在日常生活中亲身体验的一种心理活动。情绪是我们的朋友，它时刻陪伴着我们。但有时情绪也会成为我们的敌人，让我们理智丧失、行为失控。《礼记》记载

了人有七种情绪，即喜、怒、哀、惧、爱、恶、欲。心理学把人们常见的情绪归纳为喜、怒、忧、思、悲、恐、惊七种。因此，在日常生活中，人们可以体验到不同的情绪状态。情绪有时像个美丽的天使，有时又像暴怒的魔鬼。但是，对于思想政治教育者来说，情绪并不仅仅是个人的内心体验，它还直接作用于教育对象，成为一种教育手段和教育内容。在思想政治教育过程中，教育者不仅能够体验到自身的种种情绪情感，还要经常感受到教育对象不同的情绪反馈，接受教育对象情绪的影响和作用。这就使得思想政治教育者克服消极情绪的影响、培养健康且稳定的情绪显得极为重要。

思想政治教育者培养健康的情绪，可以从以下几个方面入手：

1. 拥有乐观心态

乐观是对未来的总体期望，认为好事情比坏事情更有可能发生。乐观的心态不仅是思想政治教育者最宝贵的精神财富，更是思想政治教育者的动力源泉。在思想政治教育过程中，教育者拥有乐观的心态，才能以积极的视角看待困难、面对挫折，从而对思想政治教育充满热忱，对教育对象充满热爱，对人生充满热望，在任何时候都能保持革命乐观主义精神。那么，如何才能培养乐观心态呢？

首先，制定人生目标，获得充实感。目标是人生的航标、行为的动力。有目标的人内心是充实的；在实现目标的过程中，人是快乐的；在达成目标后，人是幸福的。可见，对目标的不懈追求会帮助你改变你的世界！目标加上积极的心态，是一切成功的起点。当然，有了目标还要立即行动。假如你把闹钟定在早晨6点，然而当闹钟响起时，你睡意仍浓，于是起身关掉闹钟，又回到床上睡觉，那么，你的目标将会离你越来越远。假如你有一个电话应该去打，但你没有立即行动，你就有可能失去了一个机会或一位朋友。

其次，看到自身资源，找到价值感。思想政治教育者乐观心态的形成不是无条件的，任何人在生活中反复遭遇打击与困境，均可使自己陷入沮丧、自卑甚至绝望的境地。此时，就特别需要看到自身拥有的资源和财富，为自己注入信心和力量。因此，不要轻易认为自己一无所有，你的年轻、健康、家人、朋友，以及你的知识、阅历都是你的资源和财富。甚至失败也是一笔财富，它可以帮助你增长见识、积累经验、磨砺意志。如果能够认识到这些，你就能够重新获得自信，有勇气从头再来！

再次，处事淡然超脱，拥有平常心。拥有一颗平常心可以使你心态平和、宠辱不惊，用冷静、理智的方式对待生活中的烦扰和挫折，保持一种积极健康的心态。如果你的内心有了烦恼，不妨找人倾诉，或到大自然中把烦恼之事一一说出，然后把它们抛掷在空气中。通常，当人们摆脱了内心的羁绊，心态也就变得平和了。使自己拥有平和心态的另一个重要技巧是每日保有片刻的绝对沉默。在每天24小时中，至少抽出15分钟作为个人沉默的时间。在这段时间里，你不妨选择一个安静的地方，在那里或坐、或卧、或躺，静静地享受属于个人的沉默时间，既不与人交谈，也不读写任何东西，尽量摒除思考，把心灵置于虚空的状态中，有时难免会产生思绪扰乱的状况，但只要努力尝试，终将能使自己的心绪如同静止的水面一般波澜不惊。

最后，勇于超越逆境，重塑苦乐观。人生航程中并不总是顺水行舟，总会遇到急流险滩。此时，特别需要面对现实，从逆境和痛苦中看到希望，寻找快乐。北达中学初二学生吴子尤在身患癌症，与疾病抗争的一年多的日子里，受尽了疾病的折磨，多次面临生命危境。他形容自己在医院的经历是："一次手术，两次胸穿，三次骨穿，四次化疗，五次转院，六次病危，七次吐血，八个月头顶空空，九死一生，十分快活！"年仅14岁的子尤敢于直面病痛，激扬文字，在病床上完成了散文《谁的青春有我狂》。他曾经对同学说：感谢上苍给了我得癌症的机会，因为患病我得到了别人无法得到的爱，因为患病我多了许多常人无法体验到的经历和感受，因为患病让我对生命有了更多思考的机会和感悟！有了这种精神，他才能把在医院九死一生的经历归结为"十分快活"。14岁的男孩子尤面对绝症，用他坚强、乐观的精神为我们树立了榜样。美国一位癌症患者艾利斯也认为：癌症病人享有一种幸存者的快乐，这是那些生来幸运的人不能收到的礼物①。他们在痛苦与磨难中选择了坚强、感受到快乐，为我们带来了宝贵的精神财富。

2. 发现工作价值

思想政治教育是党的优良传统和政治优势，是我国社会主义革命和建设事业取得成功的重要保证。然而，受西方意识形态的影响和市场经济的驱动，社会上出现了某些削弱思想政治教育的现象。有的单位对思想政治教育的态度是"说起来重要，做起来次要，忙起来不要"。在这种情况下，有些思想政治教育者看不到工作的价值，产生强烈的失落感和无用感，以致对工作失去热情，对前途失去信心，情绪消极抑郁。因此，认识思想政治教育的价值、找到工作的快乐是思想政治教育者获得积极情绪和工作动力的关键。

首先，思想政治教育者的价值在于精神的传递。苏联教育家苏霍姆林斯基曾经说过：对人来说，最大的快乐、最大的幸福是把自己的精神力量奉献给他人。思想政治教育者就是向教育对象、向社会奉献自己的情感、思想以及知识和智慧的人。他们通过思想政治教育将正确的思想观念和社会规范传递给教育对象，也将自己的精神、情感融入教育对象的心灵，铸就教育对象的精神世界。一个成功的思想政治教育者会对教育对象的一生产生重要影响。有什么比自我精神的延续和生命价值的增值更让人感到幸福和欣慰的呢？所以，思想政治教育者可以从教育对象的成长中体验到自身的价值和工作的乐趣。

其次，思想政治教育者的价值在于思想的创造。思想政治教育的过程是一个创造的过程，思想政治教育者不是上传下达的传声筒，而是通过劳动创造使抽象的道理生动起来、使枯燥的条文丰满起来、使深奥的理论通俗起来。因此，思想政治教育者的工作充满了创造的乐趣，而这种创造的过程，既是思想的传递、信念的升华过程，也是生命的提升、理想的实现过程。通过思想政治教育，唤醒了教育对象的生命力，提升了其创造力，使他们能够在社会上生存和发展，使他们的生命更有价值，这是其他职业所无法达到的。

最后，思想政治教育的价值在于推动社会进步。社会的进步依赖于人的进步，社会现代化依赖于人的现代化。思想政治教育者通过思想政治教育使社会成员获得符合统治阶级需要的思想意识，实现人的政治社会化，完成从自然人到社会人、政治人的转化，成为秉承人类文化成果、担当社会历史责任的行为主体，从而推动了社会的发展和进步。

3. 感受生活快乐

美国快乐与压力问题专家皮尔索尔（Pearsall）在《快乐处方》中向读者展示了不同

---

① PEARSALL P. 快乐处方. 北京：中国轻工业出版社，2000：41.

的人生快乐：即使一无所有，却可以跳着草裙舞的快乐；即使地位卑微，但一家人其乐融融的快乐；即使相貌平平，但被友情滋养的快乐；即使身患绝症，但可以活下来的快乐。其实，当你学会换一种视角看问题，当你尝试用新的理念和方式经营你的人生，当你具备耐心、友善、宽容的品质，善于从过程中感受愉悦，在交往中获得满足时，你就会感受生活的快乐！

（1）音乐陶冶法。

音乐可以让人释放情绪、寄托情感、净化心灵，获得美的享受，从而缓解压力，改变心情。比如唱歌和跳舞都兼有娱乐和运动的双重功效。引吭高歌的时候注意力高度集中，种种郁闷就会抛在脑后，沉浸在歌曲的意境中，享受音乐带来的艺术美感。据专家测试，唱歌时，特别是唱自己喜爱的歌曲，大脑会生成和释放类似于吗啡的脑内激素，并促进和激发免疫球蛋白和抗压力激素的增加，从而使大脑感觉愉快，增加免疫功能。美国加州大学的研究人员发现，唱诗班的成员在每次排练后，他们体内一种名为 IgA 的免疫球蛋白含量增加了 150%，而在一次公开演出后，这种免疫球蛋白更是增加了 240%[①]。

（2）运动减压法。

大量研究表明，运动可以减轻焦虑和抑郁等负性情绪，提高身体的机能、知觉和控制力，增加血液循环，调节心率，改善机体的含氧量，让人的精力在短时间获得提升。同时，释放负性能量，产生多巴胺。多巴胺是一种由脑内分泌出的神经传导物质，负责传递兴奋和开心的信息。同样，当大脑因为心理压力疲惫不堪时，运动转移了对压力的关注，让疲惫的心智获得喘息。此外，一些慢运动，如太极拳、瑜伽、散步、体操、慢跑等对于获得积极情绪也非常有效。这是因为紧张、焦虑、烦恼、压力等很多负性情绪往往都是因为生活的快节奏导致的。人在紧张的时候，身体节律加快，而缓慢的活动可以帮助身体内部的节律改善。

（3）兴趣调节法。

当人们做自己感兴趣的事情时，往往情绪高涨、乐此不疲。因此，思想政治教育者可以培养自己的生活情趣，丰富自己的精神生活，在快节奏和高负荷的工作之余给自己放个假，做自己喜欢做的事情。比如在高歌中抒发情感，在音乐中忘却烦恼，在作画中陶冶情操，在舞蹈中挥洒激情，在旅游中释放压力，在运动中体验快乐。这样，你的生活将变得充实精彩，你的情绪将变得轻松愉快。

（4）助人自助法。

心理学研究发现：助人和无私的行为会带来显著的健康收益。比如，用一点时间去关心陌生人或从事助人行为与用此段时间锻炼会取得同样积极的功效，对人产生明显的免疫和治疗作用[②]。人们常说“好人有好报”可能就是这个道理。因此，助人可以提升生活品质，获得超然的快乐。有时生活中的一声“谢谢”、一句问候、一次关爱，都会在心中播下快乐的种子。有人说，帮助自己的最好办法就是抑制自私、付出爱心。

---

① 《品读精品文摘》编委会．美国读者精品文摘：4．延吉：延边人民出版社，2009：246.

② PEARSALL P. 快乐处方．北京：中国轻工业出版社，2000：71.

（二）学会合理认知

认知是行为的先导，不同角度的认知会产生截然不同的行为和结果。人们常说："生活就像一面镜子，你对它哭，它也对你哭；你对它笑，它也对你笑。"因此，思想政治教育者要学会笑对人生，通过正确思维和合理认知来获得健康的心态和良好的心理品质。

1. 转变心态

细节决定成败，态度决定命运。在生活中，人们面对的不仅仅是鲜花和掌声，还有痛苦和磨难。这就需要我们学会自我调整心态，笑对人生。美国著名的心理学家威廉·詹姆斯也说："我们这一代人最大的发现是人能改变心态，从而改变自己的一生。"《古兰经》上有一句话：如果你叫山走过来，山不过来，那你就走过去。这些都说明了转变心态的重要性。

首先，降低期望。俗话说：希望越大，失望也就越大。在现实生活中，不少人的挫折感均来自对自己的期望值过高，苛求自己。因此，思想政治教育者要学会以平和的心态待人处事，学会给自己留下一定的空间，把目标锁定在能力所及的范围之内。

其次，学会妥协。人的一生会有许多愿望和追求，但由于主客观条件的限制，不可能全部实现。这样，就需要我们学会妥协和放弃。否则，我们就会被这些欲望和目标所累，从而失去了人生的洒脱和生活的乐趣。就像一个登山者，一心想登上顶峰而急于赶路，结果忘了欣赏沿途的风景，那么，登山的乐趣也就无从体现。

最后，转换视角。凡事都有两重性，有时不妨换个视角看问题，你就会发现与原来不一样的结果。从前有一位老妇人，无论晴天还是雨天都坐在门前痛哭不止。因为老妇人有两个女儿，大女儿嫁给一位卖布鞋的商贩，二女儿嫁给一位卖雨伞的商贩。老妇人晴天想着二女婿生意不好，担心没有饭吃而痛心不已；雨天又担心大女婿没有生意而痛哭不止。于是，老妇人无论是晴天还是雨天都愁眉不展、涕泪长流。有一天，一位智者从这里经过，看到正在哭泣的老妇人，问明缘由后，智者告诉老妇人，不妨换个角度考虑问题：晴天多想想卖布鞋的大女婿会卖出个好价钱；而雨天则想想卖雨伞的二女婿一定会生意兴隆，这样就变得晴天也高兴雨天也高兴了！老妇人按照智者的指点去改变认识问题的角度，结果真的改变了负性情绪，变得每天都快快乐乐的。这个故事充分说明了：在很多情况下不是外界事物影响了我们的情绪，而是我们对外界事物的认识角度和认知观念左右着我们的情绪。因此，要想改变情绪，不妨换个视角看问题。

2. 调整认知

在现实生活中，人们出现的负性情绪和行为偏差往往是由一些不合理的认知观念造成的。美国著名认知心理学家艾利斯提出，人们常见的不合理的认知观念表现为以下三种：

第一，绝对化的观念，即对什么事物都抱有其必定发生或不会发生的信念。在这种非理性观念中，世界上的事物只有两类，要么正确、要么错误。"非黑即白"就是这种绝对化观念的典型体现。这种观念常常与日常生活中"应该""必须""一定""绝对"等字眼联系在一起。怀有这种观念的人在生活和工作中，往往思维刻板僵化，对人、对事苛求完美，极易陷入情绪困扰。

第二，过分概括化的思维，即以偏概全的思维方式。这种不合理的认知观念往往是由泛化的推论导致的，“一无是处”“一好百好”就是这种思维方式的表现。比如一次失败就认为自己不会成功，一次失恋就不再相信爱情。为此，艾利斯主张“评价一个人的行为，而不是去评价一个人”，因为在这个世界上没有一个人可以达到完美无缺的境地。所以，艾利斯指出，每个人都应接受自己和他人是有可能犯错误的人类一员这个事实。

第三，灾难化的思维。这种认知偏差常表现为夸大事件的危害性，看不到事件的积极方面和转机，认为一旦出现了某种状况，天就要塌了，再也没有比这更可怕的事情了。艾利斯认为这是一种不合理的观念，它夸大了事物的危害性，看问题片面、消极、极端化，往往和绝对化的要求相联系。这种想法会导致个体陷入极端不良的情绪体验之中难以自拔。

因此，合理认知理论要求人们学会辩证、客观地看待问题，即使发生了我们不希望发生的事情，也要努力去接受现实，并学会在这种环境中生活下去。

（三）提高工作能力

能力是人的个性心理特征之一，它是顺利完成某种活动所必备的心理条件。对于思想政治教育者来说，要有效地进行思想政治教育实践，就必须具备思想政治教育的能力。

1. 表达能力

表达能力是思想政治教育者的基本功，也是开展思想政治教育的前提条件。思想政治教育者的表达能力包括文字表达能力和语言表达能力两种。

（1）文字表达能力。

良好的文字表达应当做到条理清楚、中心突出、语言流畅、论证有力，做到逻辑性、准确性、严密性和生动性有机统一。相反，如果一篇文章逻辑混乱、条理不清、语句不通，思想内容表达不准确、可读性不强，就很难收到预期效果。只有会写文章的思想政治教育者，才能突破口头语言在空间上的障碍和时间上的局限，在更广阔的范围内和更长久的时间内强化思想政治教育的效果，积累思想政治教育经验，更好地做好本职工作。

（2）语言表达能力。

在思想政治教育中，无论是课堂教学、做报告、演讲，还是谈心谈话、开座谈会、做调查等，都离不开语言表达。因此，思想政治教育者如果不具备一定的口才，说话思维混乱、词不达意、呆板生硬，就不可能对教育对象产生较强的感染力并引起教育对象的心理共鸣。

思想政治教育者提高语言表达能力，应着重从以下三方面入手：

首先，提高演讲能力。思想政治教育主要是发动人、引导人、说服人的工作，往往需要面对公众阐明自己的观点，并用此说服公众、引导公众。唯有充满激情和哲理、富有感染力和号召力的语言，才能动人心魄、给人启迪。因此，一个优秀的思想政治教育者，必然是一个杰出的演说家、宣传家，要善于用思想深刻、观点新颖、内容丰富、逻辑严谨、妙语连珠、生动形象、铿锵有力的演讲赢得群众。

其次，掌握谈心技巧。个别谈心是深入细致地进行思想政治教育的一项传统且行之有效的方法。我党一贯倡导群众性的谈心活动，并把它作为各级领导干部和思想政治教育者的一项基本领导方法和工作方法。但是，要想使谈心活动声声入耳、句句入脑，达到启迪人、说服人的目的，并非易事。现实中经常有这种情况：掌握谈心技巧的人，能把对方说得心悦诚服，茅塞顿开，问题迎刃而解，愁雾烟消云散；不懂得谈心技巧的人，尽管说得口干舌燥，也不能感染和触动对方，有时还会惹恼对方，闹得不欢而散，甚至激化矛盾。可见，掌握谈心技巧对思想政治教育者来说至关重要。

一是谈心要有真诚的态度，要给人以亲切感、实在感，消除教育对象的心理顾虑和对立情绪，在双方之间建立起平等、信任、尊重、理解的良好关系，这样才有可能通过谈心使双方在感情上产生共鸣、思想上得到沟通、认识上形成共识。

二是谈心要注意语言的使用。语言是一门艺术，也是打开教育对象心灵之窗的钥匙。语言的运用有很大的学问。讲话精辟、深刻、准确、婉转，别人就愿意接受并可以从中受到启迪；如果讲话浅显、生硬，对方不仅听不进去，还会产生反感情绪。

三是要善于把握谈心的“火候”。一方面，要把握谈心的时机。谈早了条件不成熟，可能达不到预期的目的；谈晚了就会时过境迁，失去意义。另一方面，要掌握谈心的深浅程度，既不要隔靴搔痒，回避问题的实质，又不要操之过急，欲速则不达。要根据人的心理发展的规律和个性心理特征，采取循序渐进的方法，准确把握谈心的“火候”，使谈心取得最佳效果。

最后，培养沟通能力。沟通即联络、通信、交流的意思。主要指思想政治教育者要善于与教育对象通过一定的渠道交流思想，交换意见，增加了解，增进感情。思想政治教育者与教育对象的心理沟通，是思想政治教育取得实效的保证。它不仅可以使思想政治教育者及时了解教育对象的心理状况、思想观点、存在问题以及信息反馈等，为科学决策提供参考依据，而且可以通过心理沟通增进理解、消除误解，改善人际关系，从而为教育对象接受思想政治教育创造良好的心理条件。思想政治教育者可以从培养移情能力、提高同理心、掌握沟通技巧等方面提升沟通能力，缩短与教育对象的心理距离，走进对方的内心世界。

2. 决策能力

在思想政治教育过程中，思想政治教育者要经常面临决策问题，即在认知基础上对人或事做出判断和抉择。决策是一整套综合才能的结果，它需要具有敏锐的观察能力、严密的逻辑推断能力、科学的预见能力、迅速的直觉判断能力以及果断的决断能力等，是人的智力和非智力因素综合作用的结果，也是思想政治教育者应具备的基本能力。具有较强决策能力的思想政治教育者，能够在周密考察、充分分析和准确判断的基础上做出正确的决策，从而把握时机，取得思想政治教育的最佳效果。反之，如果不善于决策，就会优柔寡断，犹豫不决，从而丧失大好时机，甚至判断失误，偏离正确方向。

3. 交往能力

交往能力是一种综合能力，包括表达能力、组织能力、管理能力、协调能力、指挥能力等。交往能力是人不可缺少的基本能力，它是人的身心健康的基础、事业成功的保证、生活幸福的源泉。

对于思想政治教育者来说，交往能力更有着不可替代的作用。因为思想政治教育不是自我封闭的系统，不是世外桃源，而是一个广阔的社会开放系统，面临着极为复杂的社会环境和形形色色的教育对象。因此，要处理好各种矛盾、协调好各种关系，就需要思想政治教育者具有较强的社会交往能力，善于与不同部门、不同系统进行横向交往，与上级领导部门、普通群众等进行纵向交往。在实际工作中，交往能力强，就会如鱼得水，取得天时、地利、人和的良好工作环境，推动思想政治教育顺利展开。

（1）交往态度要真诚。

真诚是人最可贵的个性品质，也是在人际交往中应遵循的最重要的原则。很多心理学调查发现，真诚在人们所喜爱的性格中往往排在第一位。在人际交往中，只有坦诚相见、推心置腹，双方才能建立起彼此信任、理解的良好关系，并使交往不断深化、友谊不断巩固。

（2）要学会宽容。

一位哲人曾经说过：谁要要求没有缺点的朋友，谁就没有朋友。这说明了一个道理，宽容是人际交往中不可缺少的润滑剂。宽容有助于扩大交往空间，消除人际隔阂，增进人际交往。宽容不仅表现为对非原则问题不斤斤计较，而且表现为心胸宽阔、虚怀若谷、以德报怨、甘愿吃亏。在生活中，谁也不愿意与尖酸、刻薄、斤斤计较、喜欢责怪和抱怨别人的人为友。当然，宽容不是软弱无能、是非不分，而是指对人的宽容，不是对错误的姑息。

（3）要善于发现别人的长处，并给予诚心诚意的赞赏。

在人类本性中有一种最深刻的渴求，就是受到赞赏，男女老少，概莫能外。当受到别人的赞赏时，就会兴致勃勃、心情舒畅、心满意足、信心百倍。因此，在与人交往时，就要尽量发现别人的长处，并给予诚心诚意的赞赏，以满足人的内心需求，使人感觉与你相处是一件愉快的事，从而愿意与你深入交往。

（4）要善于展示自己的魅力。

人的魅力是一种综合素质的体现，不是某一因素单独作用的结果，包括气质、仪表、人格、语言、知识、修养等。因此，要展示你的魅力，就要从上述几个方面做起。以上几个因素相辅相成，缺少任何一种素质，都会使你的魅力减色。比如，一个相貌美丽、仪表堂堂的人，如果出口不逊、粗俗无知，就将失去魅力，令人厌恶；一个知识渊博、能力出众的人，如果缺乏修养、个性畸形，同样不会受到人们的喜爱和尊敬。

4. 应变能力

现代社会的飞速发展和急剧变化，使得社会未知因素不断增多，不可预料的情况层出不穷，这就要求人具有较强的应变能力，在变化了的情况下，临危不惧，处事不惊，随机应变，沉着冷静。特别是处在社会发展和转型时期，日新月异的时代、纷繁复杂的社会、变幻莫测的世界，都增加了人的思想的多变性、矛盾性和复杂性，这就对思想政治教育者的应变能力提出了更高的要求。应变能力也是一种综合能力，它要求思想政治教育者思维更敏捷、判断更准确、决策更及时、行为更果断。一句话，要有应付突发事件的机敏、果断和魄力，有把握混乱状态和驾驭复杂局面的能力。思想政治教育者要提高自己的应变能力，就要首先培养冷静、果断、勇敢、坚毅、机敏等心理品质。

（四）培养良好的性格

性格是个性中最鲜明、最重要的心理品质，是一个人区别于另一个人的显著标志。良好的性格是思想政治教育者心理品质的核心。法国教育家斯普朗格曾经说过：教育绝非单纯的文化传递，教育之为教育，正在于它是一个人人格心灵的唤醒，其最终目的不是传授已有的东西，而是把人的创造力诱导出来，将生命感、价值感唤醒。思想政治教育是一项特殊的工作，其工作对象是受教育者的思想意识和精神世界，其劳动工具是教育者自身的思想品德和心理品质。因此，思想政治教育者良好的性格具有比一般人更为强烈的道德意义，关系教育对象良好性格的养成，关系能否完成思想政治教育促进人的全面发展的根本任务。因此，思想政治教育者要培养良好的性格，不仅要善于用真理的力量说服、影响教育对象，还要用人格的力量感染和打动教育对象。

1. 读书修养法

读书是人的生命不被光阴锈蚀的清新剂，读书也是思想政治教育者提高修养，形成良好性格的重要途径。因此，夸美纽斯认为，书籍是培植智慧的工具。莎士比亚更是把书籍比喻为全世界的营养品，认为生活里没有书籍，就好像没有阳光；智慧里没有书籍，就好像鸟儿没有翅膀。培根则明确指出：读史使人明智，读诗使人灵秀，数学使人周密，哲学使人深刻，伦理使人庄重，逻辑使人善辩。凡有所学，皆成性格。可见，读书是一种积淀，多读书、读好书，可以学习知识、增长阅历、丰富生活、充实人生；读书是一种修养，可以开阔视野、启迪思维、陶冶情操、获得智慧；读书是一种历练，可以洗尽铅华、荡涤灵魂、远离浮躁、回归本真。读书是了解历史、认识社会的最佳方式，也是思想政治教育者提高素质、超越自我的最好选择。徜徉在书海里，品味经典名著，诵读诗文名篇，研究教育名文，可以远离尘世的喧哗，构筑精神的殿堂。思想政治教育者渊博的知识、睿智的谈吐、深邃的见解无不是岁月的积累和读书的结晶，正可谓腹有诗书气自华！

读书的方法多种多样，思想政治教育者可以根据工作需要和时间多寡灵活选择以下几种不同的读书方式。

（1）泛读。广泛阅读，指读书面广，涉猎各方面知识，具备一般常识。

（2）精读。熟读而精思，细读多思，反复琢磨。

（3）通读。对书报杂志从头到尾通览一遍，意在读懂、读通，了解全貌。

（4）跳读。跳跃式的读书方法，可以抓住书的筋骨脉络阅读，重点掌握各个段落的观点。

（5）速读。快速阅读，一目十行，只了解文章大意即可。

（6）略读。粗略读书。阅读时略观大意，可以只抓住评论的关键性语句，弄清主要观点，了解主要事实或典型事例。重点阅读文章的开头、结尾、标题、导语。

（7）再读。有价值的书刊不能只读一遍，可以重复学习。

（8）写读。“不动笔墨不读书”。读书与做摘录、记心得、写文章结合起来，手脑共用，能提高写作水平，增强阅读能力，将知识转化为技能和技巧。

从专业修养的角度来讲，思想政治教育者要老老实实、原原本本地精读、再读、写读马克思主义理论著作，只有对马克思主义理论品读深刻，才会被其真理魅力所折服，才能更好地传播马克思主义理论。

2. 情操陶冶法

情操即情感与操守，是以人的社会需要为中介，以某种思想和社会价值观念为中心的高级情感。它是由情绪、情感和思想观念等复杂心理成分综合而成的。在心理学中曾有人把情操分为求知、审美、道德、信仰四种。情操陶冶可以用爱来熏染，用文化和艺术陶冶的方法，将思想政治教育者置于具体、生动、形象的文化情境和艺术氛围中，使其受到情感的陶冶和性格的滋养。

人的积极情感源于丰富的精神世界和高雅的生活情趣。思想政治教育者陶冶情操可以从以下三个方面入手：

一是要有积极的人生态度，热爱生活。生活是美好的，美好生活属于那些乐观向上、热爱生活的人。思想政治教育者要有革命的乐观主义精神，以从事思想政治教育为荣，以铸造人类灵魂为乐，要在任何情况下都充满对工作的热情、对生活的热爱和对未来的向往。

二是要有广泛的兴趣爱好，丰富生活。生活是多姿多彩的，而多彩的生活属于兴趣广泛的人。思想政治教育者只有兴趣广泛、博学多才，才能见多识广、博古通今，体验到丰富的内心世界、感受到强烈的精神满足、品味到多彩的绚丽人生。

三是要有高雅的生活品位，创造生活。高雅的生活品位是健康情感的重要体现。思想政治教育者的生活品位越高，其精神世界就越充实，道德情感也会随之提升。思想政治教育者的生活品位与其人生观、价值观密切相关，是思想政治教育者的精神面貌和审美情趣的综合体现。思想政治教育者只有具有较高的审美情趣和艺术素养，才能发现美、表现美、创造美，并用美的仪表、美的语言、美的举止去感染、熏陶教育对象，启迪他们热爱美、向往美、追求美的天性，陶冶他们健康的情感，塑造他们美好的心灵。

3. 意志锤炼法

意志力是人类精神领域的重要组成部分，在每个人的生活中意志力都发挥着异常重要的作用。美国新思想运动代表人物之一、励志畅销书作家弗兰克·哈多克（又译为弗兰克·哈德克）在《意志力决定成败》一书中认为，成功与失败的分水岭在于意志力的强弱差异。他认为，意志是人的最高领袖，意志的指导作用对世上每个人的价值都是无法估量的。但意志力往往潜藏于每个人的体内，只有用心修炼和提升自己意志力的人，才能获得这种无比巨大的精神力量，让其自身的心智达到前所未有的高度。因此，在这个世界上，真正创造人生奇迹者乃人的意志力。《大脑与个性》的作者威廉·汤姆森也指出：没有强大的意志力，即使有着最优秀的智力、最高深的教育和最有利的机会，那又有什么用呢？如果夸张一点说，那就是“意志力造就了人”。人的意志力并非生来就有或者不可改变的，它是一种能够培养和发展的能力。威廉·汤姆森的研究发现，大脑功能经过培养和训练能够被强化。这个发现为教育提出了一个全新的目标，即促进教育对象更好地开发自我的潜在力量。因此，通过教育和训练，可以提升思想政治教育者的意志力，帮助他们获得成功的强大动力。

（1）目标明确。

目标是人们行动的方向。目标能够使人看清自己的使命和行动价值，让人有能力把握现在，发挥潜能。目标明确，思想政治教育者的行动才有指向性和目的性，才能在实现目标的过程中克服困难，实现目标。崇高的人生目标、坚定的生活目标和明确的工作目标都可以像灯塔一样，激发出思想政治教育者的意志力，指引他们走向成功的彼岸。一位教师曾经把一组打算改变自己行为的学生作为研究对象，结果发现最成功的是那些目标最具体、明确的学生。其中一名学生决心提高英语成绩，他要求自己每天做到背英语单词 30 分钟，听英语广播 30 分钟，阅读英文短文 30 分钟，他做到了，3 个月后其英语成绩果真有了提高。而另一名同学只是笼统地表示要更努力地学习，提高学习成绩，但却没有任何行为上的改变，结果可想而知，其英语成绩并没有明显的提高。可见，目标明确，是开始行动、改变自己、培养意志力的重要一步。

（2）树立信心。

信心是指对行为必定成功的信念。积极的心态、坚定的信心，是思想政治教育者战胜困难的重要力量。面对复杂多变的社会形势和千差万别的教育对象，思想政治教育者要对自己、对事业、对未来充满信心。有信心就有勇气，有信心就有力量，就会在遇到困难、挫折和失败时努力奋斗、克服困难、战胜挫折。因此，信心比黄金更重要。正如西塞罗所说：自信是一种感觉，为了这种感觉，人们才能怀着坚定的信念和希望，开始伟大而光荣的事业。

（3）持之以恒。

恒心是一种心智状态，是一种长久坚持下去的毅力和坚持不懈的韧劲。恒心是意志力的重要表现，表现为做任何事情都有始有终，不半途而废。三天打鱼、两天晒网，蜻蜓点水，见异思迁是做不成大事的。英国著名科学家、现代化学之父道尔顿 50 年来天天观察气象变化，写气象日记，从不间断，一生发表论文 116 篇。正是把这种恒心和韧性用于科学研究，使得他最早提出了科学的原子学说，发现了倍比定律，为近代化学和原子物理学奠定了基础。正可谓：锲而不舍，金石可镂。

（4）培养毅力。

毅力是意志力的重要元素。人的意志力不是生来就有的，而是靠磨砺、锻炼而来的。培养毅力需要我们学会克制自己、不怕困难、不怕失败、排除干扰。

首先，克制自己。克制自己是个体在没有外界监督的情况下，控制、调节自己的行为，抑制冲动、抵制诱惑、克服懒惰、延迟满足，以保证目标实现的一种行为，是人自控能力的重要体现，也是意志力的重要成分。高尔基说："哪怕是对自己的一点小小的克制，也会使人变得强而有力。"比如，有的人好睡懒觉，那不妨来个睁眼就起；有的人"今日事 ，靠明天"，那就把"今日事，今日毕"作为座右铭；有的人一读书就打瞌睡，那就每天强迫自己读一小时的书，长此以往，读书的习惯总会形成，毅力也就随之形成。可见，从小事情可以培养大毅力。生活告诉我们，人皆可以有毅力，人皆可以锻炼毅力。发展心理学研究中有一个经典实验，称为"迟延满足"实验。实验者发给 4 岁被试儿童每人一颗好吃的软糖，同时告诉孩子们：如果马上吃，只能吃一颗；如果等 20 分钟后再吃，就给吃两颗。有的孩子急不可待，把糖马上吃掉了，而有的孩子则耐住性子、闭上眼睛或头枕双臂做睡觉状，也有的孩子用自言自语或唱歌来转移注意力消磨时光以克制自己的欲望，从而获得了更丰厚的报酬。研究人员进行了跟踪观察，发现那些以坚忍的毅力获得两颗软糖的孩子，到上中学时表现出较强的适应性、自信心和独立自主精神，而那些经不住软糖诱惑的孩子则往往屈服于压力而逃避挑战。在后来几十年的跟踪观察中，也证明那些有耐心等待吃两颗糖果的孩子，事业上更容易获得成功。这说明，自我控制力是一个人走向成功的重要心理素质，且可以通过训练来获得。

其次，不怕困难。毅力与克服困难相伴而生。克服困难的过程，也就是培养、增强毅力的过程。人的一生就是不断战胜困难获得发展的过程。不论做什么事情，要想有所成就，必须不怕困难，勇于超越。困难就好比纸老虎，你弱它就强，你强它就弱。克服困难、战胜困难是坚强意志的重要表现。

再次，不怕失败。失败和挫折对于思想政治教育者来说，既是一种危机和挑战，也是一种机遇和转折。美国著名心理学家马斯洛曾经说过：一个人面临危机的时候，如果你把握住这个机会，你就成长；如果你放弃了这个机会，你就退化。如果遭遇失败就垂头丧气，一蹶不振，失去了奋斗的勇气，就永远体验不到成功；如果虽遭失败，却从不气馁，善于从失败中吸取教训继续前行，则可以最终品尝到成功的美酒。爱迪生发明电灯泡时，历经了无数的失败，最后终于换来了全球的光明。可见，失败可以把人的毅力锻炼得更加坚忍。

最后，排除干扰。在思想政治教育者向着目标奋斗的过程中，总会遇到各种干扰和诱惑。比如，你挑灯夜战，别人却推杯换盏；你恪尽职守，别人却得过且过；你固守清贫，别人却花天酒地。此时，就特别需要具有排除干扰，全神贯注于事业的意志力。具有这种能力，你将是一个拥有强大内心世界和坚定意志力的人。

（5）积极行动。

坚强意志力的形成不仅仅需要愿望、信念等精神因素的支撑，更需要诉诸行动，积极行动是思想政治教育者获得坚强意志力的保证。

一方面，从小事做起，可以培养意志力。人的意志力不会在一夜间突然产生，而是逐渐积累的过程。要想成就一件大事，必须从小事做起，自古以来成大事者往往都是从小事做起的。从小事做起是一种健康的心态，它告诉人们不要好高骛远，只要每天进步一点点，坚持不懈，就一定能获得成功；从小事做起是一种正确的行为，它让人们懂得“千里之行，始于足下”的道理，善于从小事做起，积跬步成千里；从小事做起是一种优秀的品格，它告诉人们不以善小而不为，而是一丝不苟地对待细节和小事，积善成德。地质学家李四光一向以意志坚忍著称，他年轻时就锻炼自己每步走 0.8 米，从日常小事中磨炼自己的意志力，培养严谨、坚持的心理品质。

另一方面，及时行动，可以锤炼意志力。俗话说：心动不如行动。比如登山，如果只仰望山峰摩拳擦掌，而站在原地不动，就不可能登上顶峰。要实现登顶的目标，唯一的希望是在确定目标后立即选择登山路径，然后立即行动。因为只有行动才能缩短攀登者与山顶的距离。多走一步，就会离目标更近一步，就会多一分信心，多一些成功的机会，多产生一分意志力。可见，终日所思，不如一时所做。

4. 心理咨询法

心理咨询是来询者就心理方面存在的困扰，向咨询师进行诉说、商讨和询问，以获得心灵上的慰藉、启发和帮助，从而找出心理问题产生的原因，分析问题的症结所在，最终摆脱困境，恢复心理平衡，增进心理健康，获得心灵成长的过程。心理咨询是介于医疗和教育之间的一种职业性的帮助和顾问行为。在心理咨询过程中，咨询师要给来询者以正面的指导、帮助、启发和建议，从这种意义上说，心理咨询具有一定的教育作用。但它又不同于教育。咨询师与来询者不是教育者与教育对象的关系，咨询师不能以教育者自居去教育来询者。心理咨询具有一定的治疗某种心理疾病的功能，然而它也不是医学意义上的治疗，咨访关系也不是医患关系。

在思想政治教育者优良性格的培育过程中，心理咨询法具有重要作用。通过心理咨询可以解决教育者自身的心理困惑，培养健康情绪和积极情感，形成理性认知，增强社会适应力和应对挫折的能力，提高心理素质。

总之，思想政治教育者只有具备高尚的道德品质和良好的心理品质，形成乐观、坦荡、坚毅、自信、无私的优良性格，才能为教育对象起到榜样的作用，才能去塑造教育对象的道德人格和个性品质。

阅读书目

1. 帕尔默．教学勇气：漫步教师心灵．上海：华东师范大学出版社，2011.
2. 梅．心理学与人类困境．北京：中国人民大学出版社，2010.
3. 哈多克．意志力决定成败．天津：天津社会科学院出版社，2009.
4. 哈德克．意志的力量．北京：中国言实出版社，2009.
5. 李兴业．非智力因素与创造力的培养．武汉：湖北教育出版社，2002.
6. PEARSALL P. 快乐处方．北京：中国轻工业出版社，2000.

思考题

1. 心理品质对于思想政治教育者具有哪些作用？
2. 思想政治教育者应具备哪些智力品质？
3. 思想政治教育者应具备哪些非智力品质？如何培养？

第十二章
思想政治教育心理学的时代课题

关键词

和谐社会　人文关怀　积极心理学　心理疏导

要点提示

1. 阐述思想政治教育心理学研究对于推进新时代中国特色社会主义事业的现实意义。

2. 分析如何坚持思想政治教育“以人民为中心”的价值取向。

3. 揭示思想政治教育心理学研究对于培育人的积极心理品质的具体作用。

4. 提出进一步改进思想政治教育心理疏导的主要路径。

思想政治教育心理学是一门应用性学科，具有很强的实践性，其产生源于思想政治教育实践的需要，其研究和发展的目的也是为思想政治教育实践服务。在新时代中国特色社会主义事业的伟大历史进程中，思想政治教育心理学面临着许多时代课题，亟须从理论上和实践上研究、破解这些课题，促进新时代思想政治教育的有效开展。

一、奠定新时代社会和谐的心理基础

党的十六届六中全会通过的《中共中央关于构建社会主义和谐社会若干重大问题的决定》提出要按照民主法治、公平正义、诚信友爱、充满活力、安定有序、人与自然和谐相处的总要求构建社会主义和谐社会。党的十七大、十八大报告也强调了构建社会主义和谐社会的重要性。党的十八大以来，习近平总书记从不同的维度和层次对“和谐社会”提出了一系列新观点，如“构建和发展和谐劳动关系，促进社会和谐”① “树立正确的幸福观，强化通过辛勤劳动来创造幸福生活的观念，齐心协力建设和谐社会”② “建设

① 习近平．在庆祝“五一”国际劳动节暨表彰全国劳动模范和先进工作者大会上的讲话．人民日报，2015-04-29 (02)．

② 习近平．习近平谈治国理政．北京：外文出版社，2014：426.

平安中国，加强和创新社会治理，维护社会和谐稳定”，等等。当前，党的第一个百年奋斗目标即到建党 100 年时全面建成小康社会业已实现，党的第二个百年奋斗目标是到新中国成立 100 年时，建成富强民主文明和谐美丽的社会主义现代化强国。其中，进一步促进社会和谐仍是党在新时代的历史任务。要维护社会和谐稳定，推动绿色发展，促进人与自然和谐共生，使社会充满活力又和谐有序，构建和谐劳动关系。促进人与社会、自然和谐共生，是推进新时代中国特色社会主义事业的重要举措，也为思想政治教育心理学提出了新的理论课题和实践课题，要求思想政治教育心理学为新时代促进社会和谐提供心理层面的支持与指导。

（一）社会和谐是建设社会主义现代化国家的目标追求

建设社会主义和谐社会，是对人类社会发展规律、对社会主义建设规律和对中国共产党执政规律认识深化的结果，是对马克思主义关于社会主义社会建设理论的丰富和发展，是党执政理念的升华。在实现中华民族伟大复兴的历史进程中，进一步促进社会和谐是新时代中国特色社会主义事业总体布局中的重大战略任务。从 2035 年到 21 世纪中叶，我国将建成富强民主文明和谐美丽的社会主义现代化强国。由此可见，社会和谐是中华民族伟大复兴在社会发展领域的根本要求，是新时代中国特色社会主义事业的战略目标。

1. 社会和谐是中国特色社会主义的本质属性

邓小平指出：“社会主义的本质，是解放生产力，发展生产力，消灭剥削，消除两极分化，最终达到共同富裕。”① 只有不断解放和发展生产力，才能消灭剥削，消除两极分化，最终达到共同富裕，才能促进并实现社会和谐，“社会和谐是中国特色社会主义的本质属性”②。

随着人民群众物质生活水平的日益提高，人们对精神文化、健康安全等方面的需求也日益增长，人民群众要求安居乐业、保持社会稳定、化解社会矛盾、促进社会和谐的呼声日益提高。在党的十八大报告中，胡锦涛特别强调：“必须坚持促进社会和谐。社会和谐是中国特色社会主义的本质属性。要把保障和改善民生放在更加突出的位置，加强和创新社会管理，正确处理改革发展稳定关系，团结一切可以团结的力量，最大限度增加和谐因素，增强社会创造活力，确保人民安居乐业、社会安定有序、国家长治久安。”党的十八大以来，习近平总书记“对加强社会主义和谐社会建设提出许多新的要求、作出许多新的部署，为在新的历史起点上建设社会主义和谐社会提供了科学指南和基本遵循”③。党的十九大、二十大报告都把“和谐”作为建成社会主义现代化强国的核心要素之一，表明促进社会和谐是新时代中国特色社会主义事业的一项长期战略任务。当前，中国特色社会主义进入新时代，我国社会主要矛盾已经转化为人民日益增长的美好生活

① 邓小平．邓小平文选：第 3 卷．北京：人民出版社，1993：373.
② 中共中央关于构建社会主义和谐社会若干重大问题的决定．人民日报，2006－10－19.
③ 龚维斌．社会主义和谐社会建设之路：读《社会主义和谐社会建设》．光明日报，2015－03－10（11）.

需要和不平衡不充分的发展之间的矛盾，人民群众对精神文化、健康安全等方面的需求与向往日益增长，保持社会稳定、化解社会矛盾、促进社会和谐的呼声越来越高。中国14亿多人口，个人的愿望千差万别，但共同的愿望概括起来就是希望社会和谐、发展、稳定，即向往美好生活。可见，实现“社会和谐”，是人民共同企盼的目标，建设社会主义和谐社会，充分体现了中国共产党以人民为中心的执政理念。

2. 社会和谐是全国各族人民的共同愿望

建设社会主义和谐社会，是建成富强民主文明和谐美丽的社会主义现代化强国的内在要求，体现了全党全国各族人民的共同愿望，是国家富强、民族振兴、人民幸福的重要保证。建设社会主义和谐社会是贯穿新时代中国特色社会主义事业全过程的长期历史任务，既要有紧迫感和责任感，又要看到解决发展不平衡不充分问题的艰巨性、复杂性和长期性；既要努力奋斗，又不能急于求成。李克强总理在第十四届全国人民代表大会第一次会议上所做的《政府工作报告》中指出：“我国是一个发展中大国，仍处于社会主义初级阶段，发展不平衡不充分问题仍然突出。当前发展面临诸多困难挑战。外部环境不确定性加大，全球通胀仍处于高位，世界经济和贸易增长动能减弱，外部打压遏制不断上升。国内经济增长企稳向上基础尚需巩固，需求不足仍是突出矛盾……科技创新能力还不强。生态环境保护任重道远。一些民生领域存在不少短板。形式主义、官僚主义现象仍较突出……有的干部不作为、乱作为、简单化，存在脱离实际、违背群众意愿、漠视群众合法权益等问题。一些领域、行业、地方腐败现象时有发生。”可见，实现经济、社会、生态等全面、协调、可持续发展，这是一个不断化解社会矛盾、增加和谐因素的持续过程。思想政治教育心理学在新时代建设社会主义和谐社会的过程中，要通过深入细致、卓有成效的心理疏导、思想引导、心理辅导等，努力化解人的内心矛盾，促进群众的心理和谐，最大限度地减少不和谐因素，实现社会和谐。总之，社会和谐是建成富强民主文明和谐美丽的社会主义现代化强国的内在要求，是国家富强、民族振兴、人民幸福的重要保证，也是全党全国各族人民的美好愿望。

3. 社会和谐是使社会充满活力的现实基础

和谐是世界的本质，是社会发展的诉求，自然界因和谐而存在，社会因和谐而发展，人因和谐而健康。社会主义和谐社会既是充满活力的社会，也是团结和睦的社会。新时代建设社会主义和谐社会，必须最大限度地激发社会活力，形成人才辈出的良好局面。党的二十大报告指出：“深入实施人才强国战略……坚持尊重劳动、尊重知识、尊重人才、尊重创造……加快建设世界重要人才中心和创新高地……着力形成人才国际竞争的比较优势……把各方面优秀人才集聚到党和人民事业中来。”① 只有加大人才培养力度，落实人才强国战略，才能充分发挥人民群众的首创精神，使全社会的创造能量充分释放、创新成果不断涌现、创业活动蓬勃开展，形成万众一心、共创伟业的生动局面。同时，我们要坚持全面深化改革，适应社会发展要求，继续推进经济体制、政治体制、文化体制、社会体制的改革和创新，建立健全充满活力、富有效率、更加开放的体制机制，放

① 习近平．高举中国特色社会主义伟大旗帜 为全面建设社会主义现代化国家而团结奋斗：在中国共产党第二十次全国代表大会上的报告．北京：人民出版社，2022：36.

手让一切劳动、知识、技术、管理和资本的活力竞相迸发，让一切创造社会财富的源泉充分涌流，以造福于人民。此外，必须巩固和壮大最广泛的爱国统一战线，充分调动各方面积极性，促进政党关系、民族关系、宗教关系、阶层关系、海内外同胞关系的和谐，巩固全国各族人民的大团结，巩固海内外中华儿女的大团结。

（二）思想政治教育心理学为社会和谐奠定心理基础

“和谐”是同一性的一种状态，反映了事物发展的协调、平衡、秩序和合乎规律性的特征。在当代，和谐观念具有积极的价值，它可以成为处理人与人、人与社会、民族与民族、国家与国家、不同文化之间、人与自然环境之间关系的基本原则。建设社会主义和谐社会需要培育“和谐理念”“和谐精神”。为此，一方面，思想政治教育心理学必须坚持马克思主义在意识形态领域的指导地位，坚定文化自信，促进社会主义文化繁荣昌盛；另一方面，在弘扬中华优秀传统文化的基础上，要借鉴人类有益的文明成果，特别是现代心理学发展的最新成果，推动思想政治教育实践的创造性转化和创新性发展，不忘本来、吸收外来、面向未来。

1. 促进个体的身心和谐

人作为一个生命有机体，其自身必须身心和谐。也就是说，他的身体、心理、智商、情商各方面要素必须相互兼容、相互依存、稳定有序、运作有效、共同发展，才能使自身充满生机和活力，全面和谐发展。马克思和恩格斯所构想的实现“每个人自由而全面的发展”是对身心和谐的最经典的诠释。中国传统文化强调“形神合一”，认为人的身体与精神统一于一个系统之中，相生相克，互相协调。只有身心和谐的人，才能有效调节自身生理与心理的平衡、感性与理性的冲突、个人与他人的关系以及自我与社会的矛盾，从而以健康的体魄，宁静、平和、从容的心态，达到身心和谐、精神愉悦，使自己与天地万物相融合的圆满境界。可见，塑造和谐身心是达成人与人、人与社会、人与自然和谐的前提和基础。因此，促进社会和谐必须从塑造和谐身心入手。这就为思想政治教育心理学提出了理论与实践课题，要求思想政治教育心理学研究身心和谐的理论依据和实践方法，指导思想政治教育者运用心理疏导、深度辅导等形式帮助教育对象树立正确的健康理念，形成健康的生活方式，学会有效的情绪管理，构筑高尚的精神世界，实现身心灵的完美统一。

2. 增进社会的人际和谐

社会是由个体组成的，社会的和谐与发展需要个体的付出与协作。爱因斯坦告诉我们，社会的健康状态取决于组成它的个人的独立性，也同样取决个人之间的密切的社会结合……因此，人际和谐是社会和谐的基础。人际和谐首先是人与人之间关系的协调，这就要求人与人之间平等相处、坦诚相待、互惠互利、讲求信用。同时，在人际和谐的基础上社会各成员、群体、集团、阶层之间还要关系融洽、协调，和睦相处，和衷共济。这就要求每个社会成员在追求自己利益的时候，不得损害他人的利益，或者说不能以损害他人利益的方式来实现自己的利益。社会各个群体与阶层之间应该保持一种互惠互利的关系。党的二十大报告指出：“用社会主义核心价值观铸魂育人……把社会主义核心价值观融入法治建设、融入社会发展、融入日常生活。”① 因此，思想政治教育要把社会主义核心价值观融入人们的日常生活，倡导爱国、敬业、诚信、友善等道德规范，在全社会形成知荣辱、讲正气、促和谐的风尚。思想政治教育心理学要研究人的情感规律，培养人的道德情感，充分发挥道德情感对道德认知和道德行为的推动作用，促进社会主义核心价值观转化为人们的情感认同、政治认同和行为习惯，最大限度地形成全社会的思想共识，引导人们正确对待自己、他人和社会，正确对待困难、挫折和荣誉，塑造自尊自信、理性平和、积极向上的社会心态，从而形成我为人人、人人为我的和谐局面。

3. 营造和谐的社会氛围

古人云：能用众力，则无敌于天下；能用众智，则无畏于圣人。一个人的力量不足以撼动万物，一个人的言论不足以颠覆思想，一个人的智慧不足以改变世界。而同心山成玉，协力土变金。这就是团结的力量，这就是协作的价值。因此，团结协作是一切事业成功的基础，而和谐的社会氛围是凝聚社会力量的基石。和谐的社会氛围包含党与人民之间的和谐相处、干部与群众之间的和谐相处、党员干部之间的和谐相处、民族之间的和谐相处、社会阶层之间的和谐相处、个人与他人之间的和谐相处、家庭成员之间的和谐相处等等。在这里，干部与群众之间的和谐相处是根本，社会阶层之间的和谐相处是基础。这就要求思想政治教育心理学在引导社会热点、化解社会矛盾、疏导社会情绪上下功夫。社会热点问题是一个时期社会矛盾的集中反映，做好热点引导工作和矛盾转化工作，对于促进改革发展、维护社会稳定具有重要意义。思想政治教育心理学要利用学科优势，采用量化与质性相结合的方法，加强对社会舆情的调研分析，及时掌握干部群众关心的热点问题，多做解释说明工作，积极有效地引导社会舆论，努力维护社会和谐稳定。

4. 推动人与自然和谐共生

大自然孕育了人类，是人类生活的家园。党的二十大报告特别强调要推动绿色发展，促进人与自然和谐共生。党二十大报告指出：“大自然是人类赖以生存发展的基本条件。尊重自然、顺应自然、保护自然，是全面建设社会主义现代化国家的内在要求。必须牢固树立和践行绿水青山就是金山银山的理念，站在人与自然和谐共生的高度谋划发展。”②这就要求处理好人与自然的关系，实现人与自然的和谐共生。马克思曾经深刻地指出，“人们对自然界的狭隘的关系决定着他们之间的狭隘的关系，而他们之间的狭隘的关系又决定着他们对自然界的狭隘的关系”③。可见，人与自然的和谐是人与人和谐以及社会和谐的物质基础，是全面建成社会主义现代化强国的物质保障。因此，推动绿色发展、促进人与自然和谐共生是全面推进中华民族伟大复兴的重大战略问题。在促进人与自然和谐共生方面，思想政治教育心理学要引导教育对象树立绿色理念，增强生态意识，培养生态情感，培育生态道德，建设生态文明。要在全社会大力倡导绿色消费，拒绝奢华和浪费，推动全社会养成垃圾分类、珍惜粮食、低碳出行等良好习惯，努力使厉行节约、反对浪费在全社会蔚然成风，使思想政治教育的生态功能得到充分发挥。

---

① 习近平．高举中国特色社会主义伟大旗帜 为全面建设社会主义现代化国家而团结奋斗：在中国共产党第二十次全国代表大会上的报告．北京：人民出版社，2022：44.

② 同①49－50.

③ 马克思，恩格斯．马克思恩格斯选集：第1卷．3版．北京：人民出版社，2012：161.

（三）思想政治教育心理学为社会和谐提供心理支持

心理和谐是人与人、人与社会、人与自然和谐的基础，也是形成“和谐理念”“和谐精神”“和谐思想”的前提条件。心理和谐是指人对客观现实的反映适当、适度，或者说人在客观现实面前表现出的一种积极心理。心理和谐包括认识和谐、情感和谐、意志和谐、心态和谐、个性和谐等。思想政治教育心理学在促进人的心理和谐方面具有重要作用。

1. 引导人对社会正确认知

人的心理现象并不是人脑所固有的，而是对客观现实的主观反映。人通过感觉、知觉、记忆、想象、思维等心理活动认识客观现实，把握客观规律。正确认知表现为一个人能够客观地认识自己、认识他人与社会。人对自己的认识包括对自己的生理、心理和社会关系的认识。一个人只有正确地认识自己，才能形成和谐的自我意识，有效地管理自己；一个人只有辩证地认识他人，努力发现他人的优点、长处，才能尊重、信任他人，形成和谐的人际关系；一个人只有辩证地认识社会，即用历史的眼光、发展的眼光分析社会，并努力适应社会，才能实现心理和谐。思想政治教育心理学在引导教育对象形成正确认知方面具有独特作用。

2. 培养人健康的情绪情感

健康的情绪情感是人们心理和谐的重要前提。健康的情绪表现为情绪成熟，以积极情绪为主，能够调控自己的消极情绪。在健康情绪下，人们往往心境愉快、情绪平和、情感丰富、精力充沛、乐观向上。成熟而稳定的情绪情感是顺利完成各项工作的重要前提。思想政治教育中的人文关怀与心理疏导是思想政治教育心理学的理论研究重点，思想政治教育心理学着眼于人的积极情绪情感的培养与开发，在引导人培养健康情绪情感、理性平和心态、崇高道德情怀等方面有着不可替代的作用。

3. 培育人积极的社会心态

人的心理活动都是在一定的心理状态下进行的，人的一切行为都以一定的心态为前提。积极心态带来积极行为，消极心态导致消极行为。积极心态不仅是心理和谐的重要内容，而且是确保心理和谐的决定性因素。积极心态是一种乐观心态。拥有积极心态的人总是从积极的角度看问题，相信好事情总比坏事情多，未来会比今天好；积极心态是一种平和心态，能够接纳人们之间的地位悬殊和个性差异。无论是成功者，还是平凡人，只要拥有平和的心态，就会心存感激，心理平衡；积极心态是一种进取心态，拥有积极心态的人在客观现实面前能够做到胜不骄、败不馁，不怕困难，努力进取。在思想政治教育实践中，通过认知调节、情感激发、意志培养等途径可以帮助教育对象获得积极心态，这些均是思想政治教育心理学的研究范畴。

4. 塑造人良好的个性品质

良好的个性品质是心理和谐的基础。思想政治教育心理学的理论与实践在引导人形成良好的个性品质方面具有重要作用。一方面，引导人形成良好的个性倾向。个性倾向是决定个人对客观事物的态度和行为的内部动力系统，能使人的行为表现出积极性，其作用在于对心理活动的组织和引导，使心理活动有目的、有选择地进行。良好的个性倾向包括合理的需要、正确的动机、广泛而稳定的兴趣爱好、崇高的理想信念、正确的价值观等。另一方面，引导人形成良好的性格品质。性格是个性心理特征的核心，是个性培养的关键。通过思想政治教育，可以培养教育对象形成公正、热情、诚信、勤奋、负责、谦虚、自信、沉着、勇敢、顽强等良好性格。

二、坚持思想政治教育以人民为中心的价值取向

以人为本，是科学发展观的核心，体现了中国共产党全心全意为人民服务的根本宗旨。习近平总书记进一步深化了以人为本的执政理念，指出“坚持人民性，就是要把实现好、维护好、发展好最广大人民根本利益作为出发点和落脚点，坚持以民为本、以人为本”[①]，并多次强调解决民生问题必须坚持以人为本的原则，始终把人民放在最高的位置，紧紧依靠人民、始终为了人民等。在党的十九大报告中，习近平总书记更为明确地指出：新时代中国特色社会主义事业要“深入贯彻以人民为中心的发展思想”，并把“坚持以人民为中心”确立为新时代坚持和发展中国特色社会主义的基本方略之一，这意味着不仅在经济社会发展方面要坚持以人民为中心的发展思想，而且在中国特色社会主义事业诸领域、各方面及全过程都必须坚持以人民为中心。着眼于教育领域，党的二十大报告特别指出：“坚持以人民为中心发展教育，加快建设高质量教育体系，发展素质教育，促进教育公平。”[②]因此，以促进人的全面发展为目标的思想政治教育必须坚持以人民为中心的价值取向，实施以人为本的思想政治教育。

（一）以人民为中心是思想政治教育的时代特征

新时代以来，习近平总书记多次强调以人民为中心这一重要命题。2015 年 10 月 29 日，在党的十八届五中全会上，习近平总书记明确提出了坚持以人民为中心的发展思想。2016 年 1 月 8 日，习近平总书记在省部级主要领导干部学习贯彻十八届五中全会精神专题研讨班的讲话中指出：“人民为中心的发展思想……要体现在经济社会发展各个环节。”[③] 党的十九大报告确定“以人民为中心”是习近平新时代中国特色社会主义思想的重要内容。2018 年 8 月 21 日至 22 日，在全国宣传思想工作会议上，习近平总书记特别强调：“我们必须把人民对美好生活的向往作为我们的奋斗目标，既解决实际问题又解决思想问题，更好强信心、聚民心、暖人心、筑同心。”[④] 在总结改革开放 40 多年积累的宝

---

① 习近平．习近平谈治国理政．北京：外文出版社，2014：154.

② 习近平．高举中国特色社会主义伟大旗帜 为全面建设社会主义现代化国家而团结奋斗：在中国共产党第二十次全国代表大会上的报告．北京：人民出版社，2022：34.

③ 习近平．在省部级主要领导干部学习贯彻党的十八届五中全会精神专题研讨班上的讲话．北京：人民出版社，2018：24.

④ 习近平．习近平谈治国理政：第 3 卷．北京：外文出版社，2020：311.

贵经验时，习近平总书记指出："必须坚持以人民为中心，不断实现人民对美好生活的向往"。党的二十大报告指出："坚持以人民为中心的发展思想。维护人民根本利益，增进民生福祉，不断实现发展为了人民、发展依靠人民、发展成果由人民共享，让现代化建设成果更多更公平惠及全体人民。"[①] 因此，坚持以人民为中心，就是要把思想政治教育促进社会发展与促进人的全面发展的双重功能在思想政治教育实践中充分发挥出来，这是思想政治教育的时代召唤和功能定位，也是思想政治教育永葆生命力的力量源泉。

1. 以人民为中心是新时代中国特色社会主义思想的核心内容

党的十八大以来，以习近平同志为核心的党中央，紧密结合新的时代要求，进一步把马克思主义基本原理与中国具体实践相结合，形成了习近平新时代中国特色社会主义思想。其精神实质就是在新的时代背景下，不忘初心，继续坚持和发展马克思主义，坚持以人民为中心。首先，以人民为中心是马克思主义政党的本质规定与要求。人民群众是历史的创造者，是推动社会进步的重要决定力量。作为历史活动主体和创造者的人民群众，既是社会财富的创造者，也是社会财富的享有者。他们是中国梦实现的主体力量。中国梦的提出从根本上来说也是为了实现人的全面发展。其次，以人民为中心是中国共产党人的初心和使命。党从成立之初到现在，始终把实现人民幸福、促进人的全面发展作为党一切工作的核心。党的一切工作部署和战略方针，也都是围绕增进民生福祉、实现人的全面发展而展开的。在新时代下，党也必然要坚持以人民为中心，肩负起为人民谋幸福、为中民族谋复兴的历史使命。再次，以人民为中心是中国共产党人的根本宗旨和价值取向。作为马克思主义政党，从成立伊始，党就把全心全意为人民服务、为人民谋幸福作为自己的根本宗旨和基本价值取向，始终坚持以人民为中心，把实现好、维护好和发展好最广大人民根本利益作为一切工作的出发点和落脚点。这是我们党一贯坚持的立场和原则。最后，以人民为中心是中国共产党人新阶段治国理政的核心和依靠。只有始终把人民利益放在首位，了解人民群众的真正需求，才能在治国理政的过程中制定出正确的、有利于人民发展的政策。新时代我们党治国理政的任务是十分艰巨的，也只有紧紧依靠人民，自觉从人民群众的伟大实践中汲取智慧和力量。

2. 以人民为中心是新时代坚持中国特色社会主义道路的根本立场

党的二十大报告总结新时代十年来历史成就时指出："我们深入贯彻以人民为中心的发展思想，在幼有所育、学有所教、劳有所得、病有所医、老有所养、住有所居、弱有所扶上持续用力，人民生活全方位改善。"[②] 可见，以人民为中心是新时代坚持和发展中国特色社会主义的根本立场。人民群众是党的力量源泉，人民立场是党的根本政治立场。中国共产党人始终把人民放在心中最高的位置，始终全心全意为人民服务，始终为人民利益和幸福而努力工作。首先，以人民为中心反映了中国共产党人的核心价值观，是中国共产党区别于其他政党的显著标志之一。中国共产党始终坚持人民的利益高于一切，党除了最广大人民的根本利益，没有自己的特殊利益。党的全部任务和责任，就是带领

① 习近平．高举中国特色社会主义伟大旗帜 为全面建设社会主义现代化国家而团结奋斗：在中国共产党第二十次全国代表大会上的报告．北京：人民出版社，2022：27.

② 同①10.

广大人民实现自己的根本利益。坚持以人民为中心，就是做到权为民所用、情为民所系、利为民所谋，始终把最广大人民的根本利益作为一切工作的最高标准，充分体现了党的根本宗旨。其次，以人民为中心是新时代中国特色社会主义事业的核心理念。为谁发展、靠谁发展、发展成果如何分配，是新时代中国特色社会主义事业必须回答和解决的基本问题。在为谁发展上，强调坚持把人民拥护不拥护、赞成不赞成、高兴不高兴作为衡量一切决策和工作的标准。在靠谁发展上，强调尊重人民主体地位，发挥人民首创精神，最大限度地集中全社会、全民族的智慧和力量，动员和组织亿万群众投入中国特色社会主义的伟大事业。在发展成果如何分配上，强调走共同富裕道路，充分保障人民享有的经济、政治、文化、社会等各方面权益，让发展成果惠及广大人民群众。最后，以人民为中心是实现新时代中国特色社会主义发展的根本目的。以人民为中心就是要把人民的利益作为一切工作的出发点和落脚点，把人民群众作为推动历史前进的主体，不断满足人民群众对美好生活的需要，实现人的全面发展。

3. 以人民为中心是新时代思想政治教育的价值取向

思想政治教育从本质上说，是一种主体性活动。随着社会的不断进步和发展，教育对象的主体意识日益增强。推进思想政治教育以人民为中心正是以教育对象的主体性发挥为前提，以激发教育对象的情感为导向，以平等民主的教育关系为保障，以满足教育对象的内在需要、促进教育对象的生命成长为目的。这种思想政治教育理念反映了新时代的要求，是思想政治教育回归教育的本质，真正使思想政治教育成为“人的教育”的必然选择。思想政治教育作为经济工作和其他一切工作的“生命线”，应当坚持以人民为中心的宗旨和导向，践行以人民为中心的价值取向，始终关注人的利益诉求和价值愿望，促进人的自由全面发展。

首先，坚持用习近平新时代中国特色社会主义思想教育武装群众。马克思指出：“理论只要说服人，就能掌握群众；而理论只要彻底，就能说服人。所谓彻底，就是抓住事物的根本。”① 习近平新时代中国特色社会主义思想，体现了这一根本要求。思想政治教育要落实以人民为中心，必须坚持用习近平新时代中国特色社会主义思想这一马克思主义中国化、时代化的最新理论成果武装广大人民群众的头脑，结合不同群众的思想特点和接受心理，运用多种方式方法加强对习近平新时代中国特色社会主义思想的宣传，提升人的思想认识，消除思想困惑，帮助人们树立正确的世界观、人生观、价值观。

其次，坚持在服务推动经济社会改革发展中促进人的全面发展。思想政治教育要在人的发展中把握人的物质、文化和心理需求，并以此为出发点，正确认识和处理满足这些需求与经济、政治、文化和社会建设之间目的和手段关系，坚持实现推动经济社会发展与人的发展的有机统一。一方面，要有的放矢做好思想政治教育，为推动经济社会改革发展发挥思想的先导作用；另一方面，坚持把服务推动人的全面发展作为经济社会改革发展的根本目的，通过服务推动经济、政治、文化、社会、生态建设，为实现人的全面发展创造经济社会文化条件，提供现实支撑。

最后，切实满足群众在工作生活发展中各种合理的利益诉求。思想政治教育要贯彻

① 马克思，恩格斯．马克思恩格斯选集：第1卷．3版．北京：人民出版社，2012：9－10.

以人民为中心的价值取向，除了加强思想教育和价值观引导外，还必须切实从群众现实的生产生活和工作实际出发，把满足群众生产生活和工作发展中合理的利益诉求，作为工作的重要任务加以推进、帮助实现。在新时代，思想政治教育坚持以人民为中心的工作导向，既要不断宣传主流价值观以丰富人民的精神生活，也要帮助群众解决同他们切身利益密切相关的难题，努力满足人民群众的合理利益诉求[①]。

（二）以人民为中心是新时代思想政治教育的根本遵循

推进思想政治教育以人民为中心是新时代思想政治教育心理学研究的重要理论和实践课题，为思想政治教育心理学研究指明了方向。思想政治教育心理学要着重研究如何针对人的心理特点和心理规律开展思想政治教育，把思想政治教育做到人民的心坎上，使思想政治教育在促进人的全面发展和身心健康成长方面发挥更大的作用。

1. 思想政治教育要以人为出发点和目的

思想政治教育从根本上是做人的工作，人是思想政治教育的出发点和目的。在思想政治教育心理学视域下，教育者不仅要遵循思想政治教育学科的基本要求，还要做到眼中有人、心中有人，充分考虑人的接受心理、以人为重、以人为尊，在思想政治教育中扮演促进者、帮助者、疏导者、合作者的角色。

第一，以人为出发点和目的就要尊重人的基本权利。人根据其自然属性和社会属性在生存和发展中享有基本权利。人之所以为人，就在于人在社会中有尊严、有价值、有地位。人的基本权利是能使一个人成为人的权利。思想政治教育要尊重人，尊重人的基本权利，尊重、维护人的生命权、健康权、尊严权、人格权、人身权、名誉权、隐私权等。思想政治教育不能“以物为本”，更不能损害人的基本权利。

第二，以人为出发点和目的就要承认人的自我价值。人的价值表现为两种基本形式：一是满足自己作为主体的需要是人的自我价值；二是满足自己之外的主体的需要是人的社会价值。人的自我价值表现为对人的生存、享受、发展需要的满足，对人的尊严的维护，对人的人格的尊重，对人的权利的保护等。人的社会价值是指对满足他人需要和社会需要所做的贡献。人的价值是人的自我价值和人的社会价值的统一，它们相互依存、互为条件。人的自我价值是人的社会价值的必要基础和前提。思想政治教育不能只强调人的社会价值，不能只讲贡献、牺牲、付出，而要承认人的自我价值，尽量满足人的合理需要和正当利益，关心人的切身利益，满足广大人民群众的根本利益。

第三，以人为出发点和目的就要承认并尊重个性差异。心理学研究表明，人与人之间是存在个性差异的。受遗传因素的制约，人会有不同的智力水平和智力优势。受环境的影响，人会形成不同的性格特点和思想道德水平。思想政治教育要承认并尊重人的个性差异，对不同类型、群体或个人的教育对象心理做深入分析，采取不同的方法做到差别对待，真正做到因人而异、因材施教，尤其是对那些思想上、心理上、行为上有这样或那样问题的人，要亲切关怀、真诚相待、耐心帮助、精心指导。

---

① 张瑞芬．以人民为中心：新时代思政工作价值取向．思想政治工作研究，2018（12）．

2. 思想政治教育要发挥人的主体作用

人民是历史的创造者，是决定党和国家前途命运的根本力量，必须坚持人民主体地位。在思想政治教育中，教育对象是有血有肉、有思想、有作为的能动的人。在思想政治教育心理学视域下，思想政治教育要发挥人的主体作用，就是要充分发挥教育对象的主动性、积极性和创造性，要把握好以下三方面内容。

第一，坚持发挥人的主体作用就要为教育对象提供发表意见建议的平台。人不仅能够进行自我控制和自我约束，而且都有发表意见、建议的愿望，都希望拥有话语权。在思想政治教育中，教育者要善于创造条件，调动教育对象参与思想政治教育实践或管理的积极性，注重听取群众意见，努力改进工作作风，积极为教育对象提供发表见解的平台。

第二，坚持发挥人的主体作用就要给了教育对象施展才能的机会。每个人都有自我展示的愿望和自我发展的要求，教育对象能否获得发展与教育者能否为其提供施展才华的机会和职业发展的平台密切相关。教育者如果只是把教育对象看作受动对象或者劳动工具，就会抑制人的创造性、压制人才。因此，教育者要从人才培养的战略高度，创造各种条件，为教育对象提供施展才华的广阔空间，使教育对象在创造社会价值的同时也获得自我发展，实现个人价值。

第三，坚持发挥人的主体作用就要在人与人之间实施心理互助。心理互助就是人们在心理上的互相帮助。人除了有生理需要和社会需要外，还有心理需要，如爱的需要、欣赏需要、理解需要、尊重需要等。心理互助的实质就是互相满足心理需要。只有在交往和互动中，人的心理需要才能获得充分满足。思想政治教育要提供人与人之间相互交往和互动的情境，拉近人与人之间的心理距离、感情距离，使每个人都成为思想政治教育中的主体。

3. 思想政治教育要满足人的内在需求

思想政治教育的对象是人，人是思想政治教育的直接受益者。坚持以人民为中心，加强思想政治教育，就是要实现人的全面发展的内在需求。这种内在需求在思想政治教育心理学视域下，就是要确保人的健康快乐、自我实现以及全面而自由的发展。

第一，满足人的内在需求就要确保人的健康快乐。人活着有多种追求，如追求健康、快乐、成功、自由等。其中，健康是人的基本追求。健康包括生理健康、心理健康和良好的社会适应。健康是人生的第一财富，是社会的第一资源，是国民的第一素质，健康还是一种生产力和竞争力。可见，健康不仅仅是个体的一种需求，也是社会稳定和发展的重要条件。思想政治教育要有意识地培养人的健康意识，提高人的生活质量和生命素质，促进个体身心和谐发展。快乐也是人生的基本追求。人不仅需要活着，还要求快乐生活。物质上的享受只会带来短暂的快乐，真正的、长久的快乐取决于人们良好的心理品质和崇高的人生追求。思想政治教育要在提高人的思想道德素质的同时，培养乐观、向上的心理品质，促进人格的健全发展。

第二，满足人的内在需求就要支持人的自我实现。自我实现即充分发挥潜能，实现自己的理想。自我实现是人的最高层次的需要，也是激发人奋发向上的精神动力。马斯洛认为人都有发挥自己的潜力、表现自己的才能的需要，只有人的潜力充分发挥，人才会感到最大程度的满足。马斯洛通过对社会知名人士和一些大学生的调查，指出自我实现的人具有十几种特征，主要有敏锐的观察力及对现实的洞察力，思想高度集中，有创造性和好奇心，喜欢接受挑战，意志力顽强，富有责任感，对自我、他人和自然的接受，不受环境偶然因素的影响，具有超然的独立性和自主性，人际关系融洽，具有民主性格等。但马斯洛也承认，在现实中这种人极少，多数人不能达到自我实现，原因是社会环境的束缚没有为人们自我实现创造适当的条件。思想政治教育要以人民为中心，就要努力为人的自我实现创造适宜的工作环境和条件保障，满足人们追求自我完善、自我超越的高级需要，促进人的自我实现。

第三，满足人的内在需求就要促进人的全面而自由的发展。人的全面而自由的发展是马克思对未来社会发展趋势的描述。马克思认为共产主义是“以每个人的全面而自由的发展为基本原则的社会形式”①。马克思在这里所说的人的全面发展是针对资本主义社会形态下，人的畸形、片面发展而言的，是指建立在社会生产力和生产关系高度发展基础上的人的能力、需要、社会关系和个性的整体发展，包括人的物质和精神两方面的发展，而人的能力、需要和个性都是心理的范畴，人的能力、需要和个性的发展都离不开心理的发展。这就为思想政治教育心理学提出了新的任务和要求，思想政治教育心理学要在提高人的能力、引导人的需要、培养人的个性方面加强理论研究和实践指导，引导教育对象形成合理的需要、广泛的兴趣、稳定的情绪、高尚的情感、顽强的意志、正确的态度、完善的人格，做到自尊、自信、自爱、自强，诚实、守信、独立，创新、拼搏、进取，获得身心的全面发展。

三、推进思想政治教育心理疏导的创新发展

自党的十七大、十八大报告提出思想政治工作要注重心理疏导以来，心理疏导成为思想政治教育的重要方法。新时代以来，习近平总书记在不同场合提及心理疏导的重要性，如2016年12月在全国高校思想政治工作会议上提及“加强人文关怀和心理疏导”。新冠疫情期间，习近平总书记多次强调“要加强心理疏导和心理干预，尤其是要加强对患者及其家属、病亡者家属等的心理疏导工作”等。“心理疏导”的提出进一步拓宽了思想政治教育的工作方法，丰富了思想政治工作的内涵。新时代以来，思想政治教育中的心理疏导不断与心理咨询中的心理疏导相借鉴、相融合，扩展了工作领域。同时，也存在一定程度的概念模糊、工作界限不清等问题。如何进一步发挥心理疏导的作用，实现心理疏导的创新发展，对思想政治教育心理学提出了新的研究课题。

（一）心理疏导是对思想政治教育方法的必要补充

心理疏导源于中国传统医学中的心理疏导疗法②，同时又在西方心理辅导与咨询方法

① 马克思，恩格斯．马克思恩格斯全集：第23卷．北京：人民出版社，1972：649.

② 鲁龙光．心理疏导疗法精讲．南京：东南大学出版社，2012：1.

基础上整合而成，具有鲜明的中国特色。党的十七大以来，心理疏导引入思想政治教育领域，成为思想政治教育方法的必要补充。

1. 心理疏导的内涵

“疏导”一词自古有之，多指使淤塞的水流或阻塞的道路畅通，后来逐渐引申为对人思想的开导与疏通。此外，中医文化传统中也强调身心一体，主张辨证施治，重调情志。但中国古代是否明确提出心理疏导的概念还有待考证。现代西方心理咨询萌芽于17世纪工业革命以后，19世纪末20世纪初逐渐发展起来。到20世纪40年代以后，西方真正意义上的心理咨询时代来临，心理疏导作为心理咨询的具体方法被广泛运用。20世纪80年代，我国南京精神病防治院鲁龙光教授以辨证施治为原则，以传统文化为主导，创立了本土化的“心理疏导”疗法，用于精神疾病的治疗和心理治疗。

心理疏导作为一种心理学方法有广义和狭义之分。狭义的心理疏导即指心理疏导疗法，多用于心理治疗过程，指医务人员运用心理治疗技术，在与患者医疗交往过程中产生良性影响，对患者阻塞的病理心理状态进行疏通引导，使之畅通无阻，从而达到治疗和预防疾病，促进身心健康的目的的一种方法。心理疏导着眼于“疏导”二字，包括“疏通”和“引导”两个环节。所谓“疏通”，是指医患之间广开信息交流之路，通过信息收集与信息反馈，把病人心理阻塞的症结、心灵深处的隐情充分表达出来。“引导”即在系统获取信息的基础上，抓住主线，循循善诱，改造病人的认知结构，把各种不正确的认识及病理心理引向科学、健康的轨道，这也是病理心理到生理心理的转化过程。“疏通”与“引导”是辩证的关系，“疏通”是为了正确的“引导”，是“引导”的前提。“引导”是“疏通”的目标，是“疏通”的继续。只有疏通与引导达到统一，才能使治疗沿着正确、健康的方向发展。语言是心理疏导疗法的基本工具。在患者不同的病情阶段，主要以准确、鲜明、生动、灵活、亲切、适当、合理的语言分析疾病产生的根源和形成过程、疾病的本质和特点，教给患者战胜疾病的方法，激励患者自我领悟、自我认识和自我矫正，促进患者自身心理病理的转化，减轻、缓解、消除症状，并帮助他们认清疾病的运动规律，弥补个性缺陷，提高主动应对心理应激反应的能力，巩固疗效。

广义的心理疏导既可以运用到心理辅导和心理咨询之中，也可以运用到教育和管理之中。广义的心理疏导仍旧遵循“疏通”与“引导”的辩证统一关系，是指心理咨询师或教育者、管理者运用心理学理论与技巧，通过解释、说明、共情、支持和相互之间的理解，运用语言和非语言的沟通方式，疏通人们的心理和思想，影响其心理状态，改善或改变其认知、信念、情感、态度和行为等，达到预警、降低、解除不良心理状态的目的，以增强社会适应，消除不良心态的一种心理学方法。“疏导”不同于教导，也不同于指导。教导往往耳提面命，缺乏亲和力；指导常常居高临下，使教育对象产生距离感，不能真正解决教育对象内心的疑虑。而“心理疏导”不仅建立在对教育对象充分尊重的基础上，而且贴近教育对象的心理需要和思想实际，充分尊重他们的个性特点和心理诉求，重在解决其内心困惑，在这个基础上，施以正面的教育和引导，因而往往可以收到事半功倍之效，真正实现教育、管理工作成效和价值的最大化。

2. 心理疏导与相关概念的厘清

心理疏导与心理辅导、心理咨询、心理治疗既有联系，也有区别。从联系的方面来看，它们都遵循心理学理论，都是运用心理学理论解决人们的心理困扰和心理问题一种活动。但是，它们又各有侧重，不能等同。心理辅导多用于学校教育中，由受过一定训练的教师对需要提供心理帮助的学生展开；心理咨询适用于学校、社区、企业、军队等各个领域，由受过专业训练的心理咨询师给有心理困扰的来访者提供专业帮助；心理治疗只适用于医院或专门的心理治疗机构，由有专业资质的心理治疗师给有心理障碍或心理疾病的患者提供专业治疗。对于心理疏导而言，狭义的心理疏导即心理治疗的一种方法，多用于心理治疗中。而广义的心理疏导则广泛应用于咨询、教育、管理、社会工作等领域，由经过一定训练、掌握了心理疏导基本方法的心理咨询师、教师、管理者、社会工作者等，面向疏导对象开展相应的心理疏导工作。由此可见，心理疏导作为思想政治教育方法的重要补充，是对中华优秀传统文化的传承，是对西方国家提出的“心理辅导”和“心理咨询”的借鉴与发展，是对我国传统思想政治教育方法的突破和创新，也是对心理健康教育的融合与补充。

3. 心理疏导在思想政治教育中的独特优势

无论是狭义的心理疏导还是广义的心理疏导，都以心理为切入点，在疏通情绪、平和心态，缓解压力、化解矛盾，调节认知、转变行为等方面具有不可替代的作用，是对传统思想政治教育方法的必要补充。心理疏导在思想政治教育中的主要优势体现在以下三个方面：

首先，情绪宣泄。当前，人们所处的社会环境日趋复杂，面临的竞争压力日益增大。这就使得人的心理困扰、思想困惑、观念冲突越来越多。现代心理学认为，情绪宣泄是人们获得精神健康的重要“营养素”。美国生理学家艾尔玛的实验研究发现：将人在愤怒、生气状态下呼出的气体冷却成水后注射到大白鼠身上，几分钟后大白鼠就会死亡。因此，他把这种“生气水”称为致命杀手。还有科学家的研究发现，人生气 10 分钟所耗费的精力和体能，不亚于参加一次 3 000 米赛跑。可见，长期的负性情绪对人的身心健康损害极大。心理疏导无疑为人们提供了情绪宣泄的机会和平台，避免了被堵塞的负性情绪的积累。在心理疏导过程中，通过“倾听”、“同感”和“共情”，使来访者得到接纳和理解，有助于来访者充分宣泄不满、敌对、愤怒、抑郁、委屈等消极情绪，恢复心理平衡。因此，心理疏导常常被认为是社会矛盾的减压阀。

其次，心理支持。心理学研究表明，个体在面临困境时，如果得到来自家庭成员、亲朋好友、团体组织和社会方面的精神与物质上的支持、帮助，会增强心理应激能力。相反，如果社会支持不足，会加重个人的受挫体验，产生悲观心态，甚至发展成为对社会的仇视、对抗心理，影响社会的安定和谐。当前，时代发展的增速、社会竞争的加剧、生活压力的增加、家庭结构的变化、人际关系的复杂等，都使得大学生的心理负荷越来越大，从而对社会支持系统的需求越来越强烈。而心理疏导提供的是一种专业辅导和心理关怀，心理疏导者通过亲切的态度、积极的关注、耐心的倾听、主动的共情，可以为疏导对象提供必要的情感抚慰和心理支持，使疏导对象增强战胜困难的勇气。

最后，认知调节。认知是行为的先导，大学生的行为是在认知指导下进行的。因此，要想引导大学生的行为，需要首先改变大学生的认知。而心理疏导具有重要的认知调节功能，可以引导教育对象转变认知观念，改变不良行为。美国临床心理学家艾利斯提出了合理情绪疗法，也称为 ABC 理论。艾利斯认为人的情绪和行为反应的结果（consequences）不是直接由诱发性事件（activating events）引起的，而是由人们对诱发性事件所持的信念、看法和解释（beliefs）决定的。因此，要想改变人们的情绪和行为，需要首先改变人们的认知和观念。他提出人们常见的思维偏差包括绝对化思维、过分概括化思维和灾难化思维，非此即彼、以偏概全就是人们常犯的认知错误。在这种错误认知的影响下，人们必然会出现情绪上的变化和行为上的反应。此时，如果仅依靠自身的力量进行调节和控制，难以走出认知误区。正所谓“当局者迷，旁观者清”。而心理疏导使用一系列方法手段，诸如对话、讨论、攀谈、引导、启发等，以与“问题困扰者”平等交流、相互磋商的方式，共同探讨对人对事的正确认识，引导当事人调整心理状态，转变认识角度，尝试换位思考，学会辩证思维，最终达到对客观世界、对人对事的正确认识和正确行为。因此，正确的心理疏导，往往可以为人们提供正确的思维方式，引导人们学会辩证思维，以获得正确的行为模式，从而对人的健康发展起到四两拨千斤的作用。

由此可见，心理疏导对于解决人的情绪困扰、认知偏差、人际冲突、适应障碍等心理问题具有重要作用，对于解决人的思想困惑、人生迷惘、信仰动摇等现实问题具有基础性的作用，是新时代思想政治教育不可或缺的重要方法。由此可见，心理疏导是新时代思想政治教育不可或缺的重要方法。

（二）加强思想政治教育心理疏导的现实依据

思想政治教育是中国共产党的优良传统和政治优势，是一切工作的生命线。在新时代，思想政治教育必须与时俱进，围绕群众、观照群众、服务群众，满足人的心理需求和成长需要，促进人的全面发展、健康成长，完成立德树人的根本任务。加强心理疏导是时代发展的需要，也是推进思想政治教育守正创新的需要。

1. 促进社会和谐，满足人民追求美好生活的现实需要

中国特色社会主义进入新时代，是社会基本矛盾运动的结果，标志着我国社会主要矛盾已经转化为人民日益增长的美好生活需要和不平衡不充分的发展之间的矛盾。新时代社会主要矛盾的变化，意味着思想政治教育的主要矛盾发生了时代转向，转变为人们对满足多样性、多层次性的道德精神需求和思想政治教育对人的德性涵养效果不凸显之间的矛盾。一方面，新时代人民对美好生活的需要不仅包含对物质生活的需求，也包含对民主、法治、公平、正义以及获得快乐、幸福等精神满足的需求，呈现出多样性、多层次的特征。具体表现为心理健康的需求、思想解惑的需求、个性完善的需求、道德提升的需求、自我实现的需求，等等。人们精神需求的多样化、多层次发展，表明人们越来越注重蕴含丰富、文明高尚的精神需求的满足。另一方面，新时代思想政治教育对人们全面发展诉求的满足程度还远远不够，思想政治教育出现了某种程度的“钝化”和“乏力”表征，其“应然效果”与“实然效果”出现了一定的分离趋势，思想政治教育的价值引领、品格塑造和德性涵养功能尚未充分发挥出来。现代化的国际经验表明，当一个国家的现代化进程开始加速，或者说当一个社会正在急剧转型时，会导致社会心态的失衡和心理问题的频发。比如，社会竞争加剧导致压力感加重，生活节奏加快带来紧张感上升，价值观念冲突造成人生观扭曲，人际关系复杂导致归属感降低，等等。在这种社会背景下，人们容易产生失落感、相对被剥夺感、不公平感等不良心态和各种心理问题。这就要求在思想政治教育过程中，除了注重发挥其政治功能、思想功能、文化功能、教育功能、生态功能外，还要在心理疏导上下功夫，充分发挥其心理功能，使新时代的思想政治教育在促进社会和谐、培育良好的社会心态、满足人民追求美好生活的现实需要方面做出新的贡献。

2. 提升心理素质，实现人的全面发展的必然选择

良好的心理素质是人取得事业成功的心理基础。其实，每个人都有一座潜能金矿，蕴藏无穷，价值巨大。当人拥有自信、积极、乐观、坚强等心理品质时，往往能够最大限度地开发自己的潜能；而当人处于自卑、愤怒、抑郁、焦虑、紧张等消极状态时，对外界的感知能力就会下降，从而限制自身潜能的发挥。特别是青少年，正处于世界观、人生观、价值观形成的关键时期，他们往往自我定位高，成才欲望强，但社会阅历少，心理发展不成熟，因而当面临学习、就业、交往、情感和社会适应等方面的问题时，极易出现心理问题、道德困惑和精神危机。根据我国心理健康蓝皮书《中国国民心理健康发展报告（2019—2020）》提供的数据，大学生中有 18.5%有抑郁倾向，4.2%有抑郁高风险倾向，8.4%有焦虑倾向。医学心理学研究表明，心理问题如果得不到及时疏导、化解，就会发展为心理障碍、心理疾病甚至心理危机，影响人的身心健康、生活学习以及社会的和谐稳定。这种客观现实要求思想政治教育必须关注人的心理健康，把提升人的心理素质作为思想政治教育的重要内容，从情绪疏通、心理引导、思想解惑、矛盾处理、困难解决等方面开展工作，通过心理健康讲座、心理状况测量、心理咨询服务、心理社团活动、心理网站宣传等途径，开展丰富多彩的心理疏导活动，为人民群众提供全方位、多层次、多内容的心理疏导服务，解决人们在自我认知、人际交往、职业发展、恋爱婚姻中遇到的困扰，提升人的心理素质、道德品质和社会适应能力，促进人的全面发展。可见，加强心理疏导是新时代培养高素质人才的迫切需要，也是促进人的全面发展、健康成长的必然选择。

3. 体现以人为本，推进思想政治教育守正创新的重要举措

新时代必须坚持以人民为中心的发展思想，不断促进人的全面发展、全体人民共同富裕。人民对美好生活的向往就是党的奋斗目标。因此，以人民为中心是新时代思想政治教育的根本遵循。在中国共产党成立 100 周年之际，中共中央、国务院印发的《关于新时代加强和改进思想政治工作的意见》指出：要“坚持以人民为中心，践行党的群众路线，把人民对美好生活的向往作为奋斗目标，组织群众、宣传群众、教育群众、服务群众，强信心、聚民心、暖人心、筑同心。”坚持以人民为中心，就要把握教育对象的内在需求，根据教育对象的认知规律和接受特点开展思想政治教育。要加强人文关怀，更多地关注人、关心人、关爱人，既要解决教育对象的思想问题，更要解决教育对象的现实问题；要注重心理疏导，善于运用心理引导、心理相容、心理共鸣、心理宣泄等方法，把握教育对象的思想变化规律及行为发生规律，把思想政治教育做到人的心坎上，不断增强思想政治教育的亲和力、吸引力、说服力，提高思想政治教育的针对性、灵活性和实效性。只有这样，人们才能认识到，思想政治教育不是一种外来的甚至强加于人的东西，它并不与人自身的需要和利益相违背而是相一致的，从而使教育对象意识到思想政治教育与自身德性成长的内在关联性，产生对思想政治教育的需要心理和接受心理，将思想政治教育作为自身精神需求得到满足的重要手段。

（三）思想政治教育心理疏导创新发展的主要对策

加强思想政治教育心理疏导，需要相关管理部门更新观念，综合考虑人的身体状况、心理状态和精神面貌，确立身、心、灵三位一体的思想政治教育理念，坚持以人民为中心，关注人的身心健康，把心理疏导纳入思想政治教育领域，不断拓展思想政治教育的视域和空间。在推进心理咨询行业建设的同时，要有效整合社会资源，充分发挥高校、专业机构、社会服务机构在心理疏导方面的合力作用，完善城乡心理疏导平台建设，建立健全社会心理救助体系和危机干预机制，提高人们的心理素质和精神面貌。

1. 更新观念，营造心理疏导氛围

党的二十大报告指出："重视心理健康和精神卫生。"[①] 因此，关注人的心理健康和精神追求是社会进步的重要标志和人类发展的内在要求，也成为新时代思想政治教育的重要内容。实现思想政治教育心理疏导的创新发展，就要在全社会倡导"健康心理、健康人生"、"和谐心理、和谐社会"以及"人文积淀、精神升华"的理念，为人的精神世界注入丰富的营养，创设思想政治教育心理疏导的良好氛围。

首先，更新健康观念。人们习惯于把健康等同于躯体上没有疾病，这是对健康的片面理解。世界卫生组织早在20世纪80年代就给健康下了一个定义，即"健康不仅仅是没有疾病，不体弱，而是一种躯体、心理和社会功能均臻良好的状态"[②]。可见，心理健康是健康的重要内容。特别是在全面深化改革的历史条件下，面对的社会矛盾可能更为错综复杂，利益冲突、社会适应问题、精神困惑和心理问题等都需要得到合理解决。在这种情况下，社会的稳定与发展、人们的成功与成长都需要健康的心理做支撑。思想政治教育的成败在很大程度上取决于教育对象的情绪情感是否理顺、心理困扰是否解决、成就动机是否激发。因此，做好新时代思想政治教育，必须进一步增进人的心理健康意识，加强心理健康宣传，全面提高全社会对心理健康重要性的认识。

其次，培养和谐理念。人是一个身、心、灵的统一体，人的身体状况、心理状态和精神面貌是相互影响、相互作用的。一个身心疲惫、情绪抑郁的人不可能有积极乐观的精神面貌。因此，新时代思想政治教育不能只关注人的精神领域和道德品质，还必须从身、心、灵三个方面关注教育对象。比如通过关心、关注教育对象的身体健康，引导他们珍爱自己的身体，接纳自己的身体，唤醒内心深处对自己的爱与认同感；通过开展心理健康知识的学习和培训，帮助教育对象提高心理素质，培养优良个性，获得成长感；

---

① 习近平．高举中国特色社会主义伟大旗帜 为全面建设社会主义现代化国家而团结奋斗：在中国共产党第二十次全国代表大会上的报告．北京：人民出版社，2022：49.

② 孙牧虹．世界卫生组织宣言．中国心理卫生杂志，1988（6）.

通过引导教育对象参与社会实践，把服务和奉献作为生命的原动力，从中汲取力量和勇气，不断超越自己，获得成就感。总之，新时代思想政治教育要求对教育对象的身、心、灵进行全面关注和有机整合，以促进教育对象的个性完善和全面发展。

最后，提升人文意识。人的精神世界有三大支柱：科学、艺术、人文。科学追求真，给人以理性；艺术追求美，给人以感性；人文追求善，给人以悟性。人的精神世界，不能没有科学，也不能没有艺术，更不能没有人文。人文素养在很大程度上影响人的综合素质和科学素质。比如，对历史知识的掌握使人具有洞察力；哲学知识则使人分析问题透彻、精辟、深邃；良好的文学功底可以帮助人更好地理解问题、阐述问题；对音乐、舞蹈的了解使人乐观、开朗，充满活力。总之，人文素养的提高，带给人的不仅是知识的补充、思维的更新，更是精神的支撑、情操的陶冶、人性的完善和人格的升华。随着社会的进步，人文关怀的内涵不断丰富，已经从原来的侧重教化，发展为进一步强化对人的主体地位的尊重，对人的生存状况的关怀，对人个性自由的追求。实现思想政治教育心理疏导的创新发展，就是注重人文关怀的具体体现。

2. 形成共识，加强相关机构合作

实现思想政治教育心理疏导的创新发展，既需要思想政治教育管理部门的努力，也需要心理辅导、心理咨询和心理治疗等机构的配合，需要相关机构通力合作，充分发挥各自的独特优势和作用。

在实际工作中，与思想政治教育心理疏导相关的领域涉及思想政治教育、心理辅导、心理咨询与心理治疗等四个领域。至今，这四个领域仍存在一些模糊的界限。《中华人民共和国精神卫生法》第 23 条明确指出："心理咨询人员不得从事心理治疗或者精神障碍的诊断、治疗。心理咨询人员发现接受咨询的人员可能患有精神障碍的，应当建议其到符合本法规定的医疗机构就诊。"心理咨询与心理治疗的界限逐步划清，达成了共识。心理疏导是中西文化在中国大地上相互碰撞的产物。无论在何种意义下解读的心理疏导，在实际操作过程中，在客观上均借鉴了心理辅导和心理咨询的相关理论与技术，这使得心理疏导模式与心理咨询模式具有一定的相通性，这一点在多年的心理咨询和心理疏导的实践中业已成为共识。

同时，除心理治疗机构以外，从心理咨询机构的设置来看，绝大部分高校将心理咨询机构设在学校学生处，归属于学生处领导。把心理咨询机构设置在学生处，是把大学生思想政治教育与心理咨询紧密结合的具体举措。中小学的心理辅导机构也与德育处相关联。因而这些机构之间的合作是十分必要的。就心理疏导作为方法而言，一方面，可以完全应用于以上四个领域，对疏导人员可以根据专业化需要的程度不同进行分门别类的培训；另一方面，也要强化这四类机构的合作，分清心理问题、思想问题还是心理疾病等，一旦发现教育对象存在心理疾病，务必转介至专业的心理治疗领域。当前，只有进一步强化以心理疏导为方法的相关机构的合作，才能实现思想政治教育心理疏导的创新发展。

3. 理顺关系，强化各类机构管理

新时代以来，人民群众的生活质量不断提高，各种形式的心理服务机构也应运而生，必须制定相关政策制度，加强对心理服务机构及其相关人员的监督、管理和规范。

第一，进一步规范心理咨询师的培训与考核认证。随着社会经济的不断发展，社会对心理咨询行业的需求不断增加。与此相适应，劳动部于2001年4月正式推出《心理咨询师国家职业标准（试行）》。2002年7月，心理咨询师国家职业资格项目正式启动，全国统一鉴定考试每年举办两次。2017年，心理咨询师资格证考试认定取消，代之以实际操作能力推动从业技能鉴定，开展技能等级认定，颁发专业技能证书。同时，国家也明确规定严禁在目录之外开展职业资格许可和认定工作。然而，心理咨询师的各类培训依然层出不穷，打"资格许可和认定"的"擦边球"。考试培训机构颇多、颇杂，商业取向严重，资格考试门槛低，教考不分离，实际操作有水分等问题逐步凸显，严重影响了心理咨询师的专业化发展，同时，也引起人们对思想政治教育心理疏导的种种误解。为此，需对相关培训机构严格审查，对培训内容、培训时间、实践时数等方面严格要求，对考核环节严格把关、加强监管，改变当前心理咨询师培训的无序状态。

第二，加强对心理疏导相关从业机构的统筹管理。除基础教育的心理辅导与高校的心理咨询以外，目前从事心理疏导工作的主要有社会上的心理咨询机构以及医院的精神卫生科室。自2012年以来，心理咨询师不再具有"处方权"，医院的精神卫生科室也已不再将其作为聘用对象，前期国家心理咨询师考试取得资格认定的人员，虽然仍被承认心理咨询资格，但在医疗机构中已很难发挥作用。心理咨询师全面转入社会成为必然，但"心理咨询机构由谁来管"的问题仍未得到很好的解决，致使心理咨询机构管理混乱、滞后，从业人员的资质水平和服务质量参差不齐。如此，在基础教育领域，心理辅导很难与心理咨询进行长效合作，基础教育领域的一些难以解决的心理问题，也无法与心理咨询师对接。目前，高校心理咨询机构承担了部分社会层面心理疏导的责任，但远远未达到群众的需求。因此，要加强对心理疏导相关从业机构的统筹管理、规范管理，亟须从人员结构、人员分布、人员培训、人员待遇等诸多方面加强建设，使其走上健康的发展轨道。

第三，进一步加大对心理卫生行业的投入，保证心理救助行业优先发展。2016年8月，习近平总书记在全国卫生与健康大会上讲话指出："要加大心理健康问题基础性研究，做好心理健康知识和心理疾病科普工作，规范发展心理治疗、心理咨询等心理健康服务。"① 新冠疫情期间，习近平总书记多次强调心理疏导工作。提出"要高度重视他们的心理健康，动员各方面力量全面加强心理疏导工作"；"要加强心理干预和疏导，有针对性做好人文关怀"；"要加强心理疏导和心理干预，尤其是要加强对患者及其家属、病亡者家属等的心理疏导工作"。近年来，政府对心理健康问题日益关注，但从事心理疏导相关业务的人员仍严重不足、社会层面人员的专业化水平不高、社会心理干预机制不健全。当人们受到各种情绪障碍、行为问题和精神障碍困扰时，得不到及时、有效的心理疏导和救助治疗，就易酿成心理疾病或引发社会矛盾。可见，进一步加大对心理卫生行业的资金、技术等投入，保证心理救助行业等优先发展是十分必要的。

---

① 习近平．习近平谈治国理政：第2卷．北京：外文出版社，2017：372．

4. 加强督导，注重心理疏导培训

心理疏导的培训大致可分为两类：一是专业性很强的心理咨询、心理治疗。心理咨询师都是职业化的从业人员，心理治疗师大都属于医务工作者，需要严格学习、培训并颁发相应的资格证书方能上岗。二是非专业人员，大都为教育工作、社会工作领域的教师、社区干部、有心理专业背景的社会工作者等，这些人员在很大程度上也可以从事心理疏导工作，解决一般性的情绪困扰、社会适应、人际交往等方面的问题。后者的服务范围更加广泛，更加深入群众。例如，夫妻因鸡毛蒜皮的小事吵架一时冲动闹离婚，社区的工作人员、单位的政工干部等可以对双方进行一定程度上的心理疏导，解决相应问题，不一定非要专业人士介入。因此，专业与非专业心理疏导的从业人员的培训与督导是不一样的。针对从事心理疏导治疗的专业人员，需要按照医科人员的专业培养模式开展，确保从业人员参加继续学习和督导，以保持较高的专业水平和良好的身心状态。而对于一般从事心理疏导的非专业人员，则应加强心理疏导的专业知识与技能培训，使之不断提高专业能力和疏导水平，能够胜任心理疏导工作。

5. 整合资源，形成心理疏导网络

心理疏导工作目前涵盖思想政治教育、心理咨询、心理治疗、社会服务等多个领域，但由于专业水平和适用对象参差不齐，不能满足人民群众对心理疏导的需求。因此，要形成社会化的心理疏导网络，就必须整合社会资源，充分发挥各种社会资源的作用。

第一，发挥心理咨询专业机构的优势，服务社会。目前从事心理卫生和心理咨询工作的专业人员主要是精神病专科医院和医院心理门诊的医务工作者、社会心理咨询机构的心理咨询师、学校心理咨询中心的专兼职教师与辅导员，以及由妇联、青少年机构牵头开设的心理服务热线。这些专业人员在推动人民群众的心理健康工作中发挥了积极作用。但他们各自隶属于不同的部门，需要通过政府部门牵头，协调整合专业队伍，将他们从“象牙塔”、办公室中解放出来，组成专家或志愿者队伍，按社会所求，尽职责所能，为社会提供专业的心理疏导服务，达到资源共享。特别是高校心理咨询机构，相对于社会上的心理咨询机构来说发展较早，人员的学历层次和专业化水平较高，是高校开展思想政治教育心理疏导的重要力量。建议政府部门统筹安排，与高校协商拿出部分时间作为社会心理服务的开放日，充分利用优质资源为社会服务。

第二，进一步发展社区心理咨询与辅导机构，大力开展社区心理疏导服务。社区是社会的基本构成单元，现代社区同传统的居民委员会有了很大的不同。在新时代背景下，单位人逐渐兼有了社区人的双重身份，社区结构日益复杂，社区矛盾逐渐凸显，社区承担着大量的社会管理、社会服务、社会保障的职能，这使得社区成了协调和凝聚方方面面的中心。2016 年 10 月，中共中央、国务院印发的《“健康中国 2030”规划纲要》指出：“加强心理健康服务体系建设和规范化管理……全面推进精神障碍社区康复服务。提高突发事件心理危机的干预能力和水平。到 2030 年，常见精神障碍防治和心理行为问题识别干预水平显著提高。”这就要求加强社区的心理疏导。在现有条件下，应充分与高校从事思想政治教育心理疏导的人员密切合作，开展面向社区的心理服务，通过开设心理网站、举办心理讲座、开展心理咨询等形式解决居民的心理困扰和精神困惑，促进家庭稳定，改善邻里关系，增进社区和谐。

第三，建立社会心理危机干预、预警机制。社会心理危机的干预、预警机制是社会层面心理疏导机制的重要组成部分，是尊重生命、以人为本的具体体现，也是维护社会安全稳定，实现社会和谐、家庭和谐的重要保证。尽管心理危机的发生具有一定的突发性和偶然性，但还是可以通过预警机制防患于未然，加强心理疏导工作的预见性和超前性。比如，通过心理筛查加强对重点人员的心理疏导和监控；及时解决人们在工作、学习和家庭生活中出现的各种矛盾和冲突，尽量减少心理问题和心理危机的诱发因素，消除心理隐患；从理论和实践层面探讨心理危机发生的规律性，并遵循客观规律开展心理危机干预工作，增强工作的科学性和针对性。比如，针对春季人的心理处于不稳定期，容易引发心理和精神疾病，是心理危机的高发期的特点，在春季到来之前就开展心理健康的宣传和教育工作，同时加强对重点人群的筛查和监控，以避免心理危机事件的发生。

第四，建立、健全公共突发事件和重大灾难的危机心理干预机制。人类在面对公共突发事件和重大灾难时，可能受到身体损伤，还可能遭遇前所未有的心理危机，表现为极度焦虑、仇视社会、自杀倾向等，对人民群众的生活及社会稳定产生消极影响。对此，需要将危机心理干预列入政府整体工作，统一规划、统一安排。对给民众的生命安全和社会稳定可能造成严重影响的公共突发事件和重大灾难，通过心理干预，对受灾人群、遇难者家属进行心理救援，可以降低灾后精神疾病的患病率。“5·12”汶川大地震、新冠疫情等给人们带来的心理危机，充分说明建立公共突发事件和重大灾难的心理干预机制非常重要和必要，以便灾后可以马上启动心理危机干预系统，及时对受灾人员进行心理救援。国外调查显示：对创伤心理反应的早期发现和救助是高效的，可以平均节约成本31%；员工恢复工作的时间提前74%，康复成本可降低80%。

总之，思想政治教育心理疏导虽然经历了十余年的发展，但仍需要在理论与实践层面不断探索，在实际操作中也存在一定程度的问题，例如：泛化心理问题，削弱思想政治教育；关注心理危机，忽视心理品质培育；注重思想引导，弱化心理疏通环节；等等。当前，思想政治教育心理疏导要与党的思想政治教育疏导相结合、相关联，探索两者之间的区别与联系。通过多方位的心理疏导、心理咨询来调节人的情绪情感，促进心理平衡，培养人民群众健康乐观的生活态度，使其积极面对生活中的困难和挫折，这是新时代思想政治教育心理学的重要使命。

四、注重心理潜能挖掘和积极心理品质培育

每个人的内心都有着无限的潜力，如何挖掘心理潜能，实现个体的全面发展，是思想政治教育心理学的重要任务。同时，人的积极心理品质在形成乐观心态、对抗心理压力、促进心理健康等方面具有重要作用，是人宝贵的心理资源。21世纪兴起的积极心理学倡导积极心理取向，注重研究人类的积极心理品质和美德，挖掘人的心理能量，关注人类的健康幸福与社会的和谐发展，对于思想政治教育心理学具有重要的借鉴意义，有助于挖掘教育对象的心理潜能，培育其积极心理品质。

（一）积极心理学的源起及理论观点

积极心理学是心理学领域的一场革命，它利用心理学比较完善和有效的实验方法与测量手段，倡导心理学的积极取向，注重研究人类的积极心理品质和美德，挖掘人固有的潜在的具有建设性的力量，关注人类的健康幸福与社会的和谐发展。积极心理学的兴起，以美国心理学家马丁·塞利格曼及其同事在2000年1月发表的论文《积极心理学导论》为标志。

1. 积极心理学的源起及研究视角

关于人类积极心理的研究可以追溯到20世纪30年代，美国心理学家麦迪逊·特曼关于天才和婚姻幸福感的探讨以及荣格关于生活意义的研究开启了积极心理学研究的先河。由于第二次世界大战的影响，积极心理学的研究几乎中断，战时及战后心理学的主要任务变成了治愈战争创伤和治疗精神疾病，研究心理或行为紊乱以找到治疗和缓解的方法成为20世纪心理学的主要任务，心理学对人的积极性研究似乎被遗忘了。20世纪60年代，人本主义心理学和由此产生的人类潜能的研究为积极心理学的重新兴起奠定了理论基础。

随着整个人类社会的和平与发展，对正常人的研究越来越引起心理学的重视。越来越多的心理学家认识到，心理学不仅应着眼于心理疾病的矫正，而且应研究与培养人的积极心理品质。心理学的研究发现：幸福、发展、快乐、满足是人类成就的主要动机，人类的积极品质是人类赖以发展的核心要素。因此，心理学需要研究人的光明面，需要研究人的优点和价值。实际上，发展人性的优点比修复病症更有价值。正是在这种时代背景下，美国当代著名心理学家马丁·塞利格曼、谢尔顿等人在20世纪末的西方心理学界掀起了一股新的研究思潮——积极心理学研究。他们将积极心理学的本质特点表述为“积极心理学是致力于研究普通人的活力与美德的科学”，主张研究人类积极的品质，充分挖掘人固有的潜在的具有建设性的力量，促进个人和社会的发展，使人类走向幸福。

积极心理学将其矛头直指过去传统的“消极心理学”，提出积极心理学的研究应立足于三个层面：一是主观水平上的积极体验研究。积极心理学关心人如何获得积极的主观体验，探讨人类如何产生幸福感、满意感、快乐感，旨在帮助人们构建未来的乐观主义态度和对生活的信心。二是个人水平上的积极人格特质研究。积极心理学着重研究如何帮助人们形成积极的心理特征和人格特质，如爱的能力、工作的能力、积极地看待世界的方法、创造的勇气、积极的人际关系、审美体验、宽容等。三是群体水平上的积极社会环境研究。积极心理学意识到良好的社会环境对于个人健康成长具有重要意义，因此，倡导培养公众良好的心理品质，包括公民的美德、责任感、利他行为、容忍力、宽容精神和职业道德，以及如何成为一名健康的家庭成员和社会成员。

2. 积极心理学的理论观点

积极心理学为心理学的发展注入了新的活力，使心理学的许多研究领域转向人的积极层面，形成了一场积极心理学的运动，改变了人们在传统意义上把心理学仅仅认为是解决心理问题、治疗心理疾病的错误认识。积极心理学的本质与目标就是寻求人类的人文关怀和终极关怀，其主要理论观点体现在以下六个方面：

（1）积极视角理论。积极心理学认为人们看问题的视角会影响其心态，进而影响其行为。比如，当人们把目光集中在焦虑、抑郁、自杀等消极方面时，对快乐、幸福、满意等积极方面的关注和体验就会减少。而当人们关注快乐、幸福、满足等积极方面，并努力去培养、感受它时，才能更好地获得快乐和幸福。因此，积极心理学主张从积极视角看问题，善于发现事物的美好方面。

（2）积极体验理论。体验，就是人对外界各种刺激做出的一种心理反应，它通常以情绪的方式表现出来，所以又称为情绪体验[①]。积极心理学注重帮助人们获得积极的情绪体验。这种积极的情绪体验表现在回顾过去，感到幸福和满足；面对今天，感到充实而快乐；憧憬未来，充满希望与乐观。积极心理学认为积极的情绪体验包括感官愉悦和心理享受两种类型。感官愉悦是指机体消除自身内部紧张后的一种生理享受，如饥、渴、性满足后的愉悦体验。心理享受主要是指个体超越了原有状态后所产生的精神上的愉悦和满足感，比如，运动员创造了新的纪录后的成就心理，或者个体观看了美丽的景物后产生的陶醉心理等都属于心理享受。较之于感官愉悦，心理享受更能促进个体的成长和积极心理品质的形成。总之，积极体验能发展个体的身体、智力、社会性资源，促使个体充分发挥主观能动性，产生创造性的思想和行为。

（3）乐观解释风格理论。积极心理学把人们对事物的解释分为乐观解释风格和悲观解释风格。乐观解释风格表现为将消极事件归因于外部的、暂时的、具体的因素，认为这些因素不具有普遍意义，而将积极事件归因于内部的、稳定的、普遍的因素。悲观解释风格则恰恰相反，习惯于将积极事件归因于外部的、暂时的、具体的因素，而将消极事件归因于内部的、稳定的、普遍的因素，因而产生无助感和消极悲观的态度，失去面对问题的勇气。而拥有乐观解释风格的人，在困境中能够积极寻求解决问题的办法，更善于从困境中超越自我，走向成功。

（4）社会支持系统理论。积极心理学认为社会支持系统与个体的幸福感密切相关。在广泛的人际关系中，配偶、亲戚、亲密的朋友、领导、同事等都可以成为个体的社会支持系统，影响个体持久的幸福感。比如：和谐的婚姻为双方提供了生理和心理上的亲密感，已婚的人比未婚的人有较多的幸福感；而亲戚之间的亲密关系有助于家庭成员获得社会支持的力量。积极心理学认为社会支持对个体身心健康的影响主要有两种：第一种是对个体的身心健康有普遍的增益作用，有助于维持个体良好的情绪体验；第二种是在应激条件下，能缓冲压力事件对个体的冲击，阻止或缓解个体的应激反应，安定神经内分泌系统，进而削弱负性事件对个体的消极影响，保持个体身心健康。可见，良好的社会关系有助于提高个体的乐观水平，增进身心健康。

（5）积极自我理论。积极心理学认为，积极自我是个体在对现实的自我全面客观认识的基础上产生的一种积极态度，包括一个人对自己的积极认同和积极接纳，以及对自我的不断发展和完善。积极自我的标志是个体保持良好的自尊和较高的自我效能感。自尊是个体对自身的价值判断，是一种自己尊重自己的人格，维护自己的尊严，并期望受

① 任俊．积极心理学．上海：上海教育出版社，2006：81.

到别人尊重的心理状态。而自我效能感是个体对完成既定行为目标所需的自身能力的判断，是对自身力量的确信。一个拥有积极自我的人，更容易形成积极的心理品质。

（6）情境力量理论。积极心理学重视社会环境和微观情境对人的影响，强调积极情境有助于增进人的身心健康。而长期处于消极情境，如战争、犯罪、灾难、伤害、不幸等成为新闻媒体的主要内容，充斥着人们的生活，人的情绪和心态就会受到影响，产生沮丧、痛苦、失望、愤怒、无助感，人的安全感和幸福感就会丧失。因此，积极心理学重视积极情境的创设，倡导通过积极氛围的创设来提高人的心理素质和健康水平。

由此可见，积极心理学强调积极视角、积极情绪体验、积极自我、积极情境力量、乐观解释风格和社会支持系统，目的是开发人的潜力，激发人的积极力量，提升人对美好生活的感受力，促进人的健康发展。积极心理学是对传统心理学的一种补充，拓展了心理学的研究领域，它使心理学变得更完整、更平衡。

（二）思想政治教育心理学对积极心理学的借鉴

积极心理学倡导的开发人的心理潜能、挖掘人的积极力量、培养人的心理品质、营造良好的社会氛围等积极心理取向，与思想政治教育心理学的研究视角和价值取向具有高度的契合性，为思想政治教育心理学的研究提供了重要借鉴。

1. 注重开发人的心理资本，挖掘心理潜能

积极心理学认为人有固有的、潜在的心理能量，可以抵御精神疾患，帮助自身获得健康发展。心理学的使命就是探究如何在个体身上挖掘、培养出这些心理能量。为此，美国管理学会主席、内布拉斯加州大学教授路桑斯将积极心理学的思想延展到人力资源管理与组织行为学领域，从积极心理学的视角提出了“心理资本”这一概念，指出心理资本是贮藏在人们心灵深处的一股永不衰竭的力量，是个体良好的心理状态，以信心、希望、乐观和韧性为核心。路桑斯认为，拥有心理资本的个人，自信、乐观、坚韧，对未来充满希望，可以成就自己，也可以成就企业和团队。因此，他认为相对于资金、市场和技术资本而言，心理资本的升值空间最大，是人最重要的资源，可以带来决定性的竞争优势。

思想政治教育的对象是人，思想政治教育心理学的研究对象是思想政治教育中人的心理现象。因此，挖掘人的心理潜能，帮助人获得最大限度的发展，实现人的自身价值，是思想政治教育的终极目标。从这个意义上说，思想政治教育心理学需要借鉴积极心理学的研究成果，探讨教育对象有哪些心理潜能，如何挖掘心理潜能，如何培养教育对象的自信心、坚韧性和乐观心态，帮助他们充满对未来的希望。

2. 学会看问题的积极视角，形成正面取向

积极心理学强调用积极的视角看问题，获得积极的情绪体验和主观感受。这与思想政治教育心理学强调的坚持正面引导原则，为教育对象提供正能量，培育教育对象的积极心态和革命乐观主义精神，具有内在一致性。因此，积极心理学的相关理论与方法为思想政治教育心理学的理论研究与现实应用提供了参照和借鉴。在思想政治教育中，要引导教育对象善于从积极视角看问题。有时候，同一现实或情境，如果从一个角度来看，可能引起消极的情绪体验，陷入心理困境；但从另一角度来看，就可以发现积极意义，从而使消极情绪转化为积极情绪。我们在审视、思考、评价某一客观现实情境时，要学会转换视角，换个角度看问题，这样可以将使人感到痛苦不堪的心理困境化为乌有。

3. 培养人的积极心理品质，注重人格发展

积极心理学受人本主义心理学的影响，认为人有自我管理、自我发展和适应社会的人格潜质。在现实生活中，通过对个体潜在能力的激发和强化，个体就会养成一种习惯性的生活方式或工作方式，即个体的积极人格特质随之形成。积极心理学在研究积极人格特质时，提出了六大美德，即智慧、勇气、仁爱、正义、节制、卓越。这六大美德被认为是人类在进化过程中形成的一种具有价值意义的心理机制。此外，积极心理学通过对人格优点和品格的大量研究，还提出了24种人格优势，分别为：创造力、好奇心、头脑opening明（判断力、批判性思维）、爱学习、洞察力、勇敢、持久、正直、有活力、有爱心、善良、高情商、公民意识、公正、领导能力、宽恕和仁慈、谦逊、谨慎、自律、追求卓越、感恩、希望、幽默、有精神信仰。积极心理学注重培养人的积极心理品质和健全人格，对思想政治教育心理学具有较大的启发。特别是在全面深化改革的当代，人们面临的社会压力加大，社会竞争激烈，社会变革迅速，导致心理困扰增多、心理问题凸显、心理疾病上升、心理危机频发。此时，思想政治教育更应该关注人们的心灵世界，把培养教育对象的积极心理品质和健全人格纳入工作视域，作为追求目标。

4. 培育理性平和的社会心态，促进社会和谐

积极心理学强调积极的社会情境有助于增进人的身心健康。因此，在研究视野上，积极心理学在关注个体心理研究的同时，重视对群体和社会心理的探讨，强调人的内在积极力量与群体以及社会政治、经济、文化、教育、家庭等外部环境的共同影响与交互作用。这就启示我们要重视对社会氛围的营造和社会心理的引导，把培育理性平和的社会心态，促进人际和谐、社会和谐作为新时代思想政治教育的重要任务。

党的十九大报告指出："加强社会心理服务体系建设，培育自尊自信、理性平和、积极向上的社会心态。"2019年3月18日，习近平总书记在全国高校思想政治工作会议上特别强调："要坚持不懈促进高校和谐稳定，培育理性平和的健康心态，加强人文关怀和心理疏导，把高校建设成为安定团结的模范之地。"可见，培育理性平和的社会心态是加强和改进思想政治教育的一项重要内容，也是思想政治教育心理学亟待研究和解决的重大现实课题，对于落实新发展理念、提升全民族的道德素质和心理品质、维护社会团结稳定、促进社会和谐发展具有十分重要的意义。社会心态是与特定的社会运行状况或重大的社会变迁过程相联系，在一定时期内广泛存在于各类社会群体内的情绪、情感、社会认知、行为意向和价值取向的总和。理性相对于感性，平和相对于急躁。从本质上看，社会心态反映社会存在、社会现实，反映人们的情绪情感、心理状态、认识倾向、利益诉求等。在某种程度上，社会心态直接影响社会的思维方式、生活方式、生产方式等。因此，培育理性平和的社会心态，使人们正确认识社会和自我，进而正确处理个人与社会、自然的关系，促进社会和谐发展，是新时代思想政治教育的重要任务。培育理性平和的社会心态需要从个体和社会两个方面着力。

一方面，从个体角度看，要培育人的辩证思维、理性精神、平和心态和宽容意识。

辩证思维是一种全面的、发展的、联系的观点和“两点论”，是分析问题、认识事物的科学方法。辩证思维可以避免以偏概全、偏激和片面的思维模式，减少心理失衡。理性是人类特有的区别于动物的一种基本特征，是在人的意识、目的支配下的主观心理活动。《辞海》中这样界定理性：“理性一般指概念、判断、推理等思维活动或能力。”理性还是划分认识能力或认识发展阶段的用语。理性按照事物发展规律和自然进化原则来考虑问题，通过符合逻辑的推理而非依靠表象来获得结论和行动的理由。人类的理性伴随着社会发展而发展，表现为人类能够不断认识自然规律和社会规律，并通过社会实践活动实现自己的目标。从历史发展脉络来看，“理性精神”一直是中国文化的基本精神。中国人的道德观念是追求人与人之间和谐关系的建立，而和谐的基础正是理性精神。因此，不管是过去、现在还是未来，中国社会的持续健康发展都离不开对理性精神的追求与坚守。理性精神包含讲逻辑、守规则的意识，它要求我们在思考问题、判断事物的过程中重在摆事实、讲道理，做到以理服人，避免意气用事。同时，在社会生活中人们还要有规则意识、法制意识。规则、法制是人类理性精神的外在表现，是理性平和社会心态的重要依托，可以约束我们的思维和行为，避免情绪化的思维方式和简单粗暴的行为方式。平和心态是一种从容、淡定、安宁、平静的状态，是一种不妄想、不盲从、不做作、不冲动的境界。一个心态平和的人，敢于面对自己的优点和弱点，平静看待人生的成功与失败，能在诱惑面前不随波逐流、在喧嚣声中不迷失方向、在利益面前不丧失原则、在成绩面前不忘乎所以。

宽容是一种美德，一种崇高的境界，闪烁着仁爱的光芒；宽容是一种气度，一种博大的胸怀，包含着理解和原谅；宽容也是一种生存智慧，一种生活艺术，彰显一个人的胸襟和力量。宽容是人性中最美丽的花朵，是一种最重要的心理品质。培养宽容精神，一是要善于换位思考，能够站在对方的角度考虑问题，对别人多一些理解与包容；二是要培养同理心，善解人意，与别人感同身受；三是要培养宽阔的胸怀，能够容人之长、容人之短、容人之过；四是要尝试忘记伤痛，面向未来。另外，从社会的角度看，要坚持以理顺情绪、化解矛盾为重点，从缩小贫富差距、传递正向能量和加强综合治理三个方面培育理性平和的社会心态。一是要消除不良社会心态产生的土壤，从根本上动摇不良社会心态形成的基础。当前，不健康社会心态产生的主要根源是社会利益格局的变化和贫富差距较大。因此，要形成健康的社会心态，关键就是要缩小各阶层利益的差别，坚持走共同富裕的道路。同时，要坚决惩治腐败，从源头上杜绝两极分化的产生。二是要形成有利于培育理性平和社会心态的传媒“正能量”。现代社会公众获取信息的主要渠道是以互联网为代表的大众传播媒介。大众传播媒介要采用“如实报道＋理性评价”的方式，坚持客观、真实、全面、公正的原则，一方面还原事件之原貌，另一方面通过对事件理性的分析，引导社会公众把握事件的本质，正确疏导公众情绪，传播有利于公众理性平和社会心态形成的“正能量”。同时，要积极倡导社会主义核心价值观，弘扬主旋律，讴歌社会中美好的人和事，营造良好的社会氛围。三是要形成疏导不良社会心态的社会治理机制。其一，建立科学有效的社会心态监测预警系统。经常了解民意，倾听民声，把握民情，及时掌握社会心理的波动规律，作为宏观决策的依据。其二，建立顺畅真实的社会沟通机制。拓宽社情民意的表达渠道，把群众利益诉求纳入制度化、规范化、法制化的轨道，把矛盾化解在基层、解决在萌芽状态。其三，建立规范专业的社会心态疏导干预机制。可以与医院、社会和高校的心理咨询机构联合，整合资源，在社区建立咨询室、聊天室等常态化的心理疏导场所，重视民众的心理疏导和利益诉求，及时化解矛盾，调节情绪，避免矛盾激化。

总之，新时代对思想政治教育心理学提出了许多新课题，思想政治教育心理学只有把握时代脉搏，不断研究新情况、解决新问题、探讨新方法、拓展新领域，才能满足时代的要求、跟上时代的步伐、获得自身的发展、体现自身的价值。

阅读书目

1. 党的二十大报告辅导读本．北京：人民出版社，2022.

2. 杨鑫铨，等．思想政治教育人性走向：人文关怀与心理疏导一体化研究．北京：光明日报出版社，2017.

3. 胡凯．网络思想政治教育心理研究．长沙：中南大学出版社，2016.

4. 韩庆祥．马克思的人学理论．郑州：河南人民出版社，2011.

5. 彼得森．积极心理学．北京：群言出版社，2010.

6. 雷骥．现代思想政治教育的人性基础研究．北京：人民出版社，2008.

7. 伍揆祁．思想政治教育人文关怀论．北京：中国社会出版社，2007.

8. 秦宣．构建社会主义和谐社会专辑．北京：中国人民大学出版社，2006.

思考题

1. 思想政治教育心理学研究对于和谐社会建设具有哪些作用？

2. 以人民为中心为何是思想政治教育的价值取向？

3. 思想政治教育心理学如何在培养人的积极心理品质方面发挥作用？

4. 如何实现思想政治教育心理疏导的守正与创新？

后 记

自2019年2月《思想政治教育心理学》第二版出版以来，至今已4年多了。4年多来，我国在政治、经济、文化等领域均发生了重大变化，小康社会的奋斗目标业已实现，中国特色社会主义进入新的发展阶段，开启实现第二个百年奋斗目标的新征程，这是我国发展新的历史方位。党的二十大胜利召开，科学谋划了未来5年乃至更长时期党和国家事业发展的目标任务和大政方针，对团结和激励全国各族人民夺取中国特色社会主义新胜利，实现中华民族伟大复兴具有重要的指引意义。当前，世界百年未有之大变局加速演进，世界之变、时代之变、历史之变的特征更加明显。我国发展面临新的战略机遇、新的战略任务、新的战略阶段、新的战略要求、新的战略环境，需要应对的风险和挑战、需要解决的矛盾和问题比以往更加错综复杂。以习近平同志为核心的党中央基于中国特色社会主义现代化建设的伟大实践，聚焦实现中华民族伟大复兴中国梦这一理论主线，形成了新时代中国特色社会主义思想，深化了我们党对执政规律、社会主义建设规律、人类社会发展规律的认识，规划了在新的起点上强党、强国、强军的一整套重大战略部署，描绘了全面建成富强民主文明和谐美丽的社会主义现代化强国的宏伟蓝图，为在新的历史条件下深化改革开放、加快推进社会主义现代化建设提供了科学的理论指导和行动指南。这一时代背景是思想政治教育心理学继续发展的现实基础。

除此之外，4年多来，本研究领域的专家、学者也发表了不少相关论文，出版了不少相关著作，不少高校相继开设了思想政治教育心理学课程。同行们付出的所有努力都不断丰富着思想政治教育心理学的理论研究和实践成果。

基于以上情况，我们对《思想政治教育心理学》第二版教材进行了修订，以使新版教材内容更为丰富、体例更为完善、表述更为准确、分析更为深入，体现国内外最新研究成果，凸显教材的时代感、可读性和说服力。本教材保留了第二版的章节，共计十二章内容，第二版原作者为杨芷英、王希永、田国秀、郎琦。

本次修订工作分工如下：第一章、第二章、第四章、第八章、第十章由杨芷英负责修订，第五章、第七章、第十一章、第十二章由郎琦负责修订，第六章、第九章由陈红敏负责修订，第三章由杨芷英、陈红敏负责修订。杨芷英负责统稿和审定，郎琦校对。由于我们的水平有限，且受教材篇幅所限，因而难以呈现同行们的所有观点。本教材中的不妥之处，恳请各位专家、学者、同行予以批评指正！期待有更多的同行加入思想政治教育心理学的研究领域，以共同促进思想政治教育心理学的不断发展。

感谢全国高校思想政治教育研究会对我们的信任，感谢张耀灿老师对本教材付出的心血以及对我们的关心、支持和指导！

图书在版编目（CIP）数据

思想政治教育心理学/杨芷英主编. --3版. --北京：中国人民大学出版社，2024.1
新编21世纪思想政治教育专业系列教材/张耀灿总主编
ISBN 978-7-300-32112-7

Ⅰ.①思… Ⅱ.①杨… Ⅲ.①思想政治教育-教育心理学-高等学校-教材 Ⅳ.①D64

中国国家版本馆CIP数据核字（2023）第162805号

新编21世纪思想政治教育专业系列教材
总主编　张耀灿
思想政治教育心理学（第三版）
主　编　杨芷英
副主编　郎　琦　陈红敏
Sixiang Zhengzhi Jiaoyu Xinlixue

出版发行	中国人民大学出版社		
社　　址	北京中关村大街31号	邮政编码	100080
电　　话	010－62511242（总编室）		010－62511770（质管部）
	010－82501766（邮购部）		010－62514148（门市部）
	010－62515195（发行公司）		010－62515275（盗版举报）
网　　址	http://www.crup.com.cn		
经　　销	新华书店		
印　　刷	天津旭非印刷有限公司	版　　次	2014年5月第1版
开　　本	787 mm×1092 mm　1/16		2024年1月第3版
印　　张	19.5 插页1	印　　次	2024年1月第1次印刷
字　　数	442 000	定　　价	56.00元